金融犯罪检察实务丛书

金融犯罪
办案一本通

JINRONG FANZUI
BANAN YIBENTONG

北京市朝阳区人民检察院◎编
张朝霞◎主编

中国检察出版社

序

金融安全事关国家安全和人民群众的切身利益，其重要性无论如何形容都不为过。党的十九大也明确指出，今后三年要重点抓好决胜全面建成小康社会的三大攻坚战。其中防范化解重大金融风险是三大攻坚战之首。打赢防范化解金融风险攻坚战需要政府、司法机关和社会各界的鼎力配合。2019 年初最高人民检察院检察长张军指出，要充分履行检察机关法律监督职能，为经济社会发展提供更优法治环境，为打好三大攻坚战、保障民营经济健康发展贡献检察力量、检察智慧。这充分说明，在惩治金融犯罪、防范化解金融风险过程中，检察机关作为法律监督机关承担着重要使命，社会各界对检察职能的正确发挥充满期待。

近年来，北京市朝阳区经济发展势头强劲，CBD 现代商务服务和国际金融功能突出，金融创新活跃。但与此同时，占全市近七成的金融犯罪案件及新型互联网金融案件都发生在朝阳区，尤其是涉案金额巨大、人员众多和影响范围广的非法集资类案件呈现激增态势。此外 2018 年 6 月起 P2P 平台呈现大面积集中"爆雷"，金融风险防控面临前所未有的挑战。北京市朝阳区人民检察院为进一步服务好朝阳区及首都金融经济建设，更好地履行检察机关指控犯罪的职责，于 2016 年 8 月成立金融检察团队。该团队始终坚持履行金融犯罪审查、追诉和监督三项主要职能，在重视主责主业的同时注重金融犯罪司法研究，致力于将朝阳金融检察团队打造成为专业化的金融司法研究中心，主要以课题制、项目制深化金融检察专业化研究，先后承担中国法学会涉众型经济犯罪案件涉案款物追缴等专业课题 10 余个，联合高校以项目制方式在北京市率先开展非法集资类案件认罪认罚从宽制度调查研究和实践探索，曾出版专著《非法集资犯罪的理论与司法实践》，连续三年发布《金融检察白皮书》。同时以研讨会、走访调研、课程培训等形式丰富研究内容，提升研究质量。此外，朝阳区人民检察院相关主管领导以及金融检察团队的成员还多次应邀参加有关金融犯罪的研讨会（比如吴春妹副检察长 2018 年 12 月 21 日就参加了我主持的清华大学法学院司法研究中心举办的"平台监管和金融犯罪的认定"研讨会，并在会上介绍了朝阳区人民检察院查办金融犯罪的态势以及检察机关的作为，获得参会人员的一致好评），总结、提炼了一线办理金融犯罪的困惑及经验，为学术界深入研究金融犯罪提供了素材及思考路径。

在不断探索的过程中，金融检察团队不知不觉已迈进了第三个年头，朝检金融的品牌化效应愈加显著。朝检金融团队以实践促研究，以研究助实践，聚众人之心、集众人之智、合众人之力，经过不懈的积累和总结，现已完成《金融犯罪检察实务丛书》的编撰工作。丛书包括《金融犯罪检察实务》《金融犯罪疑难案件认定实务》《金融犯罪不捕不诉典型案例》《金融犯罪办案一本通》四册。分别从理论层面，以问题为导向对金融犯罪实务中的实体问题和程序问题进行剖析；从实务层面，以"参考案例"的形式将典型、疑难、不捕不诉案件进行梳理和总结，起到对类案的指引、参考作用；并且还以法律、法规、指导性案例等为素材汇编办理金融犯罪案件工具用书。该系列丛书的编撰不仅是朝阳金融检察团队的经验总结，也是加强检察专业化建设方面的重要探索，其意义在于：一是内部进一步规范办案流程，为检察人员办案提供参考和借鉴，使每一件司法案件都能得到公平公正的处理。二是充分发挥区位优势，将面对最新类型、最为疑难案件所形成的"朝检金融"的先进司法理念和实践经验进行全面梳理、总结和升华，积极探索可复制、可借鉴的朝阳经验，以期在全市乃至全国进行推广。三是鼓励检察人员立足司法实践，以问题为导向，深化理论研究，更好地服务于司法办案，实现"三效"统一；同时提升检察人员的综合能力，完善专业人才培养，落实金融检察专业化人才培养中心这一职能定位，不仅要做办好案的"工匠"，更要努力去做精通业务的"专才"。

我对金融犯罪的诸多问题一直保持浓厚的研究兴趣。我曾在2016年全国两会期间提交专门建议，恳请"两高"充分关注实践中恶意透支型犯罪处罚异化和扩大化的问题，后引起有关方面的重视。2018年"两高"修改了相关司法解释，大幅度提高了定罪起点，严格了"经发卡银行催收"以及"非法占有目的"的认定标准，实践中有关的突出问题得以解决。我这个建议的问题意识，就直接来自朝阳区人民检察院、朝阳区人民法院的具体司法实践。近年来，我和朝检金融团队的检察官们始终保持着密切联系，我从他们关于惩治金融犯罪实务的具体数据、实践经验的介绍和理论提炼中学到了很多东西。所以，我需要对这个团队表示我的敬意和谢意。

我相信，朝阳区人民检察院能够以本丛书的出版为契机，站在更高的起点上立足检察职能，亮剑金融犯罪，主动作为，扎实攻坚，为区域金融生态环境保驾护航，为扎实推进金融犯罪领域的理论研究做出应有贡献。

是为序。

清华大学法学院教授　周光权

2019.5.22

目　录

上编　实体法

第一章　破坏金融管理秩序罪……………………………………… 3

一、伪造货币罪（刑法第 170 条）………………………………… 3

二、出售、购买、运输假币罪（刑法第 171 条第 1 款）………… 11

三、金融工作人员购买假币、以假币换取货币罪

　　（刑法第 171 条第 2 款）……………………………………… 13

四、持有、使用假币罪（刑法第 172 条）………………………… 13

五、变造货币罪（刑法第 173 条）………………………………… 14

六、擅自设立金融机构罪（刑法第 174 条第 1 款）……………… 15

七、伪造、变造、转让金融机构经营许可证、批准文件罪

　　（刑法第 174 条第 2 款）……………………………………… 26

八、高利转贷罪（刑法第 175 条）………………………………… 31

九、骗取贷款、票据承兑、金融票证罪（刑法第 175 条之一）… 35

十、非法吸收公众存款罪（刑法第 176 条）……………………… 39

十一、伪造、变造金融票证罪（刑法第 177 条）………………… 156

十二、妨害信用卡管理罪（刑法第 177 条之一第 1 款）………… 158

十三、窃取、收买、非法提供信用卡信息罪

　　　（刑法第 177 条之一第 2 款）……………………………… 163

十四、伪造、变造国家有价证券罪（刑法第 178 条第 1 款）…… 163

十五、伪造、变造股票、公司、企业债券罪

　　（刑法第 178 条第 2 款）…………………………… 164

十六、擅自发行股票、公司、企业债券罪（刑法第 179 条）…… 165

十七、内幕交易、泄露内幕信息罪（刑法第 180 条第 1 款）…… 165

十八、利用未公开信息交易罪（刑法第 180 条第 2 款）…… 171

十九、编造并传播证券、期货交易虚假信息罪

　　（刑法第 181 条第 1 款）…………………………… 175

二十、诱骗投资者买卖证券、期货合约罪

　　（刑法第 181 条第 2 款）…………………………… 176

二十一、操纵证券、期货市场罪（刑法第 182 条）………… 177

二十二、职务侵占罪（刑法第 183 条第 1 款）…………… 183

二十三、贪污罪（刑法第 183 条第 2 款）………………… 183

二十四、非国家工作人员受贿罪（刑法第 184 条第 1 款）…… 183

二十五、受贿罪（刑法第 184 条第 2 款）………………… 184

二十六、挪用资金罪（刑法第 185 条第 1 款）…………… 184

二十七、挪用公款罪（刑法第 185 条第 2 款）…………… 184

二十八、背信运用受托财产罪（刑法第 185 条之一第 1 款）…… 184

二十九、违法运用资金罪（刑法第 185 条之一第 2 款）…… 185

三十、违法发放贷款罪（刑法第 186 条）………………… 186

三十一、吸收客户资金不入账罪（刑法第 187 条）……… 187

三十二、违规出具金融票证罪（刑法第 188 条）………… 188

三十三、对违法票据承兑、付款、保证罪（刑法第 189 条）… 189

三十四、逃汇罪（刑法第 190 条）………………………… 189

三十五、骗购外汇罪 ……………………………………… 196

三十六、洗钱罪（刑法第 191 条）………………………… 198

第二章　金融诈骗罪 ……………………………………… 203

　一、集资诈骗罪（刑法第 192 条）……………………… 203

　二、贷款诈骗罪（刑法第 193 条）……………………… 204

三、票据诈骗罪（刑法第 194 条第 1 款）……………………… 209

四、金融凭证诈骗罪（刑法第 194 条第 2 款）………………… 212

五、信用证诈骗罪（刑法第 195 条）…………………………… 215

六、信用卡诈骗罪（刑法第 196 条）…………………………… 216

七、有价证券诈骗罪（刑法第 197 条）………………………… 225

八、保险诈骗罪（刑法第 198 条）……………………………… 226

九、删除（刑法第 199 条）……………………………………… 230

十、单位犯本节之罪的处罚（刑法第 200 条）………………… 230

第三章　危害税收征管罪……………………………………… 231

一、逃税罪（刑法第 201 条）…………………………………… 231

二、抗税罪（刑法第 202 条）…………………………………… 233

三、逃避追缴欠税罪（刑法第 203 条）………………………… 236

四、骗取出口退税罪（刑法第 204 条）………………………… 236

五、虚开增值税专用发票、用于骗取出口退税、抵扣税款发票罪

　　（刑法第 205 条）…………………………………………… 240

六、虚开发票罪（刑法第 205 条之一）………………………… 250

七、伪造、出售伪造的增值税专用发票罪（刑法第 206 条）……… 250

八、非法出售增值税专用发票罪（刑法第 207 条）…………… 255

九、非法购买增值税专用发票、购买伪造的增值税专用发票罪

　　（刑法第 208 条）…………………………………………… 257

十、非法制造、出售非法制造的用于骗取出口退税、抵扣税款

　　发票罪 / 非法制造、出售非法制造的发票罪 / 非法出售用于

　　骗取出口退税、抵扣税款发票罪 / 非法出售发票罪

　　（刑法第 209 条）…………………………………………… 258

十一、盗窃罪 / 诈骗罪（刑法第 210 条）……………………… 261

十二、持有伪造的发票罪（刑法第 210 条之一）……………… 261

十三、单位犯本节之罪的处罚（刑法第 211 条）……………… 262

十四、税收征缴优先原则（刑法第 212 条）…………………… 262

下编　程序法

一、核实、补充证据 ……………………………………… 265

二、变更强制措施 ………………………………………… 335

三、认罪认罚从宽 ………………………………………… 338

四、起诉的条件和标准 …………………………………… 356

五、不起诉的条件、类型和程序 ………………………… 365

　　一、法定不起诉 …………………………………… 365

　　二、酌定不起诉（相对不起诉）………………… 366

　　三、存疑不起诉 …………………………………… 368

　　四、附条件不起诉 ………………………………… 369

　　五、其他涉及不起诉的规定 ……………………… 375

上编

实体法

第一章　破坏金融管理秩序罪

一、伪造货币罪（刑法第 170 条）

（一）法律与司法解释

1. 《中华人民共和国刑法》（节选）

第一百七十条　伪造货币的，处三年以上十年以下有期徒刑，并处罚金；有下列情形之一的，处十年以上有期徒刑或者无期徒刑，并处罚金或者没收财产：

（一）伪造货币集团的首要分子；

（二）伪造货币数额特别巨大的；

（三）有其他特别严重情节的。

2. 最高人民法院《关于审理伪造货币等案件具体应用法律若干问题的解释》（法释〔2000〕26 号　2000 年 9 月 14 日）

第一条　伪造货币的总面额在二千元以上不满三万元或者币量在二百张（枚）以上不足三千张（枚）的，依照刑法第一百七十条的规定，处三年以上十年以下有期徒刑。

伪造货币的总面额在三万元以上的，属于"伪造货币数额特别巨大"。

行为人制造货币版样或者与他人事前通谋，为他人伪造货币提供版样的，依照刑法第一百七十条的规定定罪处罚。

第二条　行为人购买假币后使用，构成犯罪的，依照刑法第一百七十一条的规定，以购买假币罪定罪，从重处罚。

行为人出售、运输假币构成犯罪，同时有使用假币行为的，依照刑法第一百七十一条、第一百七十二条的规定，实行数罪并罚。

第三条　出售、购买假币或者明知是假币而运输，总面额在四千元以上不满五万元的，属于"数额较大"；总面额在五万元以上不满二十万元的，属于"数额巨大"；总面额在二十万元以上的，属于"数额特别巨大"，依照刑法第一百七十一条第一款的规定定罪处罚。

第四条　银行或者其他金融机构的工作人员购买假币或者利用职务上的便利，以假币换取货币，总面额在四千元以上不满五万元或者币量在四百张（枚）以上不足五千张（枚）的，处三年以上十年以下有期徒刑，并处二万元以上二十万元以下罚金；总面额在五万元以上或者币量在五千张（枚）以上或者有其他严重情节的，处十年以上有期徒刑或者无期徒刑，并处二万元以上二十万元以下罚金或者没收财产；总面额不满人民币四千元或者币量不足四百张（枚）或者具有其他情节较轻情形的，处三年以下有期徒刑或者拘役，并处或者单处一万元以上十万元以下罚金。

第五条　明知是假币而持有、使用，总面额在四千元以上不满五万元的，属于"数额较大"；总面额在五万元以上不满二十万元的，属于"数额巨大"；总面额在二十万元以上的，属于"数额特别巨大"，依照刑法第一百七十二条的规定定罪处罚。

第六条　变造货币的总面额在二千元以上不满三万元的，属于"数额较大"；总面额在三万元以上的，属于"数额巨大"，依照刑法第一百七十三条的规定定罪处罚。

3. 最高人民法院《关于审理伪造货币等案件具体应用法律若干问题的解释（二）》（法释〔2010〕14号　2010年11月3日）

第一条　仿照真货币的图案、形状、色彩等特征非法制造假币，冒充真币的行为，应当认定为刑法第一百七十条规定的"伪造货币"。

对真货币采用剪贴、挖补、揭层、涂改、移位、重印等方法加工处理，改变真币形态、价值的行为，应当认定为刑法第一百七十三条规定的"变造货币"。

第二条　同时采用伪造和变造手段，制造真伪拼凑货币的行为，依照刑法第一百七十条的规定，以伪造货币罪定罪处罚。

　　第三条　以正在流通的境外货币为对象的假币犯罪，依照刑法第一百七十条至第一百七十三条的规定定罪处罚。

　　假境外货币犯罪的数额，按照案发当日中国外汇交易中心或者中国人民银行授权机构公布的人民币对该货币的中间价折合成人民币计算。中国外汇交易中心或者中国人民银行授权机构未公布汇率中间价的境外货币，按照案发当日境内银行人民币对该货币的中间价折算成人民币，或者该货币在境内银行、国际外汇市场对美元汇率，与人民币对美元汇率中间价进行套算。

　　第四条　以中国人民银行发行的普通纪念币和贵金属纪念币为对象的假币犯罪，依照刑法第一百七十条至第一百七十三条的规定定罪处罚。

　　假普通纪念币犯罪的数额，以面额计算；假贵金属纪念币犯罪的数额，以贵金属纪念币的初始发售价格计算。

　　第五条　以使用为目的，伪造停止流通的货币，或者使用伪造的停止流通的货币的，依照刑法第二百六十六条的规定，以诈骗罪定罪处罚。

　　第六条　此前发布的司法解释与本解释不一致的，以本解释为准。

　　4. 最高人民法院《关于印发〈全国法院审理金融犯罪案件工作座谈会纪要〉的通知》（法〔2001〕8号　2001年1月21日）

　　2. 关于假币犯罪

　　假币犯罪的认定。假币犯罪是一种严重破坏金融管理秩序的犯罪。只要有证据证明行为人实施了出售、购买、运输、使用假币行为，且数额较大，就构成犯罪。伪造货币的，只要实施了伪造行为，不论是否完成全部印制工序，即构成伪造货币罪；对于尚未制造出成品，无法计算伪造、销售假币面额的，或者制造、销售用于伪造货币的版样的，不认定犯罪数额，依据犯罪情节决定刑罚。明知是伪造的货币而持有，数额较大，根据现有证据不能认定行为人是为了进行其他假币犯罪的，以持有假币罪定罪处罚；如果有证据证明其持有的假币已构成其他假币犯罪的，应当以其他假币犯罪定罪处罚。

　　假币犯罪罪名的确定。假币犯罪案件中犯罪分子实施数个相关行为的，在确定罪名时应把握以下原则：

（1）对同一宗假币实施了法律规定为选择性罪名的行为，应根据行为人所实施的数个行为，按相关罪名刑法规定的排列顺序并列确定罪名，数额不累计计算，不实行数罪并罚；

（2）对不同宗假币实施法律规定为选择性罪名的行为，并列确定罪名，数额按全部假币面额累计计算，不实行数罪并罚。

（3）对同一宗假币实施了刑法没有规定为选择性罪名的数个犯罪行为，择一重罪从重处罚。如伪造货币或者购买假币后使用的，以伪造货币罪或购买假币罪定罪，从重处罚。

（4）对不同宗假币实施了刑法没有规定为选择性罪名的数个犯罪行为，分别定罪，数罪并罚。

出售假币被查获部分的处理。在出售假币时被抓获的，除现场查获的假币应认定为出售假币的犯罪数额外，现场之外在行为人住所或者其他藏匿地查获的假币，亦应认定为出售假币的犯罪数额。但有证据证实后者是行为人有实施其他假币犯罪的除外。

制造或者出售伪造的台币行为的处理。对于伪造台币的，应当以伪造货币罪定罪处罚；出售伪造的台币的，应当以出售假币罪定罪处罚。

5. 最高人民法院、最高人民检察院、公安部《关于严厉打击假币犯罪活动的通知》（公通字〔2009〕45号　2009年9月15日）

二、密切配合，强化合力。在办理假币犯罪案件中，各地公安机关、人民检察院、人民法院要加强协调配合，及时沟通情况，形成打击合力，提高工作成效。公安机关要主动加强与检察机关的沟通，重大案件请检察机关提前介入；需要补充侦查的，要根据检察机关的要求尽快补充侦查。检察机关对公安机关立案侦查的假币犯罪案件，要及时介入，参加对重大案件的讨论，对案件的法律适用和证据的收集、固定等提出意见和建议。人民法院对于重大假币犯罪案件，要加强审理力量，依法快审快结。

根据刑事诉讼法的有关规定，假币犯罪案件的地域管辖应当遵循以犯罪地管辖为主，犯罪嫌疑人居住地管辖为辅的原则。假币犯罪案件中的犯罪地，既包括犯罪预谋地、行为发生地，也包括运输假币的途经地。假币犯罪案件中的犯罪嫌疑人居住地，不仅包括犯罪嫌疑人经常居住地和户籍所在地，也包括其临时居住地。几个公安机关都有权管辖的假币犯罪案件，由最初立案地或者主要犯罪地公安机关管辖；对管辖有争议或者情况特殊的，由共同的上级公安机关指定管辖。如需人民检察院、人民法院指定管辖的，公安机关要及时提出相关建议。经审查需要指定的，人民检察院、人民法院要依法指定管辖。

三、严格依法，从严惩处。各地公安司法机关办理假币犯罪案件要始终坚持依法严惩的原则，坚决杜绝以罚代刑、以拘代刑、重罪轻判、降格处理，充分发挥刑罚的震慑力。公安机关对于涉嫌假币犯罪的，必须依法立案，认真查证；对有证据证明有犯罪事实，可能判处徒刑以上刑罚的犯罪嫌疑人，要尽快提请批准逮捕并抓紧侦办，及时移送审查起诉。检察机关对于公安机关提请批准逮捕、移送审查起诉的假币犯罪案件，符合批捕、起诉条件的，要依法尽快予以批捕、起诉。共同犯罪案件中虽然有同案犯在逃，但对于有证据证明有犯罪事实的已抓获的犯罪嫌疑人，要依法批捕、起诉；对于确实需要补充侦查的案件，要制作具体、详细的补充侦查提纲。人民法院对于假币犯罪要依法从严惩处，对于假币犯罪累犯、惯犯、涉案假币数额巨大或者全部流入社会的犯罪分子，要坚决重判；对于伪造货币集团的首要分子、骨干分子，伪造货币数额特别巨大或有其他特别严重情节，罪行极其严重的犯罪分子，应当判处死刑的，要坚决依法判处死刑。上级法院要加强对下级法院审判工作的指导，保障依法及时正确审判假币犯罪案件。

（二）制度规范

北京市高级人民法院《关于下发北京市高级人民法院〈关于审理假币犯罪案件具体适用法律的意见〉和〈关于如何适用刑法第347条第4款"情节严重"的意见〉的通知》（京高法发〔1998〕448号　1998年12月18日）

一、伪造货币罪

伪造货币罪是指仿照真货币的图案、形状、色彩、防伪技术等特征，使用各种方法，非法制造假币，冒充人民币及境外流通货币的行为。

1. 伪造货币总面值在人民币（其他币种应当折算成人民币，下同）500元以上不满 15000 元或者币量在 50 张以上不满 1500 张的，应当依照刑法第一百七十条的规定，处三年以上十年以下有期徒刑，并处五万元以上五十万元以下罚金。

伪造货币的数额接近以上数额起点，同时具有下列情节之一的，亦应按上述刑罚惩处：

（1）曾因伪造货币受过刑事处罚或两次以上行政处罚的；

（2）伪造并出售伪造的货币的；

（3）伪造并使用伪造的货币的。

2. 伪造货币总面值在人民币 15000 元以上或者币量在 1500 张以上的，属于"伪造货币数额特别巨大"，应当依照刑法第一百七十条的规定，处十年以上有期徒刑、无期徒刑或者死刑，并处五万元以上五十万元以下罚金或者没收财产。其中，具有下列情形之一的，可以考虑判处无期徒刑以上刑罚：

（1）伪造货币集团的首要分子；

（2）伪造货币总面值在人民币 10 万元以上或者币量在 1 万张以上的；

（3）伪造货币数额达到特别巨大，同时具有暴力抗拒检查、拘留、逮捕的；

（4）有其他特别严重情节的。

二、出售、购买、运输假币罪

出售、购买、运输假币罪，是指出售、购买伪造的货币或者明知是伪造的货币而运输，数额较大的行为。

1. 行为人出售、购买、运输假币构成犯罪，同时有使用假币行为的，依照刑法第一百七十一条的规定，以出售、购买、运输假币罪定罪，从重处罚。

2. 出售、购买、运输假币是同一宗的，数额不重复计算，不是同一宗的，数额累计计算，根据行为确定罪名，不实行数罪并罚。

3. 出售、购买、运输假币"数额较大"，可以掌握在货币总面值在人民币 1000 元以上不满 3 万元或者币量 100 张以上不满 3000 张。

4. 出售、购买、运输假币"数额巨大",可以掌握在货币总面值在人民币3万元以上不满10万元或者币量在3000张以上不满1万张。

5. 出售、购买、运输假币"数额特别巨大",可以掌握在货币总面值人民币10万元以上或者币量在1万张以上。

三、金融工作人员购买假币、以假币换取货币罪

金融工作人员购买假币,以假币换取货币罪,是指银行或者其他金融机构的工作人员购买假币、或者利用职务上的便利,以假币换取货币的行为。

1. 金融工作人员购买假币,以假币换取货币的"情节较轻",可以掌握在货币总面值在人民币500元以上不满1000元或者币量50张以上不满100张(均指假币,下同)。

2. 金融工作人员购买假币,以假币换取货币总面值在人民币1000元以上不满3万元或者币量100张以上不满3000张,可以判处三年以上十年以下有期徒刑,并处二万元以上二十万元以下罚金。

3. 金融工作人员购买假币,以假币换取货币"数额巨大",可以掌握在货币总面值在人民币3万元以上不满10万元或者币量在3000张以上不满1万张。

4. 金融工作人员购买假币,以假币换取货币总面值在人民币10万元以上或者币量在1万张以上的,可以考虑判处无期徒刑。数额达到巨大,同时具有下列情形之一的,也可以判处无期徒刑:

(1)曾因假币犯罪受到刑事处罚或两次以上行政处罚的;

(2)造成严重后果或者恶劣影响的。

四、持有、使用假币罪

持有、使用假币罪,是指明知是伪造的货币而持有或者使用,数额较大的行为。

1. 行为人既实施持有假币、又实施使用假币行为的,不实行数罪并罚,持有、使用假币的数额累计计算。

2. 持有、使用假币"数额较大",可以掌握在货币总面值人民币2000元以上不满3万元或者币量200张以上不满3000张。

3.持有、使用假币"数额巨大",可以掌握在货币总面值人民币3万元以上不满10万元或者币量3000张以上不满1万张。

4.持有、使用假币"数额特别巨大",可以掌握在货币总面值人民币10万元以上或者币量在1万张以上。

五、变造货币罪

变造货币罪,是指以真货币为基础,采用挖补、揭层、涂改、拼接等手段,改变货币的真实形态、色彩、文字、数目等,使其升值,且数额较大的行为。

1.变造货币"数额较大",可以掌握在货币总面值人民币500元以上不满15000元或者币量50张以上不满1500张。

2.变造货币"数额巨大",可以掌握在货币总面值人民币15000元以上或者币量1500张以上。

3.实施伪造货币和变造货币两种行为分别构成犯罪的,应当实行数罪并罚。

六、其他

1.伪造、变造境外货币或者出售、购买、运输、持有、使用境外假币的面值按犯罪时国家公布的汇率折算为人民币。

2.本《意见》下发后,我院一九九七年三月二十九日下发的《关于审理货币犯罪案件具体适用法律的意见》不再适用。

3.最高人民法院有关假币犯罪适用法律的司法解释下发后,本《意见》的规定如与《解释》的规定不一致的,执行司法解释;司法解释不明确的,可参照本《意见》。

（三）指导案例

1.案例：杨某等伪造货币案

案例来源:《刑事审判参考》第23号

裁判要旨:根据刑法第170条的规定,"伪造货币",是指依照人民币或者外币的图案、形状、色彩等,使用印刷、复印、描绘、拓印等各种制作方法,制造假货币,冒充真货币的行为。本罪的对象是"货币",不仅包括我国的国家货币即人民币，也包括外币。这里所说的"外币"是广义的，是指境外正在流通使用的货币。既包括可在中国兑换的外国货币如美元、英镑、马克等，也包括港、澳、台地区的货币，还包括不可在中国兑换的外国货币。《关于惩治破坏金融秩序犯罪的决定》第2条第3款及刑法第171条第3款均规定：伪造货币并出售或者运输伪造的货币的，依照伪造货币罪的规定从重处罚。本案被告人杨某非法伪造美元，并将伪造的美元向他人出售的行为，根据以上规定，应当以伪造货币罪从重处罚，而不再认定为出售伪造货币罪。

2. 案例：杨某等人伪造货币案

案例来源：《刑事审判参考》2004年第2集·总第37集

裁判要旨：根据《最高人民法院关于审理伪造货币等案件具体应用法律若干问题的解释》（以下简称《解释》）第7条第1款关于"本解释所称'货币'是指可在国内市场流通或者兑换的人民币和境外货币"的规定。因边境地区边民互市繁荣，缅币一定程度上已经在中缅边境民间形成了相互兑换、流通的局面。因此，将在边境地区已经形成事实上可兑换局面的外币视为国内可兑换外币的做法符合在《解释》框架内的实质性理解。所以，对于杨某、许某、黄某等人在中缅边境伪造边境地区可兑换的缅币的行为，应认定为伪造货币罪。

二、出售、购买、运输假币罪（刑法第171条第1款）

（一）法律与司法解释

1.《中华人民共和国刑法》

第一百七十一条第一款　出售、购买伪造的货币或者明知是伪造的货币而运输，数额较大的，处三年以下有期徒刑或者拘役，并处二万元以上二十万元以下罚金；数额巨大的，处三年以上十年以下有期徒刑，并处五万元以上五十万元以下罚金；数额特别巨大的，处十年以上有期徒刑或者无期徒刑，并处五万元以上五十万元以下罚金或者没收财产。

2. 见刑法第 170 条项下最高人民法院《关于审理伪造货币等案件具体应用法律若干问题的解释》

3. 见刑法第 170 条项下《关于审理伪造货币等案件具体应用法律若干问题的解释（二）》

4. 见刑法第 170 条项下最高人民法院《全国法院审理金融犯罪案件工作座谈会纪要》

5. 见刑法第 170 条项下最高人民法院、最高人民检察院、公安部《关于严厉打击假币犯罪活动的通知》。

（二）制度规范

见刑法第 170 条项下北京市高级人民法院《关于下发北京市高级人民法院〈关于审理假币犯罪案件具体适用法律的意见〉和〈关于如何适用刑法第 347 条第 4 款"情节严重"的意见〉的通知》。

（三）指导案例

案例：张顺发持有、使用假币案

案例来源:《刑事审判参考》第 188 号

裁判要旨：购买、持有、使用假币三种行为在客观上存在内在的联系，构成牵连关系。购买与使用构成了手段与目的的关系，而持有既是购买的结果，又是使用的手段，分别与购买构成原因、结果关系，与使用构成手段、目的关系。对于牵连犯的处理方法，理论上主张采取择一重罪处罚的原则，即按数罪中处罚较重的一个罪定罪，并在该罪的法定刑内从重处罚，不数罪并罚。我国刑法分则未对购买、持有、使用假币行为的处理作出专门规定，而从购买假币罪与持有、使用假币罪的法定刑来看，购买假币罪的处罚要重于持有、使用假币罪，故《关于审理伪造货币等案件具体应用法律若干问题的解释》中规定，"以购买假币罪定罪，从重处罚"。

三、金融工作人员购买假币、以假币换取货币罪（刑法第171条第2款）

法律与司法解释

1.《中华人民共和国刑法》

第一百七十一条第二款 银行或者其他金融机构的工作人员购买伪造的货币或者利用职务上的便利，以伪造的货币换取货币的，处三年以上十年以下有期徒刑，并处二万元以上二十万元以下罚金；数额巨大或者有其他严重情节的，处十年以上有期徒刑或者无期徒刑，并处二万元以上二十万元以下罚金或者没收财产；情节较轻的，处三年以下有期徒刑或者拘役，并处或者单处一万元以上十万元以下罚金。伪造货币并出售或者运输伪造的货币的，依照本法第一百七十条的规定定罪从重处罚。

2. 见刑法第170条项下最高人民法院《关于审理伪造货币等案件具体应用法律若干问题的解释》。

3. 见刑法第170条项下最高人民法院《关于审理伪造货币等案件具体应用法律若干问题的解释（二）》。

4. 见刑法第170条项下最高人民法院《关于印发〈全国法院审理金融犯罪案件工作座谈会纪要〉的通知》。

5. 见刑法第171条第1款项下最高人民法院、最高人民检察院、公安部《关于严厉打击假币犯罪活动的通知》。

四、持有、使用假币罪（刑法第172条）

（一）法律与司法解释

1.《中华人民共和国刑法》

第一百七十二条 明知是伪造的货币而持有、使用，数额较大的，处三年以下有期徒刑或者拘役，并处或者单处一万元以上十万元以下罚金；数额巨大的，处三年以上十年以下有期徒刑，并处二万元以上二十万元以下罚金；

数额特别巨大的，处十年以上有期徒刑，并处五万元以上五十万元以下罚金或者没收财产。

2. 见刑法第 170 条项下最高人民法院《关于审理伪造货币等案件具体应用法律若干问题的解释》。

3. 见刑法第 170 条项下《关于审理伪造货币等案件具体应用法律若干问题的解释（二）》。

（二）制度规范

1. 见刑法第 170 条项下最高人民法院《关于印发〈全国法院审理金融犯罪案件工作座谈会纪要〉的通知》

2. 见刑法第 171 条第 1 款项下最高人民法院、最高人民检察院、公安部《关于严厉打击假币犯罪活动的通知》

五、变造货币罪（刑法第 173 条）

法律与司法解释

1.《中华人民共和国刑法》

第一百七十三条　变造货币，数额较大的，处三年以下有期徒刑或者拘役，并处或者单处一万元以上十万元以下罚金；数额巨大的，处三年以上十年以下有期徒刑，并处二万元以上二十万元以下罚金。

2. 见刑法第 170 条项下最高人民法院《关于审理伪造货币等案件具体应用法律若干问题的解释》。

3. 见刑法第 170 条项下最高人民法院《关于审理伪造货币等案件具体应用法律若干问题的解释（二）》。

4. 见刑法第 170 条项下最高人民法院关于印发《全国法院审理金融犯罪案件工作座谈会纪要》的通知（法〔2001〕8 号　2001 年 1 月 21 日）

六、擅自设立金融机构罪（刑法第174条第1款）

（一）法律与司法解释

1.《中华人民共和国刑法》

第一百七十四条第一款　未经国家有关主管部门批准，擅自设立商业银行、证券交易所、期货交易所、证券公司、期货经纪公司、保险公司或者其他金融机构的，处三年以下有期徒刑或者拘役，并处或者单处二万元以上二十万元以下罚金；情节严重的，处三年以上十年以下有期徒刑，并处五万元以上五十万元以下罚金。

2. 见刑法第170条项下最高人民法院《关于印发〈全国法院审理金融犯罪案件工作座谈会纪要〉的通知》（法〔2001〕8号　2001年1月21日）

3. 最高人民法院《关于农村合作基金会从业人员犯罪如何定性问题的批复》（法释〔2000〕10号　2000年5月12日）

农村合作基金会从业人员，除具有金融机构现职工作人员身份的以外，不属于金融机构工作人员。对其实施的犯罪行为，应当依照刑法的有关规定定罪处罚。

（二）制度规范

1.《非法金融机构和非法金融业务活动取缔办法》（中华人民共和国国务院令第588号　2011年1月8日）

第一章　总则

第一条　为了取缔非法金融机构和非法金融业务活动，维护金融秩序，保护社会公众利益，制定本办法。

第二条　任何非法金融机构和非法金融业务活动，必须予以取缔。

第三条　本办法所称非法金融机构，是指未经中国人民银行批准，擅自设立从事或者主要从事吸收存款、发放贷款、办理结算、票据贴现、资金拆借、信托投资、金融租赁、融资担保、外汇买卖等金融业务活动的机构。

非法金融机构的筹备组织，视为非法金融机构。

第四条　本办法所称非法金融业务活动，是指未经中国人民银行批准，擅自从事的下列活动：

（一）非法吸收公众存款或者变相吸收公众存款；

（二）未经依法批准，以任何名义向社会不特定对象进行的非法集资；

（三）非法发放贷款、办理结算、票据贴现、资金拆借、信托投资、金融租赁、融资担保、外汇买卖；

（四）中国人民银行认定的其他非法金融业务活动。

前款所称非法吸收公众存款，是指未经中国人民银行批准，向社会不特定对象吸收资金，出具凭证，承诺在一定期限内还本付息的活动；所称变相吸收公众存款，是指未经中国人民银行批准，不以吸收公众存款的名义，向社会不特定对象吸收资金，但承诺履行的义务与吸收公众存款性质相同的活动。

第五条　未经中国人民银行依法批准，任何单位和个人不得擅自设立金融机构或者擅自从事金融业务活动。

对非法金融机构和非法金融业务活动，工商行政管理机关不予办理登记。

对非法金融机构和非法金融业务活动，金融机构不予开立账户、办理结算和提供贷款。

第六条　非法金融机构和非法金融业务活动由中国人民银行予以取缔。

非法金融机构设立地或者非法金融业务活动发生地的地方人民政府，负责组织、协调、监督与取缔有关的工作。

第七条　中国人民银行依法取缔非法金融机构和非法金融业务活动，任何单位和个人不得干涉，不得拒绝、阻挠。

第八条　中国人民银行工作人员在履行取缔非法金融机构和非法金融业务活动的职责中，应当依法保守秘密。

第二章　取缔程序

第九条　对非法金融机构、非法吸收公众存款或者变相吸收公众存款以及非法集资，中国人民银行一经发现，应当立即调查、核实；经初步认定后，应当及时提请公安机关依法立案侦查。

第十条　在调查、侦查非法金融机构和非法金融业务活动的过程中，中国人民银行和公安机关应当互相配合。

第十一条　对非法金融机构和非法金融业务活动的犯罪嫌疑人、涉案资金和财产，由公安机关依法采取强制措施，防止犯罪嫌疑人逃跑和转移资金、财产。

第十二条　对非法金融机构和非法金融业务活动，经中国人民银行调查认定后，作出取缔决定，宣布该金融机构和金融业务活动为非法，责令停止一切业务活动，并予公告。

第十三条　中国人民银行发现金融机构为非法金融机构或者非法金融业务活动开立账户、办理结算和提供贷款的，应当责令该金融机构立即停止有关业务活动。任何单位和个人不得擅自动用有关资金。

设立非法金融机构或者从事非法金融业务活动骗取工商行政管理机关登记的，一经发现，工商行政管理机关应当立即注销登记或者变更登记。

第十四条　中国人民银行对非法金融机构和非法金融业务活动进行调查时，被调查的单位和个人必须接受中国人民银行依法进行的调查，如实反映情况，提供有关资料，不得拒绝、隐瞒。

第十五条　中国人民银行调查非法金融机构和非法金融业务活动时，对与案件有关的情况和资料，可以采取记录、复制、录音等手段取得证据。

在证据可能灭失或者以后难以取得的情况下，中国人民银行可以依法先行登记保存，当事人或者有关人员不得销毁或者转移证据。

第三章　债权债务的清理清退

第十六条　因非法金融业务活动形成的债权债务，由从事非法金融业务活动的机构负责清理清退。

第十七条　非法金融机构一经中国人民银行宣布取缔，有批准部门、主管单位或者组建单位的，由批准部门、主管单位或者组建单位负责组织清理清退债权债务；没有批准部门、主管单位或者组建单位的，由所在地的地方人民政府负责组织清理清退债权债务。

第十八条　因参与非法金融业务活动受到的损失，由参与者自行承担。

第十九条　非法金融业务活动所形成的债务和风险，不得转嫁给未参与非法金融业务活动的国有银行和其他金融机构以及其他任何单位。

第二十条　债权债务清理清退后，有剩余非法财物的，予以没收，就地上缴中央金库。

第二十一条　因清理清退发生纠纷的，由当事人协商解决；协商不成的，通过司法程序解决。

第四章　罚则

第二十二条　设立非法金融机构或者从事非法金融业务活动，构成犯罪的，依法追究刑事责任；尚不构成犯罪的，由中国人民银行没收非法所得，并处非法所得 1 倍以上 5 倍以下的罚款；没有非法所得的，处 10 万元以上 50 万元以下的罚款。

第二十三条　擅自批准设立非法金融机构或者擅自批准从事非法金融业务活动的，对直接负责的主管人员和其他直接责任人员依法给予行政处分；构成犯罪的，依法追究刑事责任。

第二十四条　金融机构违反规定，为非法金融机构或者非法金融业务活动开立账户、办理结算或者提供贷款的，由中国人民银行责令改正，没收违法所得，并处违法所得 1 倍以上 5 倍以下的罚款；没有违法所得的，处 10 万元以上 50 万元以下的罚款；对直接负责的主管人员和其他直接责任人员依法给予纪律处分；构成犯罪的，依法追究刑事责任。

第二十五条　拒绝、阻碍中国人民银行依法执行职务，构成犯罪的，依法追究刑事责任；尚不构成犯罪的，由公安机关依法给予治安管理处罚。

第二十六条　中国人民银行工作人员在履行取缔非法金融机构和非法金融业务活动的职责中泄露秘密的，依法给予行政处分；构成犯罪的，依法追究刑事责任。

第二十七条　中国人民银行、公安机关和工商行政管理机关工作人员玩忽职守、滥用职权、徇私舞弊，构成犯罪的，依法追究刑事责任；尚不构成犯罪的，依法给予行政处分。

中国人民银行工作人员对非法金融机构和非法金融业务活动案件，应当移交公安机关而不移交，构成犯罪的，依法追究刑事责任；尚不构成犯罪的，依法给予行政处分。

第五章　附则

第二十八条　取缔非法证券机构和非法证券业务活动参照本办法执行，由中国证券监督管理委员会负责实施，并可以根据本办法的原则制定具体实施办法。

取缔非法商业保险机构和非法商业保险业务活动参照本办法执行，由国务院商业保险监督管理部门负责实施，并可以根据本办法的原则制定具体实施办法。

第二十九条　本办法施行前设立的各类基金会、互助会、储金会、资金服务部、股金服务部、结算中心、投资公司等机构，超越国家政策范围，从事非法金融业务活动的，应当按照国务院的规定，限期清理整顿。超过规定期限继续从事非法金融业务活动的，依照本办法予以取缔；情节严重，构成犯罪的，依法追究刑事责任。

第三十条　本办法自发布之日起施行。

2. 国务院办公厅转发中国人民银行《整顿乱集资乱批设金融机构和乱办金融业务实施方案》的通知（国办发〔1998〕126号　1998年8月11日）

近年来，乱集资、乱批设金融机构和乱办金融业务（以下简称金融"三乱"）等非法金融活动屡禁不止，严重扰乱了正常的金融秩序，给国民经济发展和社会安定造成了极大危害，必须坚决制止和纠正。根据全国金融工作会议精神和党中央、国务院的统一部署，为进一步整顿金融秩序，防范和化解金融风险，现就整顿金融"三乱"工作提出以下方案。

一、整顿金融"三乱"的范围

（一）整顿乱集资。凡未经依法批准，以任何名义向社会不特定对象进行的集资活动，均为乱集资。主要打击以非法占有为目的、使用诈骗方法从事的非法集资活动；整顿未经批准，擅自从事以还本付息或者以支付股息、红利等形式向出资人（单位和个人）进行的有偿集资活动；整顿以发起设立股份公司为名，变相募集股份的集资活动。

（二）整顿乱批设金融机构。凡未经中国人民银行批准，擅自设立从事或者主要从事吸收存款、发放贷款、办理结算、票据贴现、资金拆借、信托投资、金融租赁、融资担保、外汇买卖等金融业务活动的机构，均属非法金融机构，包括冠以银行、信用社、信托投资公司、财务公司、融资租赁公司、典当行等名称的机构，也包括虽未冠以上述名称，但实际是从事或变相从事金融业务的机构。非法成立的金融机构筹备组织也视为非法金融机构。

（三）整顿乱办金融业务。凡未经中国人民银行批准，从事或者变相从事非法吸收公众存款、发放贷款、办理结算、票据贴现、资金拆借、信托投资、金融租赁、融资担保、外汇买卖等金融业务活动的行为，均属乱办金融业务。未经国家证券、保险监管部门批准，擅自设立从事或主要从事证券买卖、投资基金管理、商业保险等金融业务活动的机构和超越原机构业务范围从事或变相从事证券买卖、投资基金管理、商业保险等金融业务活动的行为，属金融"三乱"的范围，其具体整顿方案另行制定。财政中介机构（国债服务部等）和农村合作基金会清理整顿办法另行制定。

二、整顿金融"三乱"工作的原则

各省、自治区、直辖市人民政府和国务院有关部门，要按照党中央、国务院的统一部署和本方案提出的政策、措施、方法、步骤，负责清理整顿本地区、本系统金融"三乱"活动，并做好善后工作。清理整顿金融"三乱"工作，要按照国务院发布的《非法金融机构和非法金融业务活动取缔办法》（国务院令第247号）依法进行。对本地区、本部门存在的金融"三乱"问题，要按照"谁主管，谁整顿；谁批准，谁负责；谁用钱，谁还债；谁担保，谁负相应责任"的原则进行处理。要加强领导，精心组织，分步实施，审慎处理，既要彻底解决问题，又要确保社会稳定。特别要处理好个人到期债务的清偿问题，维护正常的金融秩序，及时化解金融风险。对从事金融"三乱"活动直接负责的主管人员和其他直接责任人员，要严肃处理，一律撤销所担任的各项职务；构成犯罪的，要移交司法机关依法追究刑事责任。

三、整顿金融"三乱"工作的政策措施

（一）整顿乱集资工作的政策措施

1. 严厉打击任何以非法占有为目的，使用诈骗方法从事的非法集资活动。对此类活动的组织者，构成犯罪的，移交司法机关追究刑事责任；尚不构成犯罪的，依照《非法金融机构和非法金融业务活动取缔办法》第二十二条的规定，给予行政处罚。

2. 禁止任何地区、部门和单位从事以还本付息或者以支付股息、红利等形式向出资人（单位和个人）进行的有偿集资活动。对已经发生的，要逐一进行清理，落实债权债务。本方案发布后继续组织非法集资活动的，一律从严惩处。因参与乱集资受到的损失，由参与者自行负责。

3. 严格企业债券的发行管理。企业发行债券，必须经过国务院主管部门批准，并由具备企业债券承销资格的证券经营机构承销。未经批准，不得擅自突破发行计划，不得擅自设立或批准发行计划外券种。对违反规定的，要依照《企业债券管理条例》的规定，追究法律责任。已经发行债券的企业，要按期归还债券本息；对不能按期归还的，不再批准发行新的企业债券。

4. 地方各级人民政府不得发行或变相发行地方政府债券，也不得对外提供担保。对已经发行地方政府债券的，要立即予以纠正，认真清理有关债权债务，做好债务清偿工作。地方各级人民政府为企业境外融资出具的担保或变相担保，要立即予以撤销。对违反规定并造成损失的，要追究有关负责人的责任。

5. 任何单位和个人以发起设立股份有限公司为名，从事或变相从事的集资活动，均为乱集资，一经发现，要严肃处理。

6. 企业通过公开发行股票、企业债券等形式进行有偿集资，必须依照有关法律、行政法规的规定，经国务院主管部门批准。在国务院对企业内部集资明确作出规定前，禁止企业进行内部有偿集资，更不得以企业内部集资为名，搞职工福利。

（二）整顿乱批设金融机构工作的政策措施

1. 凡未经中国人民银行批准，擅自设立的从事或者主要从事吸收存款、发放贷款、办理结算、票据贴现、资金拆借、信托投资、金融租赁、融资担保、外汇买卖等金融业务活动的机构，一律予以取缔，并由中国人民银行发布取缔公告。对已经办理业务的，要先取缔，后清理债权债务，并作出相应的处理。尚在筹备之中的，责令其立即解散筹备组，停止一切筹备活动。对以非法定金融机构名称命名但实质上从事或变相从事金融业务的非法金融机构，也要一律取缔。对上述行为直接负责的主管人员和其他直接责任人员一律撤销职务；构成犯罪的，依法追究刑事责任。

2.禁止任何人开办私人钱庄，一经发现，立即予以取缔，并移交司法机关依法追究刑事责任。

3.未经中国人民银行批准，任何单位和个人均不得擅自批准或设立典当行。对未经中国人民银行批准设立的典当行，立即予以取缔，并追究有关责任人的责任。严禁拍卖行、寄卖行等机构变相从事典当业务，一经发现，要严肃查处。

（三）整顿乱办金融业务工作的政策措施

1.各地人民政府、各有关部门要对本地区、本部门各类基金会、互助会、储金会、资金服务部、股金服务部、结算中心、投资公司等机构的业务活动限期进行清理和整顿。对上述机构超越国家政策范围，从事或变相从事非法吸收公众存款、发放贷款、办理结算、票据贴现、资金拆借、信托投资、金融租赁、融资担保、外汇买卖等金融业务活动的，要按本方案规定的政策和期限（即1999年6月底前），坚决制止和查处，并将有关情况汇总后逐级上报中国人民银行。超过本方案规定期限继续从事非法金融业务活动的，要依照《非法金融机构和非法金融业务活动取缔办法》的规定予以取缔；情节严重、构成犯罪的，要依法追究刑事责任。

2.供销合作社作为合作制经济组织，不得办理存款，也不得以吸收股金为名变相办理存款。对通过股金服务部等形式，办理或变相办理存贷款业务的，要进行清理整顿。从本方案下发之日起，供销合作社对新吸收的社员股金，不再实行"保息分红"；对过去以保息分红方式吸收的老股金，要用三年时间平稳过渡，按照合作制原则进行规范管理。具体办法由全国供销合作总社制定。

3.民政部门倡导的农村救灾扶贫互助储金会，是不以盈利为目的的群众互助组织，所筹资金只能解决会员的应急需要。救灾扶贫互助储金会一律不得办理或变相办理存贷款业务，已经办理的，要在1999年底前完成清收贷款、投资和支付存款等工作。救灾扶贫互助储金会只能在村民委员会或村民小组范围内由村民自愿发起设立，乡及乡以上已经设立的，由民政部门负责在1998年底前撤销。地方各级人民政府要加强对救灾扶贫互助储金会的指导和管理。

4.有关部门和企事业单位不得以行政隶属关系强行要求所属企业通过本系统财务结算中心办理存款、贷款、结算等金融业务，已经办理的，要在1998年内全部清收债权，清偿债务。在清理过程中，银行不得贷款给财务结算中心。各商业银行不得与其他部门和企事业单位联办财务结算中心，已经联办的，一律于1998年底前在人、财、物方面彻底分离。

5.投资公司是利用自有资本进行项目投资的专门经营机构，不得对外吸收存款，或以投资名义对外发放贷款或拆借资金。对已经办理的，由主管部门负责在1998年底前将债权债务清理完毕。在清理过程中，各商业银行不得为其安排贷款。

6.基金会是对国内外社会团体和其他组织以及个人自愿捐赠资金进行管理的民间非营利性社会团体组织，其资金主要用于无偿资助符合其宗旨的活动。设立基金会必须经中国人民银行批准，并由民政部门注册登记。任何单位和个人不得擅自批准和设立基金会，已经设立的，要一律撤销，并追究有关负责人的责任。基金会不得办理存款、贷款、拆借等金融业务，已经办理的，要立即停办，并在1998年底前完成清收债权、清偿债务工作。

7.已从事或变相从事金融业务的非金融机构，凡是地方人民政府或有关部门批准办理金融业务的，其债务由该地方人民政府或有关部门负责清偿；凡单位或个人擅自办理金融业务的，由该单位或个人负责清偿。因不能支付到期债务，可能发生挤提而影响社会安定的单位，由该单位的主管机关会同人民银行、工商行政管理等有关部门研究提出停业整顿方案，报经县以上地方人民政府批准后组织实施。在宣布停业整顿的同时，要发安民告示，宣布清偿债务优先保护城乡居民债权人的合法利益。停业整顿期间，停止吸收存款，暂停支付债务，集中力量清理债权债务，制定债务清偿方案。

8.民政部、全国供销合作总社等中央有关部门，要对本部门的规章、制度和办法中涉及金融业务的内容进行清理；凡是与本方案不符的，一律废止。工商行政管理机关要依据国家法律、法规，严格核定上述部门所属企业的经营范围，对没有取得中国人民银行《经营金融业务许可证》擅自从事金融业务的企业，要责令其限期办理变更登记或注销登记；逾期不办的，坚决予以取缔。

四、整顿金融"三乱"工作的实施步骤

整顿工作从1998年下半年开始，大体分三个阶段进行。

（一）第一阶段，自查自纠。各地人民政府和国务院各部门要组织对本地区、本系统制定的涉及金融业务的法规、规章进行清理，并对金融"三乱"活动进行清理整顿，组织自查自纠。此项工作要在1998年底前完成。

（二）第二阶段，清偿债务。凡涉及金融"三乱"的机构，要尽快制定债务偿还和资产处理的方案，报地方人民政府或上级主管部门批准后实施。此项工作争取在1999年3月底前完成。

（三）第三阶段，总结验收。各省（自治区、直辖市）人民政府和国务院有关部门要在1999年6月底前向国务院报告清理整顿工作情况。整顿工作结束后，中国人民银行要组织力量，赴各地进行检查验收，并将验收情况报告国务院。全部整顿工作于2000年底以前完成。各地区、各有关部门可以根据本地区、本部门金融"三乱"的实际状况和债务清偿的难易程度，确定第一、二阶段的时间安排。

五、清理整顿的工作要求

整顿"三乱"工作，是一项难度较大、敏感度高、涉及面广的工作，一定要积极稳妥，认真规划，谨慎操作。

（一）集中领导，统一部署。清理整顿工作要在县以上地方各级人民政府统一领导下进行。各地人民政府和国务院有关部门要结合本地区、本部门的实际情况，统一部署，组织实施。按照分类指导、区别对待、先易后难、逐步推进的原则，积极稳妥地做好工作。

（二）对清理整顿中出现的问题，要及时审慎地加以解决，保证清理整顿工作平稳进行，避免引起大的波动。对可能影响社会安定的重大问题，地方各级人民政府要组织有关部门抓紧研究处理，采取有效措施化解矛盾，并及时报告上级人民政府。

（三）中国人民银行与国务院有关部门要密切配合，加强对整顿工作的领导、组织和协调。

（三）指导案例

案例：张军、张小琴非法经营案

案例来源：《刑事审判参考》第 828 号

裁判要旨：构成擅自设立金融机构罪，首先在形式上，行为人非法设立的机构应当具备合法金融机构的一些必要形式特征，包括机构名称、组织部门、公司章程、营业地点等。其次在实质上，行为人非法设立的机构应当具备开展相应金融业务的实质能力，包括资金实力、专业人员等，如果不具备开展相应金融业务的实际能力，就没有可能面向社会开展有关金融业务，更谈不上有严重危害金融秩序和金融安全的危险。本案中，"顺发借寄公司"并不具备刑法第 174 条规定的金融机构的形式要件和实质要件，尚未达到足以威胁金融安全、破坏金融秩序的危害程度，故不能以擅自设立金融机构罪论处。

刑法第 225 条列举了 4 种非法经营行为，本案二被告人的行为显然不符合上述规定的前 3 种情形。对其行为是否能认定构成非法经营罪，则要考察其行为是否达到扰乱市场秩序"情节严重"的程度。对此，2010 年最高人民检察院、公安部联合印发的《关于公安机关管辖的刑事案件立案追诉标准的规定（二）》（以下简称《标准二》）将刑法第 225 条第四项的个人犯罪追诉标准规定为"非法经营数额在五万元以上，或者违法所得数额在一万元以上"。

具体到本案，首先，从犯罪数额看。二被告人的非法经营额仅为 13 万元，非法所得不满 2 万元，与有关"非法经营数额在三十万元以上"的标准相去甚远；其次，从经营规模看。二被告人仅同两名当事人进行了押车贷款业务，没有实际牵涉社会不特定多数人，并未造成严重扰乱当地金融秩序的结果；再次，从主观故意看。二被告人主观上只是希望通过该经营活动获取一定经济利益，并无希望或追求扰乱金融秩序的直接故意；最后，从资金能力看。二被告人由于缺乏运营资金，其公司经营客观上难以为继，难以对金融安全造成实质威胁。综上，二被告人非法从事押车贷款的行为，尚未达到情节严重的程度，不构成非法经营罪。

七、伪造、变造、转让金融机构经营许可证、批准文件罪（刑法第 174 条第 2 款）

（一）法律与司法解释

1.《中华人民共和国刑法》

第一百七十四条第二款 伪造、变造、转让商业银行、证券交易所、期货交易所、证券公司、期货经纪公司、保险公司或者其他金融机构的经营许可证或者批准文件的，依照前款的规定处罚。

单位犯前两款罪的，对单位判处罚金，并对其直接负责的主管人员和其他直接责任人员，依照第一款的规定处罚。

2.最高人民检察院、公安部《关于印发〈最高人民检察院、公安部关于公安机关管辖的刑事案件立案追诉标准的规定（二）〉的通知》（公通字〔2010〕23 号 2010 年 5 月 7 日）

第二十五条 ［伪造、变造、转让金融机构经营许可证、批准文件案（刑法第一百七十四条第二款）］伪造、变造、转让商业银行、证券交易所、期货交易所、证券公司、期货公司、保险公司或者其他金融机构的经营许可证或者批准文件的，应予立案追诉。

3.《中华人民共和国商业银行法》

第十六条 经批准设立的商业银行，由国务院银行业监督管理机构颁发经营许可证，并凭该许可证向工商行政管理部门办理登记，领取营业执照。

第二十六条　商业银行应当依照法律、行政法规的规定使用经营许可证。禁止伪造、变造、转让、出租、出借经营许可证。

第七十四条　商业银行有下列情形之一，由国务院银行业监督管理机构责令改正，有违法所得的，没收违法所得，违法所得五十万元以上的，并处违法所得一倍以上五倍以下罚款；没有违法所得或者违法所得不足五十万元的，处五十万元以上二百万元以下罚款；情节特别严重或者逾期不改正的，可以责令停业整顿或者吊销其经营许可证；构成犯罪的，依法追究刑事责任：

（一）未经批准设立分支机构的；

（二）未经批准分立、合并或者违反规定对变更事项不报批的；

（三）违反规定提高或者降低利率以及采用其他不正当手段，吸收存款，发放贷款的；

（四）出租、出借经营许可证的；

（五）未经批准买卖、代理买卖外汇的；

（六）未经批准买卖政府债券或者发行、买卖金融债券的；

（七）违反国家规定从事信托投资和证券经营业务、向非自用不动产投资或者向非银行金融机构和企业投资的；

（八）向关系人发放信用贷款或者发放担保贷款的条件优于其他借款人同类贷款的条件的。

第七十八条　商业银行有本法第七十三条至第七十七条规定情形的，对直接负责的董事、高级管理人员和其他直接责任人员，应当给予纪律处分；构成犯罪的，依法追究刑事责任。

第八十一条　未经国务院银行业监督管理机构批准，擅自设立商业银行，或者非法吸收公众存款、变相吸收公众存款，构成犯罪的，依法追究刑事责任；并由国务院银行业监督管理机构予以取缔。

伪造、变造、转让商业银行经营许可证，构成犯罪的，依法追究刑事责任。

第八十三条　有本法第八十一条、第八十二条规定的行为，尚不构成犯罪的，由国务院银行业监督管理机构没收违法所得，违法所得五十万元以上的，并处违法所得一倍以上五倍以下罚款；没有违法所得或者违法所得不足五十万元的，处五十万元以上二百万元以下罚款。

4.《中华人民共和国保险法》

第七十七条 经批准设立的保险公司及其分支机构，凭经营保险业务许可证向工商行政管理机关办理登记，领取营业执照

第一百一十三条 保险公司及其分支机构应当依法使用经营保险业务许可证，不得转让、出租、出借经营保险业务许可证。

第一百七十条 违反本法规定，有下列行为之一的，由保险监督管理机构责令改正，处十万元以上五十万元以下的罚款；情节严重的，可以限制其业务范围、责令停止接受新业务或者吊销业务许可证：

（一）编制或者提供虚假的报告、报表、文件、资料的；

（二）拒绝或者妨碍依法监督检查的；

（三）未按照规定使用经批准或者备案的保险条款、保险费率的。

第一百七十九条 违反本法规定，构成犯罪的，依法追究刑事责任。

（二）制度规范

1.《金融许可证管理办法》（中国银行业监督管理委员会令2007第8号 2007年7月3日）

第二条 本办法所称金融许可证是指中国银行业监督管理委员会（以下简称银监会）依法颁发的特许金融机构经营金融业务的法律文件。

金融许可证的颁发、更换、吊销等由银监会依法行使，其他任何单位和个人不得行使上述职权。

第三条 金融许可证适用于银监会监管的、经批准经营金融业务的金融机构。

金融机构包括政策性银行、商业银行、农村合作银行、城市信用社、农村信用社、村镇银行、贷款公司、农村资金互助社、金融资产管理公司、信托公司、企业集团财务公司、金融租赁公司、汽车金融公司、货币经纪公

司等。

第十七条　商业银行出租、出借金融许可证的，依照《中华人民共和国商业银行法》的有关规定进行处罚。

第十八条　伪造、变造、转让金融许可证的，移交司法机关依法追究刑事责任。

2.《证券交易所管理办法》（中国证券监督管理委员会令第 136 号　2018 年 1 月 1 日）

第六十六条　证券交易所不得以任何方式转让其依照本办法取得的设立及业务许可。

第八十四条　证券交易所存在下列情况时，由中国证监会对有关高级管理人员视情节轻重分别给予警告、记过、记大过、撤职等行政处分，并责令证券交易所对有关的业务部门负责人给予纪律处分；造成严重后果的，由中国证监会按本办法第三十五条的规定处理；构成犯罪的，由司法机关依法追究有关责任人员的刑事责任：

（一）对国家有关法律、法规、规章、政策和中国证监会颁布的制度、办法、规定不传达、不执行；……

3.《期货交易管理条例》（中华人民共和国国务院令第 676 号　2017 年 3 月 1 日）

第六十六条　期货公司有下列行为之一的，责令改正，给予警告，没收违法所得，并处违法所得 1 倍以上 3 倍以下的罚款；没有违法所得或者违法所得不满 10 万元的，并处 10 万元以上 30 万元以下的罚款；情节严重的，责令停业整顿或者吊销期货业务许可证：……

（十三）伪造、变造、出租、出借、买卖期货业务许可证或者经营许可证的；……

第七十九条　违反本条例规定，构成犯罪的，依法追究刑事责任。

4.《期货经纪公司管理办法》（中国证券监督管理委员会令第 7 号　2002 年 7 月 1 日）

第三十七条　《期货经纪业务许可证》和《营业部经营许可证》由中国证

监会统一设计和印制。

禁止伪造、涂改、出租、出借、转让、买卖《期货经纪业务许可证》和《营业部经营许可证》。

5.《保险许可证管理办法》(中国保险监督管理委员会令2007年第1号 2007年6月22日)

第四条 中华人民共和国境内的下列保险类机构,应当依法取得保险许可证:

(一)经营保险业务的保险控股公司和保险集团公司;

(二)保险公司及其分支机构;

(三)保险资产管理公司及其分支机构;

(四)保险代理机构、保险经纪机构、保险公估机构及其分支机构;

(五)保险兼业代理机构;

(六)中国保监会规定的其他保险类机构。

第五条 本办法所称保险许可证包括下列几种类型:

(一)保险公司法人许可证和经营保险业务许可证;

(二)保险营销服务许可证;

(三)经营保险代理业务许可证;

(四)经营保险经纪业务许可证;

(五)经营保险公估业务许可证;

(六)保险兼业代理业务许可证;

(七)保险资产管理公司法人许可证和经营保险资产管理业务许可证。

第六条 保险许可证由中国保监会统一设计和印制。未经中国保监会授权,其他任何单位和个人均不得设计、印制、发放、收缴和扣押保险许可证。

第十五条 保险类机构应当妥善保管保险许可证。

任何单位和个人不得伪造、变造、出租、转借、转让保险许可证。

第二十九条 保险类机构有下列情形之一的,由中国保监会责令改正,处以3万元以下罚款,并对直接负责的高级管理人员处以5000元罚款;构成犯罪的,依法追究其刑事责任:

（一）伪造、变造、出租、转借、转让保险许可证的；

（二）使用过期或者失效保险许可证的。

6.《保险专业代理机构监管规定》（中国保险监督管理委员会令2015年第3号　2015年10月19日）

第四十条　保险专业代理公司不得伪造、变造、出租、出借、转让许可证。

八、高利转贷罪（刑法第175条）

（一）法律与司法解释

1.《中华人民共和国刑法》

第一百七十五条　以转贷牟利为目的，套取金融机构信贷资金高利转贷他人，违法所得数额较大的，处三年以下有期徒刑或者拘役，并处违法所得一倍以上五倍以下罚金；数额巨大的，处三年以上七年以下有期徒刑，并处违法所得一倍以上五倍以下罚金。

单位犯前款罪的，对单位判处罚金，并对其直接负责的主管人员和其他直接责任人员，处三年以下有期徒刑或者拘役。

2.最高人民法院《关于审理民间借贷案件适用法律若干问题的规定》（法释〔2015〕18号　2015年8月6日）

第十四条　具有下列情形之一，人民法院应当认定民间借贷合同无效：

（一）套取金融机构信贷资金又高利转贷给借款人，且借款人事先知道或者应当知道的；

（二）以向其他企业借贷或者向本单位职工集资取得的资金又转贷给借款人牟利，且借款人事先知道或者应当知道的；

（三）出借人事先知道或者应当知道借款人借款用于违法犯罪活动仍然提供借款的；

（四）违背社会公序良俗的；

（五）其他违反法律、行政法规效力性强制性规定的。

第二十六条 借贷双方约定的利率未超过年利率 24%，出借人请求借款人按照约定的利率支付利息的，人民法院应予支持。

借贷双方约定的利率超过年利率 36%，超过部分的利息约定无效。借款人请求出借人返还已支付的超过年利率 36% 部分的利息的，人民法院应予支持。

3. 最高人民检察院、公安部《关于印发〈最高人民检察院、公安部关于公安机关管辖的刑事案件立案追诉标准的规定（二）〉的通知》（公通字〔2010〕23 号 2010 年 5 月 7 日）

第二十六条 【高利转贷案】（刑法第一百七十五条）以转贷牟利为目的，套取金融机构信贷资金高利转贷他人，涉嫌下列情形之一的，应予立案追诉：

（一）高利转贷，违法所得数额在十万元以上的；

（二）虽未达到上述数额标准，但两年内因高利转贷受过行政处罚二次以上，又高利转贷的。

（二）制度规范

1.《国际金融组织和外国政府贷款赠款项目财务管理办法》（财国合〔2017〕28 号 2017 年 5 月 2 日）

第四十八条 项目实施单位、项目协调机构及财政部门和个人以虚报、冒领等手段骗取贷款赠款资金的，或者滞留、截留、挪用及其他违反规定使用贷款赠款资金的，或者从贷款赠款中非法获益的，依照相关法律法规的规定处理。

2.《四川省高级人民法院关于刑法部分条款数额执行标准和情节认定标准的意见》（川高法〔2002〕105 号 2002 年 5 月 14 日）

第九条 【高利转贷罪】刑法第一百七十五条规定的"数额较大"，是指个人违法所得在 5 万元以上，单位违法所得在 20 万元以上的；"数额巨大"，是指个人违法所得在 20 万元以上，单位违法所得在 100 万元以上的。

3.《贷款通则》（中国人民银行令〔1996 年 2 号〕 1996 年 6 月 28 日）

第二条 本通则所称贷款人，系指在中国境内依法设立的经营贷款业务的中资金融机构。本通则所称借款人，系指从经营贷款业务的中资金融机构取得贷款的法人、其他经济组织、个体工商户和自然人。本通则中所称贷款系指贷款人对借款人提供的并按约定的利率和期限还本付息的货币资金。本通则中的贷款币种包括人民币和外币。

第十七条　借款人应当是经工商行政管理机关（或主管机关）核准登记的企（事）业法人、其他经济组织、个体工商户或具有中华人民共和国国籍的具有完全民事行为能力的自然人。

借款人申请贷款，应当具备产品有市场、生产经营有效益、不挤占挪用信贷资金、恪守信用等基本条件，并且应当符合以下要求：

（一）有按期还本付息的能力，原应付贷款利息和到期贷款已清偿；没有清偿的，已经做了贷款人认可的偿还计划。

（二）除自然人和不需要经工商部门核准登记的事业法人外，应当经过工商部门办理年检手续。

（三）已开立基本账户或一般存款账户。

（四）除国务院规定外，有限责任公司和股份有限公司对外股本权益性投资累计额未超过其净资产总额的50%。

（五）借款人的资产负债率符合贷款人的要求。

（六）申请中期、长期贷款的，新建项目的企业法人所有者权益与项目所需总投资的比例不低于国家规定的投资项目的资本金比例。

第七十一条　借款人有下列情形之一，由贷款人对其部分或全部贷款加收利息；情节特别严重的，由贷款人停止支付借款人尚未使用的贷款，并提前收回部分或全部贷款：

（一）不按借款合同规定用途使用贷款的。

（二）用贷款进行股本权益性投资的。

（三）用贷款在有价证券、期货等方面从事投机经营的。

（四）未依法取得经营房地产资格的借款人用贷款经营房地产业务的；依法取得经营房地产资格的借款人，用贷款从事房地产投机的。

（五）不按借款合同规定清偿贷款本息的。

（六）套取贷款相互借贷牟取非法收入的。

4.《金融违法行为处罚办法》(中华人民共和国国务院令第 260 号 1999 年 2 月 22 日)

第十六条 金融机构办理贷款业务,不得有下列行为:

(一)向关系人发放信用贷款;

(二)向关系人发放担保贷款的条件优于其他借款人同类贷款的条件;

(三)违反规定提高或者降低利率以及采用其他不正当手段发放贷款;

(四)违反中国人民银行规定的其他贷款行为。

金融机构有前款所列行为之一的,给予警告,没收违法所得,并处违法所得 1 倍以上 5 倍以下的罚款,没有违法所得的,处 10 万元以上 50 万元以下的罚款;对该金融机构直接负责的高级管理人员、其他直接负责的主管人员和直接责任人员,给予撤职直至开除的纪律处分;情节严重的,责令该金融机构停业整顿或者吊销经营金融业务许可证;构成违法向关系人发放贷款罪、违法发放贷款罪或者其他罪的,依法追究刑事责任。

(三)指导案例

案例:姚凯高利转贷案

案例来源:《刑事审判参考》第 487 号

裁判要旨:理解刑法第 175 条的规定应把握高利转贷行为的本质并结合立法精神加以判定,虽然银行承兑汇票与银行贷款表现形式不同,借贷关系与票据关系在法律上也有不同之处,但银行承兑汇票是纳入信贷科目管理的,在银行内部的管理模式和性质上是相同的,银行承兑汇票贴现时使用的资金属于银行的信贷资金,票据贴现也是银行借出信贷资金的一种表现形式,因此套取银行承兑汇票然后转让他人进行贴现的实质上是属于套取了银行的信贷资金。

本案被告人姚凯以农垦工贸公司的名义向银行申请办理承兑汇票时,编造了虚假的交易关系、出具了虚假购销合同,采用了欺骗手段,套取银行承兑汇票后,将汇票交给用款人,然后用款人向银行贴现,由此完成了转贷并且非法获得了高利,这只是套取银行信贷资金的手段形式不同,从实质意义上说，这是一种利用承兑汇票贴现套取银行资金的行为，符合刑法第 175 条规定的套取金融机构信贷资金的行为特征。

九、骗取贷款、票据承兑、金融票证罪（刑法第 175 条之一）

（一）法律与司法解释

1.《中华人民共和国刑法》

第一百七十五条之一　以欺骗手段取得银行或者其他金融机构贷款、票据承兑、信用证、保函等，给银行或者其他金融机构造成重大损失或者有其他严重情节的，处三年以下有期徒刑或者拘役，并处或者单处罚金；给银行或者其他金融机构造成特别重大损失或者有其他特别严重情节的，处三年以上七年以下有期徒刑，并处罚金。

单位犯前款罪的，对单位判处罚金，并对其直接负责的主管人员和其他直接责任人员，依照前款的规定处罚。

2. 最高人民检察院、公安部《关于印发〈最高人民检察院、公安部关于公安机关管辖的刑事案件立案追诉标准的规定（二）〉的通知》（公通字〔2010〕23 号　2010 年 5 月 7 日）

第二十七条　〔骗取贷款、票据承兑、金融票证案（刑法第一百七十五条之一）〕以欺骗手段取得银行或者其他金融机构贷款、票据承兑、信用证、保函等，涉嫌下列情形之一的，应予立案追诉：

（一）以欺骗手段取得贷款、票据承兑、信用证、保函等，数额在一百万元以上的；

（二）以欺骗手段取得贷款、票据承兑、信用证、保函等，给银行或者其他金融机构造成直接经济损失数额在二十万元以上的；

（三）虽未达到上述数额标准，但多次以欺骗手段取得贷款、票据承兑、信用证、保函等的；

（四）其他给银行或者其他金融机构造成重大损失或者有其他严重情节的情形。

（二）制度规范

浙江省高级人民法院、浙江省人民检察院、浙江省公安厅《关于办理骗取贷款、票据承兑、金融票证罪有关法律适用问题的会议纪要》（浙检发研字〔2016〕9号　2015年8月26日）

为有效打击骗取贷款、票据承兑、金融票证犯罪，维护金融秩序和安全，保障经济持续健康发展，2015年5月27日，浙江省高级人民法院、浙江省人民检察院、浙江省公安厅召开座谈会，对骗取贷款、票据承兑、金融票证罪的有关法律适用问题进行了研究，并达成共识。现纪要如下：

一、刑法第一百七十五条之一规定的"欺骗手段"是指行为人在取得银行或者其他金融机构的贷款、票据承兑、金融票证时，采用虚构事实、隐瞒真相等手段，掩盖客观事实，骗取银行或者其他金融机构信任的行为。

行为人编造虚假的资信证明、资金用途、抵押物价值等虚假材料，导致银行或者其他金融机构高估其资信现状的，可以认定为使用"欺骗手段"。实践中，刑法第一百七十五之一"欺骗手段"的具体认定可参考刑法关于贷款诈骗罪的相关规定。

二、根据刑法规定，行为人以欺骗手段取得银行或者其他金融机构贷款、票据承兑、金融票证，给银行或者其他金融机构造成重大损失的，应当追究刑事责任。在一审判决前偿还的，可以从宽处理。

行为人以欺骗手段取得银行或者其他金融机构贷款、票据承兑、金融票证，数额超过人民币一百万元不满五百万元，但在侦查机关立案前已偿还信贷资金，未给银行或者其他金融机构造成直接经济损失的，或者行为人以自有财产提供担保且担保物足以偿还贷款本息的，可认定为刑法第十三条的"情节显著轻微危害不大"，不作为犯罪处理。

行为人以欺骗手段取得银行或者其他金融机构贷款、票据承兑、金融票证，数额超过五百万元，未给银行或者其他金融机构造成直接经济损失的，是否需要追究刑事责任，可综合考虑行为人的主观恶性、行为的客观危害，如行为人在授信、贸易背景、贷款用途、抵押物价值等方面是否存在多环节或多次实施欺骗手段，有无给其他人造成经济损失等案件具体情节加以确定。

行为人以欺骗手段取得贷款、票据承兑、金融票证，给银行或者其他金融机构造成直接经济损失数额二十万元以上的，认定为刑法第一百七十五条之一规定的"重大损失"。

直接经济损失应限定为侦查机关立案时逾期未偿还银行或者其他金融机构的信贷资金。

偿还信贷资金是指行为人通过自己偿还、他人代为偿还、担保人偿还等途径已经向银行或者其它金融机构偿还贷款合同约定的本金及利息。

三、除第二条规定的情形外，行为人以欺骗手段取得银行或者其他金融机构贷款、票据承兑、金融票证的行为是否构成骗取贷款、票据承兑、金融票证罪，严格按照刑法和相关司法解释的规定处理。

四、担保人明知他人实施骗取贷款、票据承兑、金融票证行为而为其提供虚假担保的，可作为共同犯罪处理。

银行或其他金融机构工作人员明知行为人采取了虚构事实、隐瞒真相手段仍予以发放贷款、出具票据等金融票证，或者行为人、银行或其他金融机构工作人员各自或共同虚构事实、隐瞒真相取得担保人担保，构成其他犯罪的，按照刑法和相关司法解释的规定处理。

五、本纪要自印发之日起执行。如有新的规定，按照新的规定执行。

（三）指导案例

1. 案例：江树昌骗取贷款案

案例来源：《刑事审判参考》第 962 号

裁判要旨：小额贷款公司是依法经营小额贷款金融业务的有限责任公司或者股份有限公司。小额贷款公司是经银行业监督管理机构授权的省级政府主管部门批准设立和主管的其他金融机构。中国人民银行的相关规定已经明确认可小额贷款公司为金融机构。是否取得金融许可证并不影响对小额贷款公司金融机构性质的认定。所以，小额贷款公司系依法设立的经营小额贷款金融业务的其他非银行金融机构。本案中，根据金融业机构信息年度验证合格通知书、金融机构信息变更书、上海市金融服务办公室批复等证据，足以证实九星小额贷款公司系依法设立的从事贷款金融业务的其他金融机构，符合骗取贷款罪的对象特征。

2. 案例：陈恒国骗取贷款案

案例来源：《刑事审判参考》第 963 号

裁判要旨：结合司法实际，一般而言，对于行为人通过欺骗的方法非法获取资金，造成数额较大资金不能归还，并具有下列情形之一的，可以认定为具有非法占有的目的：（1）明知没有归还能力而骗取大量资金；（2）非法获取资金后逃跑的；（3）肆意挥霍骗取资金的；（4）使用骗取的资金进行犯罪活动的；（5）抽逃、转移资金、隐匿财产，以逃避返还资金的；（6）隐匿、销毁账目，或者搞假破产、假倒闭，以逃避返还资金的；（7）其他非法占有资金、拒不返还的行为。

具体到本案中，被告人多次冒用他人名义贷款，冒用他人名义担保贷款，从查明的证据来看，陈恒国骗取贷款后，确有开发周党步行街房产、山店林场、山店乡水电站、自来水经营管理权等投资项目；案发前，陈恒国与经办的信贷员签订了转贷协议，并将其资产证件交付了信贷员，可以证明陈恒国确有还款的意愿。其对取得的贷款并没有非法占有的意图，但其以欺骗手段取得银行或者其他金融机构贷款，给银行或者其他金融机构造成重大损失的行为应认定为骗取贷款罪。

3. 案例：钢浓公司、武建钢骗取贷款、诈骗案

案例来源：《刑事审判参考》第 1208 号

裁判要旨：非法占有目的的认定具体可从以下三个方面来把握：一是行为人借款前的资产负债情况，即判断其有无还款能力；二是行为人实际借款用途有无保值增值可能；三是行为人有无隐匿财产、恶意转移财产、逃跑等逃避还款义务的行为。上述情节可以从客观方面反映行为人有无还款意愿和还款可能。对以欺骗方式获取借款，但借款时确有还款能力，借款后实际用于保值增值业务或者借款合同约定的借款用途，借款逾期后积极采取有效措施筹措还款的借款人，不宜认定行为人有非法占有的主观恶意。本案中，被

告人武建钢明知自己无还款能力，负有大量外债，借款时已转让钢浓公司全部股权，隐瞒真相，虚构借款用途，使程春胜产生错误认识借给其巨额款项，并且在逾期后拒不归还，所以应认定其主观上具有非法占有目的。

十、非法吸收公众存款罪（刑法第176条）

（一）法律与司法解释

1.《中华人民共和国刑法》

第一百七十六条 非法吸收公众存款或者变相吸收公众存款，扰乱金融秩序的，处三年以下有期徒刑或者拘役，并处或者单处二万元以上二十万元以下罚金；数额巨大或者有其他严重情节的，处三年以上十年以下有期徒刑，并处五万元以上五十万元以下罚金。

单位犯前款罪的，对单位判处罚金，并对其直接负责的主管人员和其他直接责任人员，依照前款的规定处罚。

2. 最高人民法院《关于审理非法集资刑事案件具体应用法律若干问题的解释》（法释〔2010〕18号 2011年1月4日）

为依法惩治非法吸收公众存款、集资诈骗等非法集资犯罪活动，根据刑法有关规定，现就审理此类刑事案件具体应用法律的若干问题解释如下：

第一条 违反国家金融管理法律规定，向社会公众（包括单位和个人）吸收资金的行为，同时具备下列四个条件的，除刑法另有规定的以外，应当认定为刑法第一百七十六条规定的"非法吸收公众存款或者变相吸收公众存款"：

（一）未经有关部门依法批准或者借用合法经营的形式吸收资金；

（二）通过媒体、推介会、传单、手机短信等途径向社会公开宣传；

（三）承诺在一定期限内以货币、实物、股权等方式还本付息或者给付回报；

（四）向社会公众即社会不特定对象吸收资金。

未向社会公开宣传，在亲友或者单位内部针对特定对象吸收资金的，不属于非法吸收或者变相吸收公众存款。

第二条 实施下列行为之一，符合本解释第一条第一款规定的条件的，应当依照刑法第一百七十六条的规定，以非法吸收公众存款罪定罪处罚：

（一）不具有房产销售的真实内容或者不以房产销售为主要目的，以返本销售、售后包租、约定回购、销售房产份额等方式非法吸收资金的；

（二）以转让林权并代为管护等方式非法吸收资金的；

（三）以代种植（养殖）、租种植（养殖）、联合种植（养殖）等方式非法吸收资金的；

（四）不具有销售商品、提供服务的真实内容或者不以销售商品、提供服务为主要目的，以商品回购、寄存代售等方式非法吸收资金的；

（五）不具有发行股票、债券的真实内容，以虚假转让股权、发售虚构债券等方式非法吸收资金的；

（六）不具有募集基金的真实内容，以假借境外基金、发售虚构基金等方式非法吸收资金的；

（七）不具有销售保险的真实内容，以假冒保险公司、伪造保险单据等方式非法吸收资金的；

（八）以投资入股的方式非法吸收资金的；

（九）以委托理财的方式非法吸收资金的；

（十）利用民间"会"、"社"等组织非法吸收资金的；

（十一）其他非法吸收资金的行为。

第三条 非法吸收或者变相吸收公众存款，具有下列情形之一的，应当依法追究刑事责任：

（一）个人非法吸收或者变相吸收公众存款，数额在20万元以上的，单位非法吸收或者变相吸收公众存款，数额在100万元以上的；

（二）个人非法吸收或者变相吸收公众存款对象30人以上的，单位非法吸收或者变相吸收公众存款对象150人以上的；

（三）个人非法吸收或者变相吸收公众存款，给存款人造成直接经济损失数额在10万元以上的，单位非法吸收或者变相吸收公众存款，给存款人造成直接经济损失数额在 50 万元以上的；

（四）造成恶劣社会影响或者其他严重后果的。

具有下列情形之一的，属于刑法第一百七十六条规定的"数额巨大或者有其他严重情节"：

（一）个人非法吸收或者变相吸收公众存款，数额在 100 万元以上的，单位非法吸收或者变相吸收公众存款，数额在 500 万元以上的；

（二）个人非法吸收或者变相吸收公众存款对象 100 人以上的，单位非法吸收或者变相吸收公众存款对象 500 人以上的；

（三）个人非法吸收或者变相吸收公众存款，给存款人造成直接经济损失数额在 50 万元以上的，单位非法吸收或者变相吸收公众存款，给存款人造成直接经济损失数额在 250 万元以上的；

（四）造成特别恶劣社会影响或者其他特别严重后果的。

非法吸收或者变相吸收公众存款的数额，以行为人所吸收的资金全额计算。案发前后已归还的数额，可以作为量刑情节酌情考虑。

非法吸收或者变相吸收公众存款，主要用于正常的生产经营活动，能够及时清退所吸收资金，可以免予刑事处罚；情节显著轻微的，不作为犯罪处理。

第四条 以非法占有为目的，使用诈骗方法实施本解释第二条规定所列行为的，应当依照刑法第一百九十二条的规定，以集资诈骗罪定罪处罚。

使用诈骗方法非法集资，具有下列情形之一的，可以认定为"以非法占有为目的"：

（一）集资后不用于生产经营活动或者用于生产经营活动与筹集资金规模明显不成比例，致使集资款不能返还的；

（二）肆意挥霍集资款，致使集资款不能返还的；

（三）携带集资款逃匿的；

（四）将集资款用于违法犯罪活动的；

（五）抽逃、转移资金、隐匿财产，逃避返还资金的；

（六）隐匿、销毁账目，或者搞假破产、假倒闭，逃避返还资金的；

（七）拒不交代资金去向，逃避返还资金的；

（八）其他可以认定非法占有目的的情形。

集资诈骗罪中的非法占有目的，应当区分情形进行具体认定。行为人部分非法集资行为具有非法占有目的的，对该部分非法集资行为所涉集资款以集资诈骗罪定罪处罚；非法集资共同犯罪中部分行为人具有非法占有目的，其他行为人没有非法占有集资款的共同故意和行为的，对具有非法占有目的的行为人以集资诈骗罪定罪处罚。

第五条 个人进行集资诈骗，数额在 10 万元以上的，应当认定为"数额较大"；数额在 30 万元以上的，应当认定为"数额巨大"；数额在 100 万元以上的，应当认定为"数额特别巨大"。

单位进行集资诈骗，数额在 50 万元以上的，应当认定为"数额较大"；数额在 150 万元以上的，应当认定为"数额巨大"；数额在 500 万元以上的，应当认定为"数额特别巨大"。

集资诈骗的数额以行为人实际骗取的数额计算，案发前已归还的数额应予扣除。行为人为实施集资诈骗活动而支付的广告费、中介费、手续费、回扣，或者用于行贿、赠与等费用，不予扣除。

行为人为实施集资诈骗活动而支付的利息，除本金未归还可予折抵本金以外，应当计入诈骗数额。

第六条 未经国家有关主管部门批准，向社会不特定对象发行、以转让股权等方式变相发行股票或者公司、企业债券，或者向特定对象发行、变相发行股票或者公司、企业债券累计超过 200 人的，应当认定为刑法第一百七十九条规定的"擅自发行股票、公司、企业债券"。构成犯罪的，以擅自发行股票、公司、企业债券罪定罪处罚。

第七条 违反国家规定，未经依法核准擅自发行基金份额募集基金，情节严重的，依照刑法第二百二十五条的规定，以非法经营罪定罪处罚。

第八条 广告经营者、广告发布者违反国家规定，利用广告为非法集资活动相关的商品或者服务作虚假宣传，具有下列情形之一的，依照刑法第二百二十二条的规定，以虚假广告罪定罪处罚：

（一）违法所得数额在 10 万元以上的；

（二）造成严重危害后果或者恶劣社会影响的；

（三）二年内利用广告作虚假宣传，受过行政处罚二次以上的；

（四）其他情节严重的情形。

明知他人从事欺诈发行股票、债券，非法吸收公众存款，擅自发行股票、债券，集资诈骗或者组织、领导传销活动等集资犯罪活动，为其提供广告等宣传的，以相关犯罪的共犯论处。

第九条　此前发布的司法解释与本解释不一致的，以本解释为准。

3. 最高人民法院《关于非法集资刑事案件性质认定问题的通知》（法〔2011〕262 号　2011 年 8 月 18 日）

一、行政部门对于非法集资的性质认定，不是非法集资案件进入刑事程序的必经程序。行政部门未对非法集资作出性质认定的，不影响非法集资刑事案件的审判。

二、人民法院应当依照刑法和《最高人民法院关于审理非法集资刑事案件具体应用法律若干问题的解释》等有关规定认定案件事实的性质，并认定相关行为是否构成犯罪。

三、对于案情复杂、性质认定疑难的案件，人民法院可以在有关部门关于是否符合行业技术标准的行政认定意见的基础上，根据案件事实和法律规定作出性质认定。

四、非法集资刑事案件的审判工作涉及领域广、专业性强，人民法院在审理此类案件当中要注意加强与有关行政主（监）管部门以及公安机关、人民检察院的配合。审判工作中遇到重大问题难以解决的，请及时报告最高人民法院。

4. 最高人民法院、最高人民检察院、公安部《关于办理非法集资刑事案件适用法律若干问题的意见》（公通字〔2014〕16 号　2014 年 3 月 25 日）

各省、自治区、直辖市高级人民法院，人民检察院，公安厅、局，解放军军事法院、军事检察院，新疆维吾尔自治区高级人民法院生产建设兵团分院，新疆生产建设兵团人民检察院、公安局：

为解决近年来公安机关、人民检察院、人民法院在办理非法集资刑事案件中遇到的问题，依法惩治非法吸收公众存款、集资诈骗等犯罪，根据刑法、刑事诉讼法的规定，结合司法实践，现就办理非法集资刑事案件适用法律问题提出以下意见：

一、关于行政认定的问题

行政部门对于非法集资的性质认定，不是非法集资刑事案件进入刑事诉讼程序的必经程序。行政部门未对非法集资作出性质认定的，不影响非法集资刑事案件的侦查、起诉和审判。

公安机关、人民检察院、人民法院应当依法认定案件事实的性质，对于案情复杂、性质认定疑难的案件，可参考有关部门的认定意见，根据案件事实和法律规定作出性质认定。

二、关于"向社会公开宣传"的认定问题

《最高人民法院关于审理非法集资刑事案件具体应用法律若干问题的解释》第一条第一款第二项中的"向社会公开宣传"，包括以各种途径向社会公众传播吸收资金的信息，以及明知吸收资金的信息向社会公众扩散而予以放任等情形。

三、关于"社会公众"的认定问题

下列情形不属于《最高人民法院关于审理非法集资刑事案件具体应用法律若干问题的解释》第一条第二款规定的"针对特定对象吸收资金"的行为，应当认定为向社会公众吸收资金：

（一）在向亲友或者单位内部人员吸收资金的过程中，明知亲友或者单位内部人员向不特定对象吸收资金而予以放任的；

（二）以吸收资金为目的，将社会人员吸收为单位内部人员，并向其吸收资金的。

四、关于共同犯罪的处理问题

为他人向社会公众非法吸收资金提供帮助，从中收取代理费、好处费、返点费、佣金、提成等费用，构成非法集资共同犯罪的，应当依法追究刑事责任。能够及时退缴上述费用的，可依法从轻处罚；其中情节轻微的，可以免除处罚；情节显著轻微、危害不大的，不作为犯罪处理。

五、关于涉案财物的追缴和处置问题

向社会公众非法吸收的资金属于违法所得。以吸收的资金向集资参与人支付的利息、分红等回报，以及向帮助吸收资金人员支付的代理费、好处费、返点费、佣金、提成等费用，应当依法追缴。集资参与人本金尚未归还的，所支付的回报可予折抵本金。

将非法吸收的资金及其转换财物用于清偿债务或者转让给他人，有下列情形之一的，应当依法追缴：

（一）他人明知是上述资金及财物而收取的；

（二）他人无偿取得上述资金及财物的；

（三）他人以明显低于市场的价格取得上述资金及财物的；

（四）他人取得上述资金及财物系源于非法债务或者违法犯罪活动的；

（五）其他依法应当追缴的情形。

查封、扣押、冻结的易贬值及保管、养护成本较高的涉案财物，可以在诉讼终结前依照有关规定变卖、拍卖。所得价款由查封、扣押、冻结机关予以保管，待诉讼终结后一并处置。

查封、扣押、冻结的涉案财物，一般应在诉讼终结后，返还集资参与人。涉案财物不足全部返还的，按照集资参与人的集资额比例返还。

六、关于证据的收集问题

办理非法集资刑事案件中，确因客观条件的限制无法逐一收集集资参与人的言词证据的，可结合已收集的集资参与人的言词证据和依法收集并查证属实的书面合同、银行账户交易记录、会计凭证及会计账簿、资金收付凭证、审计报告、互联网电子数据等证据，综合认定非法集资对象人数和吸收资金数额等犯罪事实。

七、关于涉及民事案件的处理问题

对于公安机关、人民检察院、人民法院正在侦查、起诉、审理的非法集资刑事案件，有关单位或者个人就同一事实向人民法院提起民事诉讼或者申请执行涉案财物的，人民法院应当不予受理，并将有关材料移送公安机关或者检察机关。

人民法院在审理民事案件或者执行过程中，发现有非法集资犯罪嫌疑的，应当裁定驳回起诉或者中止执行，并及时将有关材料移送公安机关或者检察机关。

公安机关、人民检察院、人民法院在侦查、起诉、审理非法集资刑事案件中，发现与人民法院正在审理的民事案件属同一事实，或者被申请执行的财物属于涉案财物的，应当及时通报相关人民法院。人民法院经审查认为确属涉嫌犯罪的，依照前款规定处理。

八、关于跨区域案件的处理问题

跨区域非法集资刑事案件，在查清犯罪事实的基础上，可以由不同地区的公安机关、人民检察院、人民法院分别处理。

对于分别处理的跨区域非法集资刑事案件，应当按照统一制定的方案处置涉案财物。

国家机关工作人员违反规定处置涉案财物，构成渎职等犯罪的，应当依法追究刑事责任。

5. 最高人民检察院《关于办理涉互联网金融犯罪案件有关问题座谈会纪要》(高检诉〔2017〕14 号　2017 年 6 月 1 日)

互联网金融是金融与互联网相互融合形成的新型金融业务模式。发展互联网金融，对加快实施创新驱动发展战略、推进供给侧结构性改革、促进经济转型升级具有积极作用。但是，在互联网金融快速发展过程中，部分机构、业态偏离了正确方向，有些甚至打着"金融创新"的幌子进行非法集资、金融诈骗等违法犯罪活动，严重扰乱了金融管理秩序，侵害了人民群众合法权益。2016 年 4 月，国务院部署开展了互联网金融风险专项整治工作，集中整治违法违规行为，防范和化解互联网金融风险。各级检察机关积极参与专项整治工作，依法办理进入检察环节的涉互联网金融犯罪案件。针对办案中遇到的新情况、新问题，高检院公诉厅先后在昆明、上海、福州召开座谈会，对办理涉互联网金融犯罪案件中遇到的有关行为性质、法律适用、证据审查、追诉范围等问题进行了深入研究。纪要如下：

一、办理涉互联网金融犯罪案件的基本要求

促进和保障互联网金融规范健康发展，是检察机关服务经济社会发展的重要内容。各地检察机关公诉部门应当充分认识防范和化解互联网金融风险的重要性、紧迫性和复杂性，立足检察职能，积极参与互联网金融风险专项整治工作，有效预防、依法惩治涉互联网金融犯罪，切实维护人民群众合法权益，维护国家金融安全。

1. 准确认识互联网金融的本质。互联网金融的本质仍然是金融，其潜在的风险与传统金融没有区别，甚至还可能因互联网的作用而被放大。要依据现有的金融管理法律规定，依法准确判断各类金融活动、金融业态的法律性质，准确界定金融创新和金融违法犯罪的界限。在办理涉互联网金融犯罪案件时，判断是否符合"违反国家规定""未经有关国家主管部门批准"等要件时，应当以现行刑事法律和金融管理法律法规为依据。对各种类型互联网金融活动，要深入剖析行为实质并据此判断其性质，从而准确区分罪与非罪、此罪与彼罪、罪轻与罪重、打击与保护的界限，不能机械地被所谓"互联网金融创新"表象所迷惑。

2. 妥善把握刑事追诉的范围和边界。涉互联网金融犯罪案件涉案人员众多，要按照区别对待的原则分类处理，综合运用刑事追诉和非刑事手段处置和化解风险，打击少数、教育挽救大多数。要坚持主客观相统一的原则，根据犯罪嫌疑人在犯罪活动中的地位作用、涉案数额、危害结果、主观过错等主客观情节，综合判断责任轻重及刑事追诉的必要性，做到罪责适应、罚当其罪。对犯罪情节严重、主观恶性大、在犯罪中起主要作用的人员，特别是核心管理层人员和骨干人员，依法从严打击；对犯罪情节相对较轻、主观恶性较小、在犯罪中起次要作用的人员依法从宽处理。

3. 注重案件统筹协调推进。涉互联网金融犯罪跨区域特征明显，各地检察机关公诉部门要按照"统一办案协调、统一案件指挥、统一资产处置、分别侦查诉讼、分别落实维稳"（下称"三统两分"）的要求分别处理好辖区内案件，加强横向、纵向联系，在上级检察机关特别是省级检察院的指导下统一协调推进办案工作，确保辖区内案件处理结果相对平衡统一。跨区县案件由地市级检察院统筹协调，跨地市案件由省级检察院统一协调，跨省案件由高检院公诉厅统一协调。各级检察机关公诉部门要加强与公安机关、地方金融办等相关单位以及检察机关内部侦监、控申等部门的联系，建立健全案件信息通报机制，及时掌握重大案件的立案、侦查、批捕、信访等情况，适时开展提前介入侦查等工作，并及时上报上级检察院。省级检察院公诉部门要发挥工作主动性，主动掌握社会影响大的案件情况，研究制定工作方案，统筹协调解决办案中遇到的问题，重大、疑难、复杂问题要及时向高检院报告。

4.坚持司法办案"三个效果"有机统一。涉互联网金融犯罪影响广泛，社会各界特别是投资人群体十分关注案件处理。各级检察机关公诉部门要从有利于全案依法妥善处置的角度出发，切实做好提前介入侦查引导取证、审查起诉、出庭公诉等各个阶段的工作，依法妥善处理重大敏感问题，不能机械司法、就案办案。同时，要把办案工作与保障投资人合法权益紧密结合起来，同步做好释法说理、风险防控、追赃挽损、维护稳定等工作，努力实现司法办案的法律效果、社会效果、政治效果有机统一。

二、准确界定涉互联网金融行为法律性质

5.互联网金融涉及P2P网络借贷、股权众筹、第三方支付、互联网保险以及通过互联网开展资产管理及跨界从事金融业务等多个金融领域，行为方式多样，所涉法律关系复杂。违法犯罪行为隐蔽性、迷惑性强，波及面广，社会影响大，要根据犯罪行为的实质特征和社会危害，准确界定行为的法律性质和刑法适用的罪名。

（一）非法吸收公众存款行为的认定

6.涉互联网金融活动在未经有关部门依法批准的情形下，公开宣传并向不特定公众吸收资金，承诺在一定期限内还本付息的，应当依法追究刑事责任。其中，应重点审查互联网金融活动相关主体是否存在归集资金、沉淀资金，致使投资人资金存在被挪用、侵占等重大风险等情形。

7.互联网金融的本质是金融，判断其是否属于"未经有关部门依法批准"，即行为是否具有非法性的主要法律依据是《商业银行法》《非法金融机构和非法金融业务活动取缔办法》（国务院令第247号）等现行有效的金融管理法律规定。

8. 对以下网络借贷领域的非法吸收公众资金的行为，应当以非法吸收公众存款罪分别追究相关行为主体的刑事责任：

（1）中介机构以提供信息中介服务为名，实际从事直接或间接归集资金、甚至自融或变相自融等行为，应当依法追究中介机构的刑事责任。特别要注意识别变相自融行为，如中介机构通过拆分融资项目期限、实行债权转让等方式为自己吸收资金的，应当认定为非法吸收公众存款。

（2）中介机构与借款人存在以下情形之一的，应当依法追究刑事责任：①中介机构与借款人合谋或者明知借款人存在违规情形，仍为其非法吸收公众存款提供服务的；中介机构与借款人合谋，采取向出借人提供信用担保、通过电子渠道以外的物理场所开展借贷业务等违规方式向社会公众吸收资金的；②双方合谋通过拆分融资项目期限、实行债权转让等方式为借款人吸收资金的。在对中介机构、借款人进行追诉时，应根据各自在非法集资中的地位、作用确定其刑事责任。中介机构虽然没有直接吸收资金，但是通过大肆组织借款人开展非法集资并从中收取费用数额巨大、情节严重的，可以认定为主犯。

（3）借款人故意隐瞒事实，违反规定，以自己名义或借用他人名义利用多个网络借贷平台发布借款信息，借款总额超过规定的最高限额，或将吸收资金用于明确禁止的投资股票、场外配资、期货合约等高风险行业，造成重大损失和社会影响的，应当依法追究借款人的刑事责任。对于借款人将借款主要用于正常的生产经营活动，能够及时清退所吸收资金，不作为犯罪处理。

9. 在非法吸收公众存款罪中，原则上认定主观故意并不要求以明知法律的禁止性规定为要件。特别是具备一定涉金融活动相关从业经历、专业背景或在犯罪活动中担任一定管理职务的犯罪嫌疑人，应当知晓相关金融法律管理规定，如果有证据证明其实际从事的行为应当批准而未经批准，行为在客观上具有非法性，原则上就可以认定其具有非法吸收公众存款的主观故意。在证明犯罪嫌疑人的主观故意时，可以收集运用犯罪嫌疑人的任职情况、职业经历、专业背景、培训经历、此前任职单位或者其本人因从事同类行为受到处罚情况等证据，证明犯罪嫌疑人提出的"不知道相关行为被法律所禁止，故不具有非法吸收公众存款的主观故意"等辩解不能成立。除此之外，还可以收集运用以下证据进一步印证犯罪嫌疑人知道或应当知道其所从事行为具有非法性，比如犯罪嫌疑人故意规避法律以逃避监管的相关证据：自己或要求下属与投资人签订虚假的亲友关系确认书，频繁更换宣传用语逃避监管，实际推介内容与宣传用语、实际经营状况不一致，刻意向投资人夸大公司兑付能力，在培训课程中传授或接受规避法律的方法，等等。

10. 对于无相关职业经历、专业背景，且从业时间短暂，在单位犯罪中层级较低，纯属执行单位领导指令的犯罪嫌疑人提出辩解的，如确实无其他证据证明其具有主观故意的，可以不作为犯罪处理。另外，实践中还存在犯罪嫌疑人提出因信赖行政主管部门出具的相关意见而陷入错误认识的辩解。如果上述辩解确有证据证明，不应作为犯罪处理，但应当对行政主管部门出具的相关意见及其出具过程进行查证，如存在以下情形之一，仍应认定犯罪嫌疑人具有非法吸收公众存款的主观故意：

（1）行政主管部门出具意见所涉及的行为与犯罪嫌疑人实际从事的行为不一致的；

（2）行政主管部门出具的意见未对是否存在非法吸收公众存款问题进行合法性审查，仅对其他合法性问题进行审查的；

（3）犯罪嫌疑人在行政主管部门出具意见时故意隐瞒事实、弄虚作假的；

（4）犯罪嫌疑人与出具意见的行政主管部门的工作人员存在利益输送行为的；

（5）犯罪嫌疑人存在其他影响和干扰行政主管部门出具意见公正性的情形的。

对于犯罪嫌疑人提出因信赖专家学者、律师等专业人士、主流新闻媒体宣传或有关行政主管部门工作人员的个人意见而陷入错误认识的辩解，不能作为犯罪嫌疑人判断自身行为合法性的根据和排除主观故意的理由。

11. 负责或从事吸收资金行为的犯罪嫌疑人非法吸收公众存款金额，根据其实际参与吸收的全部金额认定。但以下金额不应计入该犯罪嫌疑人的吸收金额：

（1）犯罪嫌疑人自身及其近亲属所投资的资金金额；

（2）记录在犯罪嫌疑人名下，但其未实际参与吸收且未从中收取任何形式好处的资金。

吸收金额经过司法会计鉴定的，可以将前述不计入部分直接扣除。但是，前述两项所涉金额仍应计入相对应的上一级负责人及所在单位的吸收金额。

12.投资人在每期投资结束后，利用投资账户中的资金（包括每期投资结束后归还的本金、利息）进行反复投资的金额应当累计计算，但对反复投资的数额应当作出说明。对负责或从事行政管理、财务会计、技术服务等辅助工作的犯罪嫌疑人，应当按照其参与的犯罪事实，结合其在犯罪中的地位和作用，依法确定刑事责任范围。

13.确定犯罪嫌疑人的吸收金额时，应当重点审查、运用以下证据：

（1）涉案主体自身的服务器或第三方服务器上存储的交易记录等电子数据；（2）会计账簿和会计凭证；（3）银行账户交易记录、POS机支付记录；（4）资金收付凭证、书面合同等书证。仅凭投资人报案数据不能认定吸收金额。

（二）集资诈骗行为的认定

14.以非法占有为目的，使用诈骗方法非法集资，是集资诈骗罪的本质特征。是否具有非法占有目的，是区分非法吸收公众存款罪和集资诈骗罪的关键要件，对此要重点围绕融资项目真实性、资金去向、归还能力等事实进行综合判断。犯罪嫌疑人存在以下情形之一的，原则上可以认定具有非法占有目的：

（1）大部分资金未用于生产经营活动，或名义上投入生产经营但又通过各种方式抽逃转移资金的；

（2）资金使用成本过高，生产经营活动的盈利能力不具有支付全部本息的现实可能性的；

（3）对资金使用的决策极度不负责任或肆意挥霍造成资金缺口较大的；

（4）归还本息主要通过借新还旧来实现的；

（5）其他依照有关司法解释可以认定为非法占有目的的情形。

15.对于共同犯罪或单位犯罪案件中，不同层级的犯罪嫌疑人之间存在犯罪目的发生转化或者犯罪目的明显不同的，应当根据犯罪嫌疑人的犯罪目的分别认定。

（1）注意区分犯罪目的发生转变的时间节点。犯罪嫌疑人在初始阶段仅具有非法吸收公众存款的故意，不具有非法占有目的，但在发生经营失败、资金链断裂等问题后，明知没有归还能力仍然继续吸收公众存款的，这一时间节点之后的行为应当认定为集资诈骗罪，此前的行为应当认定为非法吸收公众存款罪。

（2）注意区分犯罪嫌疑人的犯罪目的的差异。在共同犯罪或单位犯罪中，犯罪嫌疑人由于层级、职责分工、获取收益方式、对全部犯罪事实的知情程度等不同，其犯罪目的也存在不同。在非法集资犯罪中，有的犯罪嫌疑人具有非法占有的目的，有的则不具有非法占有目的，对此，应当分别认定为集资诈骗罪和非法吸收公众存款罪。

16.证明主观上是否具有非法占有目的，可以重点收集、运用以下客观证据：

（1）与实施集资诈骗整体行为模式相关的证据：投资合同、宣传资料、培训内容等；

（2）与资金使用相关的证据：资金往来记录、会计账簿和会计凭证、资金使用成本（包括利息和佣金等）、资金决策使用过程、资金主要用途、财产转移情况等；

（3）与归还能力相关的证据：吸收资金所投资项目内容、投资实际经营情况、盈利能力、归还本息资金的主要来源、负债情况、是否存在虚构业绩等虚假宣传行为等；

（4）其他涉及欺诈等方面的证据：虚构融资项目进行宣传、隐瞒资金实际用途、隐匿销毁账簿；等等。司法会计鉴定机构对相关数据进行鉴定时，办案部门可以根据查证犯罪事实的需要提出重点鉴定的项目，保证司法会计鉴定意见与待证的构成要件事实之间的关联性。

17. 集资诈骗的数额，应当以犯罪嫌疑人实际骗取的金额计算。犯罪嫌疑人为吸收公众资金制造还本付息的假象，在诈骗的同时对部分投资人还本付息的，集资诈骗的金额以案发时实际未兑付的金额计算。案发后，犯罪嫌疑人主动退还集资款项的，不能从集资诈骗的金额中扣除，但可以作为量刑情节考虑。

（三）非法经营资金支付结算行为的认定

18. 支付结算业务（也称支付业务）是商业银行或者支付机构在收付款人之间提供的货币资金转移服务。非银行机构从事支付结算业务，应当经中国人民银行批准取得《支付业务许可证》，成为支付机构。未取得支付业务许可从事该业务的行为，违反《非法金融机构和非法金融业务活动取缔办法》第四条第一款第（三）、（四）项的规定，破坏了支付结算业务许可制度，危害支付市场秩序和安全，情节严重的，适用刑法第二百二十五条第（三）项，以非法经营罪追究刑事责任。具体情形：

（1）未取得支付业务许可经营基于客户支付账户的网络支付业务。无证网络支付机构为客户非法开立支付账户，客户先把资金支付到该支付账户，再由无证机构根据订单信息从支付账户平台将资金结算到收款人银行账户。

（2）未取得支付业务许可经营多用途预付卡业务。无证发卡机构非法发行可跨地区、跨行业、跨法人使用的多用途预付卡，聚集大量的预付卡销售资金，并根据客户订单信息向商户划转结算资金。

19. 在具体办案时，要深入剖析相关行为是否具备资金支付结算的实质特征，准确区分支付工具的正常商业流转与提供支付结算服务、区分单用途预付卡与多用途预付卡业务，充分考虑具体行为与"地下钱庄"等同类犯罪在社会危害方面的相当性以及刑事处罚的必要性，严格把握入罪和出罪标准。

三、依法认定单位犯罪及其责任人员

20. 涉互联网金融犯罪案件多以单位形式组织实施，所涉单位数量众多、层级复杂，其中还包括大量分支机构和关联单位，集团化特征明显。有的涉互联网金融犯罪案件中分支机构遍布全国，既有具备法人资格的，又有不具备法人资格的；既有受总公司直接领导的，又有受总公司的下属单位领导的。

公安机关在立案时做法不一，有的对单位立案，有的不对单位立案，有的被立案的单位不具有独立法人资格，有的仅对最上层的单位立案而不对分支机构立案。对此，检察机关公诉部门在审查起诉时，应当从能够全面揭示犯罪行为基本特征、全面覆盖犯罪活动、准确界定区分各层级人员的地位作用、有利于有力指控犯罪、有利于追缴违法所得等方面依法具体把握，确定是否以单位犯罪追究。

21. 涉互联网金融犯罪所涉罪名中，刑法规定应当追究单位刑事责任的，对同时具备以下情形且具有独立法人资格的单位，可以以单位犯罪追究：

（1）犯罪活动经单位决策实施；

（2）单位的员工主要按照单位的决策实施具体犯罪活动；

（3）违法所得归单位所有，经单位决策使用，收益亦归单位所有。但是，单位设立后专门从事违法犯罪活动的，应当以自然人犯罪追究刑事责任。

22. 对参与涉互联网金融犯罪，但不具有独立法人资格的分支机构，是否追究其刑事责任，可以区分两种情形处理：

（1）全部或部分违法所得归分支机构所有并支配，分支机构作为单位犯罪主体追究刑事责任；

（2）违法所得完全归分支机构上级单位所有并支配的，不能对分支机构作为单位犯罪主体追究刑事责任，而是应当对分支机构的上级单位（符合单位犯罪主体资格）追究刑事责任。

23. 分支机构认定为单位犯罪主体的，该分支机构相关涉案人员应当作为该分支机构的"直接负责的主管人员"或者"其他直接责任人员"追究刑事责任。仅将分支机构的上级单位认定为单位犯罪主体的，该分支机构相关涉案人员可以作为该上级单位的"其他直接责任人员"追究刑事责任。

24. 对符合追诉条件的分支机构（包括具有独立法人资格的和不具有独立法人资格）及其所属单位，公安机关均没有作为犯罪嫌疑单位移送审查起诉，仅将其所属单位的上级单位作为犯罪嫌疑单位移送审查起诉的，对相关分支机构涉案人员可以区分以下情形处理：

（1）有证据证明被立案的上级单位（比如总公司）在业务、财务、人事等方面对下属单位及其分支机构进行实际控制，下属单位及其分支机构涉案人员可以作为被移送审查起诉的上级单位的"其他直接责任人员"追究刑事责任。在证明实际控制关系时，应当收集、运用公司决策、管理、考核等相关文件，OA系统等电子数据，资金往来记录等证据。对不同地区同一单位的分支机构涉案人员起诉时，证明实际控制关系的证据体系、证明标准应基本一致。

（2）现有证据无法证明被立案的上级单位与下属单位及其分支机构之间存在实际控制关系的，对符合单位犯罪构成要件的下属单位或分支机构应当补充起诉，下属单位及其分支机构已不具备补充起诉条件的，可以将下属单位及其分支机构的涉案犯罪嫌疑人直接起诉。

四、综合运用定罪量刑情节

25.在办理跨区域涉互联网金融犯罪案件时，在追诉标准、追诉范围以及量刑建议等方面应当注意统一平衡。对于同一单位在多个地区分别设立分支机构的，在同一省（自治区、直辖市）范围内应当保持基本一致。分支机构所涉犯罪嫌疑人与上级单位主要犯罪嫌疑人之间应当保持适度平衡，防止出现责任轻重"倒挂"的现象。

26.单位犯罪中，直接负责的主管人员和其他直接责任人员在涉互联网金融犯罪案件中的地位、作用存在明显差别的，可以区分主犯和从犯。对起组织领导作用的总公司的直接负责的主管人员和发挥主要作用的其他直接责任人员，可以认定为全案的主犯，其他人员可以认定为从犯。

27.最大限度减少投资人的实际损失是办理涉互联网金融犯罪案件特别是非法集资案件的重要工作。在决定是否起诉、提出量刑建议时，要重视对是否具有认罪认罚、主动退赃退赔等情节的考察。分支机构涉案人员积极配合调查、主动退还违法所得、真诚认罪悔罪的，应当依法提出从轻、减轻处罚的量刑建议。其中，对情节轻微、可以免予刑事处罚的，或者情节显著轻微、危害不大、不认为是犯罪的，应当依法作出不起诉决定。对被不起诉人需要给予行政处罚或者没收违法所得的，应当向行政主管部门提出检察意见。

五、证据的收集、审查与运用

28.涉互联网金融犯罪案件证据种类复杂、数量庞大、且分散于各地，收集、审查、运用证据的难度大。各地检察机关公诉部门要紧紧围绕证据的真实性、合法性、关联性，引导公安机关依法全面收集固定证据，加强证据的审查、运用，确保案件事实经得起法律的检验。

29. 对于重大、疑难、复杂涉互联网金融犯罪案件，检察机关公诉部门要依法提前介入侦查，围绕指控犯罪的需要积极引导公安机关全面收集固定证据，必要时与公安机关共同会商，提出完善侦查思路、侦查提纲的意见建议。加强对侦查取证合法性的监督，对应当依法排除的非法证据坚决予以排除，对应当补正或作出合理解释的及时提出意见。

30. 电子数据在涉互联网金融犯罪案件的证据体系中地位重要，对于指控证实相关犯罪事实具有重要作用。随着互联网技术的不断发展，电子数据的形式、载体出现了许多新的变化，对电子数据的勘验、提取、审查等提出了更高要求，处理不当会对电子数据的真实性、合法性造成不可逆转的损害。检察机关公诉部门要严格执行《最高人民法院、最高人民检察院、公安部关于办理刑事案件收集提取和审查判断电子数据问题的若干规定》（法发〔2016〕22号），加强对电子数据收集、提取程序和技术标准的审查，确保电子数据的真实性、合法性。对云存储电子数据等新类型电子数据进行提取、审查时，要高度重视程序合法性、数据完整性等问题，必要时主动征求相关领域专家意见，在提取前会同公安机关、云存储服务提供商制定科学合法的提取方案，确保万无一失。

31. 落实"三统两分"要求，健全证据交换共享机制，协调推进跨区域案件办理。对涉及主案犯罪嫌疑人的证据，一般由主案侦办地办案机构负责收集，其他地区提供协助。其他地区办案机构需要主案侦办地提供证据材料的，应当向主案侦办地办案机构提出证据需求，由主案侦办地办案机构收集并依法移送。无法移送证据原件的，应当在移送复制件的同时，按照相关规定作出说明。各地检察机关公诉部门之间要加强协作，加强与公安机关的协调，督促本地公安机关与其他地区公安机关做好证据交换共享相关工作。案件进入审查起诉阶段后，检察机关公诉部门可以根据案件需要，直接向其他地区检察机关调取证据，其他地区检察机关公诉部门应积极协助。此外，各地检察机关在办理案件过程中发现对其他地区案件办理有重要作用的证据，应当及时采取措施并通知相应检察机关，做好依法移送工作。

六、投资人合法权益的保护

32.涉互联网金融犯罪案件投资人诉求复杂多样，矛盾化解和维护稳定工作任务艰巨繁重。各地检察机关公诉部门在办案过程中要坚持刑事追诉和权益保障并重，根据《刑事诉讼法》等相关法律规定，依法保障互联网金融活动中投资人的合法权益。坚持把追赃挽损等工作贯穿到侦查、起诉、审判各个环节，配合公安、法院等部门最大限度减少投资人的实际损失。加强与本院控申部门、公安机关的联系沟通，及时掌握涉案动态信息，认真开展办案风险评估预警工作，周密制定处置预案，并落实责任到位，避免因部门之间衔接不畅、处置不当造成工作被动。发现重大风险隐患的，要及时向有关部门通报情况，必要时逐级上报高检院。

随着互联网金融的发展，涉互联网金融犯罪中的新情况、新问题还将不断出现。各地检察机关公诉部门要按照会议纪要的精神，结合各地办案工作实际，依法办理涉互联网金融犯罪案件；在办好案件的同时，要不断总结办案经验，加强对重大疑难复杂问题的研究，努力提高办理涉互联网金融犯罪案件的能力和水平，为促进互联网金融规范发展、保障经济社会大局稳定作出积极贡献。在办案过程中遇到疑难问题的，要及时层报高检院公诉厅。

6.最高人民法院、最高人民检察院、公安部《印发〈关于办理非法集资刑事案件若干问题的意见〉的通知》（高检会〔2019〕2号　2019年1月30日）

为依法惩治非法吸收公众存款、集资诈骗等非法集资犯罪活动，维护国家金融管理秩序，保护公民、法人和其他组织合法权益，根据刑法、刑事诉讼法等法律规定，结合司法实践，现就办理非法吸收公众存款、集资诈骗等非法集资刑事案件有关问题提出以下意见：

一、关于非法集资的"非法性"认定依据问题

人民法院、人民检察院、公安机关认定非法集资的"非法性"，应当以国家金融管理法律法规作为依据。对于国家金融管理法律法规仅作原则性规

定的，可以根据法律规定的精神并参考中国人民银行、中国银行保险监督管理委员会、中国证券监督管理委员会等行政主管部门依照国家金融管理法律法规制定的部门规章或者国家有关金融管理的规定、办法、实施细则等规范性文件的规定予以认定。

二、关于单位犯罪的认定问题

单位实施非法集资犯罪活动，全部或者大部分违法所得归单位所有的，应当认定为单位犯罪。

个人为进行非法集资犯罪活动而设立的单位实施犯罪的，或者单位设立后，以实施非法集资犯罪活动为主要活动的，不以单位犯罪论处，对单位中组织、策划、实施非法集资犯罪活动的人员应当以自然人犯罪依法追究刑事责任。

判断单位是否以实施非法集资犯罪活动为主要活动，应当根据单位实施非法集资的次数、频度、持续时间、资金规模、资金流向、投入人力物力情况、单位进行正当经营的状况以及犯罪活动的影响、后果等因素综合考虑认定。

三、关于涉案下属单位的处理问题

办理非法集资刑事案件中，人民法院、人民检察院、公安机关应当全面查清涉案单位，包括上级单位（总公司、母公司）和下属单位（分公司、子公司）的主体资格、层级、关系、地位、作用、资金流向等，区分情况依法作出处理。

上级单位已被认定为单位犯罪，下属单位实施非法集资犯罪活动，且全部或者大部分违法所得归下属单位所有的，对该下属单位也应当认定为单位犯罪。上级单位和下属单位构成共同犯罪的，应当根据犯罪单位的地位、作用，确定犯罪单位的刑事责任。

上级单位已被认定为单位犯罪，下属单位实施非法集资犯罪活动，但全部或者大部分违法所得归上级单位所有的，对下属单位不单独认定为单位犯罪。下属单位中涉嫌犯罪的人员，可以作为上级单位的其他直接责任人员依法追究刑事责任。

上级单位未被认定为单位犯罪，下属单位被认定为单位犯罪的，对上级单位中组织、策划、实施非法集资犯罪的人员，一般可以与下属单位按照自然人与单位共同犯罪处理。

上级单位与下属单位均未被认定为单位犯罪的，一般以上级单位与下属单位中承担组织、领导、管理、协调职责的主管人员和发挥主要作用的人员作为主犯，以其他积极参加非法集资犯罪的人员作为从犯，按照自然人共同犯罪处理。

四、关于主观故意的认定问题

认定犯罪嫌疑人、被告人是否具有非法吸收公众存款的犯罪故意，应当依据犯罪嫌疑人、被告人的任职情况、职业经历、专业背景、培训经历、本人因同类行为受到行政处罚或者刑事追究情况以及吸收资金方式、宣传推广、合同资料、业务流程等证据，结合其供述，进行综合分析判断。

犯罪嫌疑人、被告人使用诈骗方法非法集资，符合《最高人民法院关于审理非法集资刑事案件具体应用法律若干问题的解释》第四条规定的，可以认定为集资诈骗罪中"以非法占有为目的"。

办案机关在办理非法集资刑事案件中，应当根据案件具体情况注意收集运用涉及犯罪嫌疑人、被告人的以下证据：是否使用虚假身份信息对外开展业务；是否虚假订立合同、协议；是否虚假宣传，明显超出经营范围或者夸大经营、投资、服务项目及盈利能力；是否吸收资金后隐匿、销毁合同、协议、账目；是否传授或者接受规避法律、逃避监管的方法，等等。

五、关于犯罪数额的认定问题

非法吸收或者变相吸收公众存款构成犯罪，具有下列情形之一的，向亲友或者单位内部人员吸收的资金应当与向不特定对象吸收的资金一并计入犯罪数额：

（一）在向亲友或者单位内部人员吸收资金的过程中，明知亲友或者单位内部人员向不特定对象吸收资金而予以放任的；

（二）以吸收资金为目的，将社会人员吸收为单位内部人员，并向其吸收资金的；

（三）向社会公开宣传，同时向不特定对象、亲友或者单位内部人员吸收资金的。

非法吸收或者变相吸收公众存款的数额，以行为人所吸收的资金全额计算。集资参与人收回本金或者获得回报后又重复投资的数额不予扣除，但可以作为量刑情节酌情考虑。

六、关于宽严相济刑事政策把握问题

办理非法集资刑事案件，应当贯彻宽严相济刑事政策，依法合理把握追究刑事责任的范围，综合运用刑事手段和行政手段处置和化解风险，做到惩处少数、教育挽救大多数。要根据行为人的客观行为、主观恶性、犯罪情节及其地位、作用、层级、职务等情况，综合判断行为人的责任轻重和刑事追究的必要性，按照区别对待原则分类处理涉案人员，做到罚当其罪、罪责刑相适应。

重点惩处非法集资犯罪活动的组织者、领导者和管理人员，包括单位犯罪中的上级单位（总公司、母公司）的核心层、管理层和骨干人员，下属单位（分公司、子公司）的管理层和骨干人员，以及其他发挥主要作用的人员。

对于涉案人员积极配合调查、主动退赃退赔、真诚认罪悔罪的，可以依法从轻处罚；其中情节轻微的，可以免除处罚；情节显著轻微、危害不大的，不作为犯罪处理。

七、关于管辖问题

跨区域非法集资刑事案件按照《国务院关于进一步做好防范和处置非法集资工作的意见》（国发〔2015〕59号）确定的工作原则办理。如果合并侦查、诉讼更为适宜的，可以合并办理。

办理跨区域非法集资刑事案件，如果多个公安机关都有权立案侦查的，一般由主要犯罪地公安机关作为案件主办地，对主要犯罪嫌疑人立案侦查和移送审查起诉；由其他犯罪地公安机关作为案件分办地根据案件具体情况，对本地区犯罪嫌疑人立案侦查和移送审查起诉。

管辖不明或者有争议的，按照有利于查清犯罪事实、有利于诉讼的原则，由其共同的上级公安机关协调确定或者指定有关公安机关作为案件主办地立案侦查。需要提请批准逮捕、移送审查起诉、提起公诉的，由分别立案侦查的公安机关所在地的人民检察院、人民法院受理。

对于重大、疑难、复杂的跨区域非法集资刑事案件，公安机关应当在协调确定或者指定案件主办地立案侦查的同时，通报同级人民检察院、人民法院。人民检察院、人民法院参照前款规定，确定主要犯罪地作为案件主办地，其他犯罪地作为案件分办地，由所在地的人民检察院、人民法院负责起诉、审判。

本条规定的"主要犯罪地"，包括非法集资活动的主要组织、策划、实施地，集资行为人的注册地、主要营业地、主要办事机构所在地，集资参与人的主要所在地等。

八、关于办案工作机制问题

案件主办地和其他涉案地办案机关应当密切沟通协调，协同推进侦查、起诉、审判、资产处置工作，配合有关部门最大限度追赃挽损。

案件主办地办案机关应当统一负责主要犯罪嫌疑人、被告人涉嫌非法集资全部犯罪事实的立案侦查、起诉、审判，防止遗漏犯罪事实；并应就全案处理政策、追诉主要犯罪嫌疑人、被告人的证据要求及诉讼时限、追赃挽损、资产处置等工作要求，向其他涉案地办案机关进行通报。其他涉案地办案机关应当对本地区犯罪嫌疑人、被告人涉嫌非法集资的犯罪事实及时立案侦查、起诉、审判，积极协助主办地处置涉案资产。

案件主办地和其他涉案地办案机关应当建立和完善证据交换共享机制。对涉及主要犯罪嫌疑人、被告人的证据，一般由案件主办地办案机关负责收集，其他涉案地提供协助。案件主办地办案机关应当及时通报接收涉及主要犯罪嫌疑人、被告人的证据材料的程序及要求。其他涉案地办案机关需要案件主办地提供证据材料的，应当向案件主办地办案机关提出证据需求，由案件主办地收集并依法移送。无法移送证据原件的，应当在移送复制件的同时，按照相关规定作出说明。

九、关于涉案财物追缴处置问题

办理跨区域非法集资刑事案件，案件主办地办案机关应当及时归集涉案财物，为统一资产处置做好基础性工作。其他涉案地办案机关应当及时查明涉案财物，明确其来源、去向、用途、流转情况，依法办理查封、扣押、冻结手续，并制作详细清单，对扣押款项应当设立明细账，在扣押后立即存入办案机关唯一合规账户，并将有关情况提供案件主办地办案机关。

人民法院、人民检察院、公安机关应当严格依照刑事诉讼法和相关司法解释的规定，依法移送、审查、处理查封、扣押、冻结的涉案财物。对审判时尚未追缴到案或者尚未足额退赔的违法所得，人民法院应当判决继续追缴或者责令退赔，并由人民法院负责执行，处置非法集资职能部门、人民检察院、公安机关等应当予以配合。

人民法院对涉案财物依法作出判决后，有关地方和部门应当在处置非法集资职能部门统筹协调下，切实履行协作义务，综合运用多种手段，做好涉案财物清运、财产变现、资金归集、资金清退等工作，确保最大限度减少实际损失。

根据有关规定，查封、扣押、冻结的涉案财物，一般应在诉讼终结后返还集资参与人。涉案财物不足全部返还的，按照集资参与人的集资额比例返还。退赔集资参与人的损失一般优先于其他民事债务以及罚金、没收财产的执行。

十、关于集资参与人权利保障问题

集资参与人，是指向非法集资活动投入资金的单位和个人，为非法集资活动提供帮助并获取经济利益的单位和个人除外。

人民法院、人民检察院、公安机关应当通过及时公布案件进展、涉案资产处置情况等方式，依法保障集资参与人的合法权利。集资参与人可以推选代表人向人民法院提出相关意见和建议；推选不出代表人的，人民法院可以指定代表人。人民法院可以视案件情况决定集资参与人代表人参加或者旁听庭审，对集资参与人提起附带民事诉讼等请求不予受理。

十一、关于行政执法与刑事司法衔接问题

处置非法集资职能部门或者有关行政主管部门，在调查非法集资行为或者行政执法过程中，认为案情重大、疑难、复杂的，可以商请公安机关就追诉标准、证据固定等问题提出咨询或者参考意见；发现非法集资行为涉嫌犯罪的，应当按照《行政执法机关移送涉嫌犯罪案件的规定》等规定，履行相关手续，在规定的期限内将案件移送公安机关。

人民法院、人民检察院、公安机关在办理非法集资刑事案件过程中，可商请处置非法集资职能部门或者有关行政主管部门指派专业人员配合开展工作，协助查阅、复制有关专业资料，就案件涉及的专业问题出具认定意见。涉及需要行政处理的事项，应当及时移交处置非法集资职能部门或者有关行政主管部门依法处理。

十二、关于国家工作人员相关法律责任问题

国家工作人员具有下列行为之一，构成犯罪的，应当依法追究刑事责任：

（一）明知单位和个人所申请机构或者业务涉嫌非法集资，仍为其办理行政许可或者注册手续的；

（二）明知所主管、监管的单位有涉嫌非法集资行为，未依法及时处理或者移送处置非法集资职能部门的；

（三）查处非法集资过程中滥用职权、玩忽职守、徇私舞弊的；

（四）徇私舞弊不向司法机关移交非法集资刑事案件的；

（五）其他通过职务行为或者利用职务影响，支持、帮助、纵容非法集资的。

（二）制度规范

1. 国务院《非法金融机构和非法金融业务活动取缔办法》

见刑法第 174 条第 1 款擅自设立金融机构罪项下。

2. 国务院《关于进一步促进资本市场健康发展的若干意见》（国发〔2014〕17 号　2014 年 5 月 8 日）

各省、自治区、直辖市人民政府，国务院各部委、各直属机构：

进一步促进资本市场健康发展，健全多层次资本市场体系，对于加快完善现代市场体系、拓宽企业和居民投融资渠道、优化资源配置、促进经济转型升级具有重要意义。20 多年来，我国资本市场快速发展，初步形成了涵盖股票、债券、期货的市场体系，为促进改革开放和经济社会发展作出了重要贡献。但总体上看，我国资本市场仍不成熟，一些体制机制性问题依然存在，新情况新问题不断出现。为深入贯彻党的十八大和十八届二中、三中全会精神，认真落实党中央和国务院的决策部署，实现资本市场健康发展，现提出以下意见。

一、总体要求

（一）指导思想

高举中国特色社会主义伟大旗帜，以邓小平理论、"三个代表"重要思想、科学发展观为指导，贯彻党中央和国务院的决策部署，解放思想，改革创新，开拓进取。坚持市场化和法治化取向，维护公开、公平、公正的市场秩序，维护投资者特别是中小投资者合法权益。紧紧围绕促进实体经济发展，激发市场创新活力，拓展市场广度深度，扩大市场双向开放，促进直接融资与间接融资协调发展，提高直接融资比重，防范和分散金融风险。推动混合所有制经济发展，完善现代企业制度和公司治理结构，提高企业竞争能力，促进资本形成和股权流转，更好发挥资本市场优化资源配置的作用，促进创新创业、结构调整和经济社会持续健康发展。

（二）基本原则

资本市场改革发展要从我国国情出发，积极借鉴国际经验，遵循以下原则：

一是处理好市场与政府的关系。尊重市场规律，依据市场规则、市场价格、市场竞争实现效益最大化和效率最优化，使市场在资源配置中起决定性作用。同时，更好发挥政府作用，履行好政府监管职能，实施科学监管、适度监管，创造公平竞争的市场环境，保护投资者合法权益，有效维护市场秩序。

二是处理好创新发展与防范风险的关系。以市场为导向、以提高市场服务能力和效率为目的，积极鼓励和引导资本市场创新。同时，强化风险防范，始终把风险监测、预警和处置贯穿于市场创新发展全过程，牢牢守住不发生系统性、区域性金融风险的底线。

三是处理好风险自担与强化投资者保护的关系。加强投资者教育，引导投资者培育理性投资理念，自担风险、自负盈亏，提高风险意识和自我保护能力。同时，健全投资者特别是中小投资者权益保护制度，保障投资者的知情权、参与权、求偿权和监督权，切实维护投资者合法权益。

四是处理好积极推进与稳步实施的关系。立足全局、着眼长远，坚定不移地积极推进改革。同时，加强市场顶层设计，增强改革措施的系统性、针对性、协同性，把握好改革的力度、节奏和市场承受程度，稳步实施各项政策措施，着力维护资本市场平稳发展。

（三）主要任务

加快建设多渠道、广覆盖、严监管、高效率的股权市场，规范发展债券市场，拓展期货市场，着力优化市场体系结构、运行机制、基础设施和外部环境，实现发行交易方式多样、投融资工具丰富、风险管理功能完备、场内场外和公募私募协调发展。到2020年，基本形成结构合理、功能完善、规范透明、稳健高效、开放包容的多层次资本市场体系。

二、发展多层次股票市场

（四）积极稳妥推进股票发行注册制改革。建立和完善以信息披露为中心的股票发行制度。发行人是信息披露第一责任人，必须做到言行与信息披露的内容一致。发行人、中介机构对信息披露的真实性、准确性、完整性、充分性和及时性承担法律责任。投资者自行判断发行人的盈利能力和投资价值，自担投资风险。逐步探索符合我国实际的股票发行条件、上市标准和审核方式。证券监管部门依法监管发行和上市活动，严厉查处违法违规行为。

（五）加快多层次股权市场建设。强化证券交易所市场的主导地位，充分发挥证券交易所的自律监管职能。壮大主板、中小企业板市场，创新交易机制，丰富交易品种。加快创业板市场改革，健全适合创新型、成长型企业发展的制度安排。增加证券交易所市场内部层次。加快完善全国中小企业股份转让系统，建立小额、便捷、灵活、多元的投融资机制。在清理整顿的基础上，将区域性股权市场纳入多层次资本市场体系。完善集中统一的登记结算制度。

（六）提高上市公司质量。引导上市公司通过资本市场完善现代企业制度，建立健全市场化经营机制，规范经营决策。督促上市公司以投资者需求为导向，履行好信息披露义务，严格执行企业会计准则和财务报告制度，提高财务信息的可比性，增强信息披露的有效性。促进上市公司提高效益，增强持续回报投资者能力，为股东创造更多价值。规范上市公司控股股东、实际控制人行为，保障公司独立主体地位，维护各类股东的平等权利。鼓励上市公司建立市值管理制度。完善上市公司股权激励制度，允许上市公司按规定通过多种形式开展员工持股计划。

（七）鼓励市场化并购重组。充分发挥资本市场在企业并购重组过程中的主渠道作用，强化资本市场的产权定价和交易功能，拓宽并购融资渠道，丰富并购支付方式。尊重企业自主决策，鼓励各类资本公平参与并购，破除市场壁垒和行业分割，实现公司产权和控制权跨地区、跨所有制顺畅转让。

（八）完善退市制度。构建符合我国实际并有利于投资者保护的退市制度，建立健全市场化、多元化退市指标体系并严格执行。支持上市公司根据自身发展战略，在确保公众投资者权益的前提下以吸收合并、股东收购、转板等形式实施主动退市。对欺诈发行的上市公司实行强制退市。明确退市公司重新上市的标准和程序。逐步形成公司进退有序、市场转板顺畅的良性循环机制。

三、规范发展债券市场

（九）积极发展债券市场。完善公司债券公开发行制度。发展适合不同投资者群体的多样化债券品种。建立健全地方政府债券制度。丰富适合中小微企业的债券品种。统筹推进符合条件的资产证券化发展。支持和规范商业银行、证券经营机构、保险资产管理机构等合格机构依法开展债券承销业务。

（十）强化债券市场信用约束。规范发展债券市场信用评级服务。完善发行人信息披露制度，提高投资者风险识别能力，减少对外部评级的依赖。建立债券发行人信息共享机制。探索发展债券信用保险。完善债券增信机制，规范发展债券增信业务。强化发行人和投资者的责任约束，健全债券违约监测和处置机制，支持债券持有人会议维护债权人整体利益，切实防范道德风险。

（十一）深化债券市场互联互通。在符合投资者适当性管理要求的前提下，完善债券品种在不同市场的交叉挂牌及自主转托管机制，促进债券跨市场顺畅流转。鼓励债券交易场所合理分工、发挥各自优势。促进债券登记结算机构信息共享、顺畅连接，加强互联互通。提高债券市场信息系统、市场监察系统的运行效率，逐步强化对债券登记结算体系的统一管理，防范系统性风险。

（十二）加强债券市场监管协调。充分发挥公司信用类债券部际协调机制作用，各相关部门按照法律法规赋予的职责，各司其职，加强对债券市场准入、信息披露和资信评级的监管，建立投资者保护制度，加大查处债券市场虚假陈述、内幕交易、价格操纵等各类违法违规行为的力度。

四、培育私募市场

（十三）建立健全私募发行制度。建立合格投资者标准体系，明确各类产品私募发行的投资者适当性要求和面向同一类投资者的私募发行信息披露要求，规范募集行为。对私募发行不设行政审批，允许各类发行主体在依法合规的基础上，向累计不超过法律规定特定数量的投资者发行股票、债券、基金等产品。积极发挥证券中介机构、资产管理机构和有关市场组织的作用，建立健全私募产品发行监管制度，切实强化事中事后监管。建立促进经营机构规范开展私募业务的风险控制和自律管理制度安排，以及各类私募产品的统一监测系统。

（十四）发展私募投资基金。按照功能监管、适度监管的原则，完善股权投资基金、私募资产管理计划、私募集合理财产品、集合资金信托计划等各类私募投资产品的监管标准。依法严厉打击以私募为名的各类非法集资活动。完善扶持创业投资发展的政策体系，鼓励和引导创业投资基金支持中小微企业。研究制定保险资金投资创业投资基金的相关政策。完善围绕创新链需要的科技金融服务体系，创新科技金融产品和服务，促进战略性新兴产业发展。

五、推进期货市场建设

（十五）发展商品期货市场。以提升产业服务能力和配合资源性产品价格形成机制改革为重点，继续推出大宗资源性产品期货品种，发展商品期权、商品指数、碳排放权等交易工具，充分发挥期货市场价格发现和风险管理功能，增强期货市场服务实体经济的能力。允许符合条件的机构投资者以对冲风险为目的使用期货衍生品工具，清理取消对企业运用风险管理工具的不必要限制。

（十六）建设金融期货市场。配合利率市场化和人民币汇率形成机制改革，适应资本市场风险管理需要，平稳有序发展金融衍生产品。逐步丰富股指期货、股指期权和股票期权品种。逐步发展国债期货，进一步健全反映市场供求关系的国债收益率曲线。

六、提高证券期货服务业竞争力

（十七）放宽业务准入。实施公开透明、进退有序的证券期货业务牌照管理制度，研究证券公司、基金管理公司、期货公司、证券投资咨询公司等交叉持牌，支持符合条件的其他金融机构在风险隔离基础上申请证券期货业务牌照。积极支持民营资本进入证券期货服务业。支持证券期货经营机构与其他金融机构在风险可控前提下以相互控股、参股的方式探索综合经营。

（十八）促进中介机构创新发展。推动证券经营机构实施差异化、专业化、特色化发展，促进形成若干具有国际竞争力、品牌影响力和系统重要性的现代投资银行。促进证券投资基金管理公司向现代资产管理机构转型，提高财富管理水平。推动期货经营机构并购重组，提高行业集中度。支持证券期货经营机构拓宽融资渠道，扩大业务范围。在风险可控前提下，优化客户交易结算资金存管模式。支持证券期货经营机构、各类资产管理机构围绕风险管理、资本中介、投资融资等业务自主创设产品。规范发展证券期货经营机构柜台业务。对会计师事务所、资产评估机构、评级增信机构、法律服务机构开展证券期货相关服务强化监督，提升证券期货服务机构执业质量和公信力，打造功能齐备、分工专业、服务优质的金融服务产业。

（十九）壮大专业机构投资者。支持全国社会保障基金积极参与资本市场投资，支持社会保险基金、企业年金、职业年金、商业保险资金、境外长期资金等机构投资者资金逐步扩大资本市场投资范围和规模。推动商业银行、保险公司等设立基金管理公司，大力发展证券投资基金。

（二十）引导证券期货互联网业务有序发展。建立健全证券期货互联网业务监管规则。支持证券期货服务业、各类资产管理机构利用网络信息技术创新产品、业务和交易方式。支持有条件的互联网企业参与资本市场，促进互联网金融健康发展，扩大资本市场服务的覆盖面。

七、扩大资本市场开放

（二十一）便利境内外主体跨境投融资。扩大合格境外机构投资者、合格境内机构投资者的范围，提高投资额度与上限。稳步开放境外个人直接投资境内资本市场，有序推进境内个人直接投资境外资本市场。建立健全个人跨境投融资权益保护制度。在符合外商投资产业政策的范围内，逐步放宽外资持有上市公司股份的限制，完善对收购兼并行为的国家安全审查和反垄断审查制度。

（二十二）逐步提高证券期货行业对外开放水平。适时扩大外资参股或控股的境内证券期货经营机构的经营范围。鼓励境内证券期货经营机构实施"走出去"战略，增强国际竞争力。推动境内外交易所市场的连接，研究推进境内外基金互认和证券交易所产品互认。稳步探索 B 股市场改革。

（二十三）加强跨境监管合作。完善跨境监管合作机制，加大跨境执法协查力度，形成适应开放型资本市场体系的跨境监管制度。深化与香港、澳门特别行政区和台湾地区的监管合作。加强与国际证券期货监管组织的合作，积极参与国际证券期货监管规则制定。

八、防范和化解金融风险

（二十四）完善系统性风险监测预警和评估处置机制。建立健全宏观审慎管理制度。逐步建立覆盖各类金融市场、机构、产品、工具和交易结算行为的风险监测监控平台。完善风险管理措施，及时化解重大风险隐患。加强涵盖资本市场、货币市场、信托理财等领域的跨行业、跨市场、跨境风险监管。

（二十五）健全市场稳定机制。资本市场稳定关系经济发展和社会稳定大局。各地区、各部门在出台政策时要充分考虑资本市场的敏感性，做好新闻宣传和舆论引导工作。完善市场交易机制，丰富市场风险管理工具。建立健全金融市场突发事件快速反应和处置机制。健全稳定市场预期机制。

（二十六）从严查处证券期货违法违规行为。加强违法违规线索监测，提升执法反应能力。严厉打击证券期货违法犯罪行为。完善证券期货行政执法与刑事司法的衔接机制，深化证券期货监管部门与公安司法机关的合作。进一步加强执法能力，丰富行政调查手段，大幅改进执法效率，提高违法违规成本，切实提升执法效果。

（二十七）推进证券期货监管转型。加强全国集中统一的证券期货监管体系建设，依法规范监管权力运行，减少审批、核准、备案事项，强化事中事后监管，提高监管能力和透明度。支持市场自律组织履行职能。加强社会信用体系建设，完善资本市场诚信监管制度，强化守信激励、失信惩戒机制。

九、营造资本市场良好发展环境

（二十八）健全法规制度。推进证券法修订和期货法制定工作。出台上市公司监管、私募基金监管等行政法规。建立健全结构合理、内容科学、层级适当的法律实施规范体系，整合清理现行规章、规范性文件，完善监管执法实体和程序规则。重点围绕调查与审理分离、日常监管与稽查处罚协同等关键环节，积极探索完善监管执法体制和机制。配合完善民事赔偿法律制度，健全操纵市场等犯罪认定标准。

（二十九）坚决保护投资者特别是中小投资者合法权益。健全投资者适当性制度，严格投资者适当性管理。完善公众公司中小投资者投票和表决机制，优化投资者回报机制，健全多元化纠纷解决和投资者损害赔偿救济机制。督促证券投资基金等机构投资者参加上市公司业绩发布会，代表公众投资者行使权利。

（三十）完善资本市场税收政策。按照宏观调控政策和税制改革的总体方向，统筹研究有利于进一步促进资本市场健康发展的税收政策。

（三十一）完善市场基础设施。加强登记、结算、托管等公共基础设施建设。实现资本市场监管数据信息共享。推进资本市场信息系统建设，提高防范网络攻击、应对重大灾难与技术故障的能力。

（三十二）加强协调配合。健全跨部门监管协作机制。加强中小投资者保护工作的协调合作。各地区、各部门要加强与证券期货监管部门的信息共享与协同配合。出台支持资本市场扩大对外开放的外汇、海关监管政策。地方人民政府要规范各类区域性交易场所，打击各种非法证券期货活动，做好区域内金融风险防范和处置工作。

（三十三）规范资本市场信息传播秩序。各地区、各部门要严格管理涉及资本市场的内幕信息，确保信息发布公开公正、准确透明。健全资本市场政策发布和解读机制，创新舆论回应与引导方式。综合运用法律、行政、行业自律等方式，完善资本市场信息传播管理制度。依法严肃查处造谣、传谣以及炒作不实信息误导投资者和影响社会稳定的机构、个人。

3. 国务院《关于进一步做好防范和处置非法集资工作的意见》（国发〔2015〕59号　2015年10月19日）

各省、自治区、直辖市人民政府，国务院各部委、各直属机构：

近年来，在处置非法集资部际联席会议（以下简称部际联席会议）成员单位和地方人民政府的共同努力下，防范和处置非法集资工作取得积极进展。但是，当前非法集资形势严峻，案件高发频发，涉案领域增多，作案方式花样翻新，部分地区案件集中暴露，并有扩散蔓延趋势。按照党中央、国务院决策部署，为有效遏制非法集资高发蔓延势头，加大防范和处置工作力度，切实保护人民群众合法权益，防范系统性区域性金融风险，现提出以下意见：

一、充分认识当前形势下做好防范和处置非法集资工作的重要性和紧迫性

长期以来，我国经济社会保持较快发展，资金需求旺盛，融资难、融资贵问题比较突出，民间投资渠道狭窄的现实困难和非法集资高额回报的巨大诱惑交织共存。当前，经济下行压力较大，企业生产经营困难增多，各类不规范民间融资介入较深的行业领域风险集中暴露，非法集资问题日益凸显。一些案件由于参与群众多、财产损失大，频繁引发群体性事件，甚至导致极端过激事件发生，影响社会稳定。

防范和处置非法集资是一项长期、复杂、艰巨的系统性工程。各地区、各有关部门要高度重视，从保持经济平稳发展和维护社会和谐稳定的大局出发，加大防范和处置力度，建立和完善长效机制，坚决守住不发生系统性区域性金融风险底线。

二、总体要求

（一）指导思想。深入贯彻党的十八大和十八届三中、四中全会精神，认真落实党中央、国务院决策部署，主动适应经济发展新常态，坚持系统治理、依法治理、综合治理、源头治理，进一步健全责任明确、上下联动、齐抓共管、配合有力的工作格局，加大防范预警、案件处置、宣传教育等工作力度，开正门、堵邪路，逐步建立防打结合、打早打小、综合施策、标本兼治的综合治理长效机制。

（二）基本原则

一是防打结合，打早打小。既要解决好浮出水面的问题，讲求策略方法，依法、有序、稳妥处置风险；更要做好防范预警，尽可能使非法集资不发生、少发生，一旦发生要打早打小，在苗头时期、涉众范围较小时解决问题。

二是突出重点，依法打击。抓住非法集资重点领域、重点区域、重大案件，依法持续严厉打击，最大限度追赃挽损，强化跨区域、跨部门协作配合，防范好处置风险的风险，有效维护社会稳定。

三是疏堵结合，标本兼治。进一步深化金融改革，大力发展普惠金融，提升金融服务水平。完善民间融资制度，合理引导和规范民间金融发展。

四是齐抓共管，形成合力。地方各级人民政府牵头，统筹指挥；中央层面，部际联席会议顶层推动、协调督导，各部门协同配合，加强监督管理。强化宣传教育，积极引导和发动广大群众参与到防范和处置非法集资工作中来。

（三）主要目标。非法集资高发势头得到遏制，存量风险及时化解，增量风险逐步减少，大案要案依法、稳妥处置。非法集资监测到位、预警及时、防范得力，一旦发现苗头要及早引导、规范、处置。政策法规进一步完善，处置非法集资工作纳入法治化轨道。广大人民群众相关法律意识和风险意识显著提高，买者自负、风险自担的意识氛围逐步形成。金融服务水平进一步提高，投融资体系进一步完善，非法集资生存土壤逐步消除。

三、落实责任，强化机制

（四）省级人民政府是防范和处置非法集资的第一责任人。省级人民政府对本行政区域防范和处置非法集资工作负总责，要切实担负起第一责任人的责任。地方各级人民政府要有效落实属地管理职责，充分发挥资源统筹调动、靠近基层一线优势，做好本行政区域内风险排查、监测预警、案件查处、善后处置、宣传教育和维护稳定等工作，确保本行政区域防范和处置非法集资工作组织到位、体系完善、机制健全、保障有力。建立目标责任制，将防范和处置非法集资工作纳入领导班子和领导干部综合考核评价内容，明确责任，表彰奖励先进，对工作失职、渎职行为严肃追究责任。进一步规范约束地方各级领导干部参与民间经济金融活动。

（五）落实部门监督管理职责。各行业主管、监管部门要将防控本行业领域非法集资作为履行监督管理职责的重要内容，加强日常监管。按照监管与市场准入、行业管理挂钩原则，确保所有行业领域非法集资监管防范不留真空。对需要经过市场准入许可的行业领域，由准入监管部门负责本行业领域非法集资的防范、监测和预警工作；对无须市场准入许可，但有明确主管部门指导、规范和促进的行业领域，由主管部门牵头负责本行业领域非法集资的防范、监测和预警工作；对没有明确主管、监管部门的行业领域，由地方各级人民政府组织协调相关部门，充分利用现有市场监管手段，强化综合监管，防范非法集资风险。

（六）完善组织协调机制。进一步完善中央和地方防范和处置非法集资工作机制。中央层面，充分发挥部际联席会议作用，银监会作为牵头单位要进一步强化部门联动，加强顶层推动，加大督促指导力度，增强工作合力。地方各级人民政府要建立健全防范和处置非法集资工作领导小组工作机制，由政府分管领导担任组长，明确专门机构和专职人员，落实职责分工，优化工作程序，强化制度约束，提升工作质效。

四、以防为主，及时化解

（七）全面加强监测预警。各地区要建立立体化、社会化、信息化的监测预警体系，充分发挥网格化管理和基层群众自治的经验和优势，群防群治，贴近一线开展预警防范工作。创新工作方法，充分利用互联网、大数据等技术手段加强对非法集资的监测预警。部际联席会议要积极整合各地区、各有关部门信息资源，推动实现工商市场主体公示信息、人民银行征信信息、公安打击违法犯罪信息、法院立案判决执行信息等相关信息的依法互通共享，进一步发挥好全国统一的信用信息共享交换平台作用，加强风险研判，及时预警提示。

（八）强化事中事后监管。行业主管、监管部门要加强对所主管、监管机构和业务的风险排查和行政执法，做到早发现、早预防、早处置。对一般工商企业，各地区要综合运用信用分类监管、定向抽查检查、信息公示、风险警示约谈、市场准入限制等手段，加强市场监督管理，加强部门间信息共享和对失信主体的联合惩戒，探索建立多部门联动综合执法机制，提升执法效果。对非法集资主体（包括法人、实际控制人、代理人、中间人等）建立经营异常名录和信用记录，并纳入全国统一的信用信息共享交换平台。充分发挥行业协会作用，加强行业自律管理，促进市场主体自我约束、诚信经营。

（九）发挥金融机构监测防控作用。加强金融机构内部管理，确保分支机构和员工不参与非法集资。加强金融机构对社会公众的宣传教育，在营业场所醒目位置张贴警示标识。金融机构在严格执行大额可疑资金报告制度基础上，对各类账户交易中具有分散转入集中转出、定期批量小额转出等特征的涉嫌非法集资资金异动进行分析识别，并将有关情况及时提供给地方各级防范和处置非法集资工作领导小组办公室。人民银行、银监会、证监会、保监会、外汇局要指导和督促金融机构做好对涉嫌非法集资可疑资金的监测工作，建立问责制度。

（十）发动群众防范预警。充分调动广大群众积极性，探索建立群众自动自发、广泛参与的防范预警机制。加快建立非法集资举报奖励制度，强化正面激励，加大奖励力度，鼓励广大群众积极参与，并做好保密、人身安全保护等工作。部际联席会议研究制订举报奖励办法，地方各级人民政府组织实施。

五、依法打击，稳妥处置

（十一）防控重点领域、重点区域风险。各地区、各有关部门要坚决依法惩处非法集资违法犯罪活动，密切关注投资理财、非融资性担保、P2P网络借贷等新的高发重点领域，以及投资公司、农民专业合作社、民办教育机构、养老机构等新的风险点，加强风险监控。案件高发地区要把防范和处置非法集资工作放在突出重要位置，遏制案件高发态势，消化存量风险，最大限度追赃挽损，维护金融和社会秩序稳定。公安机关要积极统筹调配力量，抓住重点环节，会同有关部门综合采取措施，及时发现并快速、全面、深入侦办案件，提高打击效能。有关部门要全力配合，依法开展涉案资产查封、资金账户查询和冻结等必要的协助工作。

（十二）依法妥善处置跨省案件。坚持统一指挥协调、统一办案要求、统一资产处置、分别侦查诉讼、分别落实维稳的工作原则。牵头省份要积极主动落实牵头责任，依法合规、公平公正地制定统一处置方案，加强与其他涉案地区的沟通协调，定期通报工作进展情况。协办省份要大力支持配合，切实履行协作义务。强化全局观念，加强系统内的指挥、指导和监督，完善内部制约激励机制，切实推动、保障依法办案，防止遗漏犯罪事实；加强沟通、协商及跨区域、跨部门协作，共同解决办案难题，提高案件查处效率。

（十三）坚持分类施策，维护社会稳定。综合运用经济、行政、法律等措施，讲究执法策略、方式、尺度和时机，依法合理制定涉案资产的处置政策和方案，分类处置非法集资问题，防止矛盾激化，努力实现执法效果与经济效果、社会效果相统一。落实维稳属地责任，畅通群众诉求反映渠道，及时回应群众诉求，积极导入法治轨道，严格依法处置案件，切实有效维护社会稳定。

六、广泛宣传，加强教育

（十四）建立上下联动的宣传教育工作机制。建立部际联席会议统一规划，宣传主管部门协调推动，行业主管、监管部门指导落实，相关部门积极参与，各省（区、市）全面落实，中央和地方上下联动的宣传教育工作机制。

（十五）加大顶层引领和推动力度。中央层面要加强顶层设计，制定防范和处置非法集资宣传总体规划，推动全国范围内宣传教育工作。部际联席会议要组织协调中央媒体大力开展宣传教育，加强舆论引导。行业主管、监管部门要根据行业领域风险特点，制定防范和处置非法集资法律政策宣传方案，有针对性地开展本行业领域宣传教育活动。

（十六）深入推进地方强化宣传教育工作。地方各级人民政府要建立健全常态化的宣传教育工作机制，贴近基层、贴近群众、贴近生活，推动防范和处置非法集资宣传教育活动进机关、进工厂、进学校、进家庭、进社区、进村屯，实现宣传教育广覆盖，引导广大群众对非法集资不参与、能识别、敢揭发。充分运用电视、广播、报刊、网络、电信、公共交通设施等各类媒介或载体，以法律政策解读、典型案件剖析、投资风险教育等方式，提高宣传教育的广泛性、针对性、有效性。加强广告监测和检查，强化媒体自律责任，封堵涉嫌非法集资的资讯信息，净化社会舆论环境。

七、完善法规，健全制度

（十七）进一步健全完善处置非法集资相关法律法规。梳理非法集资有关法律规定适用中存在的问题，对罪名适用、量刑标准、刑民交叉、涉案财物处置等问题进行重点研究，推动制定和完善相关法律法规及司法解释。建立健全非法集资刑事诉讼涉案财物保管移送、审前返还、先行处置、违法所得追缴、执行等制度程序。修订《非法金融机构和非法金融业务活动取缔办法》，研究地方各级人民政府与司法机关在案件查处和善后处置阶段的职责划分，完善非法集资案件处置依据。

（十八）加快民间融资和金融新业态法规制度建设。尽快出台非存款类放贷组织条例，规范民间融资市场主体，拓宽合法融资渠道。尽快出台P2P网络借贷、股权众筹融资等监管规则，促进互联网金融规范发展。深入研究规范投资理财、非融资性担保等民间投融资中介机构的政策措施，及时出台与商事制度改革相配套的有关政策。

（十九）完善工作制度和程序。建立健全跨区域案件执法争议处理机制，完善不同区域间跨执法部门、司法部门查处工作的衔接配合程序。建立健全防范和处置非法集资信息共享、风险排查、事件处置、协调办案、责任追究、激励约束等制度，修订完善处置非法集资工作操作流程。探索在防范和处置有关环节引进法律、审计、评估等中介服务。

八、深化改革，疏堵并举

（二十）加大金融服务实体经济力度。进一步落实国务院决策部署，研究制定新举措，不断提升金融服务实体经济的质量和水平。不断完善金融市场体系，推动健全多层次资本市场体系，鼓励、规范和引导民间资本进入金融服务领域，大力发展普惠金融，增加对中小微企业有效资金供给，加大对经济社会发展薄弱环节的支持力度。

（二十一）规范民间投融资发展。鼓励和引导民间投融资健康发展，大幅放宽民间投资市场准入，拓宽民间投融资渠道。完善民间借贷日常信息监测机制，引导民间借贷利率合理化。推进完善社会信用体系，逐步建立完善全国统一、公开、透明的信用信息共享交换平台，营造诚实守信的金融生态环境。

九、夯实基础，强化保障

（二十二）加强基础支持工作。在当前非法集资高发多发形势下，要进一步做好防范和处置非法集资的人员、经费等保障工作。各级人民政府要合理保障防范和处置非法集资工作相关经费，并纳入同级政府预算。

各地区、各有关部门要认真落实本意见提出的各项任务，结合本地区、本部门实际，研究制定具体工作方案，采取切实有力措施。部际联席会议要督促检查本意见落实情况，重大情况及时向国务院报告。

4. 中国人民银行、工业和信息化部、公安部等《关于促进互联网金融健康发展的指导意见》（银发〔2015〕221 号　2015 年 7 月 18 日）

近年来，互联网技术、信息通信技术不断取得突破，推动互联网与金融快速融合，促进了金融创新，提高了金融资源配置效率，但也存在一些问题和风险隐患。为全面贯彻落实党的十八大和十八届二中、三中、四中全会精神，按照党中央、国务院决策部署，遵循"鼓励创新、防范风险、趋利避害、健康发展"的总体要求，从金融业健康发展全局出发，进一步推进金融改革创新和对外开放，促进互联网金融健康发展，经党中央、国务院同意，现提出以下意见。

一、鼓励创新，支持互联网金融稳步发展

互联网金融是传统金融机构与互联网企业（以下统称从业机构）利用互联网技术和信息通信技术实现资金融通、支付、投资和信息中介服务的新型金融业务模式。互联网与金融深度融合是大势所趋，将对金融产品、业务、组织和服务等方面产生更加深刻的影响。互联网金融对促进小微企业发展和扩大就业发挥了现有金融机构难以替代的积极作用，为大众创业、万众创新打开了大门。促进互联网金融健康发展，有利于提升金融服务质量和效率，深化金融改革，促进金融创新发展，扩大金融业对内对外开放，构建多层次金融体系。作为新生事物，互联网金融既需要市场驱动，鼓励创新，也需要政策助力，促进发展。

（一）积极鼓励互联网金融平台、产品和服务创新，激发市场活力。鼓励银行、证券、保险、基金、信托和消费金融等金融机构依托互联网技术，实现传统金融业务与服务转型升级，积极开发基于互联网技术的新产品和新服务。支持有条件的金融机构建设创新型互联网平台开展网络银行、网络证券、网络保险、网络基金销售和网络消费金融等业务。支持互联网企业依法合规设立互联网支付机构、网络借贷平台、股权众筹融资平台、网络金融产品销售平台，建立服务实体经济的多层次金融服务体系，更好地满足中小微企业和个人投融资需求，进一步拓展普惠金融的广度和深度。鼓励电子商务企业在符合金融法律法规规定的条件下自建和完善线上金融服务体系，有效拓展电商供应链业务。鼓励从业机构积极开展产品、服务、技术和管理创新，提升从业机构核心竞争力。

（二）鼓励从业机构相互合作，实现优势互补。支持各类金融机构与互联网企业开展合作，建立良好的互联网金融生态环境和产业链。鼓励银行业金融机构开展业务创新，为第三方支付机构和网络贷款平台等提供资金存管、支付清算等配套服务。支持小微金融服务机构与互联网企业开展业务合作，实现商业模式创新。支持证券、基金、信托、消费金融、期货机构与互联网企业开展合作，拓宽金融产品销售渠道，创新财富管理模式。鼓励保险公司与互联网企业合作，提升互联网金融企业风险抵御能力。

（三）拓宽从业机构融资渠道，改善融资环境。支持社会资本发起设立互联网金融产业投资基金，推动从业机构与创业投资机构、产业投资基金深度合作。鼓励符合条件的优质从业机构在主板、创业板等境内资本市场上市融资。鼓励银行业金融机构按照支持小微企业发展的各项金融政策，对处于初创期的从业机构予以支持。针对互联网企业特点，创新金融产品和服务。

（四）坚持简政放权，提供优质服务。各金融监管部门要积极支持金融机构开展互联网金融业务。按照法律法规规定，对符合条件的互联网企业开展相关金融业务实施高效管理。工商行政管理部门要支持互联网企业依法办理工商注册登记。电信主管部门、国家互联网信息管理部门要积极支持互联网金融业务，电信主管部门对互联网金融业务涉及的电信业务进行监管，国家互联网信息管理部门负责对金融信息服务、互联网信息内容等业务进行监管。积极开展互联网金融领域立法研究，适时出台相关管理规章，营造有利于互联网金融发展的良好制度环境。加大对从业机构专利、商标等知识产权的保护力度。鼓励省级人民政府加大对互联网金融的政策支持。支持设立专业化互联网金融研究机构，鼓励建设互联网金融信息交流平台，积极开展互联网金融研究。

（五）落实和完善有关财税政策。按照税收公平原则，对于业务规模较小、处于初创期的从业机构，符合我国现行对中小企业特别是小微企业税收政策条件的，可按规定享受税收优惠政策。结合金融业营业税改征增值税改革，统筹完善互联网金融税收政策。落实从业机构新技术、新产品研发费用税前加计扣除政策。

（六）推动信用基础设施建设，培育互联网金融配套服务体系。支持大数据存储、网络与信息安全维护等技术领域基础设施建设。鼓励从业机构依法建立信用信息共享平台。推动符合条件的相关从业机构接入金融信用信息基础数据库。允许有条件的从业机构依法申请征信业务许可。支持具备资质的信用中介组织开展互联网企业信用评级，增强市场信息透明度。鼓励会计、审计、法律、咨询等中介服务机构为互联网企业提供相关专业服务。

二、分类指导，明确互联网金融监管责任

互联网金融本质仍属于金融，没有改变金融风险隐蔽性、传染性、广泛性和突发性的特点。加强互联网金融监管，是促进互联网金融健康发展的内在要求。同时，互联网金融是新生事物和新兴业态，要制定适度宽松的监管政策，为互联网金融创新留有余地和空间。通过鼓励创新和加强监管相互支撑，促进互联网金融健康发展，更好地服务实体经济。互联网金融监管应遵循"依法监管、适度监管、分类监管、协同监管、创新监管"的原则，科学合理界定各业态的业务边界及准入条件，落实监管责任，明确风险底线，保护合法经营，坚决打击违法和违规行为。

（七）互联网支付。互联网支付是指通过计算机、手机等设备，依托互联网发起支付指令、转移货币资金的服务。互联网支付应始终坚持服务电子商务发展和为社会提供小额、快捷、便民小微支付服务的宗旨。银行业金融机构和第三方支付机构从事互联网支付，应遵守现行法律法规和监管规定。第三方支付机构与其他机构开展合作的，应清晰界定各方的权利义务关系，建立有效的风险隔离机制和客户权益保障机制。要向客户充分披露服务信息，清晰地提示业务风险，不得夸大支付服务中介的性质和职能。互联网支付业务由人民银行负责监管。

（八）网络借贷。网络借贷包括个体网络借贷（即 P2P 网络借贷）和网络小额贷款。个体网络借贷是指个体和个体之间通过互联网平台实现的直接借贷。在个体网络借贷平台上发生的直接借贷行为属于民间借贷范畴，受合同法、民法通则等法律法规以及最高人民法院相关司法解释规范。个体网络借贷要坚持平台功能，为投资方和融资方提供信息交互、撮合、资信评估等中介服务。个体网络借贷机构要明确信息中介性质，主要为借贷双方的直接借贷提供信息服务，不得提供增信服务，不得非法集资。网络小额贷款是指互联网企业通过其控制的小额贷款公司，利用互联网向客户提供的小额贷款。网络小额贷款应遵守现有小额贷款公司监管规定，发挥网络贷款优势，努力降低客户融资成本。网络借贷业务由银监会负责监管。

（九）股权众筹融资。股权众筹融资主要是指通过互联网形式进行公开小额股权融资的活动。股权众筹融资必须通过股权众筹融资中介机构平台（互联网网站或其他类似的电子媒介）进行。股权众筹融资中介机构可以在符合法律法规规定前提下，对业务模式进行创新探索，发挥股权众筹融资作为多层次资本市场有机组成部分的作用，更好服务创新创业企业。股权众筹融资方应为小微企业，应通过股权众筹融资中介机构向投资人如实披露企业的商业模式、经营管理、财务、资金使用等关键信息，不得误导或欺诈投资者。投资者应当充分了解股权众筹融资活动风险，具备相应风险承受能力，进行小额投资。股权众筹融资业务由证监会负责监管。

（十）互联网基金销售。基金销售机构与其他机构通过互联网合作销售基金等理财产品的，要切实履行风险披露义务，不得通过违规承诺收益方式吸引客户；基金管理人应当采取有效措施防范资产配置中的期限错配和流动性风险；基金销售机构及其合作机构通过其他活动为投资人提供收益的，应当对收益构成、先决条件、适用情形等进行全面、真实、准确表述和列示，不得与基金产品收益混同。第三方支付机构在开展基金互联网销售支付服务过程中，应当遵守人民银行、证监会关于客户备付金及基金销售结算资金的相关监管要求。第三方支付机构的客户备付金只能用于办理客户委托的支付业务，不得用于垫付基金和其他理财产品的资金赎回。互联网基金销售业务由证监会负责监管。

（十一）互联网保险。保险公司开展互联网保险业务，应遵循安全性、保密性和稳定性原则，加强风险管理，完善内控系统，确保交易安全、信息安全和资金安全。专业互联网保险公司应当坚持服务互联网经济活动的基本定位，提供有针对性的保险服务。保险公司应建立对所属电子商务公司等非保险类子公司的管理制度，建立必要的防火墙。保险公司通过互联网销售保险产品，不得进行不实陈述、片面或夸大宣传过往业绩、违规承诺收益或者承担损失等误导性描述。互联网保险业务由保监会负责监管。

（十二）互联网信托和互联网消费金融。信托公司、消费金融公司通过互联网开展业务的，要严格遵循监管规定，加强风险管理，确保交易合法合规，并保守客户信息。信托公司通过互联网进行产品销售及开展其他信托业务的，要遵守合格投资者等监管规定，审慎甄别客户身份和评估客户风险承受能力，不能将产品销售给与风险承受能力不相匹配的客户。信托公司与消费金融公司要制定完善产品文件签署制度，保证交易过程合法合规，安全规范。互联网信托业务、互联网消费金融业务由银监会负责监管。

三、健全制度，规范互联网金融市场秩序

发展互联网金融要以市场为导向，遵循服务实体经济、服从宏观调控和维护金融稳定的总体目标，切实保障消费者合法权益，维护公平竞争的市场秩序。要细化管理制度，为互联网金融健康发展营造良好环境。

（十三）互联网行业管理。任何组织和个人开设网站从事互联网金融业务的，除应按规定履行相关金融监管程序外，还应依法向电信主管部门履行网站备案手续，否则不得开展互联网金融业务。工业和信息化部负责对互联网金融业务涉及的电信业务进行监管，国家互联网信息办公室负责对金融信息服务、互联网信息内容等业务进行监管，两部门按职责制定相关监管细则。

（十四）客户资金第三方存管制度。除另有规定外，从业机构应当选择符合条件的银行业金融机构作为资金存管机构，对客户资金进行管理和监督，实现客户资金与从业机构自身资金分账管理。客户资金存管账户应接受独立审计并向客户公开审计结果。人民银行会同金融监管部门按照职责分工实施监管，并制定相关监管细则。

（十五）信息披露、风险提示和合格投资者制度。从业机构应当对客户进行充分的信息披露，及时向投资者公布其经营活动和财务状况的相关信息，以便投资者充分了解从业机构运作状况，促使从业机构稳健经营和控制风险。从业机构应当向各参与方详细说明交易模式、参与方的权利和义务，并进行充分的风险提示。要研究建立互联网金融的合格投资者制度，提升投资者保护水平。有关部门按照职责分工负责监管。

（十六）消费者权益保护。研究制定互联网金融消费者教育规划，及时发布维权提示。加强互联网金融产品合同内容、免责条款规定等与消费者利益相关的信息披露工作，依法监督处理经营者利用合同格式条款侵害消费者合法权益的违法、违规行为。构建在线争议解决、现场接待受理、监管部门受理投诉、第三方调解以及仲裁、诉讼等多元化纠纷解决机制。细化完善互联网金融个人信息保护的原则、标准和操作流程。严禁网络销售金融产品过程中的不实宣传、强制捆绑销售。人民银行、银监会、证监会、保监会会同有关行政执法部门，根据职责分工依法开展互联网金融领域消费者和投资者权益保护工作。

（十七）网络与信息安全。从业机构应当切实提升技术安全水平，妥善保管客户资料和交易信息，不得非法买卖、泄露客户个人信息。人民银行、银监会、证监会、保监会、工业和信息化部、公安部、国家互联网信息办公室分别负责对相关从业机构的网络与信息安全保障进行监管，并制定相关监管细则和技术安全标准。

（十八）反洗钱和防范金融犯罪。从业机构应当采取有效措施识别客户身份，主动监测并报告可疑交易，妥善保存客户资料和交易记录。从业机构有义务按照有关规定，建立健全有关协助查询、冻结的规章制度，协助公安机关和司法机关依法、及时查询、冻结涉案财产，配合公安机关和司法机关做好取证和执行工作。坚决打击涉及非法集资等互联网金融犯罪，防范金融风险，维护金融秩序。金融机构在和互联网企业开展合作、代理时应根据有关法律和规定签订包括反洗钱和防范金融犯罪要求的合作、代理协议，并确保不因合作、代理关系而降低反洗钱和金融犯罪执行标准。人民银行牵头负责对从业机构履行反洗钱义务进行监管，并制定相关监管细则。打击互联网金融犯罪工作由公安部牵头负责。

（十九）加强互联网金融行业自律。充分发挥行业自律机制在规范从业机构市场行为和保护行业合法权益等方面的积极作用。人民银行会同有关部门，组建中国互联网金融协会。协会要按业务类型，制定经营管理规则和行业标准，推动机构之间的业务交流和信息共享。协会要明确自律惩戒机制，提高行业规则和标准的约束力。强化守法、诚信、自律意识，树立从业机构服务经济社会发展的正面形象，营造诚信规范发展的良好氛围。

（二十）监管协调与数据统计监测。各监管部门要相互协作、形成合力，充分发挥金融监管协调部际联席会议制度的作用。人民银行、银监会、证监会、保监会应当密切关注互联网金融业务发展及相关风险，对监管政策进行跟踪评估，适时提出调整建议，不断总结监管经验。财政部负责互联网金融从业机构财务监管政策。人民银行会同有关部门，负责建立和完善互联网金融数据统计监测体系，相关部门按照监管职责分工负责相关互联网金融数据统计和监测工作，并实现统计数据和信息共享。

5. 中国银监会《关于银行业风险防控工作的指导意见》(银监发〔2017〕6号 2017年4月7日)

各银监局，机关各部门，各政策性银行、大型银行、股份制银行，邮储银行，外资银行，金融资产管理公司，其他会管金融机构：

为贯彻落实中央经济工作会议"把防控金融风险放到更加重要的位置"总体要求，银行业应坚持底线思维、分类施策、稳妥推进、标本兼治，切实防范化解突出风险，严守不发生系统性风险底线。现就银行业风险防控工作提出以下指导意见。

一、加强信用风险管控，维护资产质量总体稳定

(一) 摸清风险底数。银行业金融机构要严格落实信贷及类信贷资产的分类标准和操作流程，真实、准确和动态地反映资产风险状况；建立健全信用风险预警体系，密切监测分析重点领域信用风险的生成和迁徙变化情况，定期开展信用风险压力测试。各级监管机构要重点关注逾期90天以上贷款与不良贷款比例超过100%、关注类贷款占比较高或增长较快、类信贷及表外资产增长过快的银行业金融机构，重点治理资产风险分类不准确、通过各种手段隐匿或转移不良贷款的行为。

(二) 严控增量风险。银行业金融机构要加强统一授信、统一管理，严格不同层级的审批权限；加强授信风险审查，有效甄别高风险客户，防范多头授信、过度授信、给"僵尸企业"授信、给"空壳企业"授信、财务欺诈等风险。各级监管机构要重点治理放松授信条件、放松风险管理、贷款"三查"不到位等问题，对辖内银行业金融机构新发生的大额不良贷款暴露，要及时进行跟踪调查。

(三) 处置存量风险。银行业金融机构要综合运用重组、转让、追偿、核销等手段加快处置存量不良资产，通过追加担保、债务重组、资产置换等措施缓释潜在风险；通过解包还原、置换担保、救助核心企业、联合授信管理等方式，妥善化解担保圈风险；利用债权人委员会机制，按照"一企一策"原则制定风险处置计划；加强债权维护，切实遏制逃废债行为。

（四）提升风险缓释能力。银行业金融机构要加强资产质量迁徙趋势分析，增加利润留存，及时足额计提资产减值准备，增强风险缓释能力。各级监管机构要对银行业金融机构采取风险缓释措施有效性进行跟踪评估，对风险抵补能力不足的机构，应督促其限期整改；要引导银行业金融机构通过上市融资、增资扩股、发行新型资本工具等措施，提高损失吸收能力。

二、完善流动性风险治理体系，提升流动性风险管控能力

（五）加强风险监测。银行业金融机构要完善流动性风险治理架构，将同业业务、投资业务、托管业务、理财业务等纳入流动性风险监测范围，制定合理的流动性限额和管理方案；提高对重点分支机构、币种和业务领域的关注强度，采取有效措施降低对同业存单等同业融资的依赖度。

（六）加强重点机构管控。各级监管机构要锁定资金来源与运用明显错配、批发性融资占比高的银行业金融机构，实行"一对一"贴身盯防。督促同业存单增速较快、同业存单占同业负债比例较高的银行，合理控制同业存单等同业融资规模。

（七）创新风险防控手段。探索试点城商行、农商行流动性互助机制，发挥好信托业保障基金作用，构筑中小银行业金融机构流动性安全网。

（八）提升应急管理能力。银行业金融机构要加强负债稳定性管理，确保负债总量适度、来源稳定、结构多元、期限匹配；完善流动性风险应对预案，定期开展流动性风险压力测试；加强向央行的报告沟通，运用"临时流动性便利"等工具，满足流动性需求。

三、加强债券投资业务管理，密切关注债券市场波动

（九）健全债券交易内控制度。银行业金融机构要建立贯穿债券交易各环节、覆盖全流程的内控体系，加强债券交易的合规性审查和风险控制。坚持"穿透管理"和"实质重于形式"的原则，将债券投资纳入统一授信。

（十）强化业务集中管理。银行业金融机构应将直接债券投资以及通过特殊目的载体（SPV）、表外理财等方式开展的债券投资纳入统一监测范围，全面掌握资金真实投向和底层债券资产的基本信息、风险状况、交易变动等情况，实现准入集中、数据集中和退出集中管理。

（十一）严格控制投资杠杆。银行业金融机构要审慎开展委外投资业务，严格委外机构审查和名单管理，明确委外投资限额、单一受托人受托资产比例等要求，规范开展债券回购和质押融资，严格控制交易杠杆比率，不得违规放大投资杠杆。

（十二）加强风险监测防控。银行业金融机构要严格债券信用评级准入标准，做好债券投资久期管理。高度关注债券集中到期的企业、出现债券违约的企业，防控债券违约风险向信贷业务传导。各级监管机构要督促风险管理能力薄弱、债券投资占比高的银行合理控制持债余额。

四、整治同业业务，加强交叉金融业务管控

（十三）控制业务增量。银行业金融机构要完善同业业务内部管理架构，确保业务复杂程度与风险管理能力相匹配，审慎开展交叉金融业务。同业业务应由银行业金融机构总部统一管理、集中审批。制定统一的合作机构名单、产品投资目录，严禁与不在名单范围内的机构开展合作，严禁开展投资目录之外的业务。

（十四）做实穿透管理。银行业金融机构要建立交叉金融业务监测台账，准确掌握业务规模、业务品种、基础资产性质、风险状况、资本和拨备等相关信息。新开展的同业投资业务不得进行多层嵌套，要根据基础资产性质，准确计量风险，足额计提资本和拨备。

（十五）消化存量风险。银行业金融机构应全面排查存量同业业务，对多层架构、复杂程度高的业务要制定整改计划。对风险高的同业投资业务，要制定应对策略和退出时间表。

（十六）严查违规行为。各级监管机构要重点检查同业业务多层嵌套、特定目的载体投资未严格穿透至基础资产、未将最终债务人纳入统一授信和集中度风险管控、资本拨备计提不足等问题。

五、规范银行理财和代销业务，加强金融消费者保护

（十七）加强银行理财业务风险管控。银行业金融机构应当确保每只理财产品与所投资资产相对应，做到单独管理、单独建账、单独核算；不得开展滚动发售、混合运作、期限错配、分离定价的资金池理财业务；确保自营业

务与代客业务相分离；不得在理财产品之间、理财产品客户之间或理财产品客户与其他主体之间进行利益输送。

（十八）规范银行理财产品设计。银行业金融机构应当按照"简单、透明、可控"的原则设计和运作理财产品，在资金来源、运用、杠杆率、流动性、信息披露等方面严格遵守监管要求；严控嵌套投资，强化穿透管理，切实履行自身投资管理职责，不得简单将理财业务作为各类资管产品的资金募集通道；严格控制杠杆，防范资金在金融体系内自我循环，不得使用自有资金购买本行发行的理财产品。

（十九）加强金融消费者保护。银行业金融机构应当按照风险匹配原则，严格区分公募与私募、批发与零售、自营与代客等不同产品类型，充分披露产品信息和揭示风险，将投资者分层管理落到实处。只有面向高资产净值、私人银行和机构客户发行的银行理财产品，可投资于境内二级市场股票、未上市企业股权等权益类资产。理财产品宣传及销售人员产品营销推介时，应真实、全面介绍产品的性质和特征，明确告知是本机构产品还是其他机构产品、是保本产品还是非保本产品、是有固定收益的产品还是没有固定收益的产品。不得误导客户购买与其风险承受能力不相匹配的理财产品，严格落实"双录"要求，做到"卖者尽责"基础上的"买者自负"，切实保护投资者合法权益。

（二十）审慎开展代销业务。银行业金融机构应当对代销业务实施严格谨慎管理。根据自身风险管理能力、合作机构风险评估情况、代销产品风险等级，合理确定代销业务品种和限额；银行业金融机构总部应对代销业务实行集中统一管理，对合作机构实行名单制管理，对拟代销产品应开展尽职调查，不得仅依据合作机构的产品审批资料作为产品审批依据；银行业金融机构应明示代销产品的代销属性，不得将代销产品与存款或自身发行的理财产品混淆销售。

六、坚持分类调控、因城施策，防范房地产领域风险

（二十一）分类实施房地产信贷调控。认真落实中央经济工作会议精神，明确住房居住属性。坚持分类调控、因城施策，严厉打击"首付贷"等行为，

切实抑制热点城市房地产泡沫，建立促进房地产健康发展的长效机制。

（二十二）强化房地产风险管控。银行业金融机构要建立全口径房地产风险监测机制。将房地产企业贷款、个人按揭贷款、以房地产为抵押的贷款、房地产企业债券，以及其他形式的房地产融资纳入监测范围，定期开展房地产压力测试。加强房地产业务合规性管理，严禁资金违规流入房地产领域。各级监管机构要重点关注房地产融资占比高、贷款质量波动大的银行业金融机构，以及房地产信托业务增量较大、占比较高的信托公司。

（二十三）加强房地产押品管理。银行业金融机构要完善押品准入管理机制，建立健全房地产押品动态监测机制，及时发布内部预警信息，采取有效应对措施。

七、加强地方政府债务风险管控，切实防范地方政府债务风险

（二十四）严格落实《预算法》。银行业金融机构要认真落实《预算法》和《国务院关于加强地方政府性债务管理的意见》（国发〔2014〕43号）要求，不得违规新增地方政府融资平台贷款，严禁接受地方政府担保兜底。

（二十五）规范新型业务模式。银行业金融机构要依法合规开展专项建设基金、政府与社会资本合作、政府购买服务等新型业务模式，明确各方权利义务关系，不得通过各种方式异化形成违规政府性债务。

（二十六）强化融资平台风险管控。各级监管机构要会同有关部门强化地方政府债务全口径监测，指导银行业金融机构配合推进融资平台转型，明晰债权债务关系，防范债权悬空风险。银行业金融机构要紧盯列入预警范围的潜在高风险地区，推动制定中长期债务风险化解规划，有效应对局部风险。

八、稳妥推进互联网金融风险治理，促进合规稳健发展

（二十七）持续推进网络借贷平台（P2P）风险专项整治。严格执行《网络借贷信息中介机构业务活动管理暂行办法》和备案登记、资金存管等配套制度，按照专项整治工作实施方案要求，稳妥推进分类处置工作，督促网络借贷信息中介机构加强整改，适时采取关、停、并、转等措施。

（二十八）重点做好校园网贷的清理整顿工作。网络借贷信息中介机构不得将不具备还款能力的借款人纳入营销范围，禁止向未满18岁的在校大学生

提供网贷服务，不得进行虚假欺诈宣传和销售，不得通过各种方式变相发放高利贷。

（二十九）做好"现金贷"业务活动的清理整顿工作。网络借贷信息中介机构应依法合规开展业务，确保出借人资金来源合法，禁止欺诈、虚假宣传。严格执行最高人民法院关于民间借贷利率的有关规定，不得违法高利放贷及暴力催收。

九、加强外部冲击风险监测，防止民间金融风险向银行业传递

（三十）防范跨境业务风险。银行业金融机构要严格遵守外汇管理相关政策，加强跨境资金流动监测预警。提高跨境并表风险管理能力，加快健全环境与社会风险管理体系，确保国别风险准备金计提充足。加强境外合规管理，及时排查反洗钱和重点领域合规风险。提高银行及其客户科学分析外汇收支、币种结构、汇率波动走势和规律的能力，避免简单跟风变动可能带来的风险和损失。

（三十一）防范社会金融风险。各级监管机构应配合地方金融监管部门规范融资担保和小贷公司行业。落实国务院清理整顿各类交易场所要求，督促银行业金融机构开展专项排查，不得为违规交易所提供开户、托管、资金划转、代理买卖、支付清算、投资咨询等服务。

（三十二）严处非法集资风险。各级监管机构要加大对未经批准设立银行业金融机构的查处力度，严肃查处非法使用"银行"名称、违法吸收公众存款、违法发放贷款的行为。银行业金融机构严禁为非法集资提供任何金融服务，严禁内部员工违规参与各类集资活动，积极协助相关部门加强账户、信息监测，及时发现和报告异常交易，劝阻客户受骗参与非法集资。

十、维护银行业经营稳定，防止出现重大案件和群体事件

（三十三）加强案件风险防控。银行业金融机构要加强员工管理，有效防范内外勾结、利益输送等案件；加强重点环节管理，对授权卡、业务印章、空白凭证等物品管理全流程控制有效性进行评估；落实票据业务相关规定，规范业务操作，严禁与非法票据中介等机构开展业务合作；加大案件查处问责力度，切实做到发现一起、处理一起，做到"一案三问""上追两级"，遏

制案件多发频发态势；强化安全管理，加强安全防范设施建设，及时消除各类安全隐患。

（三十四）加强信息科技风险防控。银行业金融机构要全面强化网络信息安全管理，提高身份认证机制安全性；加大对新兴电子渠道风险的管理力度，完善灾备体系，制定完善应对预案；完善外包管理体系，降低外包风险，不得将信息科技管理责任外包。对发生严重信息科技风险事件的银行业金融机构，各级监管机构要及时采取必要的强制性监管措施。

（三十五）加强预期管理。银行业金融机构要主动发声，强化主动服务意识和沟通意识，提高信息披露频率和透明度。正确引导各方预期，提升各界对银行业的信心。积极研判社会舆情走势，重点关注可能导致声誉风险的各类隐患，提前准备应对预案，提升应对能力。

各级监管机构、各银行业金融机构要稳妥有序开展风险防控工作，把握好节奏平衡，防止在化解风险过程中产生新的风险。各银行业金融机构要履行风险防控主体责任，实行"一把手"负责制，制定可行性、针对性强的实施方案，细化责任分工，层层压实责任，把责任落实到具体的机构、部门和人员，对于重大违规和案件风险，要一查到底，对相关机构、违规人员和领导人员严格问责。各级监管机构要做到守土有责，及时开展工作督查，对自查整改不到位、存在违法违规问题的机构，要严肃问责。

各法人银行业金融机构应分别于 2017 年 7 月 20 日和 2018 年 1 月 20 日前，向监管机构报告本机构上半年和全年相关工作进展。各银监局应分别于 2017 年 7 月 31 日和 2018 年 1 月 31 日前，向银监会报告上半年和全年辖内银行业风险防控及督查工作情况。

6. 中国证券监督管理委员会《私募投资基金监督管理暂行办法》（中国证券监督管理委员会令第 105 号 2014 年 8 月 21 日）

第一章 总则

第一条 为了规范私募投资基金活动，保护投资者及相关当事人的合法权益，促进私募投资基金行业健康发展，根据《证券投资基金法》《国务院关于进一步促进资本市场健康发展的若干意见》，制定本办法。

第二条　本办法所称私募投资基金（以下简称私募基金），是指在中华人民共和国境内，以非公开方式向投资者募集资金设立的投资基金。

私募基金财产的投资包括买卖股票、股权、债券、期货、期权、基金份额及投资合同约定的其他投资标的。

非公开募集资金，以进行投资活动为目的设立的公司或者合伙企业，资产由基金管理人或者普通合伙人管理的，其登记备案、资金募集和投资运作适用本办法。

证券公司、基金管理公司、期货公司及其子公司从事私募基金业务适用本办法，其他法律法规和中国证券监督管理委员会（以下简称中国证监会）有关规定对上述机构从事私募基金业务另有规定的，适用其规定。

第三条　从事私募基金业务，应当遵循自愿、公平、诚实信用原则，维护投资者合法权益，不得损害国家利益和社会公共利益。

第四条　私募基金管理人和从事私募基金托管业务的机构（以下简称私募基金托管人）管理、运用私募基金财产，从事私募基金销售业务的机构（以下简称私募基金销售机构）及其他私募服务机构从事私募基金服务活动，应当恪尽职守，履行诚实信用、谨慎勤勉的义务。

私募基金从业人员应当遵守法律、行政法规，恪守职业道德和行为规范。

第五条　中国证监会及其派出机构依照《证券投资基金法》、本办法和中国证监会的其他有关规定，对私募基金业务活动实施监督管理。

设立私募基金管理机构和发行私募基金不设行政审批，允许各类发行主体在依法合规的基础上，向累计不超过法律规定数量的投资者发行私募基金。建立健全私募基金发行监管制度，切实强化事中事后监管，依法严厉打击以私募基金为名的各类非法集资活动。

建立促进经营机构规范开展私募基金业务的风险控制和自律管理制度，以及各类私募基金的统一监测系统。

第六条　中国证券投资基金业协会（以下简称基金业协会）依照《证券投资基金法》、本办法、中国证监会其他有关规定和基金业协会自律规则，对私募基金业开展行业自律，协调行业关系，提供行业服务，促进行业发展。

第二章　登记备案

第七条　各类私募基金管理人应当根据基金业协会的规定，向基金业协会申请登记，报送以下基本信息：

（一）工商登记和营业执照正副本复印件；

（二）公司章程或者合伙协议；

（三）主要股东或者合伙人名单；

（四）高级管理人员的基本信息；

（五）基金业协会规定的其他信息。

基金业协会应当在私募基金管理人登记材料齐备后的 20 个工作日内，通过网站公告私募基金管理人名单及其基本情况的方式，为私募基金管理人办结登记手续。

第八条　各类私募基金募集完毕，私募基金管理人应当根据基金业协会的规定，办理基金备案手续，报送以下基本信息：

（一）主要投资方向及根据主要投资方向注明的基金类别；

（二）基金合同、公司章程或者合伙协议。资金募集过程中向投资者提供基金招募说明书的，应当报送基金招募说明书。以公司、合伙等企业形式设立的私募基金，还应当报送工商登记和营业执照正副本复印件；

（三）采取委托管理方式的，应当报送委托管理协议。委托托管机构托管基金财产的，还应当报送托管协议；

（四）基金业协会规定的其他信息。

基金业协会应当在私募基金备案材料齐备后的 20 个工作日内，通过网站公告私募基金名单及其基本情况的方式，为私募基金办结备案手续。

第九条　基金业协会为私募基金管理人和私募基金办理登记备案不构成对私募基金管理人投资能力、持续合规情况的认可；不作为对基金财产安全的保证。

第十条　私募基金管理人依法解散、被依法撤销、或者被依法宣告破产的，其法定代表人或者普通合伙人应当在 20 个工作日内向基金业协会报告，基金业协会应当及时注销基金管理人登记并通过网站公告。

第三章　合格投资者

第十一条　私募基金应当向合格投资者募集，单只私募基金的投资者人数累计不得超过《证券投资基金法》、《公司法》、《合伙企业法》等法律规定的特定数量。

投资者转让基金份额的，受让人应当为合格投资者且基金份额受让后投资者人数应当符合前款规定。

第十二条　私募基金的合格投资者是指具备相应风险识别能力和风险承担能力，投资于单只私募基金的金额不低于 100 万元且符合下列相关标准的单位和个人：

（一）净资产不低于 1000 万元的单位；

（二）金融资产不低于 300 万元或者最近三年个人年均收入不低于 50 万元的个人。

前款所称金融资产包括银行存款、股票、债券、基金份额、资产管理计划、银行理财产品、信托计划、保险产品、期货权益等。

第十三条　下列投资者视为合格投资者：

（一）社会保障基金、企业年金等养老基金，慈善基金等社会公益基金；

（二）依法设立并在基金业协会备案的投资计划；

（三）投资于所管理私募基金的私募基金管理人及其从业人员；

（四）中国证监会规定的其他投资者。

以合伙企业、契约等非法人形式，通过汇集多数投资者的资金直接或者间接投资于私募基金的，私募基金管理人或者私募基金销售机构应当穿透核查最终投资者是否为合格投资者，并合并计算投资者人数。但是，符合本条第（一）、（二）、（四）项规定的投资者投资私募基金的，不再穿透核查最终投资者是否为合格投资者和合并计算投资者人数。

第四章　资金募集

第十四条　私募基金管理人、私募基金销售机构不得向合格投资者之外的单位和个人募集资金，不得通过报刊、电台、电视、互联网等公众传播媒体或者讲座、报告会、分析会和布告、传单、手机短信、微信、博客和电子邮件等方式，向不特定对象宣传推介。

第十五条 私募基金管理人、私募基金销售机构不得向投资者承诺投资本金不受损失或者承诺最低收益。

第十六条 私募基金管理人自行销售私募基金的，应当采取问卷调查等方式，对投资者的风险识别能力和风险承担能力进行评估，由投资者书面承诺符合合格投资者条件；应当制作风险揭示书，由投资者签字确认。

私募基金管理人委托销售机构销售私募基金的，私募基金销售机构应当采取前款规定的评估、确认等措施。

投资者风险识别能力和承担能力问卷及风险揭示书的内容与格式指引，由基金业协会按照不同类别私募基金的特点制定。

第十七条 私募基金管理人自行销售或者委托销售机构销售私募基金，应当自行或者委托第三方机构对私募基金进行风险评级，向风险识别能力和风险承担能力相匹配的投资者推介私募基金。

第十八条 投资者应当如实填写风险识别能力和承担能力问卷，如实承诺资产或者收入情况，并对其真实性、准确性和完整性负责；填写虚假信息或者提供虚假承诺文件的，应当承担相应责任。

第十九条 投资者应当确保投资资金来源合法，不得非法汇集他人资金投资私募基金。

第五章 投资运作

第二十条 募集私募证券基金，应当制定并签订基金合同、公司章程或者合伙协议（以下统称基金合同）。基金合同应当符合《证券投资基金法》第九十三条、第九十四条规定。

募集其他种类私募基金，基金合同应当参照《证券投资基金法》第九十三条、第九十四条规定，明确约定各方当事人的权利、义务和相关事宜。

第二十一条 除基金合同另有约定外，私募基金应当由基金托管人托管。

基金合同约定私募基金不进行托管的，应当在基金合同中明确保障私募基金财产安全的制度措施和纠纷解决机制。

第二十二条 同一私募基金管理人管理不同类别私募基金的，应当坚持专业化管理原则；管理可能导致利益输送或者利益冲突的不同私募基金的，应当建立防范利益输送和利益冲突的机制。

第二十三条　私募基金管理人、私募基金托管人、私募基金销售机构及其他私募服务机构及其从业人员从事私募基金业务，不得有以下行为：

（一）将其固有财产或者他人财产混同于基金财产从事投资活动；

（二）不公平地对待其管理的不同基金财产；

（三）利用基金财产或者职务之便，为本人或者投资者以外的人牟取利益，进行利益输送；

（四）侵占、挪用基金财产；

（五）泄露因职务便利获取的未公开信息，利用该信息从事或者明示、暗示他人从事相关的交易活动；

（六）从事损害基金财产和投资者利益的投资活动；

（七）玩忽职守，不按照规定履行职责；

（八）从事内幕交易、操纵交易价格及其他不正当交易活动；

（九）法律、行政法规和中国证监会规定禁止的其他行为。

第二十四条　私募基金管理人、私募基金托管人应当按照合同约定，如实向投资者披露基金投资、资产负债、投资收益分配、基金承担的费用和业绩报酬、可能存在的利益冲突情况以及可能影响投资者合法权益的其他重大信息，不得隐瞒或者提供虚假信息。信息披露规则由基金业协会另行制定。

第二十五条　私募基金管理人应当根据基金业协会的规定，及时填报并定期更新管理人及其从业人员的有关信息、所管理私募基金的投资运作情况和杠杆运用情况，保证所填报内容真实、准确、完整。发生重大事项的，应当在 10 个工作日内向基金业协会报告。

私募基金管理人应当于每个会计年度结束后的 4 个月内，向基金业协会报送经会计师事务所审计的年度财务报告和所管理私募基金年度投资运作基本情况。

第二十六条　私募基金管理人、私募基金托管人及私募基金销售机构应当妥善保存私募基金投资决策、交易和投资者适当性管理等方面的记录及其他相关资料，保存期限自基金清算终止之日起不得少于 10 年。

第六章 行业自律

第二十七条 基金业协会应当建立私募基金管理人登记、私募基金备案管理信息系统。

基金业协会应当对私募基金管理人和私募基金信息严格保密。除法律法规另有规定外，不得对外披露。

第二十八条 基金业协会应当建立与中国证监会及其派出机构和其他相关机构的信息共享机制，定期汇总分析私募基金情况，及时提供私募基金相关信息。

第二十九条 基金业协会应当制定和实施私募基金行业自律规则，监督、检查会员及其从业人员的执业行为。

会员及其从业人员违反法律、行政法规、本办法规定和基金业协会自律规则的，基金业协会可以视情节轻重，采取自律管理措施，并通过网站公开相关违法违规信息。会员及其从业人员涉嫌违法违规的，基金业协会应当及时报告中国证监会。

第三十条 基金业协会应当建立投诉处理机制，受理投资者投诉，进行纠纷调解。

第七章 监督管理

第三十一条 中国证监会及其派出机构依法对私募基金管理人、私募基金托管人、私募基金销售机构及其他私募服务机构开展私募基金业务情况进行统计监测和检查，依照《证券投资基金法》第一百一十四条规定采取有关措施。

第三十二条 中国证监会将私募基金管理人、私募基金托管人、私募基金销售机构及其他私募服务机构及其从业人员诚信信息记入证券期货市场诚信档案数据库；根据私募基金管理人的信用状况，实施差异化监管。

第三十三条 私募基金管理人、私募基金托管人、私募基金销售机构及其他私募服务机构及其从业人员违反法律、行政法规及本办法规定，中国证监会及其派出机构可以对其采取责令改正、监管谈话、出具警示函、公开谴责等行政监管措施。

第八章 关于创业投资基金的特别规定

第三十四条 本办法所称创业投资基金，是指主要投资于未上市创业企业普通股或者依法可转换为普通股的优先股、可转换债券等权益的股权投资基金。

第三十五条 鼓励和引导创业投资基金投资创业早期的小微企业。

享受国家财政税收扶持政策的创业投资基金，其投资范围应当符合国家相关规定。

第三十六条 基金业协会在基金管理人登记、基金备案、投资情况报告要求和会员管理等环节，对创业投资基金采取区别于其他私募基金的差异化行业自律，并提供差异化会员服务。

第三十七条 中国证监会及其派出机构对创业投资基金在投资方向检查等环节，采取区别于其他私募基金的差异化监督管理；在账户开立、发行交易和投资退出等方面，为创业投资基金提供便利服务。

第九章 法律责任

第三十八条 私募基金管理人、私募基金托管人、私募基金销售机构及其他私募服务机构及其从业人员违反本办法第七条、第八条、第十一条、第十四条至第十七条、第二十四条至第二十六条规定的，以及有本办法第二十三条第一项至第七项和第九项所列行为之一的，责令改正，给予警告并处三万元以下罚款；对直接负责的主管人员和其他直接责任人员，给予警告并处三万元以下罚款；有本办法第二十三条第八项行为的，按照《证券法》和《期货交易管理条例》的有关规定处罚；构成犯罪的，依法移交司法机关追究刑事责任。

第三十九条 私募基金管理人、私募基金托管人、私募基金销售机构及其他私募服务机构及其从业人员违反法律法规和本办法规定，情节严重的，中国证监会可以依法对有关责任人员采取市场禁入措施。

第四十条 私募证券基金管理人及其从业人员违反《证券投资基金法》有关规定的，按照《证券投资基金法》有关规定处罚。

第十章　附则

第四十一条　本办法自公布之日起施行。

7.《网络借贷信息中介机构业务活动管理暂行办法》(中国银行业监督管理委员会、中华人民共和国工业和信息化部、中华人民共和国公安部、国家互联网信息办公室令2016年第1号　2016年8月17日)

第一章　总　则

第一条　为规范网络借贷信息中介机构业务活动,保护出借人、借款人、网络借贷信息中介机构及相关当事人合法权益,促进网络借贷行业健康发展,更好满足中小微企业和个人投融资需求,根据《关于促进互联网金融健康发展的指导意见》提出的总体要求和监管原则,依据《中华人民共和国民法通则》、《中华人民共和国公司法》、《中华人民共和国合同法》等法律法规,制定本办法。

第二条　在中国境内从事网络借贷信息中介业务活动,适用本办法,法律法规另有规定的除外。

本办法所称网络借贷是指个体和个体之间通过互联网平台实现的直接借贷。个体包含自然人、法人及其他组织。网络借贷信息中介机构是指依法设立,专门从事网络借贷信息中介业务活动的金融信息中介公司。该类机构以互联网为主要渠道,为借款人与出借人(即贷款人)实现直接借贷提供信息搜集、信息公布、资信评估、信息交互、借贷撮合等服务。

本办法所称地方金融监管部门是指各省级人民政府承担地方金融监管职责的部门。

第三条　网络借贷信息中介机构按照依法、诚信、自愿、公平的原则为借款人和出借人提供信息服务,维护出借人与借款人合法权益,不得提供增信服务,不得直接或间接归集资金,不得非法集资,不得损害国家利益和社会公共利益。

借款人与出借人遵循借贷自愿、诚实守信、责任自负、风险自担的原则承担借贷风险。网络借贷信息中介机构承担客观、真实、全面、及时进行信息披露的责任,不承担借贷违约风险。

第四条 按照《关于促进互联网金融健康发展的指导意见》中"鼓励创新、防范风险、趋利避害、健康发展"的总体要求和"依法监管、适度监管、分类监管、协同监管、创新监管"的监管原则，落实各方管理责任。国务院银行业监督管理机构及其派出机构负责制定网络借贷信息中介机构业务活动监督管理制度，并实施行为监管。各省级人民政府负责本辖区网络借贷信息中介机构的机构监管。工业和信息化部负责对网络借贷信息中介机构业务活动涉及的电信业务进行监管。公安部牵头负责对网络借贷信息中介机构的互联网服务进行安全监管，依法查处违反网络安全监管的违法违规活动，打击网络借贷涉及的金融犯罪及相关犯罪。国家互联网信息办公室负责对金融信息服务、互联网信息内容等业务进行监管。

第二章 备案管理

第五条 拟开展网络借贷信息中介服务的网络借贷信息中介机构及其分支机构，应当在领取营业执照后，于10个工作日以内携带有关材料向工商登记注册地地方金融监管部门备案登记。

地方金融监管部门负责为网络借贷信息中介机构办理备案登记。地方金融监管部门应当在网络借贷信息中介机构提交的备案登记材料齐备时予以受理，并在各省（区、市）规定的时限内完成备案登记手续。备案登记不构成对网络借贷信息中介机构经营能力、合规程度、资信状况的认可和评价。

地方金融监管部门有权根据本办法和相关监管规则对备案登记后的网络借贷信息中介机构进行评估分类，并及时将备案登记信息及分类结果在官方网站上公示。

网络借贷信息中介机构完成地方金融监管部门备案登记后，应当按照通信主管部门的相关规定申请相应的电信业务经营许可；未按规定申请电信业务经营许可的，不得开展网络借贷信息中介业务。

网络借贷信息中介机构备案登记、评估分类等具体细则另行制定。

第六条 开展网络借贷信息中介业务的机构，应当在经营范围中实质明确网络借贷信息中介，法律、行政法规另有规定的除外。

第七条 网络借贷信息中介机构备案登记事项发生变更的，应当在5个工作日以内向工商登记注册地地方金融监管部门报告并进行备案信息变更。

第八条 经备案的网络借贷信息中介机构拟终止网络借贷信息中介服务的，应当在终止业务前提前至少10个工作日，书面告知工商登记注册地地方金融监管部门，并办理备案注销。

经备案登记的网络借贷信息中介机构依法解散或者依法宣告破产的，除依法进行清算外，由工商登记注册地地方金融监管部门注销其备案。

第三章　业务规则与风险管理

第九条 网络借贷信息中介机构应当履行下列义务：

（一）依据法律法规及合同约定为出借人与借款人提供直接借贷信息的采集整理、甄别筛选、网上发布，以及资信评估、借贷撮合、融资咨询、在线争议解决等相关服务；

（二）对出借人与借款人的资格条件、信息的真实性、融资项目的真实性、合法性进行必要审核；

（三）采取措施防范欺诈行为，发现欺诈行为或其他损害出借人利益的情形，及时公告并终止相关网络借贷活动；

（四）持续开展网络借贷知识普及和风险教育活动，加强信息披露工作，引导出借人以小额分散的方式参与网络借贷，确保出借人充分知悉借贷风险；

（五）按照法律法规和网络借贷有关监管规定要求报送相关信息，其中网络借贷有关债权债务信息要及时向有关数据统计部门报送并登记；

（六）妥善保管出借人与借款人的资料和交易信息，不得删除、篡改，不得非法买卖、泄露出借人与借款人的基本信息和交易信息；

（七）依法履行客户身份识别、可疑交易报告、客户身份资料和交易记录保存等反洗钱和反恐怖融资义务；

（八）配合相关部门做好防范查处金融违法犯罪相关工作；

（九）按照相关要求做好互联网信息内容管理、网络与信息安全相关工作；

（十）国务院银行业监督管理机构、工商登记注册地省级人民政府规定的其他义务。

第十条　网络借贷信息中介机构不得从事或者接受委托从事下列活动：

（一）为自身或变相为自身融资；

（二）直接或间接接受、归集出借人的资金；

（三）直接或变相向出借人提供担保或者承诺保本保息；

（四）自行或委托、授权第三方在互联网、固定电话、移动电话等电子渠道以外的物理场所进行宣传或推介融资项目；

（五）发放贷款，但法律法规另有规定的除外；

（六）将融资项目的期限进行拆分；

（七）自行发售理财等金融产品募集资金，代销银行理财、券商资管、基金、保险或信托产品等金融产品；

（八）开展类资产证券化业务或实现以打包资产、证券化资产、信托资产、基金份额等形式的债权转让行为；

（九）除法律法规和网络借贷有关监管规定允许外，与其他机构投资、代理销售、经纪等业务进行任何形式的混合、捆绑、代理；

（十）虚构、夸大融资项目的真实性、收益前景，隐瞒融资项目的瑕疵及风险，以歧义性语言或其他欺骗性手段等进行虚假片面宣传或促销等，捏造、散布虚假信息或不完整信息损害他人商业信誉，误导出借人或借款人；

（十一）向借款用途为投资股票、场外配资、期货合约、结构化产品及其他衍生品等高风险的融资提供信息中介服务；

（十二）从事股权众筹等业务；

（十三）法律法规、网络借贷有关监管规定禁止的其他活动。

第十一条　参与网络借贷的出借人与借款人应当为网络借贷信息中介机构核实的实名注册用户。

第十二条　借款人应当履行下列义务：

（一）提供真实、准确、完整的用户信息及融资信息；

（二）提供在所有网络借贷信息中介机构未偿还借款信息；

（三）保证融资项目真实、合法，并按照约定用途使用借贷资金，不得用于出借等其他目的；

（四）按照约定向出借人如实报告影响或可能影响出借人权益的重大信息；

（五）确保自身具有与借款金额相匹配的还款能力并按照合同约定还款；

（六）借贷合同及有关协议约定的其他义务。

第十三条 借款人不得从事下列行为：

（一）通过故意变换身份、虚构融资项目、夸大融资项目收益前景等形式的欺诈借款；

（二）同时通过多个网络借贷信息中介机构，或者通过变换项目名称、对项目内容进行非实质性变更等方式，就同一融资项目进行重复融资；

（三）在网络借贷信息中介机构以外的公开场所发布同一融资项目的信息；

（四）已发现网络借贷信息中介机构提供的服务中含有本办法第十条所列内容，仍进行交易；

（五）法律法规和网络借贷有关监管规定禁止从事的其他活动。

第十四条 参与网络借贷的出借人，应当具备投资风险意识、风险识别能力、拥有非保本类金融产品投资的经历并熟悉互联网。

第十五条 参与网络借贷的出借人应当履行下列义务：

（一）向网络借贷信息中介机构提供真实、准确、完整的身份等信息；

（二）出借资金为来源合法的自有资金；

（三）了解融资项目信贷风险，确认具有相应的风险认知和承受能力；

（四）自行承担借贷产生的本息损失；

（五）借贷合同及有关协议约定的其他义务。

第十六条 网络借贷信息中介机构在互联网、固定电话、移动电话等电子渠道以外的物理场所只能进行信用信息采集、核实、贷后跟踪、抵质押管理等风险管理及网络借贷有关监管规定明确的部分必要经营环节。

第十七条 网络借贷金额应当以小额为主。网络借贷信息中介机构应当根据本机构风险管理能力，控制同一借款人在同一网络借贷信息中介机构平台及不同网络借贷信息中介机构平台的借款余额上限，防范信贷集中风险。

同一自然人在同一网络借贷信息中介机构平台的借款余额上限不超过人民币 20 万元；同一法人或其他组织在同一网络借贷信息中介机构平台的借款余额上限不超过人民币 100 万元；同一自然人在不同网络借贷信息中介机构平台借款总余额不超过人民币 100 万元；同一法人或其他组织在不同网络借贷信息中介机构平台借款总余额不超过人民币 500 万元。

第十八条　网络借贷信息中介机构应当按照国家网络安全相关规定和国家信息安全等级保护制度的要求，开展信息系统定级备案和等级测试，具有完善的防火墙、入侵检测、数据加密以及灾难恢复等网络安全设施和管理制度，建立信息科技管理、科技风险管理和科技审计有关制度，配置充足的资源，采取完善的管理控制措施和技术手段保障信息系统安全稳健运行，保护出借人与借款人的信息安全。

网络借贷信息中介机构应当记录并留存借贷双方上网日志信息，信息交互内容等数据，留存期限为自借贷合同到期起 5 年；每两年至少开展一次全面的安全评估，接受国家或行业主管部门的信息安全检查和审计。

网络借贷信息中介机构成立两年以内，应当建立或使用与其业务规模相匹配的应用级灾备系统设施。

第十九条　网络借贷信息中介机构应当为单一融资项目设置募集期，最长不超过 20 个工作日。

第二十条　借款人支付的本金和利息应当归出借人所有。网络借贷信息中介机构应当与出借人、借款人另行约定费用标准和支付方式。

第二十一条　网络借贷信息中介机构应当加强与金融信用信息基础数据库运行机构、征信机构等的业务合作，依法提供、查询和使用有关金融信用信息。

第二十二条　各方参与网络借贷信息中介机构业务活动，需要对出借人与借款人的基本信息和交易信息等使用电子签名、电子认证时，应当遵守法律法规的规定，保障数据的真实性、完整性及电子签名、电子认证的法律效力。

网络借贷信息中介机构使用第三方数字认证系统，应当对第三方数字认证机构进行定期评估，保证有关认证安全可靠并具有独立性。

第二十三条　网络借贷信息中介机构应当采取适当的方法和技术，记录并妥善保存网络借贷业务活动数据和资料，做好数据备份。保存期限应当符合法律法规及网络借贷有关监管规定的要求。借贷合同到期后应当至少保存5年。

第二十四条　网络借贷信息中介机构暂停、终止业务时应当至少提前10个工作日通过官方网站等有效渠道向出借人与借款人公告，并通过移动电话、固定电话等渠道通知出借人与借款人。网络借贷信息中介机构业务暂停或者终止，不影响已经签订的借贷合同当事人有关权利义务。

网络借贷信息中介机构因解散或宣告破产而终止的，应当在解散或破产前，妥善处理已撮合存续的借贷业务，清算事宜按照有关法律法规的规定办理。

网络借贷信息中介机构清算时，出借人与借款人的资金分别属于出借人与借款人，不属于网络借贷信息中介机构的财产，不列入清算财产。

第四章　出借人与借款人保护

第二十五条　未经出借人授权，网络借贷信息中介机构不得以任何形式代出借人行使决策。

第二十六条　网络借贷信息中介机构应当向出借人以醒目方式提示网络借贷风险和禁止性行为，并经出借人确认。

网络借贷信息中介机构应当对出借人的年龄、财务状况、投资经验、风险偏好、风险承受能力等进行尽职评估，不得向未进行风险评估的出借人提供交易服务。

网络借贷信息中介机构应当根据风险评估结果对出借人实行分级管理，设置可动态调整的出借限额和出借标的限制。

第二十七条　网络借贷信息中介机构应当加强出借人与借款人信息管理，确保出借人与借款人信息采集、处理及使用的合法性和安全性。

网络借贷信息中介机构及其资金存管机构、其他各类外包服务机构等应当为业务开展过程中收集的出借人与借款人信息保密，未经出借人与借款人同意，不得将出借人与借款人提供的信息用于所提供服务之外的目的。

在中国境内收集的出借人与借款人信息的储存、处理和分析应当在中国境内进行。除法律法规另有规定外，网络借贷信息中介机构不得向境外提供境内出借人和借款人信息。

第二十八条　网络借贷信息中介机构应当实行自身资金与出借人和借款人资金的隔离管理，并选择符合条件的银行业金融机构作为出借人与借款人的资金存管机构。

第二十九条　出借人与网络借贷信息中介机构之间、出借人与借款人之间、借款人与网络借贷信息中介机构之间等纠纷，可以通过以下途径解决：

（一）自行和解；

（二）请求行业自律组织调解；

（三）向仲裁部门申请仲裁；

（四）向人民法院提起诉讼。

第五章　信息披露

第三十条　网络借贷信息中介机构应当在其官方网站上向出借人充分披露借款人基本信息、融资项目基本信息、风险评估及可能产生的风险结果、已撮合未到期融资项目资金运用情况等有关信息。

披露内容应符合法律法规关于国家秘密、商业秘密、个人隐私的有关规定。

第三十一条　网络借贷信息中介机构应当及时在其官方网站显著位置披露本机构所撮合借贷项目等经营管理信息。

网络借贷信息中介机构应当在其官方网站上建立业务活动经营管理信息披露专栏，定期以公告形式向公众披露年度报告、法律法规、网络借贷有关监管规定。

网络借贷信息中介机构应当聘请会计师事务所定期对本机构出借人与借款人资金存管、信息披露情况、信息科技基础设施安全、经营合规性等重点环节实施审计，并且应当聘请有资质的信息安全测评认证机构定期对信息安全实施测评认证，向出借人与借款人等披露审计和测评认证结果。

网络借贷信息中介机构应当引入律师事务所、信息系统安全评价等第三方机构，对网络信息中介机构合规和信息系统稳健情况进行评估。

网络借贷信息中介机构应当将定期信息披露公告文稿和相关备查文件报送工商登记注册地地方金融监管部门，并置备于机构住所供社会公众查阅。

第三十二条 网络借贷信息中介机构的董事、监事、高级管理人员应当忠实、勤勉地履行职责，保证披露的信息真实、准确、完整、及时、公平，不得有虚假记载、误导性陈述或者重大遗漏。

借款人应当配合网络借贷信息中介机构及出借人对融资项目有关信息的调查核实，保证提供的信息真实、准确、完整。

网络借贷信息披露具体细则另行制定。

第六章 监督管理

第三十三条 国务院银行业监督管理机构及其派出机构负责制定统一的规范发展政策措施和监督管理制度，负责网络借贷信息中介机构的日常行为监管，指导和配合地方人民政府做好网络借贷信息中介机构的机构监管和风险处置工作，建立跨部门跨地区监管协调机制。

各地方金融监管部门具体负责本辖区网络借贷信息中介机构的机构监管，包括对本辖区网络借贷信息中介机构的规范引导、备案管理和风险防范、处置工作。

第三十四条 中国互联网金融协会从事网络借贷行业自律管理，并履行下列职责：

（一）制定自律规则、经营细则和行业标准并组织实施，教育会员遵守法律法规和网络借贷有关监管规定；

（二）依法维护会员的合法权益，协调会员关系，组织相关培训，向会员提供行业信息、法律咨询等服务，调解纠纷；

（三）受理有关投诉和举报，开展自律检查；

（四）成立网络借贷专业委员会；

（五）法律法规和网络借贷有关监管规定赋予的其他职责。

第三十五条 借款人、出借人、网络借贷信息中介机构、资金存管机构、担保人等应当签订资金存管协议，明确各自权利义务和违约责任。

资金存管机构对出借人与借款人开立和使用资金账户进行管理和监督，并根据合同约定，对出借人与借款人的资金进行存管、划付、核算和监督。

资金存管机构承担实名开户和履行合同约定及借贷交易指令表面一致性的形式审核责任，但不承担融资项目及借贷交易信息真实性的实质审核责任。

资金存管机构应当按照网络借贷有关监管规定报送数据信息并依法接受相关监督管理。

第三十六条　网络借贷信息中介机构应当在下列重大事件发生后，立即采取应急措施并向工商登记注册地地方金融监管部门报告：

（一）因经营不善等原因出现重大经营风险；

（二）网络借贷信息中介机构或其董事、监事、高级管理人员发生重大违法违规行为；

（三）因商业欺诈行为被起诉，包括违规担保、夸大宣传、虚构隐瞒事实、发布虚假信息、签订虚假合同、错误处置资金等行为。

地方金融监管部门应当建立网络借贷行业重大事件的发现、报告和处置制度，制定处置预案，及时、有效地协调处置有关重大事件。

地方金融监管部门应当及时将本辖区网络借贷信息中介机构重大风险及处置情况信息报送省级人民政府、国务院银行业监督管理机构和中国人民银行。

第三十七条　除本办法第七条规定的事项外，网络借贷信息中介机构发生下列情形的，应当在 5 个工作日以内向工商登记注册地地方金融监管部门报告：

（一）因违规经营行为被查处或被起诉；

（二）董事、监事、高级管理人员违反境内外相关法律法规行为；

（三）国务院银行业监督管理机构、地方金融监管部门等要求的其他情形。

第三十八条　网络借贷信息中介机构应当聘请会计师事务所进行年度审计，并在上一会计年度结束之日起 4 个月内向工商登记注册地地方金融监管部门报送年度审计报告。

第七章　法律责任

第三十九条　地方金融监管部门存在未依照本办法规定报告重大风险和处置情况、未依照本办法规定向国务院银行业监督管理机构提供行业统计或行业报告等违反法律法规及本办法规定情形的，应当对有关责任人依法给予行政处分；构成犯罪的，依法追究刑事责任。

第四十条　网络借贷信息中介机构违反法律法规和网络借贷有关监管规定，有关法律法规有处罚规定的，依照其规定给予处罚；有关法律法规未作处罚规定的，工商登记注册地地方金融监管部门可以采取监管谈话、出具警示函、责令改正、通报批评、将其违法违规和不履行公开承诺等情况记入诚信档案并公布等监管措施，以及给了警告、人民币3万元以下罚款和依法可以采取的其他处罚措施；构成犯罪的，依法追究刑事责任。

网络借贷信息中介机构违反法律规定从事非法集资活动或欺诈的，按照相关法律法规和工作机制处理；构成犯罪的，依法追究刑事责任。

第四十一条　网络借贷信息中介机构的出借人及借款人违反法律法规和网络借贷有关监管规定，依照有关规定给予处罚；构成犯罪的，依法追究刑事责任。

第八章　附　则

第四十二条　银行业金融机构及国务院银行业监督管理机构批准设立的其他金融机构和省级人民政府批准设立的融资担保公司、小额贷款公司等投资设立具有独立法人资格的网络借贷信息中介机构，设立办法另行制定。

第四十三条　中国互联网金融协会网络借贷专业委员会按照《关于促进互联网金融健康发展的指导意见》和协会章程开展自律并接受相关监管部门指导。

第四十四条　本办法实施前设立的网络借贷信息中介机构不符合本办法规定的，除违法犯罪行为按照本办法第四十条处理外，由地方金融监管部门要求其整改，整改期不超过12个月。

第四十五条　省级人民政府可以根据本办法制定实施细则，并报国务院银行业监督管理机构备案。

第四十六条　本办法解释权归国务院银行业监督管理机构、工业和信息化部、公安部、国家互联网信息办公室。

第四十七条　本办法所称不超过、以下、以内，包括本数。

8. 中国银监会办公厅《关于印发〈网络借贷资金存管业务指引〉的通知》（银监办发〔2017〕21 号　2017 年 2 月 22 日）

第一章　总则

第一条　为规范网络借贷资金存管业务活动，促进网络借贷行业健康发展，根据《中华人民共和国合同法》、《中华人民共和国商业银行法》和《关于促进互联网金融健康发展的指导意见》、《网络借贷信息中介机构业务活动管理暂行办法》及其他有关法律法规，制定本指引。

第二条　本指引所称网络借贷资金存管业务，是指商业银行作为存管人接受委托人的委托，按照法律法规规定和合同约定，履行网络借贷资金存管专用账户的开立与销户、资金保管、资金清算、账务核对、提供信息报告等职责的业务。存管人开展网络借贷资金存管业务，不对网络借贷交易行为提供保证或担保，不承担借贷违约责任。

第三条　本指引所称网络借贷资金，是指网络借贷信息中介机构作为委托人，委托存管人保管的，由借款人、出借人和担保人等进行投融资活动形成的专项借贷资金及相关资金。

第四条　本指引所称委托人，即网络借贷信息中介机构，是指依法设立，专门从事网络借贷信息中介业务活动的金融信息中介公司。

第五条　本指引所称存管人，是指为网络借贷业务提供资金存管服务的商业银行。

第六条　本指引所称网络借贷资金存管专用账户，是指委托人在存管人处开立的资金存管汇总账户，包括为出借人、借款人及担保人等在资金存管汇总账户下所开立的子账户。

第七条　网络借贷业务有关当事机构开展网络借贷资金存管业务应当遵循"诚实履约、勤勉尽责、平等自愿、有偿服务"的原则。

第二章 委托人

第八条 网络借贷信息中介机构作为委托人，委托存管人开展网络借贷资金存管业务应符合《网络借贷信息中介机构业务活动管理暂行办法》及《网络借贷信息中介机构备案登记管理指引》的有关规定，包括但不限于在工商管理部门完成注册登记并领取营业执照、在工商登记注册地地方金融监管部门完成备案登记、按照通信主管部门的相关规定申请获得相应的增值电信业务经营许可等。

第九条 在网络借贷资金存管业务中，委托人应履行以下职责：

（一）负责网络借贷平台技术系统的持续开发及安全运营；

（二）组织实施网络借贷信息中介机构信息披露工作，包括但不限于委托人基本信息、借贷项目信息、借款人基本信息及经营情况、各参与方信息等应向存管人充分披露的信息；

（三）每日与存管人进行账务核对，确保系统数据的准确性；

（四）妥善保管网络借贷资金存管业务活动的记录、账册、报表等相关资料，相关纸质或电子介质信息应当自借贷合同到期后保存 5 年以上；

（五）组织对客户资金存管账户的独立审计并向客户公开审计结果；

（六）履行并配合存管人履行反洗钱义务；

（七）法律、行政法规、规章及其他规范性文件和网络借贷资金存管合同（以下简称存管合同）约定的其他职责。

第三章 存管人

第十条 在中华人民共和国境内依法设立并取得企业法人资格的商业银行，作为存管人开展网络借贷资金存管业务应符合以下要求：

（一）明确负责网络借贷资金存管业务管理与运营的一级部门，部门设置能够保障存管业务运营的完整与独立；

（二）具有自主管理、自主运营且安全高效的网络借贷资金存管业务技术系统；

（三）具有完善的内部业务管理、运营操作、风险监控的相关制度；

（四）具备在全国范围内为客户提供资金支付结算服务的能力；

（五）具有良好的信用记录，未被列入企业经营异常名录和严重违法失信企业名单；

（六）国务院银行业监督管理机构要求的其他条件。

第十一条　存管人的网络借贷资金存管业务技术系统应当满足以下条件：

（一）具备完善规范的资金存管清算和明细记录的账务体系，能够根据资金性质和用途为委托人、委托人的客户（包括出借人、借款人及担保人等）进行明细登记，实现有效的资金管理和登记；

（二）具备完整的业务管理和交易校验功能，存管人应在充值、提现、缴费等资金清算环节设置交易密码或其他有效的指令验证方式，通过履行表面一致性的形式审核义务对客户资金及业务授权指令的真实性进行认证，防止委托人非法挪用客户资金；

（三）具备对接网络借贷信息中介机构系统的数据接口，能够完整记录网络借贷客户信息、交易信息及其他关键信息，并具备提供账户资金信息查询的功能；

（四）系统具备安全高效稳定运行的能力，能够支撑对应业务量下的借款人和出借人各类峰值操作；

（五）国务院银行业监督管理机构要求的其他条件。

第十二条　在网络借贷资金存管业务中，存管人应履行以下职责：

（一）存管人对申请接入的网络借贷信息中介机构，应设置相应的业务审查标准，为委托人提供资金存管服务；

（二）为委托人开立网络借贷资金存管专用账户和自有资金账户，为出借人、借款人和担保人等在网络借贷资金存管专用账户下分别开立子账户，确保客户网络借贷资金和网络借贷信息中介机构自有资金分账管理，安全保管客户交易结算资金；

（三）根据法律法规规定和存管合同约定，按照出借人与借款人发出的指令或业务授权指令，办理网络借贷资金的清算支付；

（四）记录资金在各交易方、各类账户之间的资金流转情况；

（五）每日根据委托人提供的交易数据进行账务核对；

（六）根据法律法规规定和存管合同约定，定期提供网络借贷资金存管报告；

（七）妥善保管网络借贷资金存管业务相关的交易数据、账户信息、资金流水、存管报告等包括纸质或电子介质在内的相关数据信息和业务档案，相关资料应当自借贷合同到期后保存 5 年以上；

（八）存管人应对网络借贷资金存管专用账户内的资金履行安全保管责任，不应外包或委托其他机构代理进行资金账户开立、交易信息处理、交易密码验证等操作；

（九）存管人应当加强出借人与借款人信息管理，确保出借人与借款人信息采集、处理及使用的合法性和安全性；

（十）法律、行政法规、规章及其他规范性文件和存管合同约定的其他职责。

第四章　业务规范

第十三条　存管人与委托人根据网络借贷交易模式约定资金运作流程，即资金在不同交易模式下的汇划方式和要求，包括但不限于不同模式下的发标、投标、流标、撤标、项目结束等环节。

第十四条　委托人开展网络借贷资金存管业务，应指定唯一一家存管人作为资金存管机构。

第十五条　存管合同至少应包括以下内容：

（一）当事人的基本信息；

（二）当事人的权利和义务；

（三）网络借贷资金存管专用账户的开立和管理；

（四）网络借贷信息中介机构客户开户、充值、投资、缴费、提现及还款等环节资金清算及信息交互的约定；

（五）网络借贷资金划拨的条件和方式；

（六）网络借贷资金使用情况监督和信息披露；

（七）存管服务费及费用支付方式；

（八）存管合同期限和终止条件；

（九）风险提示；

（十）反洗钱职责；

（十一）违约责任和争议解决方式；

（十二）其他约定事项。

第十六条　委托人和存管人应共同制定供双方业务系统

遵守的接口规范，并在上线前组织系统联网和灾备应急测试，及时安排系统优化升级，确保数据传输安全、顺畅。

第十七条　资金对账工作由委托人和存管人双方共同完成，每日日终交易结束后，存管人根据委托人发送的日终清算数据，进行账务核对，对资金明细流水、资金余额数据进行分分资金对账、总分资金对账，确保双方账务一致。

第十八条　存管人应按照存管合同的约定，定期向委托人和合同约定的对象提供资金存管报告，披露网络借贷信息中介机构客户交易结算资金的保管及使用情况，报告内容应至少包括以下信息：委托人的交易规模、借贷余额、存管余额、借款人及出借人数量等。

第十九条　委托人暂停、终止业务时应制定完善的业务清算处置方案，并至少提前 30 个工作日通知地方金融监管部门及存管人，存管人应配合地方金融监管部门、委托人或清算处置小组等相关方完成网络借贷资金存管专用账户资金的清算处置工作，相关清算处置事宜按照有关规定及与委托人的合同约定办理。

第二十条　委托人需向存管人提供真实准确的交易信息数据及有关法律文件，包括并不限于网络借贷信息中介机构当事人信息、交易指令、借贷信息、收费服务信息、借贷合同等。存管人不承担借款项目及借贷交易信息真实性的审核责任，不对网络借贷信息数据的真实性、准确性和完整性负责，因委托人故意欺诈、伪造数据或数据发生错误导致的业务风险和损失，由委托人承担相应责任。

第二十一条　在网络借贷资金存管业务中，除必要的披露及监管要求外，委托人不得用"存管人"做营销宣传。

第二十二条　商业银行担任网络借贷资金的存管人，不应被视为对网络借贷交易以及其他相关行为提供保证或其他形式的担保。存管人不对网络借贷资金本金及收益予以保证或承诺，不承担资金运用风险，出借人须自行承担网络借贷投资责任和风险。

第二十三条　存管人应根据存管金额、期限、服务内容等因素，与委托人平等协商确定存管服务费，不得以开展存管业务为由开展捆绑销售及变相收取不合理费用。

第五章　附则

第二十四条　网络借贷信息中介机构与商业银行开展网络借贷资金存管业务，应当依据《网络借贷信息中介机构业务活动管理暂行办法》及本指引，接受国务院银行业监督管理机构的监督管理。其他机构违法违规从事网络借贷资金存管业务的，由国务院银行业监督管理机构建立监管信息共享协调机制，对其进行业务定性，按照监管职责分工移交相应的监管部门，由监管部门依照相关规定进行查处；涉嫌犯罪的，依法移交公安机关处理。

第二十五条　中国银行业协会依据本指引及其他有关法律法规、自律规则，对商业银行开展网络借贷资金存管业务进行自律管理。

第二十六条　中国互联网金融协会依据本指引及其他有关法律法规、自律规则，对网络借贷信息中介机构开展网络借贷资金存管业务进行自律管理。

第二十七条　对于已经开展了网络借贷资金存管业务的委托人和存管人，在业务过程中存在不符合本指引要求情形的，应在本指引公布后进行整改，整改期自本指引公布之日起不超过 6 个月。逾期未整改的，按照《网络借贷信息中介机构业务活动管理暂行办法》及《网络借贷信息中介机构备案登记管理指引》的有关规定执行。

第二十八条　本指引解释权归国务院银行业监督管理机构。

第二十九条　本指引自公布之日起施行。

9. 中国银监会办公厅《关于印发〈网络借贷信息中介机构业务活动信息披露指引〉的通知》（银监办发〔2017〕113 号　2017 年 8 月 23 日）

第一章　总则

第一条　为规范网络借贷信息中介机构业务活动信息披露行为，维护参与网络借贷信息中介机构业务活动主体的合法权益，建立客观、公平、透明的网络借贷信息中介业务活动环境，促进网络借贷行业健康发展，依据《中华人民共和国民法通则》《关于促进互联网金融健康发展的指导意见》《网络借贷信息中介机构业务活动管理暂行办法》等法律法规，制定本指引。

第二条　本指引所称信息披露，是指网络借贷信息中介机构及其分支机构通过其官方网站及其他互联网渠道向社会公众公示网络借贷信息中介机构基本信息、运营信息、项目信息、重大风险信息、消费者咨询投诉渠道信息等相关信息的行为。

第三条　网络借贷信息中介机构应当在其官方网站及提供网络借贷信息中介服务的网络渠道显著位置设置信息披露专栏，展示信息披露内容。披露用语应当准确、精练、严谨、通俗易懂。

第四条　其他互联网渠道包括网络借贷信息中介机构手机应用软件、微信公众号、微博等社交媒体渠道及网络借贷信息中介机构授权开展信息披露的其他互联网平台。各渠道间披露信息内容应当保持一致。

第五条　信息披露应当遵循"真实、准确、完整、及时"原则，不得有虚假记载、误导性陈述、重大遗漏或拖延披露。

第六条　信息披露内容应当符合法律法规关于国家秘密、商业秘密、个人隐私的有关规定。

第二章　信息披露内容

第七条　网络借贷信息中介机构应当向公众披露如下信息：

（一）网络借贷信息中介机构备案信息

1.网络借贷信息中介机构在地方金融监管部门的备案登记信息；

2.网络借贷信息中介机构取得的电信业务经营许可信息；

3.网络借贷信息中介机构资金存管信息；

4.网络借贷信息中介机构取得的公安机关核发的网站备案图标及编号；

5.网络借贷信息中介机构风险管理信息。

（二）网络借贷信息中介机构组织信息

1.网络借贷信息中介机构工商信息，应当包含网络借贷信息中介机构全称、简称、统一社会信用代码、注册资本、实缴注册资本、注册地址、经营地址、成立时间、经营期限、经营状态、主要人员（包括法定代表人、实际控制人、董事、监事、高级管理人员）信息、经营范围；

2. 网络借贷信息中介机构股东信息，应当包含股东全称、股东股权占比；

3. 网络借贷信息中介机构组织架构及从业人员概况；

4. 网络借贷信息中介机构分支机构工商信息，应当包含分支机构全称、分支机构所在地、分支机构成立时间、分支机构主要负责人姓名，分支机构联系电话、投诉电话，员工人数；存在多个分支机构的应当逐一列明；

5. 网络借贷信息中介机构官方网站、官方手机应用及其他官方互联网渠道信息；存在多个官方渠道的应当逐一列明。

（三）网络借贷信息中介机构审核信息

1. 网络借贷信息中介机构上一年度的财务审计报告；

2. 网络借贷信息中介机构经营合规重点环节的审计结果；

3. 网络借贷信息中介机构上一年度的合规性审查报告。

网络借贷信息中介机构应当于每年 1 月 10 日前披露本条款（一）、（二）项信息；应当于每年 4 月 30 日前披露本条款（三）项信息。若上述任一信息发生变更，网络借贷信息中介机构应当于变更后 10 个工作日内更新披露信息。

第八条 网络借贷信息中介机构应当在每月前 5 个工作日内，向公众披露截至于上一月末经网络借贷信息中介机构撮合交易的如下信息：

（一）自网络借贷信息中介机构成立以来的累计借贷金额及笔数；

（二）借贷余额及笔数；

（三）累计出借人数量、累计借款人数量；

（四）当期出借人数量、当期借款人数量；

（五）前十大借款人待还金额占比、最大单一借款人待还金额占比；

（六）关联关系借款余额及笔数；

（七）逾期金额及笔数；

（八）逾期 90 天（不含）以上金额及笔数；

（九）累计代偿金额及笔数；

（十）收费标准；

（十一）其他经营信息。

第九条　网络借贷信息中介机构应当及时向出借人披露如下信息：

（一）借款人基本信息，应当包含借款人主体性质（自然人、法人或其他组织）、借款人所属行业、借款人收入及负债情况、截至借款前 6 个月内借款人征信报告中的逾期情况、借款人在其他网络借贷平台借款情况；

（二）项目基本信息，应当包含项目名称和简介、借款金额、借款期限、借款用途、还款方式、年化利率、起息日、还款来源、还款保障措施；

（三）项目风险评估及可能产生的风险结果；

（四）已撮合未到期项目有关信息，应当包含借款资金运用情况、借款人经营状况及财务状况、借款人还款能力变化情况、借款人逾期情况、借款人涉诉情况、借款人受行政处罚情况等可能影响借款人还款的重大信息。

本条款（一）、（二）、（三）项内容，网络借贷信息中介机构应当于出借人确认向借款人出借资金前向出借人披露。

本条款（四）项内容，若借款期限不超过六个月，网络借贷信息中介机构应当按月（每月前 5 个工作日内）向出借人披露；若借款期限超过六个月，网络借贷信息中介机构应当按季度（每季度前 5 个工作日内）向出借人披露。若已发生足以导致借款人不能按约定期限足额还款的情形时，网络借贷信息中介机构应当及时向出借人披露。

出借人应当对借款人信息予以保密，不得非法收集、使用、加工、传输借款人个人信息，不得非法买卖、提供或者公开借款人个人信息。

第十条　网络借贷信息中介机构或其分支机构发生下列情况之一的，网络借贷信息中介机构应当于发生之日起 48 小时内将事件的起因、目前的状态、可能产生的影响和采取的措施向公众进行披露。

（一）公司减资、合并、分立、解散或申请破产；

（二）公司依法进入破产程序；

（三）公司被责令停业、整顿、关闭；

（四）公司涉及重大诉讼、仲裁，或涉嫌违法违规被有权机关调查，或受到刑事处罚、重大行政处罚；

（五）公司法定代表人、实际控制人、主要负责人、董事、监事、高级管理人员涉及重大诉讼、仲裁，或涉嫌违法违纪被有权机关调查，或受到刑事处罚、重大行政处罚，或被采取强制措施；

（六）公司主要或者全部业务陷入停顿；

（七）存在欺诈、损害出借人利益等其他影响网络借贷信息中介机构经营活动的重大事项。

第十一条 网络借贷信息中介机构应当向公众披露咨询、投诉、举报联系电话、电子邮箱、通讯地址。

网络借贷信息中介机构应当在其官方网站上定期以公告形式向公众披露其年度报告、相关法律法规及网络借贷有关监管规定。

第十二条 披露的信息应当采用中文文本。同时采用外文文本的，应当保证两种文本的内容一致。两种文本产生歧义的，以中文文本为准。

第十三条 披露的信息应当采用阿拉伯数字。除特别说明外，货币单位应当为人民币"元"。

第三章 信息披露管理

第十四条 网络借贷信息中介机构应当建立健全信息披露制度，指定专人负责信息披露事务，确保信息披露专栏内容可供社会公众随时查阅。

第十五条 网络借贷信息中介机构应当对信息披露内容进行书面留存，并应自披露之日起保存五年以上。

第十六条 网络借贷信息中介机构应当按要求将信息披露公告文稿和相关备查文件报送其工商登记注册地地方金融监管部门、国务院银行业监督管理机构派出机构，并置备于网络借贷信息中介机构住所供社会公众查阅。

第十七条 网络借贷信息中介机构的董事、监事、高级管理人员应当忠实、勤勉、尽职，保证披露的信息真实、准确、完整、及时。网络借贷信息中介机构信息披露专栏内容均应当有网络借贷信息中介机构法定代表人的签字确认。

第十八条　借款人应当配合网络借贷信息中介机构及出借人对项目有关信息进行调查核实，保证提供的信息真实、准确、及时、完整、有效。

第十九条　本指引没有规定，但不披露相关信息可能导致借款人、出借人产生错误判断的，网络借贷信息中介机构应当将相关信息予以及时披露。

第二十条　网络借贷信息中介机构拟披露信息属于国家秘密的，按本指引规定披露可能导致其违反国家有关保密法律法规的，可以豁免披露。本指引所称的国家秘密，是指国家有关保密法律法规及部门规章规定的，关系国家安全和利益，依照法定程序确定，在一定时间内只限一定范围的人员知悉，泄露后可能损害国家在政治、经济、国防、外交等领域的安全和利益的信息。

第二十一条　未按本指引要求开展信息披露的相关当事人，由相关监管部门按照《网络借贷信息中介机构业务活动管理暂行办法》第四十条、第四十一条予以处罚。

第二十二条　网络借贷信息中介机构应当按要求及时将信息披露内容报送监管机构。

第四章　附则

第二十三条　网络借贷信息中介业务活动信息披露行为，应当依据《网络借贷信息中介机构业务活动管理暂行办法》及本指引，接受国务院银行业监督管理机构及其派出机构和地方金融监管部门的监督管理。

第二十四条　中国互联网金融协会依据本指引及其他有关法律法规、自律规则，对网络借贷行业的信息披露进行自律管理。

第二十五条　已开展网络借贷信息中介业务的机构，在开展业务过程中存在不符合本指引要求情形的，应在本指引公布后进行整改，整改期自本指引公布之日起不超过6个月。逾期未整改的，按照《网络借贷信息中介机构业务活动管理暂行办法》及《网络借贷信息中介机构备案登记管理指引》的有关规定执行。

第二十六条　本指引所称不超过、以内、以下，包括本数。

第二十七条　本指引解释权归国务院银行业监督管理机构。

第二十八条　本指引自公布之日起施行。

附件

信息披露内容说明

1.1　数据按月披露的，统计时点为统计月末最后一日 24 时。数据按季度披露的，统计时点为统计季度末最后一日 24 时。

1.2　信息披露货币单位为人民币"元"，保留两位以上小数；数量单位为"个"、"人"；比例统计单位"%"。

1.3　信息披露日期格式统一为"yyyy—mm—dd"，如"2015—1—31"。

1.4　信息披露电话格式统一为"区号—电话号码"或"手机号"。

1.5　网络借贷信息中介机构以下简称"网贷机构"。

2.1　网贷机构备案信息

2.1.1　备案信息：指网贷机构已经备案登记的相关信息，包括备案登记地方金融监管部门、备案登记时间、备案登记编号（如有）等。

2.1.2　电信业务经营许可信息：指网贷机构获得的网络借贷中介业务电信业务经营许可证号。

2.1.3　资金存管信息：指网贷机构资金存管的银行全称。

2.1.4　网站备案图标及编号：指网贷机构获得的公安机关出具的网站备案图标及编号。

2.1.5　风险管理信息：指网贷机构风险管理架构、风险评估流程、风险预警管理情况、催收方式等信息。

2.2　网贷机构组织信息

2.2.1　网贷机构工商信息

（1）公司全称：指网贷机构在工商部门登记注册的公司全称。

（2）公司简称（常用名）：指网贷机构对外简称或常用简称，如有多个简称，应当逐一列明并以分号分隔。

（3）统一社会信用代码：指网贷机构在工商部门登记注册后获得的统一社会信用代码；若无统一社会信用代码，则填写组织机构代码。

（4）公司注册资本：指网贷机构在工商部门依法登记的注册资本。有限责任公司的注册资本为在工商部门依法登记的全体股东认缴的出资额。股份有限公司采取发起设立方式设立的，注册资本为在工商部门依法登记的全体发起人认购的股本总额；股份有限公司采取募集设立方式设立的，注册资本为在工商部门依法登记的实收股本总额。

（5）实缴注册资本：指网贷机构已实际出资的资金总额。

（6）公司注册地：指网贷机构在工商部门登记注册的公司地址。

（7）公司经营地：指网贷机构实际开展经营的地址，如有多个经营地，应当逐一列明并以分号分隔。

（8）公司成立时间：指网贷机构注册成立的日期，即营业执照上的公司成立日期。

（9）公司经营期限：指网贷机构在工商部门注册的存续期间。

（10）公司经营状态：指网贷机构目前公司经营状况，分为开业、停业、注销、吊销。若为停业状况，应补充说明原因。

（11）公司法定代表人：指网贷机构营业执照上登记的法定代表人姓名。

（12）公司经营范围：指网贷机构于工商登记注册部门核准登记的经营范围。

2.2.2　网贷机构股东信息

（1）公司股东名称：指网贷机构股东在工商部门依法登记注册的全称。

（2）公司股东占股比例：指网贷机构股东持有股份占网贷机构全部股份的比例，单位为百分比。

2.2.3　组织架构及从业人员概况

（1）组织架构：指网贷机构内部部门设置及层级。

（2）从业人员概况：指在网贷机构工作，由网贷机构支付工资的各类人员，以及有工作岗位，但由于学习、病休产假等原因暂未工作，仍由单位支付工资的员工，包括正式人员、劳务派遣人员、临时聘用人员等的人员总数、年龄分布、学历分布等情况。

2.2.4　分支机构信息

（1）分支机构全称：指网贷机构的分支机构在工商部门登记注册的公司全称。

（2）分支机构所在地：指网贷机构的分支机构在工商部门登记注册的公司地址。

（3）分支机构成立时间：指网贷机构的分支机构注册成立的日期，即分支机构营业执照上的分支机构成立日期。

（4）分支机构负责人：指网贷机构的分支机构的负责人姓名。

（5）分支机构联系电话：指网贷机构的分支机构的联系电话。

（6）分支机构投诉电话：指网贷机构的分支机构的投诉电话。

（7）分支机构员工人数：指网贷机构的分支机构的员工总人数。同时应当区分正式员工、派遣员工、临时员工数量。

2.2.5　渠道信息

（1）公司官方网址：指网贷机构在运营的网站域名及 IP 地址。

（2）平台 APP 名称、微信公众号、微博：指网贷机构依法注册并使用的开展网络借贷信息中介服务的 APP、社交媒体账号及 IP 地址（或链接）。

2.3　网贷机构审核信息

2.3.1　财务审计报告：指会计师事务所出具的网贷机构上一年度审计报告。

2.3.2　重点环节审计结果：指会计师事务所出具的对网贷机构出借人与借款人资金存管、信息披露情况、信息科技基础设施安全、经营合规性、资金运用流程等重点环节的审计结果。

2.3.3　合规报告：指律师事务所出具的对网贷机构合规情况审查报告。

2.4　网贷机构经营信息

2.4.1　累计交易总额：指自网贷机构成立起，经网贷机构撮合完成的借款项目的本金总合。

2.4.2　累计交易笔数：指自网贷机构成立起，经网贷机构撮合完成的借款交易笔数总合。

2.4.3　借贷余额：指截至统计时点，通过网贷机构已经上线运行的网络借贷信息中介平台完成的借款总余额。

2.4.4　累计借款人数量：指借款人通过网贷机构成功借款的借款人总数。

同一借款人多次借款的，按实际借款人计算。（例如：张三借款 3 次，累计借款人数量为 1）

2.4.5　累计出借人数量：指出借人通过网贷机构成功出借资金的出借人总数。同一出借人多次出借的，按实际出借人计算。（例如：张三出借 3 次，累计出借人数量为 1）

2.4.6　当前借款人数量：指截至统计时点仍存在待还借款的借款人总数。同一借款人多次借款的，按实际借款人计算。

2.4.7　当前出借人数量：指截至统计时点仍存在待收借款的出借人总数。同一出借人多次出借的，按实际出借人计算。

2.4.8　前十大借款人待还金额占比：指在平台撮合的项目中，借款最多的前十户借款人的借款余额占总借款余额的比例。

2.4.9　最大单一借款人待还金额占比：指在平台撮合的项目中，借款最多一户借款人的借款余额占总借款余额的比例。

2.4.10　关联关系借款余额：指截至统计时点，与平台具有关联关系的借款人通过平台撮合完成的借款总余额。关联关系指网络借贷信息中介机构主要股东、实际控制人、董事、监事、高级管理人员与其直接或间接控制、有重大影响的企业、自然人之间的关系，以及可能导致网络借贷信息中介机构利益转移的其他关系（主要股东，指持有或控制网络信息借贷中介机构 5% 以上股份或表决权的自然人、法人或其他组织；直接或间接控制企业，指直接或间接持有企业 5% 以上股份或表决权）。

2.4.11　逾期金额：指按合同约定，出借人到期未收到本金和利息的金额总合。收到，是指资金实际划付至出借人银行账户。

2.4.12　逾期笔数：指按合同约定，出借人到期未收到本金和利息的借款的笔数。收到，是指资金实际划付至出借人银行账户。

2.4.13　逾期 90 天以上金额：指逾期 90 天（不含）以上的借款本金余额。

2.4.14　逾期 90 天以上笔数：指逾期 90 天（不含）以上的借款的笔数。

2.4.15　代偿金额：指因借款方违约等原因第三方（非借款人、非网贷机构）代为偿还的总金额。

2.4.16　代偿笔数：指因借款方违约等原因第三方（非借款人、非网贷机构）代为偿还的笔数。

2.4.17　收费标准：指网贷机构向借款人收取费用的名目及费用计算标准。如涉及多个收费项目，应当逐一列明。

2.5　网贷机构项目信息

2.5.1　借款人基本信息

（1）借款人主体性质：指借款人为自然人、法人或其他组织。

（2）借款人所属行业：指借款自然人所在单位、借款法人或其他组织根据《国民经济行业分类》划分的行业类别。

（3）借款人收入及负债情况：指借款人在日常活动中所形成的、会导致所有者权益增加的、非所有者投入资本的经济利益的总流入，以及借款人过去的交易或者事项形成的、预期会导致经济利益流出企业的现时义务。

（4）借款人征信报告情况：指脱敏处理后，经借款人授权由中国人民银行征信系统出具的征信报告中借款人的逾期情况。

2.5.2　项目基本信息

（5）项目名称和简介：指网络借贷信息中介平台上展示的借款人借款项目的名称和基本情况介绍。

（6）借款金额：指借款人申请借款的本金金额。

（7）借款期限：指借款人申请借款的时长，应当以天、月、年为单位列明。

（8）借款用途：指借款人申请借款的具体去向。

（9）还款方式：还款方式应当以文字说明，并向出借人列明计算方式。如：按月付息到期还本。借款金额为 X，年利率为 Y，借款期限为 Z 月，则每月应还利息计算公式为：$X \times Y/12$，应还总利息计算公式为：$X \times Y/12 \times Z$。应还本金为 X。

（10）年化利率：指借款人向出借人支付的利息费率，利率应当以年化形式披露，年以 365 天计算。

（11）起息日：指利息产生的起始日期。

（12）还款来源：指借款人借款的还款依据。

（13）担保措施：指在借款活动中，债权人为保障其债权的实现，要求债务人向债权人提供担保的方式（包括担保主体名称、担保措施、是否已履行完毕法律法规需办理的相关手续等信息）。

10. 北京市朝阳区人民检察院《涉众型经济犯罪案件办案指南》（2019年7月修订）

总　则

第一条　为服务首都社会经济稳定和发展大局，依法惩治涉众型经济犯罪，保护人民群众的合法权益，规范涉众型经济犯罪案件的办理，提高执法办案人员的专业化水平，根据《中华人民共和国刑法》、《中华人民共和国刑事诉讼法》及有关法律、司法解释、部门规章等规范性文件，结合涉众型经济犯罪案件的特点，制定本指南。

第二条　涉众型经济犯罪主要是指，行为人在市场经济运行过程中，为了谋取不法利益，违反国家经济法规和刑事法律，侵害不特定多数人的经济和财产利益，破坏社会主义市场经济秩序，依法应受刑罚处罚的行为。

第三条　涉众型经济犯罪主要包括，刑法第三章"破坏社会主义市场经济秩序罪"、第五章"侵犯财产犯罪"规定的非法吸收公众存款罪、集资诈骗罪、合同诈骗罪、非法经营罪、诈骗罪等涉及社会不特定多数人的经济犯罪。

第四条　办理涉众型经济犯罪案件过程中，行政机关、公安机关、检察机关、审判机关应当依法履行各自职责，加强沟通，分工协作，互相配合，形成打击合力。涉及跨区域的案件，应当统一协调指挥，统一办案要求，统一资产处置，分别侦查处置，分别落实维稳。

检察机关应当依法履行法律监督职责。

第五条　涉众型经济犯罪案件的办理应当以事实为依据、以法律为准绳，积极适应以审判为中心的指控体系，强化侦查的基础性作用，突出审查逮捕的关键性作用，确立公诉的主导性作用，发挥诉讼监督的保障性作用。

第六条　涉众型经济犯罪案件一般由办案人员依法办理。疑难、复杂和有重大影响的案件应当成立联合办案组。特别重大、疑难、复杂且由上级机关督办、关注的案件应当成立专案组，专案组一般由主管副局长、主管副检察长、主管副院长或部门负责人担任组长，由政治素质高、业务能力强、办案经验丰富的业务专家、业务骨干组成。

专案组应当严格遵守办案保密纪律，并接受上级机关指导。

第七条 各办案单位可以根据案件情况成立由办公室、组宣、技术、行政装备等部门参与的案件保障协调小组，负责办案保密、舆情应对、技术支持、安全保卫及后勤保障等工作。

一、侦查

第八条 公安机关对涉嫌涉众型经济犯罪案件的报案、控告或举报，应当立即接受并及时审查，必要时可以进行初查。

公安机关经审查认为有犯罪事实需要追究刑事责任，且属于自己管辖的，经公安机关负责人批准，予以立案。经审查不符合立案条件的，应及时向举报人、报案人或控告人说明理由。

公安机关对于金融监管部门移送的线索应及时审查，符合立案条件的，立案后应通知金融监管部门，并加强协作。经审查不符合立案条件的，应及时向金融监管部门说明理由。

第九条 公安机关拟对涉众型经济犯罪案件的犯罪嫌疑人采取强制措施前，确有必要的，可以与检察机关共同会商抓捕时机、抓捕人员范围及冻结账户、查扣财产的范围等，做好涉案人员、资产等的风险防控。

公安机关认为确有必要的，可以适时商请检察机关提前介入，引导侦查方向，统一证据标准。

第十条 公安机关对有证据证明有犯罪事实，可能判处徒刑以上刑罚，采取取保候审尚不足以防止发生社会危险性的犯罪嫌疑人，可以适时提请检察机关批准逮捕。

第十一条 公安机关应当依法、及时、准确、全面地收集、固定证据，重点追查资金去向，并最大限度地挽回经济损失。

第十二条 公安机关应当依法开展搜查工作，及时查封、扣押、冻结涉案文件、账目、电脑、手机、服务器、资产，经审查确与案件无关的，依法解除查封、扣押、冻结。

在搜查时，应当出示搜查证，制作搜查笔录，搜查笔录应当有二名以上侦查人员、被搜查人或家属、适合的见证人签名。在执行查封、扣押时应当出示查封、扣押决定书，对涉案物品查点清楚，制作扣押笔录和扣押清单，笔录和清单应当有二名以上侦查人员、被扣押物品持有人、适合的见证人签名。

公安机关在搜查、查封、扣押时，应当保持涉案物品、文件、账目等的原始状态，并全程录音录像，保证程序合法，手续齐备。

第十三条 公安机关对于依法扣押的原始账目、文件、资料等确需分类保管的，应当依法妥善保存，避免混同。

确需提取电子数据时，应当依法制作勘验、检查笔录，由参加勘验、检查的人和适合的见证人签名。

确需对物证、书证、电子数据等鉴定时，应当依法进行。

第十四条 公安机关对于涉众型经济犯罪案件，应当出具司法会计鉴定意见。进行司法会计鉴定意见应当符合以下规定：

（一）应当聘请有司法鉴定资质的会计师事务所依法出具；

（二）公安机关应当提供会计鉴定所需的全部资料，包括：涉案合同、涉案公司经营账目、银行账户明细、集资参与人报案材料、电子数据等。鉴定意见应当客观、真实、全面、有效；

（三）鉴定意见书应当包括以下内容：1、集资参与人身份信息、集资参与人数；2、每名集资参与人的投资时间、金额、获得返利、实际损失、投资具体项目等；3、涉案公司收取的投资金额、投资款去向、获利情况；4、涉案集资人员收取投资的时间、金额、款项用途，获得股东分红、佣金、提成等获利情况；5.根据具体案情，其他应当进行司法会计鉴定的内容。

第十五条 确需对物证、书证、电子数据等鉴定时，应当依法进行。鉴定意见应包括检材的来源情况、提取的程序、证实的内容等。

第十六条 公安机关对犯罪嫌疑人进行讯问时，应当围绕犯罪构成全面获取其所知晓的与案件有关的情况，主要包括：

（一）犯罪嫌疑人基本情况，包括：从业经历、专业背景、工作时间、职务、职责范围、募集资金的数额、工资结构和薪金总额、获利款物去向等；

（二）单位基本情况，包括：成立时间、股东构成、经营范围、资产状况、组织机构、人员结构、各层级人员的职责及参与公司经营管理状况、是否经国家有关主管部门批准等；

（三）单位主要经营活动，包括：经营模式、资金来源、募集资金总额、返利情况、资金去向、投资项目、债权债务、担保情况等；

（四）犯罪嫌疑人的地位和作用，包括：募集资金模式的提起、各犯罪嫌疑人的具体行为、参与程度等；

（五）犯罪嫌疑人的主观认知。

第十七条 公安机关应当及时、全面调取涉案证人证言，包括集资参与人证言、涉案单位员工的证言、项目方负责人证言、与案件有其他关联的证人证言等。

第十八条 公安机关集资参与人应当依法、及时、全面向集资参与人收集信息，重点核实以下内容：集资参与人

（一）集资参与人集资参与人基本情况、收入情况；

（二）获取投资信息的方式及认知、投资原因、业务员情况；

（三）对所投项目的了解情况：项目情况、宣传状况、是否实地考察；

（四）投资时间、投资金额、资金来源、返利数额、实际损失；

（五）投资合同签署情况、履行情况、投资款支付方式、合同中对返利的约定情况；

（六）涉案单位及人员承诺返本付息的情况；

（七）其他应当收集的信息。

收集集资参与人报案材料时，应当要求集资参与人提供投资合同、收据、银行交易流水（标注投资及返款交易项），并签字捺手印确认。

在侦查过程中，公安机关发现投资数额巨大、与收入明显不符的异常投资行为的，应当对集资参与人的身份信息和资金来源着重核查，必要时调取集资参与人所在单位出具的工作和收入证明，对可能涉及其他犯罪的线索，

及时移送相关单位。

第十九条　涉案单位员工证言主要用于证实涉案单位的情况、非法募集资金情况及各犯罪嫌疑人的地位作用，询问内容参照第十五条的规定。

第二十条　涉案担保公司、项目公司等关联单位的证人证言，用于证实担保真实性、投资项目真实性及资金去向，内容应当包括：

（一）涉案担保公司、项目公司单位的基本情况，是否具有相关资质，与涉案单位及犯罪嫌疑人、被告人的关系；

（二）宣传的投资项目是否真实，集资款用于投资项目的情况；

（三）投资项目的经营情况、风险评估；

（四）关联公司负责人对非法集资运营模式是否知情；

（五）其他与担保和项目运营有关的情况。

第二十一条　讯问犯罪嫌疑人、询问关键证人应当同步录音录像，必要时可以要求其亲笔书写供述、证言。

第二十二条　为了查明案情，在必要的时候，公安机关可以让集资参与人、其他证人或者犯罪嫌疑人进行辨认，或相互辨认，用于证实犯罪嫌疑人的身份、作用，辨认应当依法进行。

第二十三条　公安机关应当依法及时调取以下书证：包括报案人提供的书证、从涉案单位起获的书证材料、涉案单位的工商登记材料、涉案单位及犯罪嫌疑人的钱款往来查询材料、犯罪嫌疑人的任职材料、项目合作方或关联公司的相关材料等。

第二十四条　公安机关应当依法及时从涉案公司网站、服务器、移动存储设备、电脑等物品中提取电子数据。

电子数据的调取、移送和审查，应符合相关司法解释，确保电子数据调取的合法性、客观性和完整性。

电子数据中的关键性证据，应制作成相应的书证材料随案移送。

第二十五条　公安机关对犯罪嫌疑人多、涉案事实多、证据材料多的涉众型经济犯罪案件，在移送审查起诉时应当按照以下要求对证据材料装订立卷：

（一）卷宗应当按照证据种类、证明事实等标准装订成册；

（二）卷宗应当附有证据目录，并单独制作证据清单；

（三）每名犯罪嫌疑人的讯问笔录应当独立成册，并按照讯问的时间顺序装订；

（四）涉案投资情况的相关证据，应当以每个集资参与人为单位，将其所对应的集资参与人证言、投资合同、投资款收据、银行凭证、投资款去向、返利证明等装订；

（五）涉案公司的相关材料应当单独成卷，包括涉案公司工商登记材料、经营状况等证明材料；

（六）涉案财物的查封、扣押、冻结清单附表，应详细载明基本信息，包括查封、扣押财物的时间、数量、特征，冻结账户资金等的起止时间、金额，轮候查封、冻结情况，前手查封、冻结情况等；

（七）法律手续、身份户籍证明等其他证据材料按规定装订。

第二十六条　对于补充侦查和需要调取法庭所需证据的要求，公安机关应当依法及时调取相关证据，不能调取的，应当书面说明理由。

二、提前介入侦查

第二十七条　检察机关介入公安侦查活动的主要任务是按照以审判为中心的诉讼要求，规范和引导公安机关办案部门及基层派出所侦查取证工作，按照庭审裁判的需要将证据标准通过检察环节向侦查前端传导，督促公安机关依法、全面、客观、及时收集证据，就侦查方向和侦查重点提出建议，审查公安机关已收集的证据并对瑕疵证据补正、非法证据排除提出意见建议，研究解决涉及法律适用、办案程序等方面的疑难问题，提出固定和完善证据的意见，并对侦查活动进行法律监督。

第二十八条　检察机关对公安机关立案侦查的下列涉众型经济犯罪案件，可以介入侦查：

（一）案情重大、疑难、复杂，在事实认定、证据采信或法律适用等方面公安机关内部或公安机关与检察机关存在较大分歧的案件；

（二）上级机关交办、督办的案件；

（三）案情敏感，容易产生重大社会影响的案件；

（四）新领域、新类型案件；

（五）检察机关监督公安机关立案侦查的重大案件；

（六）其他需要介入侦查的涉众型经济犯罪案件。

第二十九条　公安机关商请检察机关介入侦查的，检察机关应当根据商请意见，在报经主管检察长批准后派员介入。公安机关也可根据案件情况提请检察机关对案件进行会商。

公安机关未商请检察机关介入，但检察机关认为确有介入必要的，可以在报经主管检察长批准后，向公安机关提出介入侦查的建议。

第三十条　检察机关介入侦查，一般应当在公安机关对犯罪嫌疑人采取刑事拘留等强制措施后、案件侦查终结前进行。

检察机关派员介入侦查时，应当根据案件情况及工作需要指派政治素质可靠、业务素质过硬、沟通协调能力强的检察官办案组织开展工作。

介入公安机关刑事案件侦查一般应由拟承担该案审查逮捕和审查起诉工作的检察部门和检察官承担。必要时，上级检察机关可以派员一并介入。

第三十一条　提前介入侦查的主要任务是：与公安机关共同研究、确定取证方向，对侦查活动进行法律监督，确保侦查取证工作依法、客观、及时、全面地进行。

提前介入侦查重点开展以下工作：

（一）对公安机关的侦查方向、重点提出建议；

（二）参与研究证据材料，并提出补充固定和完善的意见；

（三）全面审查公安机关收集的证据材料，对其中非法证据应当依法提出排除意见，对瑕疵证据应当提出补正意见；

（四）对案件的罪名、定罪量刑情节等问题提出意见；

（五）及时发现和纠正侦查活动中的违法行为；

（六）提出书面意见，专案应当撰写《案件提前介入审查报告》。

第三十二条　在提前介入侦查活动过程中，遇有案件事实认定、法律适用意见、证据补正方向等重大意见分歧时，公安机关、检察机关可以分别向上级机关请示报告，必要时可以咨询专家意见。

第三十三条 提前介入侦查的检察人员应当严守办案纪律，对案情及侦查情况、侦查手段、涉及的国家秘密、商业秘密和个人隐私均应严格保密，严格执行案卷材料保管规定，确保办案安全。

三、审查逮捕

第三十四条 对于公安机关提请批准逮捕的涉众型经济犯罪案件，检察机关应当依法做出是否批准逮捕的决定。对于重大敏感案件应及时向上级检察机关汇报。

第三十五条 在审查逮捕过程中，发现侦查监督线索，及时移转相关部门。

第三十六条 在审查逮捕过程中，在按照《刑事诉讼法》审查的基础上，应结合考虑涉众型经济犯罪案件涉案人员多、涉及金额大、调查取证难等特点，着重分析案件追赃挽损情况、社会稳定因素以及犯罪嫌疑人的地位作用、主观恶性等因素。

第三十七条 在符合《刑事诉讼法》关于审查逮捕规定的前提下，案件事实清楚，犯罪嫌疑人认罪悔罪的涉众型经济犯罪，在审查逮捕阶段可以适用认罪认罚从宽制度，在犯罪嫌疑人根据其地位作用退赔一定比例钱款时，可以决定不批准逮捕。

第三十八条 在审查逮捕阶段，拟对涉众型经济犯罪嫌疑人适用认罪认罚从宽制度不批准逮捕或拟做证据不足不批准逮捕决定的，应当提请部门检察官联席会进行讨论，并将讨论意见记录在案。联席会意见有重大分歧的，报请主管检察长决定。

第三十九条 检察官因证据不足做出不批准逮捕决定的，应当说明不予批准逮捕理由，制作补充侦查提纲送达公安机关，与公安机关就继续补充侦查事项进行沟通。

第四十条 检察官对于已经批准逮捕的案件应当进行后续跟踪，发现有下列情形之一的，可以向公安机关提出释放或者变更强制措施的书面建议：

（一）案件证据发生重大变化，足以影响定罪的；

（二）案件事实或情节发生变化，犯罪嫌疑人可能被判处拘役以下刑罚、免予刑事处罚或者判决无罪的；

（三）案件事实基本查清，证据已经收集固定，符合取保候审或监视居住条件的；

（四）积极退赔，符合认罪认罚从宽不予批准逮捕条件的；

（五）其他不需要继续羁押的情形。

四、审查起诉

第四十一条 案件管理部门负责接收公安机关移送审查起诉的涉众型经济犯罪案件，并进行初步审查，确有必要时，办案部门可以配合开展工作。主要审查以下内容：

（一）案件是否属于本院管辖；

（二）案件材料是否齐备，案卷装订是否规范，案卷材料是否依规标注页码，卷内是否附集资参与人列表；

（三）扣押清单是否在卷，查封、扣押、冻结手续是否齐备，查封、冻结期限是否届满；

（四）犯罪嫌疑人是否在案以及采取强制措施的情况。

案件管理部门应当及时审查并决定是否受理。

第四十二条 案件管理部门对于不属于本院管辖的案件，应当不予受理；上级机关指定我院管辖的案件，办案部门应协调案件管理部门先行接收案件，并向上级机关申请指定管辖函、案件交办函，完善相关法律手续。

第四十三条 案件管理部门对于案件材料不齐备的，应当要求公安机关及时补送相关材料；对于卷宗装订不符合要求、未依规标注页码或未提供查封、扣押、冻结附表的，应当要求公安机关重新装订、标注、补充提供后再行移送。

对于查封、冻结期限已经或临近届满的，应当不予受理，并要求公安机关重新或者继续查封、冻结后再行移送。

第四十四条 案件管理部门对于犯罪嫌疑人不能到案的，应当不予受理，并要求公安机关保证犯罪嫌疑人到案后再行移送。

第四十五条 案件管理部门在审核无误后，应当及时将案卷材料进行扫描，并制作成电子卷宗上传检察机关统一业务应用系统。

案卷材料一般应在二个工作日内移送办案部门。

第四十六条 收案后，应当在三日内依法对犯罪嫌疑人和被害人告知权利义务。

犯罪嫌疑人在押期间要求委托辩护人的，应当及时转达要求；符合条件的，应当通知法律援助机构指派律师。

在对被害人告权时，可以根据案件情况采用电话、信函、公告或当面告知等方式，并做好记录。采用公告方式告知的可以会同案件移送机关和本院控告申诉部门一同办理。

对于非法吸收公众存款、非法经营等涉众型经济犯罪案件的集资参与人，不适用被害人权利义务告知的有关规定。但应当听取集资参与人意见，保障其合法权益。

第四十七条 收案后，经初步审查认为应由上级检察机关管辖的，应当在五日内经由案件管理部门报送上级检察机关，同时通知移送审查起诉的公安机关。

对于涉案地域广，集资参与人众多，涉案金额巨大，在本市有重大影响的涉众型经济犯罪案件，需要由上级检察机关管辖的，应当及时向上级检察机关汇报并请求移送管辖。

对于案件事实复杂、部分犯罪事实发生在本辖区以外，在本辖区的犯罪事实存在无法认定等风险的，应当及时向上级检察机关汇报，请求移送其他有管辖权的检察机关或者指定管辖。

第四十八条 对于因回避等客观情况不宜由本院管辖的，应当及时向上级检察机关报告并说明理由，由上级检察机关指定管辖。

遇有管辖不明或管辖存在重大争议的，依照法律规定处理。

第四十九条 收案后，应当及时与公安机关协调，完成换押工作。

第五十条 涉众型经济犯罪案件一般由一名检察官依法独立办理。疑难、复杂和有重大影响的案件应当成立检察官联合办案组织。特别重大、疑难、复杂且上级检察机关关注、督办的案件，应当成立专案组，必要时可由上级检察机关在全市范围内调配优秀办案人员。

专案组应当全面接受上级机关的指导，及时将案件办理情况向上级机关请示、报告。

第五十一条　应当依法保障辩护人、诉讼代理人的辩护权、阅卷权、会见权、申请调取证据等诉讼权利。

应当依法听取辩护人、诉讼代理人的意见；集资参与人委托的律师提出意见的，可以听取。

第五十二条　在审查起诉阶段，辩护律师或经过许可的其他辩护人可以查阅、摘抄、复制案卷材料或刻录电子卷宗。必要时，办案部门可以结合案件情况，适时主动通知辩护人全面阅卷，并听取辩护人对证据形式、证明内容、预举证方式等的意见。

第五十三条　听取辩护人、诉讼代理人的意见，主要包括：

（一）认定犯罪事实的意见；

（二）侦查活动违法、排除非法证据的意见；

（三）犯罪嫌疑人刑事责任的意见；

（四）解除、变更强制措施的申请；

（五）涉案款物去向的线索；

（六）追诉其他涉案人员的意见。

听取意见既可以直接当面听取，也可以通过书面形式听取。听取意见时获取的相关线索，应当及时移送公安机关调查，也可以主动调取相关证据。

第五十四条　应当全面审查案件事实和证据，既要审查有罪、罪重的证据，又要审查无罪、罪轻的证据。

第五十五条　应当对证据的合法性、客观性和关联性进行审查。对于瑕疵证据应当及时要求公安机关补正；对于非法证据应当依法予以排除；对于证据之间存在矛盾不能排除合理怀疑、作出合理解释的，不能作为定案的根据。

第五十六条　受理案件后，应当重点审查以下内容：

（一）审查犯罪嫌疑人对公司经营情况、经营行为性质等的主观认知；

（二）审查犯罪嫌疑人的基本情况、地位和作用，对于涉案犯罪嫌疑人较多、层级结构较复杂的，可以制作涉案人员层级表；

（三）审查涉案公司的基本情况，必要时，可以与涉案公司人员层级表相结合制作公司整体架构、部门结构图；

（四）审查涉案公司主要经营情况，对于经营模式复杂、流程环节较多的，可以制作经营流程图；

（五）审查集资参与人的基本情况，对于集资参与人员众多、来源渠道分散的，可以制作集资参与人情况统计表；

（六）审查涉案公司资金情况，应当结合司法会计鉴定意见、电子数据、银行交易明细等，梳理涉案网络平台的集资参与人注册、投资情况，钱款流向等内容。

（七）审查涉案款物情况，对于涉案款物数量较多、种类较为复杂的，应当制作查封、扣押、冻结款物情况明细单。

第五十七条 在审查起诉阶段讯问犯罪嫌疑人应当拟定讯问提纲，必要时，应报请专案指导组同意。对于重大、敏感的案件，应当对讯问过程进行全程录音录像，并在讯问笔录中注明。

在审查起诉阶段讯问犯罪嫌疑人，应当告知其自愿认罪认罚、主动退缴违法所得、退赔集资参与人损失，可获从宽处理的法律规定和政策。

第五十八条 对犯罪嫌疑人供述与辩解应当着重审查以下内容：

（一）讯问是否符合法律规定，是否存在刑讯逼供或者诱供、指供、欺骗、威胁、疲劳审讯等变相刑讯逼供的情形；

（二）是否系统供述本人及其知情的其他犯罪嫌疑人的基本情况、主要行为和主观认知，公司的基本情况、主要经营活动等；

（三）是否供述司法机关未掌握的其他犯罪行为，是否提供抓获未在案犯罪嫌疑人、追缴涉案投资款的相关线索。

必要时，可以调取讯问过程的录音录像，对以上内容进行审查。

第五十九条 对证人证言应当着重审查以下内容：

（一）询问是否符合法律规定，是否采取暴力、威胁、引诱、欺骗等非法方法收集证人证言；

（二）是否系统陈述集资参与人的基本情况、获取投资信息的方式及认知、投资时间、投资金额、投资来源、返利数额、实际损失、投资合同签署、履行、投资款去向等情况；

（三）是否提供司法机关未掌握的其他犯罪事实，是否提供抓获未在案犯罪嫌疑人、追缴涉案投资款的相关线索。

对于证人证言内容不全面或者需要重新调取的，公诉部门可以依职权直接调取或者要求公安机关调取。对于足以影响定罪、定性的关键性证人证言，公诉部门不宜单独调取。

经审查后发现其他需要追究刑事责任的，应当依法将线索移送有关机关。

第六十条 对涉案资金的司法会计鉴定意见应当着重审查以下内容：

（一）出具单位是否具有司法鉴定资质；

（二）依据的资料是否客观、真实、全面、有效；

（三）内容是否全面，是否符合指控犯罪的要求，确需补充完善的，应当及时补充鉴定。

第六十一条 涉案司法会计鉴定意见应当包括信息完整、准确的集资参与人涉案资金明细情况；重点审计涉案资金的流向，尤其是涉案资金用于项目使用的金额、支付集资参与人的金额、用于经营的金额、犯罪嫌疑人高消费的金额、提取现金的金额等关键事实。

第六十二条 对于司法会计鉴定工作正在进行中的审查起诉案件，办案人员应当及时与审计人员沟通，明确委托事项、审计要求，对于审计材料不全，需要公安机关补充调取的，应当及时与侦查人员沟通取证，保障司法会计鉴定工作的顺利开展。

第六十三条 对查封、扣押、冻结款物应当着重审查以下内容：

（一）查封、扣押、冻结程序是否合法，相关证明、法律文书是否齐备；

（二）涉案款物是否移送并妥善保管，不宜长期保存的是否已妥善处理；

（三）查封、冻结期限是否届满，是否需要继续查封、冻结；

（四）是否存在应当查封、扣押、冻结而未采取相应措施的。

发现查封、扣押、冻结违反法律规定存在瑕疵的，应当要求公安机关依法补正或者作出合理解释。对于严重违反法律规定或者不能作出合理解释的，应当依法予以排除。

第六十四条 涉众型经济犯罪案件中的涉案物品，应当详细记载涉案物品特征，如型号、颜色、材质、破损情况等。

对于分案移送审查起诉的同案犯罪嫌疑人，涉案案款应当由公安机关分别扣押、分别移送。

在办案过程中，对于主要犯罪嫌疑人使用的手机、电脑等设备，应当及时进行扣押、勘验，不宜作为随身附物处理。

第六十五条 对电子数据的审查应当着重审查以下内容：

（一）电子数据的来源是否合法；

（二）电子数据的勘验、提取程序是否合法；

（三）电子数据的勘验、提取是否符合相关技术标准；

（四）电子数据是否完整，是否经过编辑、截取等。

办案部门在审查电子数据过程中要严格执行相关法律、法规、司法解释的规定。

对云存储电子数据等新型电子数据进行提取、审查时，要高度重视程序的合法性、数据完整性等问题，必要时主动征求相关领域专家意见。在提取前可以会同公安机关、云存储服务提供商制定科学合法的提取方案。

第六十六条 在审查起诉阶段，犯罪嫌疑人如实供述，真诚悔过，认罪认罚，自愿退赃，且退赔钱款符合相关规定的比例要求，不会引发集资参与人集体访或其他过激行为的。在符合《刑事诉讼法》及相关司法解释关于认罪认罚相关规定的前提下，可以适用认罪认罚从宽制度，依法对犯罪嫌疑人变更强制措施。案件存在维稳舆情风险时除外。

第六十七条 对于需要退回公安机关补充侦查的，应当拟定详细的补充侦查提纲，明确补充侦查内容。

对于专案，认为需要补充侦查的，应当向专案指导组请示，经同意后向公安机关提出补充侦查的书面意见。

退回公安机关补充侦查的案件，应当随时与公安机关沟通，对收集、调取的证据材料及时审查，并提出具体意见。

第六十八条 在退回补充侦查、不起诉、起诉之前均应制作案件审查报告。对于专案，专案组应当将审查报告报送专案指导组，必要时，制作多媒体汇报文稿。

制作审查报告时，应当对听取辩护人、诉讼代理人意见、羁押必要性审查情况、追赃和维稳情况以及释法说理工作情况作专项分析汇报。

第六十九条 在审查起诉过程中，发现新的犯罪事实、其他依法应当追究刑事责任的人员或者新的集资参与人报案的，应当要求公安机关进行侦查，如果证据确实充分不需要侦查的，可以直接作出处理决定。

公安机关侦查完毕后，应当制作补充起诉意见书，连同证据材料一并移送审查起诉。经审查后，公诉部门可以与原审查起诉的犯罪事实一并提出处理意见。

第七十条 在审查起诉过程中，发现案件中涉及黑恶势力犯罪线索、职务犯罪案件线索，或者公益诉讼相关案件线索的，应当及时将相关线索和材料通过案件管理部门移转给相关单位、部门处理。

第七十一条 认定非法集资类涉众型经济案件的犯罪数额时，可以参照以下标准：

（一）对于董事长、总经理、实际控制人等高层管理人员，应按照其任职期间公司募集资金的全部数额认定；

（二）对于负责集资的业务部门或者分支机构的负责人，应按照其所领导的团队募集资金的全部数额认定；

（三）对于人事、行政、财务等非核心业务部门的负责人以及互联网金融犯罪案件中发挥关键作用的技术人员，参与集资的，应按照其在担任负责人期间公司募集资金的全部数额认定；

（四）对于其他需要追究刑事责任的人员，可以结合犯罪行为、地位和作用具体认定。

对于构成单位犯罪的，可以比照前款第（一）项的标准认定犯罪数额。

第七十二条 负责或者从事吸收资金行为的犯罪嫌疑人非法吸收公众资

金的金额，应当以其实际参与吸收的全部金额认定。但记录在犯罪嫌疑人名下，但其未实际参与参与吸收且未从中收取任何形式好处的资金。吸收金额经过司法会计鉴定的，可以将上述不计入部分直接扣除。但是上述所涉金额仍应计入相对应的上一级负责人及所在单位的吸收金额。

第七十三条　确定犯罪嫌疑人的吸收金额时，应当重点审查、运用以下证据：（1）涉案主体自身的服务器或第三方服务器上存储的交易记录等电子数据；（2）会计账簿和会计凭证；（3）银行账户交易记录、POS机支付记录；（4）资金收付凭证、书面合同等书证。仅凭集资参与人报案数据不能认定吸收金额。

第七十四条　非法吸收或者变相非法吸收公众存款案件，具有下列情形之一的，向亲友或者单位内部人员吸收的资金应当与向不特定对象吸收的资金一并计入犯罪数额：

（一）在向亲友或者单位内部人员吸收资金的过程中，明知亲友或者单位内部人员向不特定对象吸收资金而予以放任的；

（二）以吸收资金为目的，将社会人员吸收为单位内部人员，并向社会人员吸收资金的；

（三）向社会公开宣传，同时向不特定对象、亲友或者单位内部人员吸收资金的。

非法吸收或者变相非法吸收公众存款的数额以行为人所吸收的资金全额计算。集资参与人收回本金或者获得回报后又重复投资的数额不予扣除，但可以作为量刑情节酌情考虑。

第七十五条　公诉部门对于涉众型经济犯罪案件可以根据下列情形分别作出处理决定：

（一）对于经营模式的发起人、决策人，参与时间长、违法性认识程度高的公司核心人员、业务骨干、关键技术人员，以及曾经因从事非法集资活动受过法律处罚又积极参与非法集资犯罪，经审查后事实清楚、证据确实充分的，应当依法提起公诉；

（二）对于在共同犯罪中起次要和辅助作用，主观恶性不深且系初犯、偶犯的，可以依法提起公诉并提出从宽处理的量刑建议，或者依照《刑事诉讼

法》第一百七十三条第二款作出不起诉处理;

（三）对于仅从事劳务性工作,领取固定工资,参与时间短、违法性认识低等犯罪情节轻微的公司一般人员,可以依照《刑事诉讼法》第一百七十三条第二款作出不起诉决定;

（四）对于经退回补充侦查仍然证据不足、无法排除合理怀疑的,应当依照《刑事诉讼法》第一百七十一条第四款作出不起诉决定;

（五）对于没有从事涉众型经济犯罪,或者具有《刑事诉讼法》第十五条规定的情形之一的,应当依照《刑事诉讼法》第一百七十三条第一款作出不起诉处理。

第七十六条 在审查完毕后,应当依法作出起诉或者不起诉的决定。拟作出不起诉决定的,应当报请部门检察官联席会讨论决定,检察官联席会意见出现重大分歧的,报请检察长决定。

专案组在拟提出审查意见前,应当听取专案指导组对案件事实、证据、定性等提出的指导意见。

对于案情复杂,涉及领域较广的案件,可以组织跨部门检察官联席会讨论,也可以听取行政主管部门、专家、学者意见。

在提起公诉时,可以根据案件情况提出量刑建议,连同起诉书、案卷材料一并移送审判机关。

犯罪嫌疑人认罪认罚的,应当就主刑、附加刑、是否适用缓刑等提出量刑建议,并随案移送认罪认罚具结书等材料。

第七十七条 对于作出不起诉决定的,应当做好风险评估预警和释法说理。

第七十八条 对共同犯罪案件中部分犯罪嫌疑人作出不起诉决定的,一般应当适时宣告,并依法保障当事人的诉讼权利。

第七十九条 作出不起诉决定的,可以将不起诉决定书送达金融监管部门等。被不起诉人从事金融业务或注册公司时,金融监管机关等应当重点监控。

被不起诉人具有中共党员、公职人员身份的,应当将不起诉决定书送达同级监察机关。被不起诉人具有公职人员身份的,应当同时将不起诉决定书、检察意见书送达被不起诉人所在单位，建议对其作出相应处理。

第八十条 办案部门对查封、扣押、冻结的涉案款物应当依法处理。对于作为证据使用的实物，应当依法随案移送，妥善处理。

对于涉案款物数额巨大、组成复杂、属性特殊的案件，确有必要参与处置工作的，应当在上级机关统一部署下积极配合相关部门共同做好工作。

第八十一条 应当及时进行办案风险评估，预判涉检信访风险。对于可能存在集体访的，应当及时制定工作预案，并向上级检察机关和同级政法委报告。

应当密切加强与宣传部门的沟通，共同做好涉众型经济犯罪案件的舆情监控和应急处置。确有对外宣传需要的，由宣传部门负责联系和组织，并向上级检察机关和同级党委报告。未经许可、批准，任何人不得私自接受采访，不得擅自发表评论，违反规定造成严重后果的，依法追究责任。

第八十二条 检察机关发现公安机关在侦查活动中存在违法行为，对于情节较轻的，可以以口头方式提出纠正意见；对于情节严重的，应当发出纠正违法通知书；涉嫌犯罪的，应当移送有关部门依法追究刑事责任。

检察机关发现行政机关在执法、管理工作中存在问题，应当及时发出检察建议书，督促整改。发现公司、企业、银行等单位存在违规、重大管理漏洞的，可以发出检察建议书。

五、出庭支持公诉

第八十三条 案件提起公诉后公诉人应当全面预测庭审中可能遇到的问题，系统制作出庭预案，包括讯问提纲、举证、质证提纲、公诉意见、答辩提纲、询问预案以及应急预案等。

专案组制定的出庭预案应当及时向专案指导组报告，并就相关事项及时与合议庭沟通。

第八十四条 对于重大、疑难、复杂的案件，必要时可以建议法院组织召开庭前会议。法院通知召开庭前会议的，公诉人应当做好预案。

庭前会议着重解决与审判相关的程序问题，包括：

（一）是否对案件管辖有异议；

（二）是否申请有关人员回避；

（三）是否全面、客观移送证据材料；

（四）是否对司法会计鉴定意见有异议，是否申请鉴定人出庭；

（五）是否提请证人、有专门知识的人出庭；

（六）是否申请排除非法证据；

（七）确定庭审方式，包括讯问方式、询问方式、举证方式等。

（八）其他需要通过庭前会议解决的问题。

对于案情复杂、证据材料较多的，庭前会议应重点确定庭审方式。对被告人认罪的，在庭审时可以简化讯问；对控辩双方无争议的证据材料，在庭审时可以分类集中出示并简要说明。

第八十五条　公诉人出庭公诉应当规范着装和语言，遵守法庭纪律，根据庭审情况，结合出庭预案适时应变。

公诉人在庭审过程中，应当注重加强释法说理和法制宣传。

第八十六条　公诉人应当做好法庭讯问。法庭讯问应当根据讯问提纲结合庭审情况及时调整，繁简结合，注重引导能力和讯问技巧。

第八十七条　对于单名被告人的犯罪案件，一般应当按照犯罪构成要件进行讯问，围绕非法占有目的、集资模式、对集资参与人的宣传、募集资金的来源、涉案集资款的去向及被告人主观认知等内容，揭示犯罪事实。

第八十八条　对于多名被告人的共同犯罪案件，一般应当按照起诉书列明的顺序进行讯问。必要时，可以根据各被告人的认罪态度、参与程度、地位和作用等确定讯问顺序。先讯问认罪态度好、供述清楚的主犯，对于主犯不认罪的，可以先讯问其他认罪态度好、供述清楚的从犯。

在讯问时，着重对共同犯意的形成、犯罪行为的分工、各被告人的地位和作用等进行讯问。

第八十九条　对于拒不认罪或者当庭翻供的被告人，公诉人应当加强对证据的把握和运用，可以通过对案件细节的讯问、连续追问等方式，揭穿其供述和辩解的虚假性。必要时，可以让供述矛盾的被告人相互对质。

第九十条　对于法庭通知证人、被害人、鉴定人出庭的，公诉人应当加强庭审询问能力。法庭询问应当根据询问提纲，结合庭审情况，围绕询问目的进行询问，注重解决证据的证据能力和证明力问题。

第九十一条 对于公诉人提请出庭的人员，应当在庭审前就公诉人的提问内容、辩护人可能提问的方向进行充分沟通的基础上，以强化指控为目的有重点地进行询问。对辩护人采用诱导、推测等不正当方式发问的，应当及时提请法庭制止。

第九十二条 对于被告人、辩护人提请出庭的人员，应当在充分了解其出庭目的的基础上，根据辩护人的发问和出庭人员的陈述内容，有针对性地询问。对于被询问人歪曲事实或者答非所问的，可以通过连续追问、反复盘问等方式揭示其陈述的漏洞。

第九十三条 庭前会议已对举证方式达成一致或者未召开庭前会议，庭审时控辩审三方对简化举证方式无争议的，经审判长许可，公诉人可以简化举证。

公诉人应当在举证前作出简要说明，举证时围绕指控事实和案件争议焦点，结合涉众型经济犯罪特点，按照犯罪构成、证据种类或者证明方向等标准将证据归纳联接，分组出示，根据需要可以制作表格、结构图、流程图等辅助举证，以便于法庭准确、高效查明案情。

必要时，公诉人可以采用多媒体示证的方式，直观、立体、全面向法庭展示案件证据。

第九十四条 庭前会议未能对归纳分类简化举证方式达成一致或未召开庭前会议的，庭审时辩护人要求逐一出示证据、详细宣读证据内容的，公诉人可以分情况处理：

（一）对于辩护人庭审前已查阅全部案卷材料的，公诉人可以向法庭说明情况，提出拟简化举证的意见，提请审判长决定；

（二）对于辩护人庭审前没有查阅全部案卷材料的，公诉人可以建议休庭，由辩护人全面阅卷。再次开庭时，辩护人仍要求详细举证的，按照第（一）项处理。

第九十五条 庭审中，辩护人认为公诉人未出示有利于被告人的证据时，公诉人可以直接出示，也可以说明理由建议辩护人出示。

第九十六条　被告人、辩护人对公诉人出示的证据有异议时，公诉人应当立足证据认定的全面性、同一性原则，综合证明内容、证据形式、证据之间的关系等予以答辩。

第九十七条　公诉人对被告人、辩护人出示的证据，应当认真审查，认为不具备证据能力及缺乏关联性的证据，应当提请法庭不予采信。

对于经审查证据形式合法、内容客观真实、与案件有关联的，可以发表予以采信的意见。对于与本案关联性不强、证明内容在细节上与控方证据有一定出入但不影响定罪量刑的，公诉人可以答辩并提请法庭综合判断。

对于与定罪、量刑有重大影响的新证据，公诉人认为需要进一步核实的，应当建议休庭，符合延期审理条件的，应当建议延期审理。

第九十八条　公诉人应当结合庭审情况，就案件证据、事实、法律适用等全面发表公诉意见。重点围绕以下内容：

（一）概述全案证据的证明作用，并运用各证据之间的逻辑关系说明起诉书指控的犯罪事实已经得到充分证明；

（二）根据被告人的犯罪事实，重点关注涉众型经济犯罪与普通违法行为的区别，围绕犯罪构成要件论证定罪意见；

（三）结合涉众型经济犯罪的特点，综合自首、立功、主从关系、累犯等法定量刑情节和认知程度、犯罪影响、退赃挽损等酌定量刑情节，发表量刑意见；

（四）揭露涉众型经济犯罪的社会危害性，从法制教育的角度释法说理，惩教被告人，警示集资参与人。

第九十九条　法庭辩论阶段，公诉人应当根据答辩提纲，结合庭审情况，发表答辩意见。

对于控辩双方认识基本一致的问题，可以不答辩或者简单说明；对于双方争议的关键证据、重大事实认定、重要量刑情节等焦点问题，应当重点答辩。

答辩意见应尽量避免与公诉人已经发表的质证、公诉意见重复。

公诉人确有需要发表的新的答辩意见，应举手示意审判长，审判长未予理睬即结束法庭辩论的，公诉人应当明确向法庭提出申请，恢复法庭辩论。

第一百条 在审判过程中，公诉人可以随时提供法庭审判所需的证据，确需依法补充侦查时，可以建议法庭延期审理。公诉人可以自行收集证据，也可以要求公安机关协助收集。

第一百〇一条 在法院宣告判决前，公诉人发现新的犯罪事实、其他依法应当追究刑事责任的人员、新的集资参与人报案或者发现新的证据，经审查后符合追加、补充、变更起诉条件的，应当依法向审判机关追加、补充、变更起诉。

第一百〇二条 提起公诉后，对于因证据发生变化等原因可能判处无罪或者其他不应当追究刑事责任的，公诉人应当报检察长或检察委员会决定。

第一百〇三条 对于撤回起诉的案件，应当在撤回起诉后二十日以内依照《刑事诉讼法》第一百七十一条第四款或者第一百七十三条第一款作出不起诉决定。

第一百〇四条 公诉人在庭审中发现审判人员违反法律规定，侵犯当事人合法权益，可能影响公正审理的，应当在休庭后及时向本院检察长报告，依法提出纠正意见。

第一百〇五条 专案组应当随时向专案指导组汇报庭审情况并听取意见。

六、审判

第一百〇六条 法院应当依法做好涉众型经济犯罪案件的审理、判决、资产处置等工作，并对典型案例和规律性问题进行分析研究，提出法律适用意见和应对策略。

第一百〇七条 合议庭对于重大、疑难、复杂的涉众型经济犯罪案件，可以依法在开庭审理前召开庭前会议。庭前会议应当通知公诉人、辩护人共同参加，必要时可以通知被告人参加。对于庭前会议达成一致的意见，控辩审三方一般应当遵照执行。

对于公诉人提请召开庭前会议的，合议庭可以根据案件情况决定是否召开。

第一百〇八条 决定开庭审理后，合议庭应当依法通知公诉人、当事人、辩护人、诉讼代理人、证人、鉴定人和翻译人员。

决定公开审理的案件，必要时可以通知集资参与人代表旁听。

第一百〇九条　决定开庭审理后，合议庭对于在庭审过程中可能出现的突发状况、群体事件、负面舆情等，应提前研判，做好应对预案。

第一百一十条　在法庭审理中，审判长应当准确把握庭审节奏，引导公诉人、被告人、辩护人及其他诉讼参与人重点围绕事实认定和证据采信等关键问题开展法庭活动。

第一百一十一条　庭审中，审判长应当依法组织法庭调查。对于以诱导、推测等不当方式发问或者发问内容与本案无关的，审判长应当及时制止。

对于答非所问、多次重复的，审判长可以制止。对于发表蔑视法庭、侮辱他人等不当言论的，审判长应当制止。

第一百一十二条　庭审时，公诉人提出分类归纳出示证据的，审判长应当询问被告人、辩护人的意见。对于被告人、辩护人无异议的，审判长可以准许。

对于辩护人要求逐一出示证据、详细宣读证据内容的，审判长可以综合庭前会议情况和案件情况，以有利于查明案情和高效审判为标准，决定是否准许。

第一百一十三条　合议庭对当庭出示的证据有疑问的，可以要求公诉人、被告人、辩护人补充证据或者作出说明。必要时，可以宣告休庭，对证据进行调查核实。

第一百一十四条　庭审过程中，被告人、辩护人申请通知新的证人到庭，调取新的证据的，合议庭认为确有必要时应当同意并宣布延期审理；合议庭不同意时，应当说明理由并继续审理。

第一百一十五条　被告人、辩护人对司法会计鉴定提出异议或者申请重新鉴定的，应当由公诉人对鉴定机关、鉴定形式、鉴定内容、数据依据、鉴定程序做出说明，必要时可以通知鉴定人出庭。对于确有重大瑕疵，合议庭认为有补正必要的，应当通知公诉人。

第一百一十六条　审判期间，公诉人依法建议延期审理的，合议庭应当同意。检察机关将补充收集的证据移送法院的，法院应当及时通知辩护人阅卷。

第一百一十七条 在法庭辩论过程中，合议庭应当保障控辩双方充分发表意见。

对于案情复杂、争议点分散、法律适用分歧严重等案件，审判长可以适时归纳辩点、引导控辩双方围绕争议焦点有针对性地发表意见。

对于重复发表意见、发表与案件无关的意见时，审判长可以适当地提醒、制止。

第一百一十八条 在审判期间，拟对被告人适用认罪认罚从宽程序的，审判长应当依法告知被告人相关权利义务，并听取被告人及控辩双方的意见。

第一百一十九条 法庭辩论结束后，合议庭应当保证被告人充分行使最后陈述的权利。被告人自愿提交书面陈述的，合议庭应当准许。

第一百二十条 在法庭辩论、被告人最后陈述时，合议庭发现与定罪、量刑有关的新的事实、有必要调查的，审判长可以宣布恢复法庭调查。

第一百二十一条 法庭审理结束后，法院应当综合被告人的主观认知、参与程度、地位和作用、犯罪数额、非法集资人数等情况确定被告人是否构成犯罪、构成何种犯罪。

法院依法对被告人确定刑罚和执行方式时，应当综合考量被告人的量刑情节、追赃挽损、社会危害性等。

第一百二十二条 法院应当及时、妥善地做好资产处置工作。对于随时追缴到案的涉案款物应当依法处理。

七、裁判审查

第一百二十三条 收到一审判决书后，应当及时审查，涉及专案的应当及时向专案指导组报告。重点审查判决的以下内容：

（一）判决书认定的事实与起诉书认定的事实是否一致；

（二）用于证明犯罪事实的证据是否经过质证；

（三）对各被告人的刑事责任认定是否恰当，主、从犯认定是否准确，量刑是否适当，已经发表量刑意见的，法院判决与量刑意见是否一致；

（四）对于单位犯罪和自然人犯罪的认定是否适当，引用法条是否完整、准确；

（五）对于涉案款物的处理是否适当；

（六）是否附有被害人或集资参与人的名单；

（七）审判程序是否严重违反法律规定，审判人员是否存在贪污贿赂、徇私舞弊、枉法裁判的行为。

（八）认罪认罚的适用程序是否合法，适用认罪认罚的被告人是否以量刑过重为由提出上诉。

第一百二十四条　审查判决后，认为确有错误的，应当依法提出抗诉。涉及专案的，应当按规定向专案指导组汇报后，提请本院检察长或检察委员会作出决定。

法院在审判过程中虽有错误但不宜抗诉的，可以依法向法院提出纠正意见。

第一百二十五条　被害人及其法定代理人不服一审判决，依法向检察机关提出抗诉申请的，应当立即审查，依程序及时汇报，五日内作出是否抗诉的决定，并且答复申请人，做好释法说理工作。

非法吸收公众存款犯罪的集资参与人向检察机关提出抗诉请求的，依法做好释法说理工作，避免激化矛盾。

八、法律适用若干问题

第一百二十六条　涉众型经济犯罪案件认定单位犯罪应当具备下列条件：

（一）主观上具有为单位谋取非法利益的目的或者单位以非法占有为目的；

（二）依照公司章程，经过董事会、股东会等决策层集体研究决定；

（三）以单位的名义实施了非法集资等行为，且违法所得全部或者大部分归单位所有；

（四）单位经营资金除非法募集外，还有自有资金或其他合法来源；

（五）上级单位已被认定为单位犯罪，下属单位实施相应犯罪活动，且全部或者大部分违法所得归下属单位所有的。

上级单位已被认定为单位犯罪，下属单位实施实施相应犯罪活动，但全部或者大部分违法所得归上级单位所有的，对下属单位不单独认定为单位犯罪。下属单位中涉嫌犯罪的人员，可以作为上级单位的其他直接责任人员依法追究刑事责任。

第一百二十七条 涉众型经济犯罪案件具备下列条件之一的，应当认定为自然人犯罪：

（一）以自然人名义实施的；

（二）虽以单位名义实施，但是自然人以实施非法集资、电信诈骗、组织领导传销等涉众型经济犯罪为目的成立单位的；

（三）单位成立后以非法集资、电信诈骗、组织领导传销等涉众型经济犯罪为主要活动的。

判断单位是否以实施非法集资等涉众型经济犯罪为主要活动，应当根据单位实施的次数、频度、持续时间、资金规模、资金流向、投入人力物力情况、单位进行正当经营的状况以及犯罪活动的影响、后果等因素综合考虑认定。

对于明知他人实施非法集资等犯罪而提供宣传、担保、中介等服务的第三方人员或者单位，可以依法追究刑事责任。

第一百二十八条 非法集资行为符合以下四个条件的应当认定为非法吸收公众存款罪：

（一）未按照法律、行政法规、部门规章或者行业规范的规定报请批准、登记、备案，或者借用有限合伙、私募基金等合法经营的形式吸收资金的；

（二）通过媒体、推介会、传单、电话、手机短信、第三方渠道等途径向社会公开宣传或者明知吸收资金的信息向社会公众扩散而予以放任的；

（三）承诺在一定期限内以货币、实物、股权等方式还本付息或者给付回报，或集资参与人者以出具虚假担保函、签订回购协议等方式变相承诺的；

（四）向社会不特定对象吸收资金，或者在向亲友、单位内部人员吸收资金的过程中，明知亲友或者单位内部人员向不特定对象吸收资金而予以放任的，或者以吸收资金为目的将不特定人员吸收为单位内部人员，并向其吸收资金的。

第一百二十九条 在募集资金过程中，行为人具有下列情形之一的，可以认定为非法占有目的：

（一）集资后不用于生产经营活动，或者用于生产经营活动与募集资金规模明显不成比例，或者资金使用成本过高，生产经营活动的盈利能力不具有支付全部本息的现实可能性，致使集资款不能返还的；

（二）对资金使用的决策极度不负责任或肆意挥霍造成资金缺口较大，致使集资款不能返还的；

（三）归还本息主要通过借新还旧来实现的；

（四）携带集资款逃匿或者将集资款用于违法犯罪活动的；

（五）抽逃、转移资金、隐匿财产，隐匿、销毁账目，恶意破产、倒闭，逃避返还资金的；

（六）拒不交代资金去向，逃避返还资金的；

（七）其他可以认定非法占有目的的情形。

第一百三十条　办理涉众型经济犯罪案件，应当区分非法吸收公众存款、集资诈骗等非法集资犯罪与私募基金、股权众筹、P2P借贷等合法融资行为。

对于以合法形式掩盖非法集资目的的行为，应当依法惩处。

第一百三十一条　以私募基金的形式募集资金应当具备下列条件：

（一）根据规定登记备案；

（二）对集资项目进行风险评估和风险控制；

（三）审查投资者的风险识别能力和风险承担能力，确认是否合格投资者，不得向合格投资者之外的单位和个人募集资金；

（四）设置单位或个人投资单只私募基金不低于一百万元的金额限制，且单只私募基金的投资者人数累计不得超过《证券投资基金法》、《公司法》、《合伙企业法》等法律规定的特定数量；

（五）不得通过报刊、电台、电视、互联网等公众传播媒体或者讲座、报告会、分析会和布告、传单、手机短信、微信、博客和电子邮件等方式，向不特定对象宣传推介；

（六）对投资者做出投资风险提示，不得向投资者承诺投资本金不受损失或者承诺最低收益。

对于不具备上述条件却以私募基金为名向社会公众公开募集资金的，应当认定为犯罪。

第一百三十二条 以股权众筹的形式募集资金应当具备下列条件：

（一）按照规定备案登记；

（二）未从事自融业务或为关联方融资；

（三）对募集资金设置专门账户；

（四）对投融资双方进行必要的审核；

（五）对投资者进行风险提示；【

（六）未向投资者承诺本金不受损失或者承诺最低收益；

（七）未在同一时间通过两个或者两个以上的股权众筹平台就同一融资项目进行融资，在股权众筹平台以外的公开场所发布融资信息

（九）平台及融资者发布的信息应当真实准确，不得违反相关法律法规规定，不得虚构项目误导或欺诈投资者，不得进行虚假陈述和误导性宣传。宣传内容涉及的事项需要经有权部门许可的，应当与许可的内容相符合。

对于不具备上述条件却以股权众筹为名向社会公众公开募集资金的，应当认定为犯罪。

第一百三十三条 对于以 P2P 网络借贷为名而向社会公众公开募集资金，应当符合下列条件：

（一）未自融或变相自融；

（二）未直接或间接接受、归集出借人的资金；

（三）未直接或变相承诺保本保息；

（四）未自行或委托、授权第三方在互联网、固定电话、移动电话等电子渠道以外的物理场所进行宣传或推介融资项目；

（五）未将融资项目、债权的期限、金额进行拆分。

对于不具备上述条件却以 P2P 网络借贷为名向社会公众公开募集资金的，应当认定为犯罪。

九、追赃与释法说理

第一百三十四条 公安机关、检察机关、审判机关在办案过程中，可以通过以下方式获取涉案款物的去向：

（一）讯问犯罪嫌疑人有关涉案款物去向和个人财产情况，督促其拟定退

款计划，及时退缴违法所得、退赔集资参与人损失；

（二）询问被害人、集资参与人及其他证人关于涉案款物去向的线索；

（三）查询公司账目、银行账户、固定资产等。

公安机关、检察机关、审判机关可以分别或者联合制定追赃方案，加强线索沟通，最大限度地追缴涉案款物。

对涉及跨区域的涉案资产，应当要求公安机关通过协同办案等方式进行追缴，必要时可提请上级检察机关商同级公安机关处理。

第一百三十五条　公安机关、检察机关、审判机关对于涉众型经济犯罪案件涉案款物的去向，应当围绕以下方面重点审查：

（一）个人使用，即肆意挥霍、大额赠与、赌博等非法活动；

（二）返本付息，即向集资参与人偿还本金及支付利息；

（三）运营成本，即为实施犯罪活动所支出的房屋租赁费等物业费用、咨询费、交通费、会议费、通讯费等行政费用，工资、职工福利、五险一金等劳动费用等；

（四）佣金支出，即业务人员及各层级领导获得的提成；

（五）对外投资，即用犯罪所得进行投资经营；

（六）犯罪所得的其他去向。

第一百三十六条　公安机关、检察机关、审判机关对查封、扣押的财物及孳息、证明文件，应当妥善保管。对于容易腐烂、变质及其他不易保管的财物，可以在拍照或者录像后委托有关部门变卖、拍卖，并对变卖、拍卖的手续、价款等依法保存并随案移送，必要时，可由处置机关出具相关说明。

第一百三十七条　公安机关、检察机关、审判机关应当依法查询、冻结涉案单位、犯罪嫌疑人及其他涉案人员的存款、汇款、债券、股票、基金份额等财产。对于需要延长期限的，应当在冻结期限届满前办理继续冻结手续。

第一百三十八条　对于涉案赃款物数额巨大、组成复杂、属性特殊的，公安机关、检察机关、审判机关可以相互配合，共同拟定处置方案，做好处置工作。必要时，可以由同级党委协调金融监管、维稳等部门共同参与。

第一百三十九条　公安机关、检察机关、审判机关应当各自负责侦查及补充侦查、审查起诉、审判阶段的接访工作，及时沟通协调，统一接访口径。对于重大群体访，应当按照三同步的要求及时向同级党委、上级机关报告。

第一百四十条　公安机关、检察机关、审判机关应当加强沟通协调和信息共享，建立风险防控联动机制。受理案件后，应当及时评估信访和舆情风险，建立风险评估档案并随案移送。对于风险评估等级较高的案件，应当加强沟通，相互配合，制定应急处置预案，必要时向同级党委、上级机关汇报。

第一百四十一条　应当核实来访人员身份，了解诉求。对于与本案无关的来访人员和与本案无关的诉求，应当告知其向有关机关依法提出。

对于来访人员众多的，可以要求来访人员委派3至7名代表反映诉求。

第一百四十二条　接访时，应当态度诚恳，用语规范，做好释法说理。可以将案件程序性信息告知来访人员，详细记录来访人员提出的诉求并依法答复。

接访后，应当细致梳理来访人员提出的各种诉求，对于有利于追查其他涉案人员或者追缴涉案款物的线索，应当移送公安机关补充侦查。

办理督办、关注案件或有重大稳控风险的案件，接访后应当将接访情况向同级党委和上级机关书面汇报。

第一百四十三条　接待来访应当在专门的接访区域进行，并佩戴执法记录仪，对接访过程进行录音录像并备存入档。

第一百四十四条　在重大活动、重大节日、重大敏感节点、敏感区域发生紧急群体访时，应当立即启动应急预案，快速了解来访人诉求，及时控制闹访局势，对于重大紧急情况或者严重闹访事件，应当立即向同级党委报告，并通知公安机关派员支持。

第一百四十五条　涉众型经济犯罪案件的对外宣传，应当依法、审慎进行，确有必要的，应当报经办公室批准后开展。

十、行刑衔接

第一百四十六条　负有金融监管职责和风险处置职责的金融监管部门，应有效防范和打击金融欺诈、非法集资等违法犯罪行为，落实金融监管职责和金融风险处置责任，完善工作机制，加强沟通协调，夯实工作基础。

第一百四十七条　金融监管部门应做好私募股权投资、担保公司、P2P

网络借贷平台、股权众筹平台等的排查、防控、整治，做好情报收集。

第一百四十八条　金融监管部门定期将收集的情报信息通报公安机关、检察机关、审判机关。各办案单位定期研判会商，分析当前形势，确定打击重点，调整打击方向。

第一百四十九条　金融监管部门在工作中发现金融欺诈、非法集资等涉众型经济犯罪线索的，应当及时通知公安机关。确有必要的，可以同时通报检察机关。

第一百五十条　金融监管部门可以根据司法机关的办案需要，提供专业建议和意见。

附　则

第一百五十一条　本指南适用于涉众型经济犯罪案件的第一审程序。

第一百五十二条　本指南商朝阳区金融服务办公室、北京市公安局朝阳分局、朝阳区人民法院，由北京市朝阳区人民检察院检察委员会通过并负责解释。

第一百五十三条　本指南自公布之日起施行。

（三）指导案例

1.案例：高远非法吸收公众存款案

案例来源：《刑事审判参考》第 56 号

裁判要旨：集资诈骗罪与非法吸收公众存款罪的区别在于：第一，犯罪的目的不同。第二，犯罪行为的客观表现虽有非法集资的共同外在表现形式，但具体实施方法也有根本不同。第三，侵犯的客体不同。以"经济互助会"的形式非法集资的行为符合非法吸收公众存款罪的构成特征，因此对被告人高远的行为应认定为非法吸收公众存款罪。

2.案例：李国法等 3 人非法吸收公众存款案

案例来源：《刑事审判参考》第 72 号

裁判要旨：依照最高人民法院《关于执行〈中华人民共和国刑事诉讼法〉若干问题的解释》第 215 条"人民法院审理单位犯罪案件，被告单位被注销或宣告破产，但单位犯罪直接负责主管人员和其他直接责任人员应当负刑事责任的，应当继续审理"的规定，司法机关应当依法追究对三星公司集资诈骗犯罪行为负有直接责任的主管人员和其他人员的刑事责任。即单位犯罪案件，因单位被注销或宣告破产，检察机关只起诉指控有关责任人员的，人民法院认为被告人的行为已构成犯罪，且系单位犯罪的责任人员的，应以单位犯罪的有关规定，追究其相应的刑事责任。

3. 案例：惠庆祥等非法吸收公众存款案

案例来源：《刑事审判参考》第 488 号

裁判要旨：未经中国人民银行批准，向社会不特定对象吸收资金，虽然不以吸收公众存款的名义，但承诺在一定期限内还本付息的，属于变相吸收公众存款，构成犯罪的应依法追究刑事责任。

非法吸收公众存款罪，尽管也表现出一定的民间借贷的特征，但因为其借贷的范围具有公众性且扰乱了国家金融秩序，所以具有民间借贷不会造成的严重社会危害性，这是两者的根本区别。如果民间借贷的对象范围满足前文所讲的两个条件即"非法性"和"广延性"，即未经有权机关批准和向社会不特定对象吸收资金，且借款利率高于法定利率，扰乱了国家金融秩序，则就超出了民间借贷的范畴，演化为非法吸收公众存款。

4. 案例：肖东等非法吸收公众存款案

案例来源：《刑事审判参考》第 1188 号

裁判要旨：本案三被告人非法吸收公众存款的行为虽然属于"数额巨大"，但主要是用于生产经营所需，案发后被告人积极清退了大部分资金，符合刑法第 72 条关于适用缓刑的四个要件，审度权衡全案情节，可以对三被告人从轻处罚并适用缓刑。

十一、伪造、变造金融票证罪（刑法第 177 条）

（一）法律与司法解释

1.《中华人民共和国刑法》

第一百七十七条　有下列情形之一，伪造、变造金融票证的，处五年以下有期徒刑或者拘役，并处或者单处二万元以上二十万元以下罚金；情节严重的，处五年以上十年以下有期徒刑，并处五万元以上五十万元以下罚金；情节特别严重的，处十年以上有期徒刑或者无期徒刑，并处五万元以上五十万元以下罚金或者没收财产：

（一）伪造、变造汇票、本票、支票的；

（二）伪造、变造委托收款凭证、汇款凭证、银行存单等其他银行结算凭证的；

（三）伪造、变造信用证或者附随的单据、文件的；

（四）伪造信用卡的。

单位犯前款罪的，对单位判处罚金，并对其直接负责的主管人员和其他直接责任人员，依照前款的规定处罚。

2. 最高人民检察院、公安部《关于印发〈最高人民检察院、公安部关于公安机关管辖的刑事案件立案追诉标准的规定（二）〉的通知》（公通字〔2010〕23号　2010年5月7日）

第二十九条　［伪造、变造金融票证案（刑法第一百七十七条）］伪造、变造金融票证，涉嫌下列情形之一的，应予立案追诉：

（一）伪造、变造汇票、本票、支票，或者伪造、变造委托收款凭证、汇款凭证、银行存单等其他银行结算凭证，或者伪造、变造信用证或者附随的单据、文件，总面额在一万元以上或者数量在十张以上的；

（二）伪造信用卡一张以上，或者伪造空白信用卡十张以上的。

（二）指导案例

案例：王昌和变造金融票证案

案例来源：《刑事审判参考》第71号

裁判要旨：私自涂改银行存折存款余额，并持变造后的存折去银行骗取存款的行为，在适用法律定罪处罚上，涉及对牵连犯的处罚原则如何掌握和应用的问题。一般情况下以"择一重罪从重处罚"原则进行处理，刑法分则有特别规定的，应当适用特别规定定罪处罚。刑法第194条第2款规定，使用伪造、变造的委托收款凭证、汇款凭证、银行存单等其他银行结算凭证的，以金融凭证诈骗罪定罪处罚。因此，某县人民法院判决被告人王昌和构成变造金融票证罪是错误的。

十二、妨害信用卡管理罪（刑法第 177 条之一第 1 款）

（一）法律与司法解释

1.《中华人民共和国刑法》

第一百七十七条之一第一款 有下列情形之一，妨害信用卡管理的，处三年以下有期徒刑或者拘役，并处或者单处一万元以上十万元以下罚金；数量巨大或者有其他严重情节的，处三年以上十年以下有期徒刑，并处二万元以上二十万元以下罚金：

（一）明知是伪造的信用卡而持有、运输的，或者明知是伪造的空白信用卡而持有、运输，数量较大的；

（二）非法持有他人信用卡，数量较大的；

（三）使用虚假的身份证明骗领信用卡的；

（四）出售、购买、为他人提供伪造的信用卡或者以虚假的身份证明骗领的信用卡的。

2. 最高人民法院、最高人民检察院《关于办理妨害信用卡管理刑事案件具体应用法律若干问题的解释》（法释〔2018〕19 号 2018 年 11 月 28 日）

为依法惩治妨害信用卡管理犯罪活动，维护信用卡管理秩序和持卡人合法权益，根据《中华人民共和国刑法》规定，现就办理这类刑事案件具体应用法律的若干问题解释如下：

第一条 复制他人信用卡、将他人信用卡信息资料写入磁条介质、芯片或者以其他方法伪造信用卡一张以上的，应当认定为刑法第一百七十七条第一款第四项规定的"伪造信用卡"，以伪造金融票证罪定罪处罚。

伪造空白信用卡十张以上的，应当认定为刑法第一百七十七条第一款第四项规定的"伪造信用卡"，以伪造金融票证罪定罪处罚。

伪造信用卡，有下列情形之一的，应当认定为刑法第一百七十七条规定的"情节严重"：

（一）伪造信用卡五张以上不满二十五张的；

（二）伪造的信用卡内存款余额、透支额度单独或者合计数额在二十万元以上不满一百万元的；

（三）伪造空白信用卡五十张以上不满二百五十张的；

（四）其他情节严重的情形。

伪造信用卡，有下列情形之一的，应当认定为刑法第一百七十七条规定的"情节特别严重"：

（一）伪造信用卡二十五张以上的；

（二）伪造的信用卡内存款余额、透支额度单独或者合计数额在一百万元以上的；

（三）伪造空白信用卡二百五十张以上的；

（四）其他情节特别严重的情形。

本条所称"信用卡内存款余额、透支额度"，以信用卡被伪造后发卡行记录的最高存款余额、可透支额度计算。

第二条　明知是伪造的空白信用卡而持有、运输十张以上不满一百张的，应当认定为刑法第一百七十七条之一第一款第一项规定的"数量较大"；非法持有他人信用卡五张以上不满五十张的，应当认定为刑法第一百七十七条之一第一款第二项规定的"数量较大"。

有下列情形之一的，应当认定为刑法第一百七十七条之一第一款规定的"数量巨大"：

（一）明知是伪造的信用卡而持有、运输十张以上的；

（二）明知是伪造的空白信用卡而持有、运输一百张以上的；

（三）非法持有他人信用卡五十张以上的；

（四）使用虚假的身份证明骗领信用卡十张以上的；

（五）出售、购买、为他人提供伪造的信用卡或者以虚假的身份证明骗领的信用卡十张以上的。

违背他人意愿，使用其居民身份证、军官证、士兵证、港澳居民往来内地通行证、台湾居民来往大陆通行证、护照等身份证明申领信用卡的，或者使用伪造、变造的身份证明申领信用卡的，应当认定为刑法第一百七十七条之一第一款第三项规定的"使用虚假的身份证明骗领信用卡"。

第三条 窃取、收买、非法提供他人信用卡信息资料，足以伪造可进行交易的信用卡，或者足以使他人以信用卡持卡人名义进行交易，涉及信用卡一张以上不满五张的，依照刑法第一百七十七条之一第二款的规定，以窃取、收买、非法提供信用卡信息罪定罪处罚；涉及信用卡五张以上的，应当认定为刑法第一百七十七条之一第一款规定的"数量巨大"。

第四条 为信用卡申请人制作、提供虚假的财产状况、收入、职务等资信证明材料，涉及伪造、变造、买卖国家机关公文、证件、印章，或者涉及伪造公司、企业、事业单位、人民团体印章，应当追究刑事责任的，依照刑法第二百八十条的规定，分别以伪造、变造、买卖国家机关公文、证件、印章罪和伪造公司、企业、事业单位、人民团体印章罪定罪处罚。

承担资产评估、验资、验证、会计、审计、法律服务等职责的中介组织或其人员，为信用卡申请人提供虚假的财产状况、收入、职务等资信证明材料，应当追究刑事责任的，依照刑法第二百二十九条的规定，分别以提供虚假证明文件罪和出具证明文件重大失实罪定罪处罚。

第五条 使用伪造的信用卡、以虚假的身份证明骗领的信用卡、作废的信用卡或者冒用他人信用卡，进行信用卡诈骗活动，数额在五千元以上不满五万元的，应当认定为刑法第一百九十六条规定的"数额较大"；数额在五万元以上不满五十万元的，应当认定为刑法第一百九十六条规定的"数额巨大"；数额在五十万元以上的，应当认定为刑法第一百九十六条规定的"数额特别巨大"。

刑法第一百九十六条第一款第三项所称"冒用他人信用卡"，包括以下情形：

（一）拾得他人信用卡并使用的；

（二）骗取他人信用卡并使用的；

（三）窃取、收买、骗取或者以其他非法方式获取他人信用卡信息资料，并通过互联网、通讯终端等使用的；

（四）其他冒用他人信用卡的情形。

第六条　持卡人以非法占有为目的，超过规定限额或者规定期限透支，经发卡银行两次有效催收后超过三个月仍不归还的，应当认定为刑法第一百九十六条规定的"恶意透支"。

对于是否以非法占有为目的，应当综合持卡人信用记录、还款能力和意愿、申领和透支信用卡的状况、透支资金的用途、透支后的表现、未按规定还款的原因等情节作出判断。不得单纯依据持卡人未按规定还款的事实认定非法占有目的。

具有以下情形之一的，应当认定为刑法第一百九十六条第二款规定的"以非法占有为目的"，但有证据证明持卡人确实不具有非法占有目的的除外：

（一）明知没有还款能力而大量透支，无法归还的；

（二）使用虚假资信证明申领信用卡后透支，无法归还的；

（三）透支后通过逃匿、改变联系方式等手段，逃避银行催收的；

（四）抽逃、转移资金，隐匿财产，逃避还款的；

（五）使用透支的资金进行犯罪活动的；

（六）其他非法占有资金，拒不归还的情形。

第七条　催收同时符合下列条件的，应当认定为本解释第六条规定的"有效催收"：

（一）在透支超过规定限额或者规定期限后进行；

（二）催收应当采用能够确认持卡人收悉的方式，但持卡人故意逃避催收的除外；

（三）两次催收至少间隔三十日；

（四）符合催收的有关规定或者约定。

对于是否属于有效催收，应当根据发卡银行提供的电话录音、信息送达记录、信函送达回执、电子邮件送达记录、持卡人或者其家属签字以及其他催收原始证据材料作出判断。

发卡银行提供的相关证据材料，应当有银行工作人员签名和银行公章。

第八条 恶意透支，数额在五万元以上不满五十万元的，应当认定为刑法第一百九十六条规定的"数额较大"；数额在五十万元以上不满五百万元的，应当认定为刑法第一百九十六条规定的"数额巨大"；数额在五百万元以上的，应当认定为刑法第一百九十六条规定的"数额特别巨大"。

3. 最高人民检察院、公安部《关于印发〈最高人民检察院、公安部关于公安机关管辖的刑事案件立案追诉标准的规定（二）〉的通知》（公通字〔2010〕23 号　2010 年 5 月 7 日）

第三十条　〔妨害信用卡管理案（刑法第一百七十七条之一第一款）〕妨害信用卡管理，涉嫌下列情形之一的，应予立案追诉：

（一）明知是伪造的信用卡而持有、运输的；

（二）明知是伪造的空白信用卡而持有、运输，数量累计在十张以上的；

（三）非法持有他人信用卡，数量累计在五张以上的；

（四）使用虚假的身份证明骗领信用卡的；

（五）出售、购买、为他人提供伪造的信用卡或者以虚假的身份证明骗领的信用卡的。

违背他人意愿，使用其居民身份证、军官证、士兵证、港澳居民往来内地通行证、台湾居民来往大陆通行证、护照等身份证明申领信用卡的，或者使用伪造、变造的身份证明申领信用卡的，应当认定为"使用虚假的身份证明骗领信用卡"。

（二）指导案例

案例：张某某、李某某妨害信用卡管理案

案例来源：《刑事审判参考》第 386 号

裁判要旨：被告人张某某非法收集他人信用卡信息资料，被告人李某某明知是伪造的空白信用卡而运输，数量较大，适用刑法修正案（五）第 1 条即刑法第177条之一的规定，不宜沿用刑法第177条"伪造、变造金融票证罪"这一罪名。

十三、窃取、收买、非法提供信用卡信息罪（刑法第177条之一第2款）

法律与司法解释

1.《中华人民共和国刑法》

第一百七十七条之一第二款　窃取、收买或者非法提供他人信用卡信息资料的，依照前款规定处罚。

银行或者其他金融机构的工作人员利用职务上的便利，犯第二款罪的，从重处罚。

2. 最高人民检察院、公安部《关于印发〈最高人民检察院、公安部关于公安机关管辖的刑事案件立案追诉标准的规定（二）〉的通知》（公通字〔2010〕23号　2010年5月7日）

第三十一条　[窃取、收买、非法提供信用卡信息案（刑法第一百七十七条之一第二款）]窃取、收买或者非法提供他人信用卡信息资料，足以伪造可进行交易的信用卡，或者足以使他人以信用卡持卡人名义进行交易，涉及信用卡一张以上的，应予立案追诉。

十四、伪造、变造国家有价证券罪（刑法第178条第1款）

法律与司法解释

1.《中华人民共和国刑法》

第一百七十八条第一款　伪造、变造国库券或者国家发行的其他有价证券，数额较大的，处三年以下有期徒刑或者拘役，并处或者单处二万元以上二十万元以下罚金；数额巨大的，处三年以上十年以下有期徒刑，并处五万元以上五十万元以下罚金；数额特别巨大的，处十年以上有期徒刑或者无期徒刑，并处五万元以上五十万元以下罚金或者没收财产。

2.最高人民检察院、公安部《关于印发〈最高人民检察院、公安部关于公安机关管辖的刑事案件立案追诉标准的规定（二）〉的通知》（公通字〔2010〕23号　2010年5月7日）

第三十二条　[伪造、变造国家有价证券案（刑法第一百七十八条第一款）]伪造、变造国库券或者国家发行的其他有价证券，总面额在二千元以上的，应予立案追诉。

十五、伪造、变造股票、公司、企业债券罪（刑法第178条第2款）

法律与司法解释

1.《中华人民共和国刑法》

第一百七十八条第二款　伪造、变造股票或者公司、企业债券，数额较大的，处三年以下有期徒刑或者拘役，并处或者单处一万元以上十万元以下罚金；数额巨大的，处三年以上十年以下有期徒刑，并处二万元以上二十万元以下罚金。

单位犯前两款罪的，对单位判处罚金，并对其直接负责的主管人员和其他直接责任人员，依照前两款的规定处罚。

2.最高人民检察院、公安部《关于印发〈最高人民检察院、公安部关于公安机关管辖的刑事案件立案追诉标准的规定（二）〉的通知》（公通字〔2010〕23号　2010年5月7日）

第三十三条　[伪造、变造股票、公司、企业债券案（刑法第一百七十八条第二款）]伪造、变造股票或者公司、企业债券，总面额在五千元以上的，应予立案追诉。

十六、擅自发行股票、公司、企业债券罪（刑法第 179 条）

法律与司法解释

1.《中华人民共和国刑法》

第一百七十九条　未经国家有关主管部门批准，擅自发行股票或者公司、企业债券，数额巨大、后果严重或者有其他严重情节的，处五年以下有期徒刑或者拘役，并处或者单处非法募集资金金额百分之一以上百分之五以下罚金。

单位犯前款罪的，对单位判处罚金，并对其直接负责的主管人员和其他直接责任人员，处五年以下有期徒刑或者拘役。

2. 最高人民检察院、公安部《关于印发〈最高人民检察院、公安部关于公安机关管辖的刑事案件立案追诉标准的规定（二）〉的通知》（公通字〔2010〕23 号　2010 年 5 月 7 日）

第三十四条　〔擅自发行股票、公司、企业债券案（刑法第一百七十九条）〕未经国家有关主管部门批准，擅自发行股票或者公司、企业债券，涉嫌下列情形之一的，应予立案追诉：

（一）发行数额在五十万元以上的；

（二）虽未达到上述数额标准，但擅自发行致使三十人以上的投资者购买了股票或者公司、企业债券的；

（三）不能及时清偿或者清退的；

（四）其他后果严重或者有其他严重情节的情形。

十七、内幕交易、泄露内幕信息罪（刑法第 180 条第 1 款）

（一）法律与司法解释

1.《中华人民共和国刑法》

第一百八十条第一款　证券、期货交易内幕信息的知情人员或者非法获取证券、期货交易内幕信息的人员，在涉及证券的发行，证券、期货交易或者其他对证券、期货交易价格有重大影响的信息尚未公开前，买入或者卖出该证券，或者从事与该内幕信息有关的期货交易，或者泄露该信息，或者明示、暗示他人从事上述交易活动，情节严重的，处五年以下有期徒刑或者拘役，并处或者单处违法所得一倍以上五倍以下罚金；情节特别严重的，处五年以上十年以下有期徒刑，并处违法所得一倍以上五倍以下罚金。

单位犯前款罪的，对单位判处罚金，并对其直接负责的主管人员和其他直接责任人员，处五年以下有期徒刑或者拘役。

内幕信息、知情人员的范围，依照法律、行政法规的规定确定。

2. 最高人民法院、最高人民检察院《关于办理内幕交易、泄露内幕信息刑事案件具体应用法律若干问题的解释》（法释〔2012〕6号　2012年6月1日）

为维护证券、期货市场管理秩序，依法惩治证券、期货犯罪，根据刑法有关规定，现就办理内幕交易、泄露内幕信息刑事案件具体应用法律的若干问题解释如下：

第一条　下列人员应当认定为刑法第一百八十条第一款规定的"证券、期货交易内幕信息的知情人员"：

（一）证券法第七十四条规定的人员；

（二）期货交易管理条例第八十五条第十二项规定的人员。

第二条　具有下列行为的人员应当认定为刑法第一百八十条第一款规定的"非法获取证券、期货交易内幕信息的人员"：

（一）利用窃取、骗取、套取、窃听、利诱、刺探或者私下交易等手段获取内幕信息的；

（二）内幕信息知情人员的近亲属或者其他与内幕信息知情人员关系密切的人员，在内幕信息敏感期内，从事或者明示、暗示他人从事，或者泄露内幕信息导致他人从事与该内幕信息有关的证券、期货交易，相关交易行为明显异常，且无正当理由或者正当信息来源的；

（三）在内幕信息敏感期内，与内幕信息知情人员联络、接触，从事或者明示、暗示他人从事，或者泄露内幕信息导致他人从事与该内幕信息有关的证券、期货交易，相关交易行为明显异常，且无正当理由或者正当信息来源的。

第三条　本解释第二条第二项、第三项规定的"相关交易行为明显异常"，要综合以下情形，从时间吻合程度、交易背离程度和利益关联程度等方面予以认定：

（一）开户、销户、激活资金账户或者指定交易（托管）、撤销指定交易（转托管）的时间与该内幕信息形成、变化、公开时间基本一致的；

（二）资金变化与该内幕信息形成、变化、公开时间基本一致的；

（三）买入或者卖出与内幕信息有关的证券、期货合约时间与内幕信息的形成、变化和公开时间基本一致的；

（四）买入或者卖出与内幕信息有关的证券、期货合约时间与获悉内幕信息的时间基本一致的；

（五）买入或者卖出证券、期货合约行为明显与平时交易习惯不同的；

（六）买入或者卖出证券、期货合约行为，或者集中持有证券、期货合约行为与该证券、期货公开信息反映的基本面明显背离的；

（七）账户交易资金进出与该内幕信息知情人员或者非法获取人员有关联或者利害关系的；

（八）其他交易行为明显异常情形。

第四条　具有下列情形之一的，不属于刑法第一百八十条第一款规定的从事与内幕信息有关的证券、期货交易：

（一）持有或者通过协议、其他安排与他人共同持有上市公司百分之五以上股份的自然人、法人或者其他组织收购该上市公司股份的；

（二）按照事先订立的书面合同、指令、计划从事相关证券、期货交易的；

（三）依据已被他人披露的信息而交易的；

（四）交易具有其他正当理由或者正当信息来源的。

第五条　本解释所称"内幕信息敏感期"是指内幕信息自形成至公开的期间。

证券法第六十七条第二款所列"重大事件"的发生时间，第七十五条规定的"计划"、"方案"以及期货交易管理条例第八十五条第十一项规定的"政策"、"决定"等的形成时间，应当认定为内幕信息的形成之时。

影响内幕信息形成的动议、筹划、决策或者执行人员，其动议、筹划、决策或者执行初始时间，应当认定为内幕信息的形成之时。

内幕信息的公开，是指内幕信息在国务院证券、期货监督管理机构指定的报刊、网站等媒体披露。

第六条 在内幕信息敏感期内从事或者明示、暗示他人从事或者泄露内幕信息导致他人从事与该内幕信息有关的证券、期货交易，具有下列情形之一的，应当认定为刑法第一百八十条第一款规定的"情节严重"：

（一）证券交易成交额在五十万元以上的；

（二）期货交易占用保证金数额在三十万元以上的；

（三）获利或者避免损失数额在十五万元以上的；

（四）三次以上的；

（五）具有其他严重情节的。

第七条 在内幕信息敏感期内从事或者明示、暗示他人从事或者泄露内幕信息导致他人从事与该内幕信息有关的证券、期货交易，具有下列情形之一的，应当认定为刑法第一百八十条第一款规定的"情节特别严重"：

（一）证券交易成交额在二百五十万元以上的；

（二）期货交易占用保证金数额在一百五十万元以上的；

（三）获利或者避免损失数额在七十五万元以上的；

（四）具有其他特别严重情节的。

第八条 二次以上实施内幕交易或者泄露内幕信息行为，未经行政处理或者刑事处理的，应当对相关交易数额依法累计计算。

第九条 同一案件中，成交额、占用保证金额、获利或者避免损失额分别构成情节严重、情节特别严重的，按照处罚较重的数额定罪处罚。

构成共同犯罪的，按照共同犯罪行为人的成交总额、占用保证金总额、获利或者避免损失总额定罪处罚，但判处各被告人罚金的总额应掌握在获利或者避免损失总额的一倍以上五倍以下。

第十条 刑法第一百八十条第一款规定的"违法所得"，是指通过内幕交易行为所获利益或者避免的损失。

内幕信息的泄露人员或者内幕交易的明示、暗示人员未实际从事内幕交易的，其罚金数额按照因泄露而获悉内幕信息人员或者被明示、暗示人员从事内幕交易的违法所得计算。

第十一条 单位实施刑法第一百八十条第一款规定的行为，具有本解释第六条规定情形之一的，按照刑法第一百八十条第二款的规定定罪处罚。

3.《中华人民共和国证券法》

第七十四条 证券交易内幕信息的知情人包括：

（一）发行人的董事、监事、高级管理人员；

（二）持有公司百分之五以上股份的股东及其董事、监事、高级管理人员，公司的实际控制人及其董事、监事、高级管理人员；

（三）发行人控股的公司及其董事、监事、高级管理人员；

（四）由于所任公司职务可以获取公司有关内幕信息的人员；

（五）证券监督管理机构工作人员以及由于法定职责对证券的发行、交易进行管理的其他人员；

（六）保荐人、承销的证券公司、证券交易所、证券登记结算机构、证券服务机构的有关人员；

（七）国务院证券监督管理机构规定的其他人。

4.最高人民检察院、公安部《关于印发〈最高人民检察院、公安部关于公安机关管辖的刑事案件立案追诉标准的规定（二）〉的通知》（公通字〔2010〕23号 2010年5月7日）

第三十五条 ［内幕交易、泄露内幕信息案（刑法第一百八十条第一款）］证券、期货交易内幕信息的知情人员、单位或者非法获取证券、期货交易内幕信息的人员、单位，在涉及证券的发行，证券、期货交易或者其他对证券、期货交易价格有重大影响的信息尚未公开前，买入或者卖出该证券，或者从事与该内幕信息有关的期货交易，或者泄露该信息，或者明示、暗示他人从事上述交易活动，涉嫌下列情形之一的，应予立案追诉：

（一）证券交易成交额累计在五十万元以上的；

（二）期货交易占用保证金数额累计在三十万元以上的；

（三）获利或者避免损失数额累计在十五万元以上的；

（四）多次进行内幕交易、泄露内幕信息的；

（五）其他情节严重的情形。

（二）指导案例

1. 案例：李某某等内幕交易、泄露内幕信息案

案例来源：《刑事审判参考》第 735 号

裁判要旨：（1）内幕信息敏感期应自内幕信息形成之时起至内幕信息公开时止；（2）内幕信息知情人员建议他人买卖与内幕信息有关的证券，但没有获利的行为，构成内幕交易罪；（3）行为人明知是内幕交易犯罪所得而予以掩饰、隐瞒的行为构成洗钱罪。

2. 案例：肖某某受贿、内幕交易案

案例来源：《刑事审判参考》第 756 号

裁判要旨：（1）因获取让壳重组信息而指使他人购买让壳公司股票，后借壳公司改变的，不影响内幕信息的认定；（2）对是基于专业知识的研判还是基于对内幕信息的确信而从事有关证券、期货交易的认定，要准确分析促使行为人作出交易决定的关键因素；（3）中国证监会应司法机关需要就内幕信息有关问题所作的认定，经审查具有客观性、合法性的，可以作为定案根据。

3. 案例：杜某某、刘某某内幕交易，刘某某泄露内幕信息案

案例来源：《刑事审判参考》第 757 号

裁判要旨：（1）杜某某获取的十四所拟收购、重组高淳陶瓷公司的信息属于内幕信息；（2）对于利用专业知识判断出重组对象的人员是否认定为内幕信息的知情人员，关键要看该类人员在利用专业知识判断时有否是依据因职务行为获取的信息；（3）杜某某、刘某某合谋买卖高淳陶瓷股票的行为构成内幕交易罪的共犯。

4.案例：赵丽梅等内幕交易案

案例来源:《刑事审判参考》第 758 号

裁判要旨:（1）内幕信息知情人员的近亲属或者与其关系密切的人被动获悉内幕信息的应当认定为"非法获取证券交易内幕信息的人员"；（2）"交易行为明显异常"要综合时间吻合程度、交易背离程度和利益关联程度等方面把握。

十八、利用未公开信息交易罪（刑法第 180 条第 2 款）

（一）法律与司法解释

1.《中华人民共和国刑法》

第一百八十条第二款　证券交易所、期货交易所、证券公司、期货经纪公司、基金管理公司、商业银行、保险公司等金融机构的从业人员以及有关监管部门或者行业协会的工作人员，利用因职务便利获取的内幕信息以外的其他未公开的信息，违反规定，从事与该信息相关的证券、期货交易活动，或者明示、暗示他人从事相关交易活动，情节严重的，依照第一款的规定处罚。

2.最高人民法院、最高人民检察院《关于办理利用未公开信息交易刑事案件适用法律若干问题的解释》（法释〔2019〕10 号　2019 年 7 月 1 日）

为依法惩治证券、期货犯罪，维护证券、期货市场管理秩序，促进证券、期货市场稳定健康发展，保护投资者合法权益，根据《中华人民共和国刑法》《中华人民共和国刑事诉讼法》的规定，现就办理利用未公开信息交易刑事案件适用法律的若干问题解释如下：

第一条　刑法第一百八十条第四款规定的"内幕信息以外的其他未公开的信息"，包括下列信息：

（一）证券、期货的投资决策、交易执行信息；

（二）证券持仓数量及变化、资金数量及变化、交易动向信息；

（三）其他可能影响证券、期货交易活动的信息。

第二条 内幕信息以外的其他未公开的信息难以认定的，司法机关可以在有关行政主（监）管部门的认定意见的基础上，根据案件事实和法律规定作出认定。

第三条 刑法第一百八十条第四款规定的"违反规定"，是指违反法律、行政法规、部门规章、全国性行业规范有关证券、期货未公开信息保护的规定，以及行为人所在的金融机构有关信息保密、禁止交易、禁止利益输送等规定。

第四条 刑法第一百八十条第四款规定的行为人"明示、暗示他人从事相关交易活动"，应当综合以下方面进行认定：

（一）行为人具有获取未公开信息的职务便利；

（二）行为人获取未公开信息的初始时间与他人从事相关交易活动的初始时间具有关联性；

（三）行为人与他人之间具有亲友关系、利益关联、交易终端关联等关联关系；

（四）他人从事相关交易的证券、期货品种、交易时间与未公开信息所涉证券、期货品种、交易时间等方面基本一致；

（五）他人从事的相关交易活动明显不具有符合交易习惯、专业判断等正当理由；

（六）行为人对明示、暗示他人从事相关交易活动没有合理解释。

第五条 利用未公开信息交易，具有下列情形之一的，应当认定为刑法第一百八十条第四款规定的"情节严重"：

（一）违法所得数额在一百万元以上的；

（二）二年内三次以上利用未公开信息交易的；

（三）明示、暗示三人以上从事相关交易活动的。

第六条 利用未公开信息交易，违法所得数额在五十万元以上，或者证券交易成交额在五百万元以上，或者期货交易占用保证金数额在一百万元以上，具有下列情形之一的，应当认定为刑法第一百八十条第四款规定的"情节严重"：

（一）以出售或者变相出售未公开信息等方式，明示、暗示他人从事相关交易活动的；

（二）因证券、期货犯罪行为受过刑事追究的；

（三）二年内因证券、期货违法行为受过行政处罚的；

（四）造成恶劣社会影响或者其他严重后果的。

第七条　刑法第一百八十条第四款规定的"依照第一款的规定处罚"，包括该条第一款关于"情节特别严重"的规定。

利用未公开信息交易，违法所得数额在一千万元以上的，应当认定为"情节特别严重"。

违法所得数额在五百万元以上，或者证券交易成交额在五千万元以上，或者期货交易占用保证金数额在一千万元以上，具有本解释第六条规定的四种情形之一的，应当认定为"情节特别严重"。

第八条　二次以上利用未公开信息交易，依法应予行政处理或者刑事处理而未经处理的，相关交易数额或者违法所得数额累计计算。

第九条　本解释所称"违法所得"，是指行为人利用未公开信息从事与该信息相关的证券、期货交易活动所获利益或者避免的损失。

行为人明示、暗示他人利用未公开信息从事相关交易活动，被明示、暗示人员从事相关交易活动所获利益或者避免的损失，应当认定为"违法所得"。

第十条　行为人未实际从事与未公开信息相关的证券、期货交易活动的，其罚金数额按照被明示、暗示人员从事相关交易活动的违法所得计算。

第十一条　符合本解释第五条、第六条规定的标准，行为人如实供述犯罪事实，认罪悔罪，并积极配合调查，退缴违法所得的，可以从轻处罚；其中犯罪情节轻微的，可以依法不起诉或者免予刑事处罚。

符合刑事诉讼法规定的认罪认罚从宽适用范围和条件的，依照刑事诉讼法的规定处理。

第十二条　本解释自 2019 年 7 月 1 日起施行。

3. 最高人民检察院、公安部《关于印发〈最高人民检察院、公安部关于公安机关管辖的刑事案件立案追诉标准的规定（二）〉的通知》（公通字〔2010〕23 号　2010 年 5 月 7 日）

第三十六条　［利用未公开信息交易案（刑法第一百八十条第四款）］证券交易所、期货交易所、证券公司、期货公司、基金管理公司、商业银行、保险公司等金融机构的从业人员以及有关监管部门或者行业协会的工作人员，利用因职务便利获取的内幕信息以外的其他未公开的信息，违反规定，从事与该信息相关的证券、期货交易活动，或者明示、暗示他人从事相关交易活动，涉嫌下列情形之一的，应予立案追诉：

（一）证券交易成交额累计在五十万元以上的；

（二）期货交易占用保证金数额累计在二十万元以上的；

（三）获利或者避免损失数额累计在十五万元以上的；

（四）多次利用内幕信息以外的其他未公开信息进行交易活动的；

（五）其他情节严重的情形。

（二）指导案例

1. 案例：李某某利用未公开信息交易案

案例来源：《刑事审判参考》第 941 号

裁判要旨：（1）没有被告人或者操盘手的供述或证言，综合全案相关客观证据能够认定被告人实施了利用未公开信息交易犯罪行为的，可以认定有罪；（2）构成利用未公开信息交易罪不以同时具备"先买先卖"为要件；（3）相关基金公司对涉案股票的买入行为是否影响涉案股票的价格及行为人是否实际获利，均不是认定构成利用未公开信息交易犯罪的决定性因素。

2. 案例：马某某利用未公开信息交易案

案例来源：《最高人民检察院指导案例》第 24 号

裁判要旨：刑法第 180 条第 2 款利用未公开信息交易罪为援引法定刑的情形，应当是对第 1 款法定刑的全部援引。其中，"情节严重"是入罪标准，在处罚上应当依照本条第 1 款内幕交易、泄露内幕信息罪的全部法定刑处罚，即区分不同情形分别依照第 1 款规定的"情节严重"和"情节特别严重"两个量刑档次处罚。

十九、编造并传播证券、期货交易虚假信息罪（刑法第 181 条第 1 款）

法律与司法解释

1.《中华人民共和国刑法》

第一百八十一条第一款 编造并且传播影响证券、期货交易的虚假信息，扰乱证券、期货交易市场，造成严重后果的，处五年以下有期徒刑或者拘役，并处或者单处一万元以上十万元以下罚金。

2. 最高人民检察院、公安部《关于印发〈最高人民检察院、公安部关于公安机关管辖的刑事案件立案追诉标准的规定（二）〉的通知》（公通字〔2010〕23 号 2010 年 5 月 7 日）

第三十七条 ［编造并传播证券、期货交易虚假信息案（刑法第一百八十一条第一款）］编造并且传播影响证券、期货交易的虚假信息，扰乱证券、期货交易市场，涉嫌下列情形之一的，应予立案追诉：

（一）获利或者避免损失数额累计在五万元以上的；

（二）造成投资者直接经济损失数额在五万元以上的；

（三）致使交易价格和交易量异常波动的；

（四）虽未达到上述数额标准，但多次编造并且传播影响证券、期货交易的虚假信息的；

（五）其他造成严重后果的情形。

二十、诱骗投资者买卖证券、期货合约罪（刑法第 181 条第 2 款）

法律与司法解释

1.《中华人民共和国刑法》

第一百八十一条第二款 证券交易所、期货交易所、证券公司、期货经纪公司的从业人员，证券业协会、期货业协会或者证券期货监督管理部门的工作人员，故意提供虚假信息或者伪造、变造、销毁交易记录，诱骗投资者买卖证券、期货合约，造成严重后果的，处五年以下有期徒刑或者拘役，并处或者单处一万元以上十万元以下罚金；情节特别恶劣的，处五年以上十年以下有期徒刑，并处二万元以上二十万元以下罚金。

单位犯前两款罪的，对单位判处罚金，并对其直接负责的主管人员和其他直接责任人员，处五年以下有期徒刑或者拘役。

2.最高人民检察院、公安部《关于印发〈最高人民检察院、公安部关于公安机关管辖的刑事案件立案追诉标准的规定（二）〉的通知》（公通字〔2010〕23 号 2010 年 5 月 7 日）

第三十八条 ［诱骗投资者买卖证券、期货合约案（刑法第一百八十一条第二款）］证券交易所、期货交易所、证券公司、期货公司的从业人员，证券业协会、期货业协会或者证券期货监督管理部门的工作人员，故意提供虚假信息或者伪造、变造、销毁交易记录，诱骗投资者买卖证券、期货合约，涉嫌下列情形之一的，应予立案追诉：

（一）获利或者避免损失数额累计在五万元以上的；

（二）造成投资者直接经济损失数额在五万元以上的；

（三）致使交易价格和交易量异常波动的；

（四）其他造成严重后果的情形。

二十一、操纵证券、期货市场罪（刑法第 182 条）

（一）法律与司法解释

1.《中华人民共和国刑法》

第一百八十二条 有下列情形之一，操纵证券、期货市场，情节严重的，处五年以下有期徒刑或者拘役，并处或者单处罚金；情节特别严重的，处五年以上十年以下有期徒刑，并处罚金：

（一）单独或者合谋，集中资金优势、持股或者持仓优势或者利用信息优势联合或者连续买卖，操纵证券、期货交易价格或者证券、期货交易量的；

（二）与他人串通，以事先约定的时间、价格和方式相互进行证券、期货交易，影响证券、期货交易价格或者证券、期货交易量的；

（三）在自己实际控制的账户之间进行证券交易，或者以自己为交易对象，自买自卖期货合约，影响证券、期货交易价格或者证券、期货交易量的；

（四）以其他方法操纵证券、期货市场的。

单位犯前款罪的，对单位判处罚金，并对其直接负责的主管人员和其他直接责任人员，依照前款的规定处罚。

2. 最高人民法院、最高人民检察院《关于办理操纵证券、期货市场刑事案件适用法律若干问题的解释》（法释〔2019〕9 号 2019 年 7 月 1 日）

为依法惩治证券、期货犯罪，维护证券、期货市场管理秩序，促进证券、期货市场稳定健康发展，保护投资者合法权益，根据《中华人民共和国刑法》《中华人民共和国刑事诉讼法》的规定，现就办理操纵证券、期货市场刑事案件适用法律的若干问题解释如下：

第一条 行为人具有下列情形之一的，可以认定为刑法第一百八十二条第一款第四项规定的"以其他方法操纵证券、期货市场"：

（一）利用虚假或者不确定的重大信息，诱导投资者作出投资决策，影响证券、期货交易价格或者证券、期货交易量，并进行相关交易或者谋取相关利益的；

（二）通过对证券及其发行人、上市公司、期货交易标的公开作出评价、预测或者投资建议，误导投资者作出投资决策，影响证券、期货交易价格或者证券、期货交易量，并进行与其评价、预测、投资建议方向相反的证券交易或者相关期货交易的；

（三）通过策划、实施资产收购或者重组、投资新业务、股权转让、上市公司收购等虚假重大事项，误导投资者作出投资决策，影响证券交易价格或者证券交易量，并进行相关交易或者谋取相关利益的；

（四）通过控制发行人、上市公司信息的生成或者控制信息披露的内容、时点、节奏，误导投资者作出投资决策，影响证券交易价格或者证券交易量，并进行相关交易或者谋取相关利益的；

（五）不以成交为目的，频繁申报、撤单或者大额申报、撤单，误导投资者作出投资决策，影响证券、期货交易价格或者证券、期货交易量，并进行与申报相反的交易或者谋取相关利益的；

（六）通过囤积现货，影响特定期货品种市场行情，并进行相关期货交易的；

（七）以其他方法操纵证券、期货市场的。

第二条 操纵证券、期货市场，具有下列情形之一的，应当认定为刑法第一百八十二条第一款规定的"情节严重"：

（一）持有或者实际控制证券的流通股份数量达到该证券的实际流通股份总量百分之十以上，实施刑法第一百八十二条第一款第一项操纵证券市场行为，连续十个交易日的累计成交量达到同期该证券总成交量百分之二十以上的；

（二）实施刑法第一百八十二条第一款第二项、第三项操纵证券市场行为，连续十个交易日的累计成交量达到同期该证券总成交量百分之二十以上的；

（三）实施本解释第一条第一项至第四项操纵证券市场行为，证券交易成交额在一千万元以上的；

（四）实施刑法第一百八十二条第一款第一项及本解释第一条第六项操纵期货市场行为，实际控制的账户合并持仓连续十个交易日的最高值超过期货交易所限仓标准的二倍，累计成交量达到同期该期货合约总成交量百分之二十以上，且期货交易占用保证金数额在五百万元以上的；

（五）实施刑法第一百八十二条第一款第二项、第三项及本解释第一条第一项、第二项操纵期货市场行为，实际控制的账户连续十个交易日的累计成交量达到同期该期货合约总成交量百分之二十以上，且期货交易占用保证金数额在五百万元以上的；

（六）实施本解释第一条第五项操纵证券、期货市场行为，当日累计撤回申报量达到同期该证券、期货合约总申报量百分之五十以上，且证券撤回申报额在一千万元以上、撤回申报的期货合约占用保证金数额在五百万元以上的；

（七）实施操纵证券、期货市场行为，违法所得数额在一百万元以上的。

第三条　操纵证券、期货市场，违法所得数额在五十万元以上，具有下列情形之一的，应当认定为刑法第一百八十二条第一款规定的"情节严重"：

（一）发行人、上市公司及其董事、监事、高级管理人员、控股股东或者实际控制人实施操纵证券、期货市场行为的；

（二）收购人、重大资产重组的交易对方及其董事、监事、高级管理人员、控股股东或者实际控制人实施操纵证券、期货市场行为的；

（三）行为人明知操纵证券、期货市场行为被有关部门调查，仍继续实施的；

（四）因操纵证券、期货市场行为受过刑事追究的；

（五）二年内因操纵证券、期货市场行为受过行政处罚的；

（六）在市场出现重大异常波动等特定时段操纵证券、期货市场的；

（七）造成恶劣社会影响或者其他严重后果的。

第四条　具有下列情形之一的，应当认定为刑法第一百八十二条第一款规定的"情节特别严重"：

（一）持有或者实际控制证券的流通股份数量达到该证券的实际流通股份总量百分之十以上，实施刑法第一百八十二条第一款第一项操纵证券市场行为，连续十个交易日的累计成交量达到同期该证券总成交量百分之五十以上的；

（二）实施刑法第一百八十二条第一款第二项、第三项操纵证券市场行为，连续十个交易日的累计成交量达到同期该证券总成交量百分之五十以上的；

（三）实施本解释第一条第一项至第四项操纵证券市场行为，证券交易成交额在五千万元以上的；

（四）实施刑法第一百八十二条第一款第一项及本解释第一条第六项操纵期货市场行为，实际控制的账户合并持仓连续十个交易日的最高值超过期货交易所限仓标准的五倍，累计成交量达到同期该期货合约总成交量百分之五十以上，且期货交易占用保证金数额在二千五百万元以上的；

（五）实施刑法第一百八十二条第一款第二项、第三项及本解释第一条第一项、第二项操纵期货市场行为，实际控制的账户连续十个交易日的累计成交量达到同期该期货合约总成交量百分之五十以上，且期货交易占用保证金数额在二千五百万元以上的；

（六）实施操纵证券、期货市场行为，违法所得数额在一千万元以上的。

实施操纵证券、期货市场行为，违法所得数额在五百万元以上，并具有本解释第三条规定的七种情形之一的，应当认定为"情节特别严重"。

第五条 下列账户应当认定为刑法第一百八十二条中规定的"自己实际控制的账户"：

（一）行为人以自己名义开户并使用的实名账户；

（二）行为人向账户转入或者从账户转出资金，并承担实际损益的他人账户；

（三）行为人通过第一项、第二项以外的方式管理、支配或者使用的他人账户；

（四）行为人通过投资关系、协议等方式对账户内资产行使交易决策权的他人账户；

（五）其他有证据证明行为人具有交易决策权的账户。

有证据证明行为人对前款第一项至第三项账户内资产没有交易决策权的除外。

第六条 二次以上实施操纵证券、期货市场行为，依法应予行政处理或者刑事处理而未经处理的，相关交易数额或者违法所得数额累计计算。

第七条　符合本解释第二条、第三条规定的标准，行为人如实供述犯罪事实，认罪悔罪，并积极配合调查，退缴违法所得的，可以从轻处罚；其中犯罪情节轻微的，可以依法不起诉或者免予刑事处罚。

符合刑事诉讼法规定的认罪认罚从宽适用范围和条件的，依照刑事诉讼法的规定处理。

第八条　单位实施刑法第一百八十二条第一款行为的，依照本解释规定的定罪量刑标准，对其直接负责的主管人员和其他直接责任人员定罪处罚，并对单位判处罚金。

第九条　本解释所称"违法所得"，是指通过操纵证券、期货市场所获利益或者避免的损失。

本解释所称"连续十个交易日"，是指证券、期货市场开市交易的连续十个交易日，并非指行为人连续交易的十个交易日。

第十条　对于在全国中小企业股份转让系统中实施操纵证券市场行为，社会危害性大，严重破坏公平公正的市场秩序的，比照本解释的规定执行，但本解释第二条第一项、第二项和第四条第一项、第二项除外。

第十一条　本解释自 2019 年 7 月 1 日起施行。

3. 最高人民检察院、公安部《关于印发〈最高人民检察院、公安部关于公安机关管辖的刑事案件立案追诉标准的规定（二）〉的通知》（公通字〔2010〕23 号　2010 年 5 月 7 日）

第三十九条　〔操纵证券、期货市场案（刑法第一百八十二条）〕操纵证券、期货市场，涉嫌下列情形之一的，应予立案追诉：

（一）单独或者合谋，持有或者实际控制证券的流通股份数达到该证券的实际流通股份总量百分之三十以上，且在该证券连续二十个交易日内联合或者连续买卖股份数累计达到该证券同期总成交量百分之三十以上的；

（二）单独或者合谋，持有或者实际控制期货合约的数量超过期货交易所业务规则限定的持仓量百分之五十以上，且在该期货合约连续二十个交易日内联合或者连续买卖期货合约数累计达到该期货合约同期总成交量百分之三十以上的；

（三）与他人串通，以事先约定的时间、价格和方式相互进行证券或者期货合约交易，且在该证券或者期货合约连续二十个交易日内成交量累计达到该证券或者期货合约同期总成交量百分之二十以上的；

（四）在自己实际控制的账户之间进行证券交易，或者以自己为交易对象，自买自卖期货合约，且在该证券或者期货合约连续二十个交易日内成交量累计达到该证券或者期货合约同期总成交量百分之二十以上的；

（五）单独或者合谋，当日连续申报买入或者卖出同一证券、期货合约并在成交前撤回申报，撤回申报量占当日该种证券总申报量或者该种期货合约总申报量百分之五十以上的；

（六）上市公司及其董事、监事、高级管理人员、实际控制人、控股股东或者其他关联人单独或者合谋，利用信息优势，操纵该公司证券交易价格或者证券交易量的；

（七）证券公司、证券投资咨询机构、专业中介机构或者从业人员，违背有关从业禁止的规定，买卖或者持有相关证券，通过对证券或者其发行人、上市公司公开作出评价、预测或者投资建议，在该证券的交易中谋取利益，情节严重的；

（八）其他情节严重的情形。

（二）指导案例

1. 案例：朱某某操纵证券市场案

案例来源：《最高人民检察院指导案例》第 39 号

裁判要旨：证券公司、证券咨询机构、专业中介机构及其工作人员违背从业禁止规定，买卖或者持有证券，并在对相关证券作出公开评价、预测或者投资建议后，通过预期的市场波动反向操作，谋取利益，情节严重的，以操纵证券市场罪追究其刑事责任。

2. 案例：赵某某操纵证券交易价格案

案例来源：《刑事审判参考》第 48 号

裁判要旨：非法入侵证券公司的计算机信息系统，修改系统存储数据，人为地操纵股票价格，扰乱股市交易秩序，造成他人巨大经济损失，情节严重的，依法构成操纵证券交易价格罪。

二十二、职务侵占罪（刑法第 183 条第 1 款）

《中华人民共和国刑法》

第一百八十三条第一款　保险公司的工作人员利用职务上的便利，故意编造未曾发生的保险事故进行虚假理赔，骗取保险金归自己所有的，依照本法第二百七十一条的规定定罪处罚。

二十三、贪污罪（刑法第 183 条第 2 款）

《中华人民共和国刑法》

第一百八十三条第二款　国有保险公司工作人员和国有保险公司委派到非国有保险公司从事公务的人员有前款行为的，依照本法第三百八十二条、第三百八十三条的规定定罪处罚。

二十四、非国家工作人员受贿罪（刑法第 184 条第 1 款）

法律与司法解释

1.《中华人民共和国刑法》

第一百八十四条第一款　银行或者其他金融机构的工作人员在金融业务活动中索取他人财物或者非法收受他人财物，为他人谋取利益的，或者违反国家规定，收受各种名义的回扣、手续费，归个人所有的，依照本法第一百六十三条的规定定罪处罚。

2.最高人民法院《关于农村合作基金会从业人员犯罪如何定性问题的批复》（法释〔2000〕10 号　2000 年 5 月 12 日）

农村合作基金会从业人员，除具有金融机构现职工作人员身份的以外，不属于金融机构工作人员。对其实施的犯罪行为，应当依照刑法的有关规定定罪处罚。

二十五、受贿罪（刑法第 184 条第 2 款）

《中华人民共和国刑法》

第一百八十四条第二款 国有金融机构工作人员和国有金融机构委派到非国有金融机构从事公务的人员有前款行为的，依照本法第三百八十五条、第三百八十六条的规定定罪处罚。

二十六、挪用资金罪（刑法第 185 条第 1 款）

《中华人民共和国刑法》

第一百八十五条第一款 商业银行、证券交易所、期货交易所、证券公司、期货经纪公司、保险公司或者其他金融机构的工作人员利用职务上的便利，挪用本单位或者客户资金的，依照本法第二百七十二条的规定定罪处罚。

二十七、挪用公款罪（刑法第 185 条第 2 款）

《中华人民共和国刑法》

第一百八十五条第二款 国有商业银行、证券交易所、期货交易所、证券公司、期货经纪公司、保险公司或者其他国有金融机构的工作人员和国有商业银行、证券交易所、期货交易所、证券公司、期货经纪公司、保险公司或者其他国有金融机构委派到前款规定中的非国有机构从事公务的人员有前款行为的，依照本法第三百八十四条的规定定罪处罚。

二十八、背信运用受托财产罪（刑法第 185 条之一第 1 款）

法律与司法解释

1.*《中华人民共和国刑法》*

第一百八十五条之一第一款 商业银行、证券交易所、期货交易所、证券公司、期货经纪公司、保险公司或者其他金融机构，违背受托义务，擅自运用客户资金或者其他委托、信托的财产，情节严重的，对单位判处罚金，并对其直接负责的主管人员和其他直接责任人员，处三年以下有期徒刑或者拘役，并处三万元以上三十万元以下罚金；情节特别严重的，处三年以上十年以下有期徒刑，并处五万元以上五十万元以下罚金。

2. 最高人民检察院、公安部《关于印发〈最高人民检察院、公安部关于公安机关管辖的刑事案件立案追诉标准的规定（二）〉的通知》（公通字〔2010〕23 号　2010 年 5 月 7 日）

第四十条 ［背信运用受托财产案（刑法第一百八十五条之一第一款）］商业银行、证券交易所、期货交易所、证券公司、期货公司、保险公司或者其他金融机构，违背受托义务，擅自运用客户资金或者其他委托、信托的财产，涉嫌下列情形之一的，应予立案追诉：

（一）擅自运用客户资金或者其他委托、信托的财产数额在三十万元以上的；

（二）虽未达到上述数额标准，但多次擅自运用客户资金或者其他委托、信托的财产，或者擅自运用多个客户资金或者其他委托、信托的财产的；

（三）其他情节严重的情形。

二十九、违法运用资金罪（刑法第 185 条之一第 2 款）

《中华人民共和国刑法》

第一百八十五条之一第二款　社会保障基金管理机构、住房公积金管理机构等公众资金管理机构，以及保险公司、保险资产管理公司、证券投资基金管理公司，违反国家规定运用资金的，对其直接负责的主管人员和其他直接责任人员，依照前款的规定处罚。

三十、违法发放贷款罪（刑法第186条）

（一）法律与司法解释

1.《中华人民共和国刑法》

第一百八十六条 银行或者其他金融机构的工作人员违反国家规定发放贷款，数额巨大或者造成重大损失的，处五年以下有期徒刑或者拘役，并处一万元以上十万元以下罚金；数额特别巨大或者造成特别重大损失的，处五年以上有期徒刑，并处二万元以上二十万元以下罚金。

银行或者其他金融机构的工作人员违反国家规定，向关系人发放贷款的，依照前款的规定从重处罚。

单位犯前两款罪的，对单位判处罚金，并对其直接负责的主管人员和其他直接责任人员，依照前两款的规定处罚。

关系人的范围，依照《中华人民共和国商业银行法》和有关金融法规确定。

2.《中华人民共和国商业银行法》

第四十条 商业银行不得向关系人发放信用贷款；向关系人发放担保贷款的条件不得优于其他借款人同类贷款的条件。

前款所称关系人是指：

（一）商业银行的董事、监事、管理人员、信贷业务人员及其近亲属；

（二）前项所列人员投资或者担任高级管理职务的公司、企业和其他经济组织。

3.最高人民检察院、公安部《关于印发〈最高人民检察院、公安部关于公安机关管辖的刑事案件立案追诉标准的规定（二）〉的通知》（公通字〔2010〕23号　2010年5月7日）

第四十二条 ［违法发放贷款案（刑法第一百八十六条）］银行或者其他金融机构及其工作人员违反国家规定发放贷款，涉嫌下列情形之一的，应予立案追诉：

（一）违法发放贷款，数额在一百万元以上的；

（二）违法发放贷款，造成直接经济损失数额在二十万元以上的。

（二）指导案例

案例：刘顺新等违法发放贷款案

案例来源：《刑事审判参考》第 825 号

裁判要旨：在发放贷款案件中被告人作为金融机构工作人员，在明知质押物不足，贷款资金用于炒股的情况下，利用其担任总经理的职务便利，违反相关法律法规，采取化整为零及操控贷款审查等方法，将贷款发放，数额特别巨大，且造成特别重大损失，其行为符合违法发放贷款罪的构成要件。其他同案被告人具有违法发放贷款的共同犯罪故意，实施了共同犯罪行为，其行为亦构成违法发放贷款罪的共同犯罪。

三十一、吸收客户资金不入账罪（刑法第 187 条）

法律与司法解释

1.《中华人民共和国刑法》

第一百八十七条　银行或者其他金融机构的工作人员吸收客户资金不入账，数额巨大或者造成重大损失的，处五年以下有期徒刑或者拘役，并处二万元以上二十万元以下罚金；数额特别巨大或者造成特别重大损失的，处五年以上有期徒刑，并处五万元以上五十万元以下罚金。

单位犯前款罪的，对单位判处罚金，并对其直接负责的主管人员和其他直接责任人员，依照前款的规定处罚。

2. 最高人民法院《关于印发〈全国法院审理金融犯罪案件工作座谈会纪要〉的通知》（法〔2001〕8 号　2001 年 1 月 21 日）

吸收客户资金不入账，是指不记入金融机构的法定存款账目，以逃避国家金融监管，至于是否记入法定账目以外设立的账目，不影响该罪成立。

3. 最高人民检察院、公安部《关于印发〈最高人民检察院、公安部关于公安机关管辖的刑事案件立案追诉标准的规定（二）〉的通知》（公通字

〔2010〕23 号　2010 年 5 月 7 日）

第四十三条　〔吸收客户资金不入账案（刑法第一百八十七条）〕银行或者其他金融机构及其工作人员吸收客户资金不入账，涉嫌下列情形之一的，应予立案追诉：

（一）吸收客户资金不入账，数额在一百万元以上的；

（二）吸收客户资金不入账，造成直接经济损失数额在二十万元以上的。

三十二、违规出具金融票证罪（刑法第 188 条）

法律与司法解释

1.《中华人民共和国刑法》

第一百八十八条　银行或者其他金融机构的工作人员违反规定，为他人出具信用证或者其他保函、票据、存单、资信证明，情节严重的，处五年以下有期徒刑或者拘役；情节特别严重的，处五年以上有期徒刑。

单位犯前款罪的，对单位判处罚金，并对其直接负责的主管人员和其他直接责任人员，依照前款的规定处罚。

2.最高人民检察院、公安部《关于印发〈最高人民检察院、公安部关于公安机关管辖的刑事案件立案追诉标准的规定（二）〉的通知》（公通字〔2010〕23 号　2010 年 5 月 7 日）

第四十四条　〔违规出具金融票证案（刑法第一百八十八条）〕银行或者其他金融机构及其工作人员违反规定，为他人出具信用证或者其他保函、票据、存单、资信证明，涉嫌下列情形之一的，应予立案追诉：

（一）违反规定为他人出具信用证或者其他保函、票据、存单、资信证明，数额在一百万元以上的；

（二）违反规定为他人出具信用证或者其他保函、票据、存单、资信证明，造成直接经济损失数额在二十万元以上的；

（三）多次违规出具信用证或者其他保函、票据、存单、资信证明的；

（四）接受贿赂违规出具信用证或者其他保函、票据、存单、资信证明的；

（五）其他情节严重的情形。

三十三、对违法票据承兑、付款、保证罪（刑法第 189 条）

法律与司法解释

1.《中华人民共和国刑法》

第一百八十九条 银行或者其他金融机构的工作人员在票据业务中，对违反票据法规定的票据予以承兑、付款或者保证，造成重大损失的，处五年以下有期徒刑或者拘役；造成特别重大损失的，处五年以上有期徒刑。

单位犯前款罪的，对单位判处罚金，并对其直接负责的主管人员和其他直接责任人员，依照前款的规定处罚。

2. 最高人民检察院、公安部《关于印发〈最高人民检察院、公安部关于公安机关管辖的刑事案件立案追诉标准的规定（二）〉的通知》（公通字〔2010〕23 号　2010 年 5 月 7 日）

第四十五条 ［对违法票据承兑、付款、保证案（刑法第一百八十九条）］银行或者其他金融机构及其工作人员在票据业务中，对违反票据法规定的票据予以承兑、付款或者保证，造成直接经济损失数额在二十万元以上的，应予立案追诉。

三十四、逃汇罪（刑法第 190 条）

法律与司法解释

1.《中华人民共和国刑法》

第一百九十条 公司、企业或者其他单位，违反国家规定，擅自将外汇存放境外，或者将境内的外汇非法转移到境外，数额较大的，对单位判处逃汇数额百分之五以上百分之三十以下罚金，并对其直接负责的主管人员和其他直接责任人员处五年以下有期徒刑或者拘役；数额巨大或者有其他严重情节的，对单位判处逃汇数额百分之五以上百分之三十以下罚金，并对其直接负责的主管人员和其他直接责任人员处五年以上有期徒刑。

2. 最高人民法院《关于审理骗购外汇、非法买卖外汇刑事案件具体应用法律若干问题的解释》（法释〔1998〕20 号　1998 年 8 月 28 日）

为依法惩处骗购外汇、非法买卖外汇的犯罪行为，根据刑法的有关规定，现对审理骗购外汇、非法买卖外汇案件具体应用法律的若干问题解释如下：

第一条　以进行走私、逃汇、洗钱、骗税等犯罪活动为目的，使用虚假、无效的凭证、商业单据或者采取其他手段向外汇指定银行骗购外汇的，应当分别按照刑法分则第三章第二节、第一百九十条、第一百九十一条和第二百零四条等规定定罪处罚。

非国有公司、企业或者其他单位，与国有公司、企业或者其他国有单位勾结逃汇的，以逃汇罪的共犯处罚。

第二条　伪造、变造、买卖海关签发的报关单、进口证明、外汇管理机关的核准件等凭证或者购买伪造、变造的上述凭证的，按照刑法第二百八十条第一款的规定定罪处罚。

第三条　在外汇指定银行和中国外汇交易中心及其分中心以外买卖外汇，扰乱金融市场秩序，具有下列情形之一的，按照刑法第二百二十五条第（三）项的规定定罪处罚：

（一）非法买卖外汇二十万美元以上的；

（二）违法所得五万元人民币以上的。

第四条　公司、企业或者其他单位，违反有关外贸代理业务的规定，采用非法手段、或者明知是伪造、变造的凭证、商业单据，为他人向外汇指定银行骗购外汇，数额在五百万美元以上或者违法所得五十万元人民币以上的，按照刑法第二百二十五条第（三）项的规定定罪处罚。

居间介绍骗购外汇一百万美元以上或者违法所得十万元人民币以上的，按照刑法第二百二十五条第（三）项的规定定罪处罚。

第五条　海关、银行、外汇管理机关工作人员与骗购外汇的行为人通谋，为其提供购买外汇的有关凭证，或者明知是伪造、变造的凭证和商业单据而出售外汇，构成犯罪的，按照刑法的有关规定从重处罚。

第六条　实施本解释规定的行为，同时触犯二个以上罪名的，择一重罪从重处罚。

第七条　根据刑法第六十四条规定，骗购外汇、非法买卖外汇的，其违法所得予以追缴，用于骗购外汇、非法买卖外汇的资金予以没收，上缴国库。

第八条　骗购、非法买卖不同币种的外汇的，以案发时国家外汇管理机关制定的统一折算率折合后依照本解释处罚。

3. 最高人民法院、最高人民检察院、公安部《关于印发〈办理骗汇、逃汇犯罪案件联席会议纪要〉的通知》（公通字〔1999〕39号　1999年6月7日）

各省、自治区、直辖市高级人民法院，人民检察院，公安厅、局，解放军军事法院、军事检察院：

1999年3月16日，最高人民法院、最高人民检察院、公安部和中央政法委、军队、国务院有关部门在北京召开联席会议，研究解决当前打击骗汇犯罪斗争中的有关问题。现将会议形成的《办理骗汇、逃汇犯罪案件联席会议纪要》印发给你们，请遵照执行。

办理骗汇、逃汇犯罪案件联席会议纪要

（一九九九年三月十六日）

中央部署开展打击骗汇犯罪专项斗争以来，在国务院和中央政法委的统一领导和组织协调下，各级公安机关和人民检察院迅速行动起来，在全国范围内对骗汇犯罪开展了全面打击行动。1998年8月28日最高人民法院《关于审理骗购外汇、非法买卖外汇刑事案件具体应用法律若干问题的解释》发布，对司法机关运用法律武器准确、及时打击犯罪发挥了重要作用。但是，一些地方在办理此类案件过程中，在案件管辖、适用法律及政策把握等方面遇到一些问题，需要予以明确。为了进一步贯彻中央从重从快严厉打击骗汇犯罪的指示精神，准确适用法律，保障专项斗争深入开展，争取尽快起诉、宣判一批骗汇犯罪案件，打击和震慑骗汇犯罪活动，1999年3月16日，中央政法委、最高人民法院、最高人民检察院、公安部、中国人民银行、国家外汇管理局、解放军军事法院、军事检察院、总政保卫部等有关部门在北京昌平召开联席会议，共同研究解决打击骗汇犯罪斗争中出现的各种问题。会议纪要如下：

一、各级公安机关、人民检察院、人民法院和军队保卫、检、法部门在办理骗汇案件过程中，要从维护国家外汇管理秩序和国家经济安全的高度认识打击骗汇、逃汇犯罪专项斗争的重大意义，坚决贯彻党中央、国务院部署，积极参加专项斗争，各司其职，互相配合，加强协调，加快办案进度。

二、全国人大常委会《关于惩治骗购外汇、逃汇和非法买卖外汇犯罪的决定》（以下简称《决定》）公布施行后发生的犯罪行为，应当依照《决定》办理；对于《决定》公布施行前发生的公布后尚未处理或者正在处理的行为，依照修订后的刑法第十二条第一款规定的原则办理。

最高人民法院 1998 年 8 月 28 日发布的《关于审理骗购外汇、非法买卖外汇刑事案件具体应用法律若干问题的解释》（以下简称《解释》），是对具体应用修订后的刑法有关问题的司法解释，适用于依照修订后的刑法判处的案件。各执法部门对于《解释》应当准确理解，严格执行。

《解释》第四条规定："公司、企业或者其他单位，违反有关外贸代理业务的规定，采用非法手段、或者明知是伪造、变造的凭证、商业单据，为他人向外汇指定银行骗购外汇，数额在五百万美元以上或者违法所得五十万元人民币以上的，按照刑法第二百二十五条第（三）项的规定定罪处罚；居间介绍骗购外汇一百万美元以上或者违法所得十万元人民币以上的，按照刑法第二百二十五条第（三）项的规定定罪处罚。"上述所称"采用非法手段"，是指有国家批准的进出口经营权的外贸代理企业在经营代理进口业务时，不按国家经济主管部门有关规定履行职责，放任被代理方自带客户、自带货源、自带汇票、自行报关，在不见进口产品、不见供货货主、不见外商的情况下代理进口业务，或者采取法律、行政法规和部门规章禁止的其他手段代理进口业务。

认定《解释》第四条所称的"明知"，要结合案件的具体情节予以综合考虑，不能仅仅因为行为人不供述就不予认定。报关行为先于签订外贸代理协议的，或者委托方提供的购汇凭证明显与真实凭证、商业单据不符的，应当认定为明知。

《解释》第四条所称"居间介绍骗购外汇"，是指收取他人人民币、以虚假购汇凭证委托外贸公司、企业骗购外汇，获取非法收益的行为。

三、公安机关侦查骗汇、逃汇犯罪案件中涉及人民检察院管辖的贪污贿赂、渎职犯罪案件的，应当将贪污贿赂、渎职犯罪案件材料移送有管辖权的人民检察院审查。对管辖交叉的案件，可以分别立案，共同工作。如果涉嫌主罪属于公安机关管辖，由公安机关为主侦查，人民检察院予以配合；如果涉嫌主罪属于人民检察院管辖，由人民检察院为主侦查，公安机关予以配合。双方意见有较大分歧的，要协商解决，并及时向当地党委、政法委和上级主管机关请示。

四、公安机关侦查骗汇、逃汇犯罪案件，要及时全面收集和固定犯罪证据，抓紧缉捕犯罪分子。

人民检察院和人民法院对正在办理的骗汇、逃汇犯罪案件，只要基本犯罪事实清楚，基本证据确实充分，应当及时依法起诉、审判。主犯在逃或者骗购外汇所需人民币资金的来源无法彻底查清，但证明在案的其他犯罪嫌疑人实施犯罪的基本证据确实充分的，为在法定时限内结案，可以对在案的其他犯罪嫌疑人先行处理。对于已收集到外汇指定银行汇出凭证和境外收汇银行收款凭证等证据，能够证明所骗购外汇确已汇至港澳台地区或国外的，应视为骗购外汇既遂。

五、坚持"惩办与宽大相结合"的政策。对骗购外汇共同犯罪的主犯，或者参与伪造、变造购汇凭证的骗汇人员，以及与骗购外汇的犯罪分子相勾结的国家工作人员，要从严惩处。对具有自首、立功或者其他法定从轻、减轻情节的，依法从轻、减轻处理。

六、各地在办理骗汇、逃汇犯罪案件中遇到的有关问题以及侦查、起诉、审判的信息要及时向各自上级主管机关报告。上级机关要加强对案件的督办、检查和指导协调工作。

4.最高人民法院、最高人民检察院《关于办理非法从事资金支付结算业务、非法买卖外汇刑事案件适用法律若干问题的解释》（法释〔2019〕1号　2019年2月1日）

为依法惩治非法从事资金支付结算业务、非法买卖外汇犯罪活动，维护金融市场秩序，根据《中华人民共和国刑法》《中华人民共和国刑事诉讼法》的规定，现就办理非法从事资金支付结算业务、非法买卖外汇刑事案件适用法律的若干问题解释如下：

第一条 违反国家规定，具有下列情形之一的，属于刑法第二百二十五条第三项规定的"非法从事资金支付结算业务"：

（一）使用受理终端或者网络支付接口等方法，以虚构交易、虚开价格、交易退款等非法方式向指定付款方支付货币资金的；

（二）非法为他人提供单位银行结算账户套现或者单位银行结算账户转个人账户服务的；

（三）非法为他人提供支票套现服务的；

（四）其他非法从事资金支付结算业务的情形。

第二条 违反国家规定，实施倒买倒卖外汇或者变相买卖外汇等非法买卖外汇行为，扰乱金融市场秩序，情节严重的，依照刑法第二百二十五条第四项的规定，以非法经营罪定罪处罚。

第三条 非法从事资金支付结算业务或者非法买卖外汇，具有下列情形之一的，应当认定为非法经营行为"情节严重"：

（一）非法经营数额在五百万元以上的；

（二）违法所得数额在十万元以上的。

非法经营数额在二百五十万元以上，或者违法所得数额在五万元以上，且具有下列情形之一的，可以认定为非法经营行为"情节严重"：

（一）曾因非法从事资金支付结算业务或者非法买卖外汇犯罪行为受过刑事追究的；

（二）二年内因非法从事资金支付结算业务或者非法买卖外汇违法行为受过行政处罚的；

（三）拒不交代涉案资金去向或者拒不配合追缴工作，致使赃款无法追缴的；

（四）造成其他严重后果的。

第四条 非法从事资金支付结算业务或者非法买卖外汇，具有下列情形之一的，应当认定为非法经营行为"情节特别严重"：

（一）非法经营数额在二千五百万元以上的；

（二）违法所得数额在五十万元以上的。

非法经营数额在一千二百五十万元以上，或者违法所得数额在二十五万元以上，且具有本解释第三条第二款规定的四种情形之一的，可以认定为非法经营行为"情节特别严重"。

第五条　非法从事资金支付结算业务或者非法买卖外汇，构成非法经营罪，同时又构成刑法第一百二十条之一规定的帮助恐怖活动罪或者第一百九十一条规定的洗钱罪的，依照处罚较重的规定定罪处罚。

第六条　二次以上非法从事资金支付结算业务或者非法买卖外汇，依法应予行政处理或者刑事处理而未经处理的，非法经营数额或者违法所得数额累计计算。

同一案件中，非法经营数额、违法所得数额分别构成情节严重、情节特别严重的，按照处罚较重的数额定罪处罚。

第七条　非法从事资金支付结算业务或者非法买卖外汇违法所得数额难以确定的，按非法经营数额的千分之一认定违法所得数额，依法并处或者单处违法所得一倍以上五倍以下罚金。

第八条　符合本解释第三条规定的标准，行为人如实供述犯罪事实，认罪悔罪，并积极配合调查，退缴违法所得的，可以从轻处罚；其中犯罪情节轻微的，可以依法不起诉或者免予刑事处罚。

符合刑事诉讼法规定的认罪认罚从宽适用范围和条件的，依照刑事诉讼法的规定处理。

第九条　单位实施本解释第一条、第二条规定的非法从事资金支付结算业务、非法买卖外汇行为，依照本解释规定的定罪量刑标准，对单位判处罚金，并对其直接负责的主管人员和其他直接责任人员定罪处罚。

第十条　非法从事资金支付结算业务、非法买卖外汇刑事案件中的犯罪地，包括犯罪嫌疑人、被告人用于犯罪活动的账户开立地、资金接收地、资金过渡账户开立地、资金账户操作地，以及资金交易对手资金交付和汇出地等。

第十一条 涉及外汇的犯罪数额，按照案发当日中国外汇交易中心或者中国人民银行授权机构公布的人民币对该货币的中间价折合成人民币计算。中国外汇交易中心或者中国人民银行授权机构未公布汇率中间价的境外货币，按照案发当日境内银行人民币对该货币的中间价折算成人民币，或者该货币在境内银行、国际外汇市场对美元汇率，与人民币对美元汇率中间价进行套算。

第十二条 本解释自 2019 年 2 月 1 日起施行。《最高人民法院关于审理骗购外汇、非法买卖外汇刑事案件具体应用法律若干问题的解释》（法释〔1998〕20 号）与本解释不一致的，以本解释为准。

5. 最高人民检察院、公安部《关于公安机关管辖的刑事案件立案追诉标准的规定（二）》（公通字〔2010〕23 号 2010 年 5 月 7 日）

第四十六条 公司、企业或者其他单位，违反国家规定，擅自将外汇存放境外，或者将境内的外汇非法转移到境外，单笔在二百万美元以上或者累计数额在五百万美元以上的，应予立案追诉。

第四十七条 骗购外汇，数额在五十万美元以上的，应予立案追诉。

三十五、骗购外汇罪

法律与司法解释

1. 全国人民代表大会常务委员会《关于惩治骗购外汇、逃汇和非法买卖外汇犯罪的决定》（1998 年 12 月 29 日第九届全国人民代表大会常务委员会第六次会议通过）

为了惩治骗购外汇、逃汇和非法买卖外汇的犯罪行为，维护国家外汇管理秩序，对刑法作如下补充修改：

一、有下列情形之一，骗购外汇，数额较大的，处五年以下有期徒刑或者拘役，并处骗购外汇数额百分之五以上百分之三十以下罚金；数额巨大或者有其他严重情节的，处五年以上十年以下有期徒刑，并处骗购外汇数额百分之五以上百分之三十以下罚金；数额特别巨大或者有其他特别严重情节的，处十年以上有期徒刑或者无期徒刑，并处骗购外汇数额百分之五以上百分之三十以下罚金或者没收财产：

（一）使用伪造、变造的海关签发的报关单、进口证明、外汇管理部门核准件等凭证和单据的；

（二）重复使用海关签发的报关单、进口证明、外汇管理部门核准件等凭证和单据的；

（三）以其他方式骗购外汇的。

伪造、变造海关签发的报关单、进口证明、外汇管理部门核准件等凭证和单据，并用于骗购外汇的，依照前款的规定从重处罚。

明知用于骗购外汇而提供人民币资金的，以共犯论处。

单位犯前三款罪的，对单位依照第一款的规定判处罚金，并对其直接负责的主管人员和其他直接责任人员，处五年以下有期徒刑或者拘役；数额巨大或者有其他严重情节的，处五年以上十年以下有期徒刑；数额特别巨大或者有其他特别严重情节的，处十年以上有期徒刑或者无期徒刑。

二、买卖伪造、变造的海关签发的报关单、进口证明、外汇管理部门核准件等凭证和单据或者国家机关的其他公文、证件、印章的，依照刑法第二百八十条的规定定罪处罚。

三、将刑法第一百九十条修改为：公司、企业或者其他单位，违反国家规定，擅自将外汇存放境外，或者将境内的外汇非法转移到境外，数额较大的，对单位判处逃汇数额百分之五以上百分之三十以下罚金，并对其直接负责的主管人员和其他直接责任人员处五年以下有期徒刑或者拘役；数额巨大或者有其他严重情节的，对单位判处逃汇数额百分之五以上百分之三十以下罚金，并对其直接负责的主管人员和其他直接责任人员处五年以上有期徒刑。

四、在国家规定的交易场所以外非法买卖外汇，扰乱市场秩序，情节严重的，依照刑法第二百二十五条的规定定罪处罚。

单位犯前款罪的，依照刑法第二百三十一条的规定处罚。

五、海关、外汇管理部门以及金融机构、从事对外贸易经营活动的公司、企业或者其他单位的工作人员与骗购外汇或者逃汇的行为人通谋，为其提供购买外汇的有关凭证或者其他便利的，或者明知是伪造、变造的凭证和单据而售汇、付汇的，以共犯论，依照本决定从重处罚。

六、海关、外汇管理部门的工作人员严重不负责任，造成大量外汇被骗购或者逃汇，致使国家利益遭受重大损失的，依照刑法第三百九十七条的规定定罪处罚。

七、金融机构、从事对外贸易经营活动的公司、企业的工作人员严重不负责任，造成大量外汇被骗购或者逃汇，致使国家利益遭受重大损失的，依照刑法第一百六十七条的规定定罪处罚。

八、犯本决定规定之罪，依法被追缴、没收的财物和罚金，一律上缴国库。

九、本决定自公布之日起施行。

2.最高人民检察院、公安部《关于印发〈最高人民检察院、公安部关于公安机关管辖的刑事案件立案追诉标准的规定（二）〉的通知》（公通字〔2010〕23号　2010年5月7日）

第四十六条　［逃汇案（刑法第一百九十条）］骗购外汇，数额在五十万美元以上的，应予立案追诉。

三十六、洗钱罪（刑法第191条）

（一）法律与司法解释

1.《中华人民共和国刑法》

第一百九十一条　明知是毒品犯罪、黑社会性质的组织犯罪、恐怖活动犯罪、走私犯罪、贪污贿赂犯罪、破坏金融管理秩序犯罪、金融诈骗犯罪的所得及其产生的收益，为掩饰、隐瞒其来源和性质，有下列行为之一的，没收实施以上犯罪的所得及其产生的收益，处五年以下有期徒刑或者拘役，并处或者单处洗钱数额百分之五以上百分之二十以下罚金；情节严重的，处五年以上十年以下有期徒刑，并处洗钱数额百分之五以上百分之二十以下罚金：

（一）提供资金账户的；

（二）协助将财产转换为现金、金融票据、有价证券的；

（三）通过转账或者其他结算方式协助资金转移的；

（四）协助将资金汇往境外的；

（五）以其他方法掩饰、隐瞒犯罪所得及其收益的来源和性质的。

单位犯前款罪的，对单位判处罚金，并对其直接负责的主管人员和其他直接责任人员，处五年以下有期徒刑或者拘役；情节严重的，处五年以上十年以下有期徒刑。

2. 最高人民法院《关于审理洗钱等刑事案件具体应用法律若干问题的解释》（法释〔2009〕15 号　2009 年 11 月 4 日）

为依法惩治洗钱，掩饰、隐瞒犯罪所得、犯罪所得收益，资助恐怖活动等犯罪活动，根据刑法有关规定，现就审理此类刑事案件具体应用法律的若干问题解释如下：

第一条　刑法第一百九十一条、第三百一十二条规定的"明知"，应当结合被告人的认知能力，接触他人犯罪所得及其收益的情况，犯罪所得及其收益的种类、数额，犯罪所得及其收益的转换、转移方式以及被告人的供述等主、客观因素进行认定。

具有下列情形之一的，可以认定被告人明知系犯罪所得及其收益，但有证据证明确实不知道的除外：

（一）知道他人从事犯罪活动，协助转换或者转移财物的；

（二）没有正当理由，通过非法途径协助转换或者转移财物的；

（三）没有正当理由，以明显低于市场的价格收购财物的；

（四）没有正当理由，协助转换或者转移财物，收取明显高于市场的"手续费"的；

（五）没有正当理由，协助他人将巨额现金散存于多个银行账户或者在不同银行账户之间频繁划转的；

（六）协助近亲属或者其他关系密切的人转换或者转移与其职业或者财产状况明显不符的财物的；

（七）其他可以认定行为人明知的情形。

被告人将刑法第一百九十一条规定的某一上游犯罪的犯罪所得及其收益误认为刑法第一百九十一条规定的上游犯罪范围内的其他犯罪所得及其收益的，不影响刑法第一百九十一条规定的"明知"的认定。

第二条 具有下列情形之一的，可以认定为刑法第一百九十一条第一款第（五）项规定的"以其他方法掩饰、隐瞒犯罪所得及其收益的来源和性质"：

（一）通过典当、租赁、买卖、投资等方式，协助转移、转换犯罪所得及其收益的；

（二）通过与商场、饭店、娱乐场所等现金密集型场所的经营收入相混合的方式，协助转移、

转换犯罪所得及其收益的；

（三）通过虚构交易、虚设债权债务、虚假担保、虚报收入等方式，协助将犯罪所得及其收益转换为"合法"财物的；

（四）通过买卖彩票、奖券等方式，协助转换犯罪所得及其收益的；

（五）通过赌博方式，协助将犯罪所得及其收益转换为赌博收益的；

（六）协助将犯罪所得及其收益携带、运输或者邮寄出入境的；

（七）通过前述规定以外的方式协助转移、转换犯罪所得及其收益的。

第三条 明知是犯罪所得及其产生的收益而予以掩饰、隐瞒，构成刑法第三百一十二条规定的犯罪，同时又构成刑法第一百九十一条或者第三百四十九条规定的犯罪的，依照处罚较重的规定定罪处罚。

第四条 刑法第一百九十一条、第三百一十二条、第三百四十九条规定的犯罪，应当以上游犯罪事实成立为认定前提。上游犯罪尚未依法裁判，但查证属实的，不影响刑法第一百九十一条、第三百一十二条、第三百四十九条规定的犯罪的审判。

上游犯罪事实可以确认，因行为人死亡等原因依法不予追究刑事责任的，不影响刑法第一百九十一条、第三百一十二条、第三百四十九条规定的犯罪的认定。

上游犯罪事实可以确认，依法以其他罪名定罪处罚的，不影响刑法第

一百九十一条、第三百一十二条、第三百四十九条规定的犯罪的认定。

本条所称"上游犯罪",是指产生刑法第一百九十一条、第三百一十二条、第三百四十九条规定的犯罪所得及其收益的各种犯罪行为。

第五条 刑法第一百二十条之一规定的"资助",是指为恐怖活动组织或者实施恐怖活动的个人筹集、提供经费、物资或者提供场所以及其他物质便利的行为。

刑法第一百二十条之一规定的"实施恐怖活动的个人",包括预谋实施、准备实施和实际实施恐怖活动的个人。

(二)指导案例

1. 案例:潘儒民、祝素贞、李大明、龚媛洗钱案

案例来源:《刑事审判参考》第 471 号

裁判要旨:根据刑法第 191 条的规定,洗钱罪是指行为人明知是毒品犯罪、黑社会性质的组织犯罪、恐怖活动犯罪、走私犯罪、贪污贿赂犯罪、破坏金融管理秩序犯罪、金融诈骗犯罪这些上游犯罪的违法所得及其产生的收益而进行掩饰、隐瞒其来源和性质的行为。

只要有证据证明确实发生了刑法第 191 条明文规定的上游犯罪,行为人明知系上游犯罪的所得及其产生的收益,仍然实施为上游犯罪行为人提供资金账户、协助将财产转换为现金等掩饰、隐瞒其来源和性质的帮助行为的,就可以认定洗钱罪成立。

2. 案例:汪照洗钱案

案例来源:《刑事审判参考》第 286 号

根据刑法第 191 条及刑法修正案(三)第七条的规定,洗钱罪的构成需以行为人对作为洗钱对象的毒品犯罪、黑社会性质的组织犯罪、恐怖活动犯罪、走私犯罪(以下称四类上游犯罪)的违法所得及其产生的收益具有主观明知为要件。本罪中的明知不以确知为限,既可以是确定性认识,也可以是可能性认识,被告人汪照对于本案所涉资金系毒赃存在可能性认识,应认定其具有主观明知。

3. 案例：李启红等内幕交易、泄露内幕信息案

案例来源：《刑事审判参考》第 735 号

裁判要旨：掩饰、隐瞒犯罪所得罪与洗钱罪之间存在包含与被包含的关系。首先，犯罪客体不完全相同。洗钱罪是复杂客体，就本案而言，侵犯了国家的金融管理秩序，破坏了司法机关的正常秩序；掩饰、隐瞒犯罪所得罪的客体是简单客体，只是破坏了司法机关的正常秩序。其次，犯罪对象不同。掩饰、隐瞒犯罪所得罪的外延要大于洗钱罪，洗钱罪体现为特定的犯罪，即必须是毒品犯罪、破坏金融管理秩序犯罪等法定的七类上游犯罪；掩饰、隐瞒犯罪所得罪的对象是一切的犯罪所得及其产生的收益。再次，行为方式不同。洗钱罪规定了五种法定的行为方式，即提供资金账户、协助将财产转换为现金或者金融票据等，行为人通过上述方法将上游犯罪所得及其收益通过金融机构使其表面合法化；掩饰、隐瞒犯罪所得罪主要是为犯罪所得赃物提供隐匿场所、转移赃物、代为销售等，只是进行空间上的移动，不具有使之表面合法化的特征。此外，"明知"的内容不同。行为人必须明知是毒品犯罪、破坏金融管理秩序犯罪等法定的七类上游犯罪的所得及其产生的收益；掩饰、隐瞒犯罪所得罪只要求行为人明知是犯罪所得及其产生的收益。最后，犯罪的直接目的不尽相同。洗钱罪的直接目的是掩饰、隐瞒法定七类犯罪所得及其产生收益的来源和性质，从而使黑钱合法化；掩饰、隐瞒犯罪所得罪的直接目的是逃避司法机关的追查或者使犯罪所得不被追缴，并没有"漂白"赃钱的意图。

第二章　金融诈骗罪

一、集资诈骗罪（刑法第 192 条）

（一）法律与司法解释

1.《中华人民共和国刑法》

第一百九十二条　以非法占有为目的，使用诈骗方法非法集资，数额较大的，处五年以下有期徒刑或者拘役，并处二万元以上二十万元以下罚金；数额巨大或者有其他严重情节的，处五年以上十年以下有期徒刑，并处五万元以上五十万元以下罚金；数额特别巨大或者有其他特别严重情节的，处十年以上有期徒刑或者无期徒刑，并处五万元以上五十万元以下罚金或者没收财产。

2. 最高人民法院《关于审理非法集资刑事案件具体应用法律若干问题的解释》（法释〔2010〕18 号　2011 年 1 月 4 日）

见第 176 条非法吸收公众存款罪项下内容。

3. 最高人民检察院公诉厅《关于办理涉互联网金融犯罪案件有关问题座谈会纪要》（高检诉〔2017〕14 号　2017 年 6 月 1 日）

见第 176 条非法吸收公众存款罪项下内容。

4. 最高人民法院、最高人民检察院、公安部《关于办理非法集资刑事案件若干问题的意见》（高检会〔2019〕2 号　2019 年 1 月 30 日）

见第 176 条非法吸收公众存款罪项下内容。

5. 最高人民法院《关于印发〈全国法院审理金融犯罪案件工作座谈会纪要〉的通知》（法〔2001〕8 号　2001 年 1 月 21 日）

见第 170 条伪造假币罪项下内容。

（二）指导案例

1. 案例：周强集资诈骗案

案例来源：最高人民检察院指导案例第 40 号

裁判要旨：网络借贷信息中介机构或其控制人，利用网络借贷平台发布虚假信息，非法建立资金池募集资金，所得资金大部分未用于生产经营活动，主要用于借新还旧和个人挥霍，无法归还所募资金数额巨大，应认定为具有非法占有目的，以集资诈骗罪追究刑事责任。

2. 案例：袁鹰、欧阳湘、李魏集资诈骗案

案例来源：《刑事审判参考》第 167 号

裁判要旨：非法传销和变相传销活动中，参与群众缴纳的费用往往完全被组织者非法占有或支配，相当一部分不法分子仅将参与者缴纳的小部分费用用于维持非法活动的运作，大部分转入个人账户，一旦难以为继或者罪行败露就携款潜逃。对于非法传销过程中携传销款潜逃的行为的定性：传销或者非法传销活动虽然具有价格欺诈等特征，但与非法集资行为存在区别。因此，对于非法传销过程中携传销款潜逃的行为，由于有买卖货物的行为，是在非法经营活动中进行诈骗活动，没有侵犯金融管理秩序，主要侵犯的是传销参与者的财产权和市场经济秩序，因此应以诈骗罪或者合同诈骗罪定罪处罚。

二、贷款诈骗罪（刑法第 193 条）

（一）法律与司法解释

1.《中华人民共和国刑法》

第一百九十三条 有下列情形之一，以非法占有为目的，诈骗银行或者其他金融机构的贷款，数额较大的，处五年以下有期徒刑或者拘役，并处二万元以上二十万元以下罚金；数额巨大或者有其他严重情节的，处五年以上十年以下有期徒刑，并处五万元以上五十万元以下罚金；数额特别巨大或者有其他特别严重情节的，处十年以上有期徒刑或者无期徒刑，并处五万元

以上五十万元以下罚金或者没收财产：

（一）编造引进资金、项目等虚假理由的；

（二）使用虚假的经济合同的；

（三）使用虚假的证明文件的；

（四）使用虚假的产权证明作担保或者超出抵押物价值重复担保的；

（五）以其他方法诈骗贷款的。

2. 最高人民法院《关于印发〈全国法院审理金融犯罪案件工作座谈会纪要〉的通知》（法〔2001〕8 号　2001 年 1 月 21 日）

贷款诈骗罪的认定和处理。贷款诈骗犯罪是目前案发较多的金融诈骗犯罪之一。审理贷款诈骗犯罪案件，应当注意以下两个问题：

一是单位不能构成贷款诈骗罪。根据刑法第三十条和第一百九十三条的规定，单位不构成贷款诈骗罪。对于单位实施的贷款诈骗行为，不能以贷款诈骗罪定罪处罚，也不能以贷款诈骗罪追究直接负责的主管人员和其他直接责任人员的刑事责任。但是，在司法实践中，对于单位十分明显地以非法占有为目的，利用签订、履行借款合同诈骗银行或其他金融机构贷款，符合刑法第二百二十四条规定的合同诈骗罪构成要件的，应当以合同诈骗罪定罪处罚。

二是要严格区分贷款诈骗与贷款纠纷的界限。对于合法取得贷款后，没有按规定的用途使用贷款，到期没有归还贷款的，不能以贷款诈骗罪定罪处罚；对于确有证据证明行为人不具有非法占有的目的，因不具备贷款的条件而采取了欺骗手段获取贷款，案发时有能力履行还贷义务，或者案发时不能归还贷款是因为意志以外的原因，如因经营不善、被骗、市场风险等，不应以贷款诈骗罪定罪处罚。

（二）指导案例

1. 案例：朱成芳等金融凭证诈骗、贷款诈骗案

案例来源：《刑事审判参考》第 33 号

裁判要旨：银行存单属于刑法第 193 条第（三）项中规定的"证明文件"。使用银行存单作担保骗取贷款的行为构成贷款诈骗罪。同时该行为还属

于使用虚假的产权证明作担保，从银行骗取贷款。这里所说的"产权证明"，是指能够证明行为人对房屋等不动产或者汽车、货币、可即时兑付的票据等动产具有所有权的一切文件，其中包括银行存单。因此，按照刑法第193条第（四）项的规定，利用伪造的银行存单作抵押骗取贷款的行为亦构成贷款诈骗罪。

2. 案例：郭建升被控贷款诈骗案

案例来源：《刑事审判参考》第88号

裁判要旨：随着市场经济的发展和金融活动领域的扩大，贷款不能归还的风险也可能加大，贷款纠纷也会增加。因此，要准确区分贷款诈骗与贷款纠纷的界限。对于合法取得贷款后，没有按规定的用途使用贷款，到期没有归还贷款的，不能以贷款诈骗罪定罪处罚；对于确有证据证明行为人不具有非法占有目的。因不具备贷款的条件而采取了欺骗手段获取贷款，案发时有能力履行还贷义务，或者案发时不能归还贷款是因为意志以外的原因，如因经营不善、被骗、市场风险等，不应以贷款诈骗罪定罪处罚。总之，在处理具体案件的时候，对于有证据证明行为人主观上不具有非法占有目的，就不能单纯以贷款不能归还为由而按金融诈骗罪论处。

3. 案例：吴晓丽贷款诈骗案

案例来源：《刑事审判参考》第95号

裁判要旨：是否具有非法占有目的是区分贷款诈骗与贷款欺诈的关键。区分贷款诈骗罪与贷款纠纷的标准主要应从借款人主观上是否具有非法占有目的上来分析。"非法占有的目的"属于行为人主观上的心理活动，往往通过其客观行为表现出来。从行为人具体实施的客观行为事实来判断，某些行为本身就足以证明行为人主观上具有非法占有的目的，例如，行为人使用虚假的产权证明作担保，从金融机构获取贷款后，携款逃跑的，这一行为本身就直接表明行为人主观上具有非法占有的目的。但是，某些行为本身尚不能直接表明行为人主观上是否具有非法占有的目的，例如，编造引进资金的虚假理由取得贷款，使用虚假证明文件取得贷款等，而只能间接表明行为人主观上具有非法占有目的的可能性。也就是说，在某些情况下，并不能直接表明行为人主观上具有非法占有的目的，还必须借助相关的客观事实来加以分析认定。至于查明行为人在实施了某种能够间接表明其主观上具有非法占有目的可能性的行为之后，还需借助哪些具体客观事实来认定行为人主观上确实具有非法占有的目的，应根据不同的犯罪构成要件来加以分析。

4. 案例：潘勇、王伟职务侵占、虚报注册资本、贷款诈骗案

案例来源：《刑事审判参考》第 192 号

裁判要旨：被告人利用其职务具有的使用、保管本单位财物的便利，采取欺骗手段，将本单位财物非法占为己有，并意图使其非法占有行为合法化，其行为侵犯了公私财产的所有权，构成职务侵占罪。以违法侵占物作抵押，向银行贷款、逾期不还的行为，应认定是一种对赃物的处置行为，属于职务侵占行为的延伸。不管其主观上是否具有非法占有银行贷款不予归还的目的，因其贷款抵押行为的非法性直接源于职务侵占行为的非法性，也不宜对该种违法性进行二次评价。

5. 案例：张福顺贷款诈骗案

案例来源：《刑事审判参考》第 306 号

裁判要旨：经济生活中，有的行为人为申请和获取银行贷款，可能或多或少地使用欺诈手段，因此，在审理因出现资金风险或者造成经济损失而形成的金融借贷纠纷案件时，尤其应注意区别贷款民事欺诈行为与贷款诈骗犯罪，准确把握贷款诈骗罪与非罪的界限。贷款民事欺诈行为与贷款诈骗犯罪主观上都意图欺骗金融机构，客观上均实施了一定程度的欺诈行为，二者区别的关键，是行为人是否具有非法占有金融机构贷款的目的。要认定行为人是否具有非法占有的目的，必须首先明确"非法占有"的内涵。刑法意义上的"非法占有"，不仅是指行为人意图使财物脱离相对人而非法实际控制和管领，而且意图非法所有或者不法所有相对人的财物，为使用、收益、处分之表示。因此，不能单纯以行为人使用欺诈手段实际获取了贷款或者贷款到期不能归还，就认定行为人主观上具有非法占有贷款的目的，而应坚持主客观相一致的原则，具体情况具体分析，在对行为人贷款时的履约能力、取得贷款的手段、贷款的使用去向、贷款无法归还的原因等方面及相关客观事实进

行综合分析的基础上，判断行为人是否具有非法占有贷款的目的，以准确界定是贷款欺诈行为还是贷款诈骗犯罪。

6. 案例：秦文虚报注册资本、合同诈骗案

案例来源：《刑事审判参考》第 352 号

裁判要旨：司法实践中，经常遇到行为人向银行提供虚假证明文件，同时又骗取担保人的信任，以申请贷款的方式获取银行资金后，自己没有偿还贷款能力，而由担保人代为偿还部分或者全部贷款的情况。通过向银行贷款的方式骗取担保人财产的行为，表面上看是骗取银行贷款，实际上侵害的是担保人的财产权益，犯罪对象并非银行贷款而是担保合同一方当事人的财产，对此种行为应以合同诈骗罪论处。行为人虚构事实骗取银行与担保人的信任，非法占有钱款后，银行可依据担保合同从担保人处获取担保，而担保人则是银行债务的实际承担者，受侵害的往往是担保人。即使担保人因某种客观原因如破产等情况导致无法偿还担保，银行的债权无法实现从而权益受到实际侵害，但只要担保人与银行之间所订立的担保合同具有法律效力，银行与担保人之间就成立债权、债务关系，法律关系的最终落脚点和行为侵害对象就应认定是担保人而非银行。

7. 案例：张北海等人贷款诈骗、金融凭证诈骗案

案例来源：《刑事审判参考》第 424 号

裁判要旨：网上银行企业客户账户查询、转账授权书属于金融凭证。《中国工商银行网上银行企业客户账户查询、转账授权书》是用于网上电子银行进行收付、结算的唯一的、排他的重要依据，是用于特定主体（金融机构、存款人）之间以特定的格式记载双方的特定权利、义务的书面文件，同时也是双方记账的重要凭证，符合上述金融凭证中的委托收款凭证的特征，属于新兴电子银行业务中出现的一种非传统型的银行会计凭证，具有金融凭证所具有的转账、支付等功能，因而应属于金融票证的范畴。伪造企业网上银行转账授权书骗取资金的行为，应构成金融凭证诈骗罪。

三、票据诈骗罪（刑法第 194 条第 1 款）

（一）法律与司法解释

1.《中华人民共和国刑法》

第一百九十四条第一款　有下列情形之一，进行金融票据诈骗活动，数额较大的，处五年以下有期徒刑或者拘役，并处二万元以上二十万元以下罚金；数额巨大或者有其他严重情节的，处五年以上十年以下有期徒刑，并处五万元以上五十万元以下罚金；数额特别巨大或者有其他特别严重情节的，处十年以上有期徒刑或者无期徒刑，并处五万元以上五十万元以下罚金或者没收财产：

（一）明知是伪造、变造的汇票、本票、支票而使用的；

（二）明知是作废的汇票、本票、支票而使用的；

（三）冒用他人的汇票、本票、支票的；

（四）签发空头支票或者与其预留印鉴不符的支票，骗取财物的；

（五）汇票、本票的出票人签发无资金保证的汇票、本票或者在出票时作虚假记载，骗取财物的。

2. 最高人民检察院、公安部《关于印发〈最高人民检察院、公安部关于公安机关管辖的刑事案件立案追诉标准的规定（二）〉的通知》（公通字〔2010〕23 号　2010 年 5 月 7 日）

第五十一条　〔票据诈骗案（刑法第一百九十四条第一款）〕进行金融票据诈骗活动，涉嫌下列情形之一的，应予立案追诉：

（一）个人进行金融票据诈骗，数额在一万元以上的；

（二）单位进行金融票据诈骗，数额在十万元以上的。

第五十二条　〔金融凭证诈骗案（刑法第一百九十四条第二款）〕使用伪造、变造的委托收款凭证、汇款凭证、银行存单等其他银行结算凭证进行诈骗活动，涉嫌下列情形之一的，应予立案追诉：

（一）个人进行金融凭证诈骗，数额在一万元以上的；

（二）单位进行金融凭证诈骗，数额在十万元以上的。

（二）指导案例

1. 案例：季某票据诈骗、合同诈骗案

案例来源：《刑事审判参考》第 96 号

裁判要旨：骗取货物与使用空头支票付款的先后不应影响票据诈骗罪的成立。因为，行为人完成诈骗犯罪的行为是在其签发空头支票之后。而其一旦完成整个诈骗犯罪行为，其诈骗犯罪的具体行为、侵犯的客体才能最终确定，因此被告人无论是在取得货物之前，还是在取得货物之后签发空头支票，其行为不仅侵犯了普通诈骗罪中的他人公私财物所有权这一共同客体，更主要的是还侵犯了国家对票据的管理制度这一特殊客体，符合票据诈骗罪的特征。从另一个角度看，行为人先得到商品的行为，尚不能独立构成犯罪，因此，也就不能仅以此来确定其行为特征与具体罪名。

2. 案例：姚建林票据诈骗案

案例来源：《刑事审判参考》第 145 号

裁判要旨：具有非法占有目的是票据诈骗罪的必要构成要件。虽然在刑法关于金融诈骗犯罪的条文中，只对集资诈骗罪、贷款诈骗罪和信用卡诈骗罪中的"恶意透支"行为明确规定了必须具有非法占有的目的，没有明确规定票据诈骗罪是"以非法占有为目的"的犯罪，但并不是说票据诈骗犯罪不要求有非法占有的目的。只是由于金融诈骗比普通诈骗犯罪的情况复杂，在认定行为人是否具有非法占有的目的上存在一定的特殊性。在非法集资（诈骗）、违法贷款（诈骗）和恶意透支信用卡行为中，行为人采取虚假手段集资、贷款或者恶意透支信用卡，并不一定都具有非法占有目的，因此，刑法才强调规定具有"以非法占有为目的"这一构成要件才能构成犯罪。而在其他金融诈骗犯罪中，如果没有相反证据证明行为人不具有非法占有目的，行为人采取刑法规定的方式、手段进行金融诈骗的，一般可以表明行为人主观上具有非法占有的目的，不需要刑法作出特别规定。因此，认定票据诈骗罪，必须查明行为人是否具有非法占有的目的。

3. 案例：周大伟票据诈骗案

案例来源:《刑事审判参考》第 277 号

裁判要旨：窃取空白现金支票并在伪造后使用的行为在理论上应以伪造金融票证罪和盗窃罪（未遂）二罪来评价。行为人盗窃印章齐全、已填写好票面金额，且数额较大的现金支票，本质上与盗窃等额的现金无异，即使未及时兑现，也应以盗窃罪处罚。行为人进而持该现金支票已从金融部门骗领现金的，其骗领行为的性质，属于兑现盗窃物品价值的行为，是盗窃行为自然所牵连的结果行为，因此，仍应定盗窃罪。上述情形下，认定盗窃数额以票面数额为准。行为人盗窃印章齐全、但未填写票面金额的现金支票，其行为性质仍为盗窃。其后，行为人自行填写票面金额，如已兑现的，以兑现数额认定为盗窃数额。

4. 案例：李兰香票据诈骗案

案例来源:《刑事审判参考》第 307 号

裁判要旨：利用保管他人公司工商登记、经营证章的便利条件，以他人公司名义申领、签发支票并非法占有他人公司财物行为，应认定为票据诈骗罪。没有代理权或者超越代理权以及利用所保管的出票权利人的印章开具票据并使用的行为认定为使用伪造支票行为，其主要理由是：冒用他人支票以真实、有效的支票既已存在为前提，是一种单纯的使用行为；而利用管理他人印章等便利条件冒用他人名义开具并使用支票，实际上包含着一个出票行为，尽管该出票行为具有表面上的真实性，但因未经权利人授权，并不是权利人的意志所为，所以其本质上是一个伪造支票的行为，即假冒他人名义伪造票据，因而也是无效的。

5. 案例：王世清票据诈骗、刘耀挪用资金案

案例来源:《刑事审判参考》第 387 号

裁判要旨：以非法占有为目的，使用已经贴现的真实票据质押贷款的行为，属于刑法第 194 条第 1 款第（三）项规定的"冒用他人的汇票"进行诈骗活动，应当以票据诈骗罪定罪处罚。

6.案例：张平票据诈骗案

案例来源:《刑事审判参考》第 653 号

裁判要旨：盗窃银行承兑汇票并使用，骗取数额较大财物的行为，构成票据诈骗罪。从银行承兑汇票的特点看，行为人盗窃的物品系有保护措施的财产性权利；从所侵犯的法益看，盗窃行为未使失票人的财产权利直接受损，使用行为仅侵犯了受票人的财产权利及金融管理秩序；行为符合"冒用他人的汇票"情形。

7.案例：颜强票据诈骗案

案例来源:《刑事审判参考》第 861 号

裁判要旨：城市信用社工作人员，采取欺骗手段取得客户印鉴后，以现金支票的形式将客户账户内的资金取出从而非法占有的行为同时符合盗窃罪和票据诈骗罪的构成要件，应当以票据诈骗罪论处。本案被告的行为属实质的一罪，不过因为盗窃罪和票据诈骗罪的构成要件发生了重合和交叉，一个行为触犯了两种罪名。在此情形下，需要选择一个最恰当、最全面、最准确的罪名来评价被告的行为。盗窃罪作为侵犯财产类犯罪的一般性罪名，其对构成要件的规定较宽泛，具体到本案，该罪名无法涵盖和准确评价颜强使用伪造的支票从银行取现这一行为；且盗窃罪侵犯的是一般公私财产所有权，而被告的行为除侵犯了金平安及其塑印厂、保证人王保松的财产所有权外，还侵犯了金融业的管理秩序和票据交易安全。因此，本案中法院以票据诈骗罪对颜强定罪处罚是更为准确的。

四、金融凭证诈骗罪（刑法第 194 条第 2 款）

（一）法律与司法解释

《中华人民共和国刑法》

第一百九十四条第二款　使用伪造、变造的委托收款凭证、汇款凭证、银行存单等其他银行结算凭证的，依照前款的规定处罚。

（二）指导案例

1. 案例：曹娅莎金融凭证诈骗案

案例来源：《刑事审判参考》第 4 号

裁判要旨：采用变造银行存单、伪造汇票中资金转让内容的手段诈骗存款单位钱款的行为，构成金融凭证诈骗罪。对金融凭证诈骗罪，法律并未对诈骗的对象作出特殊的限制，故只要是以非法占有为目的，使用伪造、变造的金融凭证进行诈骗的行为，不论诈骗的是银行，还是存款单位的钱，均可构成本罪。

2. 案例：朱成芳等金融凭证诈骗、贷款诈骗案

案例来源：《刑事审判参考》第 33 号

裁判要旨：本案被告人不是直接拿假存单到银行骗取资金，而是以此作为担保骗取贷款。从本案特征看，其最终目的是诈骗贷款，使用伪造的假存单只是犯罪手段行为，即使其犯罪手段牵连到非法使用金融凭证，也应当以其目的行为认定为贷款诈骗罪，而不宜以手段行为定罪。因此被告人的行为只构成贷款诈骗罪，不构成金融凭证诈骗罪。本案被告人实施的是一个行为，而不是两个行为，不属牵连犯罪，而是想象竞合犯罪。

3. 案例：王昌和变造金融票证案

案例来源：《刑事审判参考》第 71 号

裁判要旨：刑法分则对一些实际生活中经常发生的牵连犯罪在定罪处刑上作了明确具体的规定，对这些牵连犯的处罚，无疑应当依照刑法的特别规定定罪处刑。当然，对于刑法分则中没有特别规定的牵连犯，在立法没有作出明确规定以前，仍应坚持"择一重罪从重处罚"的原则，即选择被告人行为所触犯的法条中规定的法定刑较重的法条定罪处罚。

4. 案例：刘岗、王小军、庄志德金融凭证诈骗案

案例来源：《刑事审判参考》第 168 号

裁判要旨：构成共同犯罪各共同犯罪人应当具有共同犯罪故意。在共同犯罪故意的认定中，并不要求各共同犯罪人的犯罪故意内容完全一致，也并

不要求各共同犯罪人分别独自具备某具体犯罪的主观要件的全部内容，如特定目的等，而只以各共同犯罪人的犯意相互连接，共同形成某一具体犯罪的主观要件整体为满足。实际上，各个共同犯罪人由于其地位、角色的不同，他们的犯罪故意内容往往是有所不同的，比如，组织犯的组织故意、实行犯的实行故意、教唆犯的教唆故意、帮助犯的帮助故意，均有其各自不同的特点。对于帮助故意的认定，只要求证明帮助犯明知他人将要实行犯罪，并积极提供帮助、创造便利条件即可，至于有无特定的犯罪目的、犯罪结果是否其所积极追求的，均不影响帮助故意的认定。

5. 案例：张北海等人贷款诈骗、金融凭证诈骗案

案例来源：《刑事审判参考》第 424 号

裁判要旨：网上银行企业客户账户查询、转账书符合金融凭证中的委托收款凭证的特征，属于金融凭证。行为人伪造企业网上银行转账授权书骗取资金的行为构成金融凭证诈骗罪。本案被告人采取诱骗企业到银行存款，办理网上银行业务后，私刻存款企业印鉴、银行印鉴，伪造存款企业网上银行转账授权书，将存款企业下挂到华博公司名下作为其分支机构再利用网上银行骗取银行资金，且诈骗数额特别巨大，已构成金融凭证诈骗罪。

6. 案例：李路军金融凭证诈骗案

案例来源：《刑事审判参考》第 425 号

裁判要旨：金融机构工作人员利用工作之便，以偷换储户存折的方式支取存款的行为，构成金融凭证诈骗罪。金融凭证诈骗罪是以使用伪造、变造的银行结算凭证的欺骗手段，使财物所有人、管理人陷入认识错误，"自愿"交出财物，由于行为人采取的是骗取的方式，因此，客观上存在被害人处分财产的事实，行为人对被害人财产的占有，虽然从表面来看是基于被害人当时的意愿，但实质上却违背了被害人的真实意志。金融凭证诈骗罪不但侵犯了财产权还侵犯了金融管理秩序和金融安全，因此刑法第 194 条第 2 款规定构成金融凭证诈骗罪要求必须使用伪造的委托收款凭证、汇款凭证、银行存单等其他银行结算凭证作为骗取财物的手段，否则不构成本罪。

五、信用证诈骗罪（刑法第 195 条）

（一）法律与司法解释

1.《中华人民共和国刑法》

第一百九十五条　有下列情形之一，进行信用证诈骗活动的，处五年以下有期徒刑或者拘役，并处二万元以上二十万元以下罚金；数额巨大或者有其他严重情节的，处五年以上十年以下有期徒刑，并处五万元以上五十万元以下罚金；数额特别巨大或者有其他特别严重情节的，处十年以上有期徒刑或者无期徒刑，并处五万元以上五十万元以下罚金或者没收财产：

（一）使用伪造、变造的信用证或者附随的单据、文件的；

（二）使用作废的信用证的；

（三）骗取信用证的；

（四）以其他方法进行信用证诈骗活动的。

2.最高人民检察院、公安部《关于印发〈最高人民检察院、公安部关于公安机关管辖的刑事案件立案追诉标准的规定（二）〉的通知》（公通字〔2010〕23 号　2010 年 5 月 7 日）

第五十三条　［信用证诈骗案（刑法第一百九十五条）］进行信用证诈骗活动，涉嫌下列情形之一的，应予立案追诉：

（一）使用伪造、变造的信用证或者附随的单据、文件的；

（二）使用作废的信用证的；

（三）骗取信用证的；

（四）以其他方法进行信用证诈骗活动的。

（二）指导案例

案例：高原、梁汉钊信用证诈骗，签订、履行合同失职被骗案

案例来源：《刑事审判参考》第 270 号

裁判要旨：签订、履行合同失职被骗罪作为从玩忽职守罪中分离出来的一个罪名，其客观构成应符合以下三个方面的要件：一是本体要件，严重不

负责任，在签订、履行合同过程中不履行职责，即通常所谓的失职行为；二是后果要件，失职行为给国家利益造成重大损失之现实后果；三是中介要件，或者说是附加要件，造成重大损失后果之直接原因系合同对方的诈骗行为。

六、信用卡诈骗罪（刑法第196条）

（一）法律与司法解释

1.《中华人民共和国刑法》

第一百九十六条 有下列情形之一，进行信用卡诈骗活动，数额较大的，处五年以下有期徒刑或者拘役，并处二万元以上二十万元以下罚金；数额巨大或者有其他严重情节的，处五年以上十年以下有期徒刑，并处五万元以上五十万元以下罚金；数额特别巨大或者有其他特别严重情节的，处十年以上有期徒刑或者无期徒刑，并处五万元以上五十万元以下罚金或者没收财产：

（一）使用伪造的信用卡，或者使用以虚假的身份证明骗领的信用卡的；

（二）使用作废的信用卡的；

（三）冒用他人信用卡的；

（四）恶意透支的。

前款所称恶意透支，是指持卡人以非法占有为目的，超过规定限额或者规定期限透支，并且经发卡银行催收后仍不归还的行为。

盗窃信用卡并使用的，依照本法第二百六十四条的规定定罪处罚。

2.全国人大常委会《关于〈中华人民共和国刑法〉有关信用卡规定的解释》（2004年12月29日）

刑法规定的"信用卡"，是指由商业银行或者其他金融机构发行的具有消费支付、信用贷款、转账结算、存取现金等全部功能或者部分功能的电子支付卡。

3.最高人民法院、最高人民检察院《关于办理妨害信用卡管理刑事案件具体应用法律若干问题的解释》（法释〔2018〕19号 2018年12月1日）

为依法惩治妨害信用卡管理犯罪活动，维护信用卡管理秩序和持卡人合法权益，根据《中华人民共和国刑法》规定，现就办理这类刑事案件具体应用法律的若干问题解释如下：

第一条　复制他人信用卡、将他人信用卡信息资料写入磁条介质、芯片或者以其他方法伪造信用卡一张以上的，应当认定为刑法第一百七十七条第一款第四项规定的"伪造信用卡"，以伪造金融票证罪定罪处罚。

伪造空白信用卡十张以上的，应当认定为刑法第一百七十七条第一款第四项规定的"伪造信用卡"，以伪造金融票证罪定罪处罚。

伪造信用卡，有下列情形之一的，应当认定为刑法第一百七十七条规定的"情节严重"：

（一）伪造信用卡五张以上不满二十五张的；

（二）伪造的信用卡内存款余额、透支额度单独或者合计数额在二十万元以上不满一百万元的；

（三）伪造空白信用卡五十张以上不满二百五十张的；

（四）其他情节严重的情形。

伪造信用卡，有下列情形之一的，应当认定为刑法第一百七十七条规定的"情节特别严重"：

（一）伪造信用卡二十五张以上的；

（二）伪造的信用卡内存款余额、透支额度单独或者合计数额在一百万元以上的；

（三）伪造空白信用卡二百五十张以上的；

（四）其他情节特别严重的情形。

本条所称"信用卡内存款余额、透支额度"，以信用卡被伪造后发卡行记录的最高存款余额、可透支额度计算。

第二条　明知是伪造的空白信用卡而持有、运输十张以上不满一百张的，应当认定为刑法第一百七十七条之一第一款第一项规定的"数量较大"；非法持有他人信用卡五张以上不满五十张的，应当认定为刑法第一百七十七条之一第一款第二项规定的"数量较大"。

有下列情形之一的，应当认定为刑法第一百七十七条之一第一款规定的

"数量巨大":

（一）明知是伪造的信用卡而持有、运输十张以上的；

（二）明知是伪造的空白信用卡而持有、运输一百张以上的；

（三）非法持有他人信用卡五十张以上的；

（四）使用虚假的身份证明骗领信用卡十张以上的；

（五）出售、购买、为他人提供伪造的信用卡或者以虚假的身份证明骗领的信用卡十张以上的。

违背他人意愿，使用其居民身份证、军官证、士兵证、港澳居民往来内地通行证、台湾居民来往大陆通行证、护照等身份证明申领信用卡的，或者使用伪造、变造的身份证明申领信用卡的，应当认定为刑法第一百七十七条之一第一款第三项规定的"使用虚假的身份证明骗领信用卡"。

第三条 窃取、收买、非法提供他人信用卡信息资料，足以伪造可进行交易的信用卡，或者足以使他人以信用卡持卡人名义进行交易，涉及信用卡一张以上不满五张的，依照刑法第一百七十七条之一第二款的规定，以窃取、收买、非法提供信用卡信息罪定罪处罚；涉及信用卡五张以上的，应当认定为刑法第一百七十七条之一第一款规定的"数量巨大"。

第四条 为信用卡申请人制作、提供虚假的财产状况、收入、职务等资信证明材料，涉及伪造、变造、买卖国家机关公文、证件、印章，或者涉及伪造公司、企业、事业单位、人民团体印章，应当追究刑事责任的，依照刑法第二百八十条的规定，分别以伪造、变造、买卖国家机关公文、证件、印章罪和伪造公司、企业、事业单位、人民团体印章罪定罪处罚。

承担资产评估、验资、验证、会计、审计、法律服务等职责的中介组织或其人员，为信用卡申请人提供虚假的财产状况、收入、职务等资信证明材料，应当追究刑事责任的，依照刑法第二百二十九条的规定，分别以提供虚假证明文件罪和出具证明文件重大失实罪定罪处罚。

第五条 使用伪造的信用卡、以虚假的身份证明骗领的信用卡、作废的信用卡或者冒用他人信用卡，进行信用卡诈骗活动，数额在五千元以上不满五万元的，应当认定为刑法第一百九十六条规定的"数额较大"；数额在五万元以上不满五十万元的，应当认定为刑法第一百九十六条规定的"数额巨大"；数额在五十万元以上的，应当认定为刑法第一百九十六条规定的"数额特别巨大"。

刑法第一百九十六条第一款第三项所称"冒用他人信用卡"，包括以下情形：

（一）拾得他人信用卡并使用的；

（二）骗取他人信用卡并使用的；

（三）窃取、收买、骗取或者以其他非法方式获取他人信用卡信息资料，并通过互联网、通讯终端等使用的；

（四）其他冒用他人信用卡的情形。

第六条 持卡人以非法占有为目的，超过规定限额或者规定期限透支，经发卡银行两次有效催收后超过三个月仍不归还的，应当认定为刑法第一百九十六条规定的"恶意透支"。

对于是否以非法占有为目的，应当综合持卡人信用记录、还款能力和意愿、申领和透支信用卡的状况、透支资金的用途、透支后的表现、未按规定还款的原因等情节作出判断。不得单纯依据持卡人未按规定还款的事实认定非法占有目的。

具有以下情形之一的，应当认定为刑法第一百九十六条第二款规定的"以非法占有为目的"，但有证据证明持卡人确实不具有非法占有目的的除外：

（一）明知没有还款能力而大量透支，无法归还的；

（二）使用虚假资信证明申领信用卡后透支，无法归还的；

（三）透支后通过逃匿、改变联系方式等手段，逃避银行催收的；

（四）抽逃、转移资金，隐匿财产，逃避还款的；

（五）使用透支的资金进行犯罪活动的；

（六）其他非法占有资金，拒不归还的情形。

第七条 催收同时符合下列条件的，应当认定为本解释第六条规定的"有效催收"：

（一）在透支超过规定限额或者规定期限后进行；

（二）催收应当采用能够确认持卡人收悉的方式，但持卡人故意逃避催收的除外；

（三）两次催收至少间隔三十日；

（四）符合催收的有关规定或者约定。

对于是否属于有效催收，应当根据发卡银行提供的电话录音、信息送达记录、信函送达回执、电子邮件送达记录、持卡人或者其家属签字以及其他催收原始证据材料作出判断。

发卡银行提供的相关证据材料，应当有银行工作人员签名和银行公章。

第八条 恶意透支，数额在五万元以上不满五十万元的，应当认定为刑法第一百九十六条规定的"数额较大"；数额在五十万元以上不满五百万元的，应当认定为刑法第一百九十六条规定的"数额巨大"；数额在五百万元以上的，应当认定为刑法第一百九十六条规定的"数额特别巨大"。

第九条 恶意透支的数额，是指公安机关刑事立案时尚未归还的实际透支的本金数额，不包括利息、复利、滞纳金、手续费等发卡银行收取的费用。归还或者支付的数额，应当认定为归还实际透支的本金。

检察机关在审查起诉、提起公诉时，应当根据发卡银行提供的交易明细、分类账单（透支账单、还款账单）等证据材料，结合犯罪嫌疑人、被告人及其辩护人所提辩解、辩护意见及相关证据材料，审查认定恶意透支的数额；恶意透支的数额难以确定的，应当依据司法会计、审计报告，结合其他证据材料审查认定。人民法院在审判过程中，应当在对上述证据材料查证属实的基础上，对恶意透支的数额作出认定。

发卡银行提供的相关证据材料，应当有银行工作人员签名和银行公章。

第十条 恶意透支数额较大，在提起公诉前全部归还或者具有其他情节轻微情形的，可以不起诉；在一审判决前全部归还或者具有其他情节轻微情形的，可以免予刑事处罚。但是，曾因信用卡诈骗受过两次以上处罚的除外。

第十一条 发卡银行违规以信用卡透支形式变相发放贷款，持卡人未按规定归还的，不适用刑法第一百九十六条'恶意透支'的规定。构成其他犯罪的，以其他犯罪论处。

第十二条　违反国家规定，使用销售点终端机具（POS机）等方法，以虚构交易、虚开价格、现金退货等方式向信用卡持卡人直接支付现金，情节严重的，应当依据刑法第二百二十五条的规定，以非法经营罪定罪处罚。

实施前款行为，数额在一百万元以上的，或者造成金融机构资金二十万元以上逾期未还的，或者造成金融机构经济损失十万元以上的，应当认定为刑法第二百二十五条规定的"情节严重"；数额在五百万元以上的，或者造成金融机构资金一百万元以上逾期未还的，或者造成金融机构经济损失五十万元以上的，应当认定为刑法第二百二十五条规定的"情节特别严重"。

持卡人以非法占有为目的，采用上述方式恶意透支，应当追究刑事责任的，依照刑法第一百九十六条的规定，以信用卡诈骗罪定罪处罚。

第十三条　单位实施本解释规定的行为，适用本解释规定的相应自然人犯罪的定罪量刑标准。

4.最高人民检察院《关于拾得他人信用卡并在自动柜员机（ATM机）上使用的行为如何定性问题的批复》（高检发释字〔2008〕1号　2008年5月7日）

拾得他人信用卡并在自动柜员机（ATM机）上使用的行为，属于刑法第一百九十六条第一款第（三）项规定的"冒用他人信用卡"的情形，构成犯罪的，以信用卡诈骗罪追究刑事责任。

5.最高人民法院研究室《关于信用卡犯罪法律适用若干问题的复函》（法研〔2010〕105号　2010年7月5日）

公安部经济犯罪侦查局：

你局公经金融〔2010〕110号《关于公安机关办理信用卡犯罪案件法律适用若干问题征求意见的函》收悉。经研究，提出以下意见供参考：

一、对于一人持有多张信用卡进行恶意透支，每张信用卡透支数额均未达到1万元的立案追诉标准的，原则上可以累计数额进行追诉。但考虑到一人办多张信用卡的情况复杂，如累计透支数额不大的，应分别不同情况慎重处理。

二、发卡银行的"催收"应有电话录音、持卡人或其家属签字等证据证明。"两次催收"一般应分别采用电话、信函、上门等两种以上催收形式。

三、若持卡人在透支大额款项后，仅向发卡行偿还远低于最低还款额的欠款，具有非法占有目的的，可以认定为"恶意透支"；行为人确实不具有非法占有目的的，不能认定为"恶意透支"。

四、非法套现犯罪的证据规格，仍应遵循刑事诉讼法规定的证据确实、充分的证明标准。原则上应向各持卡人询问并制作笔录。如因持卡人数量众多、下落不明等客观原因导致无法取证，且其他证据已能确实、充分地证明使用信用卡非法套现的犯罪事实及套现数额的，则可以不向所有持卡人询问并制作笔录。

6. 最高人民检察院、公安部《关于印发〈最高人民检察院、公安部关于公安机关管辖的刑事案件立案追诉标准的规定（二）〉的通知》（公通字〔2010〕23号　2010年5月7日）

第五十四条　［信用卡诈骗案（刑法第一百九十六条）］进行信用卡诈骗活动，涉嫌下列情形之一的，应予立案追诉：

（一）使用伪造的信用卡，或者使用以虚假的身份证明骗领的信用卡，或者使用作废的信用卡，或者冒用他人信用卡，进行诈骗活动，数额在五千元以上的；

（二）恶意透支，数额在一万元以上的。

本条规定的"恶意透支"，是指持卡人以非法占有为目的，超过规定限额或者规定期限透支，并且经发卡银行两次催收后超过三个月仍不归还的。

恶意透支，数额在一万元以上不满十万元的，在公安机关立案前已偿还全部透支款息，情节显著轻微的，可以依法不追究刑事责任。

7. 最高人民检察院、最高人民检察院、公安部《关于信用卡诈骗犯罪管辖有关问题的通知》（公通字〔2011〕29号　2011年8月8日）

近年来，信用卡诈骗流窜作案逐年增多，受害人在甲地申领的信用卡，被犯罪嫌疑人在乙地盗取了信用卡信息，并在丙地被提现或消费。犯罪嫌疑人企图通过空间的转换逃避刑事打击。为及时有效打击此类犯罪，现就有关案件管辖问题通知如下：

对以窃取、收买等手段非法获取他人信用卡信息资料后在异地使用的信用卡诈骗犯罪案件，持卡人信用卡申领地的公安机关、人民检察院、人民法院可以依法立案侦查、起诉、审判。

（二）制度规范

中国人民银行《关于下发〈银行卡业务管理办法〉的通知》（银发〔1999〕17 号　1999 年 3 月 1 日）

第二条　本办法所称银行卡，是指由商业银行（含邮政金融机构，下同）向社会发行的具有消费信用、转账结算、存取现金等全部或部分功能的信用支付工具。

商业银行未经中国人民银行批准不得发行银行卡。

第五条　银行卡信用卡和借记卡。

银行卡按币种不同分为人民币卡、外币卡；按发行对象不同分为单位卡（商务卡）、个人卡；按信息载体不同分为磁条卡、芯片（IC）卡。

第六条　信用卡按是否向发卡银行交存备用金分为贷记卡、准贷记卡两类。

贷记卡是指发卡银行给予持卡人一定的信用额度，持卡人可在信用额度内先消费、后还款的信用卡。

准贷记卡是指持卡人须先按发卡银行要求交存一定金额的备用金，当备用金帐户余额不足支付时，可在发卡银行规定的信用额度内透支的信用卡。

（三）指导案例

1. 案例：张国涛信用卡诈骗案

案例来源：《刑事审判参考》第 472 号

裁判要旨：信用卡诈骗罪中的信用卡范围的认定：针对银行或者其他金融机构发行的电子支付卡，只要其具备消费支付、信用贷款、转账结算、存取现金等全部功能或者部分功能的，都属于刑法意义上的信用卡。据此，我国刑法中的信用卡应当既包括国际通行意义上具有透支功能的信用卡，也包括了不具有透支功能的银行借记卡。

2. 案例：陈自渝信用卡诈骗案

案例来源：《刑事审判参考》第 841 号

裁判要旨：恶意透支型信用卡诈骗案件中对透支本金产生的费用如何处理：人民法院只应对犯罪所得即透支的本金部分作出判决，行为人犯罪时所指向的对象只是透支的本金部分，至于后来透支本金所产生的各种费用并不是其犯罪时意图占有的部分。对于透支的本金产生的正常利息实际上也只是双方依据民事借款合同约定的利息，不能称之为银行的直接损失。刑事审判只限于保护被害人的直接经济损失，对于间接经济损失，不能以追缴或者返还的方式在刑事裁判中判决。因此对于透支本金所产生的复利、滞纳金等间接损失，不能通过附带民事诉讼解决，确有正当理由，应当通过民事救济途径解决的，被害人可以另行提起民事诉讼。

3. 案例：梁保权、梁博艺信用卡诈骗案

案例来源：《刑事审判参考》第 1120 号

裁判要旨：透支信用卡用于经营活动导致无法归还的是否构成信用卡诈骗罪：恶意透支型信用卡诈骗罪必须同时具备两个条件：第一，主观上行为人"以非法占有为目的"；第二，客观上行为人实施了"超额或者超限透支"且"经两次以上催收不还"的行为。对"以非法占有为目的"的理解仍应坚持主客观相统一的原则，综合考察行为人申领行为、透支行为、还款行为等各种因素，重点考察以下三方面因素：第一，行为人申领信用卡时有无虚构事实、隐瞒真相的行为；第二，行为人透支款项的用途；第三，透支款项时行为人的还款态度及是否逃避催收。行为人将透支款项用于合法经营，因客观原因导致无法归还透支款项的不能认定"以非法占有为目的"。

4. 案例：王立军等信用卡诈骗案

案例来源：《刑事审判参考》第 874 号

裁判要旨：窃取他人开卡邮件并激活信用卡使用的行为如何定性：该行为构成信用卡诈骗罪。被告人虽采秘密手段窃取他人信用卡，但该卡并未激活，尚未具备信用卡具有的消费、提现等支付功能，实际上等同于作废、无效的卡片。被告人真正取得财物是通过激活信用卡并冒用的行为来实现，信用卡不特定价值必须通过激活这一关键步骤的进行才能实现，信用卡的激活应体现申领人的意志，一般由申领人或者经其授权的人进行操作，若非申领人或经其授权的人进行操作，则侵犯他人财产权的同时也会侵害国家对信用卡的管理制度，扰乱正常金融管理秩序，因此，属于冒用他人信用卡的行为，故应以信用卡诈骗罪论处。

5.案例：房毅信用卡诈骗案

案例来源：《刑事审判参考》第921号

裁判要旨：关于有效催收的认定：原则上银行应当证明其催收内容、持卡人本人已收悉银行催收信息，否则不能认定催收的效力。这种证明最有效的方式就是由持卡人在催收函回执上签字认可，或者有电话录音的印证。如果持卡人透支以后故意更换住址、电话号码逃避银行催收的，则只要银行有证据证明按照信用卡协议约定的持卡人地址寄送了催收函或者拨打过电话，即可认定催收的效力。

关于透支行为的认定：法律规定要求持卡人同时具有"非法占有目的"且"经催收不还"才构成"恶意透支"，透支行为均发生于前罪判决前，但因银行催收方面的因素，使得还款期满之日发生在缓刑考验期内，即认定"恶意透支行为"的时间要素是在缓刑考验期内，其属于犯新罪，应当撤销缓刑、数罪并罚的情形。

关于拘役与有期徒刑如何并罚的问题：由于没有司法解释对有期徒刑和拘役如何并罚这一问题作出明确规定，个案处理仍需具体情况具体分析。

七、有价证券诈骗罪（刑法第 197 条）

法律与司法解释

1.《中华人民共和国刑法》

第一百九十七条　使用伪造、变造的国库券或者国家发行的其他有价证券，进行诈骗活动，数额较大的，处五年以下有期徒刑或者拘役，并处二万元以上二十万元以下罚金；数额巨大或者有其他严重情节的，处五年以上十年以下有期徒刑，并处五万元以上五十万元以下罚金；数额特别巨大或者有其他特别严重情节的，处十年以上有期徒刑或者无期徒刑，并处五万元以上五十万元以下罚金或者没收财产。

第二百八十七条 利用计算机实施金融诈骗、盗窃、贪污、挪用公款、窃取国家秘密或者其他犯罪的，依照本法有关规定定罪处罚。

2.最高人民检察院、公安部《关于印发〈最高人民检察院、公安部关于公安机关管辖的刑事案件立案追诉标准的规定（二）〉的通知》（公通字〔2010〕23号 2010年5月7日）

第五十五条 ［有价证券诈骗案（刑法第一百九十七条）］使用伪造、变造的国库券或者国家发行的其他有价证券进行诈骗活动，数额在一万元以上的，应予立案追诉。

八、保险诈骗罪（刑法第 198 条）

（一）法律与司法解释

1.《中华人民共和国刑法》

第一百九十八条 有下列情形之一，进行保险诈骗活动，数额较大的，处五年以下有期徒刑或者拘役，并处一万元以上十万元以下罚金；数额巨大或者有其他严重情节的，处五年以上十年以下有期徒刑，并处二万元以上二十万元以下罚金；数额特别巨大或者有其他特别严重情节的，处十年以上有期徒刑，并处二万元以上二十万元以下罚金或者没收财产：

（一）投保人故意虚构保险标的，骗取保险金的；

（二）投保人、被保险人或者受益人对发生的保险事故编造虚假的原因或者夸大损失的程度，骗取保险金的；

（三）投保人、被保险人或者受益人编造未曾发生的保险事故，骗取保险金的；

（四）投保人、被保险人故意造成财产损失的保险事故，骗取保险金的；

（五）投保人、受益人故意造成被保险人死亡、伤残或者疾病，骗取保险金的。

有前款第四项、第五项所列行为，同时构成其他犯罪的，依照数罪并罚的规定处罚。

单位犯第一款罪的，对单位判处罚金，并对其直接负责的主管人员和其他直接责任人员，处五年以下有期徒刑或者拘役；数额巨大或者有其他严重情节的，处五年以上十年以下有期徒刑；数额特别巨大或者有其他特别严重情节的，处十年以上有期徒刑。

保险事故的鉴定人、证明人、财产评估人故意提供虚假的证明文件，为他人诈骗提供条件的，以保险诈骗的共犯论处。

第二百八十七条　利用计算机实施金融诈骗、盗窃、贪污、挪用公款、窃取国家秘密或者其他犯罪的，依照本法有关规定定罪处罚。

2.《中华人民共和国保险法》

第一百三十一条　投保人、被保险人或者受益人有下列行为之一，进行保险欺诈活动，构成犯罪的，依法追究刑事责任；

（一）投保人故意虚构保险标的，骗取保险金的；

（二）未发生保险事故而谎称发生保险事故的，骗取保险金的；

（三）故意造成财产损失的保险事故，骗取保险金的；

（四）故意造成被保险人死亡、伤残或者疾病等人身保险事故，骗取保险金的；

（五）伪造、变造与保险事故有关的证明、资料和其他证据，或者指使、唆使、收买他人提供虚假证明、资料或者其他证据，编造虚报的事故原因或者夸大损失程度，骗取保险金的。

有前款所列行为之一，情节轻微，不构成犯罪的，依照国家有关规定给予行政处罚。

3.最高人民检察院法律政策研究室《关于保险诈骗未遂能否按犯罪处理问题的答复》（〔1998〕高检研发第20号　1998年11月27日）

行为人已经着手实施保险诈骗行为，但由于其意志以外的原因未能获得保险赔偿的，是诈骗未遂，情节严重的，应依法追究刑事责任。

4. 最高人民法院《关于印发〈全国法院审理金融犯罪案件工作座谈会纪要〉的通知》（法〔2001〕8号　2001年1月21日）

金融诈骗犯罪定罪量刑的数额标准和犯罪数额的计算。金融诈骗的数额不仅是定罪的重要标准，也是量刑的主要依据。在没有新的司法解释之前，可参照1996年《最高人民法院关于审理诈骗案件具体应用法律的若干问题的解释》（法发〔1996〕32号1996年12月16日）（注：这一解释已被废止）的规定执行。即：

进行保险诈骗活动，数额较大的，构成保险诈骗罪。

个人进行保险诈骗数额在1万元以上的，属于"数额较大"；个人进行保险诈骗数额在5万元以上的，属于"数额巨大"；个人进行保险诈骗数额在20万元以上的，属于"数额特别巨大"。

单位进行保险诈骗数额在5万元以上的，属于"数额较大"；单位进行保险诈骗数额在25万元以上的，属于"数额巨大"；单位进行保险诈骗数额在100万元以上的，属于"数额特别巨大"。

在具体认定金融诈骗犯罪的数额时，应当以行为人实际骗取的数额计算。对于行为人为实施金融诈骗活动而支付的中介费、手续费、回扣等，或者用于行贿、赠与等费用，均应计入金融诈骗的犯罪数额。但应当将案发前已归还的数额扣除。

5. 最高人民检察院、公安部《关于印发〈最高人民检察院、公安部关于公安机关管辖的刑事案件立案追诉标准的规定（二）〉的通知》（公通字〔2010〕23号　2010年5月7日）

第五十六条　［保险诈骗案（刑法第一百九十八条）］进行保险诈骗活动，涉嫌下列情形之一的，应予立案追诉：

（一）个人进行保险诈骗，数额在一万元以上的；

（二）单位进行保险诈骗，数额在五万元以上的。

（二）指导案例

1. 案例：曾劲青、黄剑新保险诈骗、故意伤害案

案例来源：《刑事审判参考》第296号

裁判要旨：保险诈骗罪主体、犯罪形态的认定：任何人明知被保险人意欲自伤后骗取保险金而仍为其提供帮助行为的，包括帮助其故意制造保险事故（本案表现为自残）的，尽管该帮助人未参与帮助其进行索赔等事项的，根据共同犯罪的一般原理，仍可成立保险诈骗罪的共犯。

保险诈骗罪确是结果犯，但所谓结果犯仅是就犯罪既遂标准而言的。已经着手实施保险诈骗，但因意志以外的原因未得逞的，系保险诈骗未遂。我国刑法对未遂犯的处置原则是一般需要定罪处罚，只不过可以比照既遂犯相应从轻或减轻处罚而已。诈骗未遂情节严重的，如以数额巨大的财物为诈骗目标等，应当定罪处罚，至于诈骗目标数额较小等情节并不严重的诈骗未遂情形，可不予再追究刑事责任。

法律不能阻止任何人自伤、自残或自杀，更无法对任何实施自伤、自残或自杀行为的人设定并追究其刑事责任（除非法对特别的人有特别的规定如军人战时自伤、自残以逃避义务的），因此。对被告人曾劲青不能以故意伤害罪追究刑事责任也不能与其保险诈骗罪实行并罚。

2. 案例：徐开雷保险诈骗案

案例来源：《刑事审判参考》第479号

裁判要旨：被保险车辆的实际所有人利用挂靠单位的名义实施保险诈骗行为的，构成保险诈骗罪。实践中客货运输行业广泛存在着挂靠经营的现象，挂靠车辆的实际所有者作为实际投保人和被保险人，对于保险标的具有直接的保险利益关系，完全可以成为保险诈骗罪的主体。因为没有对外公示并不影响在一定情况下民事主体对于民事权利的享有，保险标的为挂靠者实际所有，各类保险费用也全部由挂靠者支付，挂靠者应认定为保险合同的权利义务实质承受主体。对保险标的享有的保险利益实际属于挂靠者，其是实际的投保人和被保险人，可以成为保险诈骗罪的主体。

九、删除（刑法第 199 条）

本条经两次修订，目前有条无文。1997 年《中华人民共和国刑法》原条文为："犯本节第一百九十二条、第一百九十四条、第一百九十五条规定之罪，数额特别巨大并且给国家和人民利益造成特别重大损失的，处无期徒刑或者死刑，并处没收财产。"

2011 年 2 月 25 日全国人大常委会《中华人民共和国刑法修正案（八）》第三十条删除原条文中"犯本节第一百九十二条、第一百九十四条、第一百九十五条规定之罪，数额特别巨大并且给国家和人民利益造成特别重大损失的，处无期徒刑或者死刑，并处没收财产。"的规定。2015 年 8 月 29 日全国人大常委会《中华人民共和国刑法修正案（九）》第十二条删除了本条规定，至此，金融诈骗罪均无死刑。

十、单位犯本节之罪的处罚（刑法第 200 条）

《中华人民共和国刑法》（节选）

第二百条 单位犯本节第一百九十二条、第一百九十四条、第一百九十五条规定之罪的，对单位判处罚金，并对其直接负责的主管人员和其他直接责任人员，处五年以下有期徒刑或者拘役，可以并处罚金；数额巨大或者有其他严重情节的，处五年以上十年以下有期徒刑，并处罚金；数额特别巨大或者有其他特别严重情节的，处十年以上有期徒刑或者无期徒刑，并处罚金。

第三章　危害税收征管罪

一、逃税罪（刑法第 201 条）

（一）法律与司法解释

1.《中华人民共和国刑法》

第二百零一条　纳税人采取欺骗、隐瞒手段进行虚假纳税申报或者不申报，逃避缴纳税款数额较大并且占应纳税额百分之十以上的，处三年以下有期徒刑或者拘役，并处罚金；数额巨大并且占应纳税额百分之三十以上的，处三年以上七年以下有期徒刑，并处罚金。

扣缴义务人采取前款所列手段，不缴或者少缴已扣、已收税款，数额较大的，依照前款的规定处罚。

对多次实施前两款行为，未经处理的，按照累计数额计算。

有第一款行为，经税务机关依法下达追缴通知后，补缴应纳税款，缴纳滞纳金，已受行政处罚的，不予追究刑事责任；但是，五年内因逃避缴纳税款受过刑事处罚或者被税务机关给予二次以上行政处罚的除外。

2. 全国人大常委会《税收征收管理法》（中华人民共和国主席令第 23 号　2015 年 4 月 24 日）

第六十三条　纳税人伪造、变造、隐匿、擅自销毁帐簿、记帐凭证，或者在帐簿上多列支出或者不列、少列收入，或者经税务机关通知申报而拒不申报或者进行虚假的纳税申报，不缴或者少缴应纳税款的，是偷税。对纳税人偷税的，由税务机关追缴其不缴或者少缴的税款、滞纳金，并处不缴或者少缴的税款百分之五十以上五倍以下的罚款；构成犯罪的，依法追究刑事责任。

扣缴义务人采取前款所列手段,不缴或者少缴已扣、已收税款,由税务机关追缴其不缴或者少缴的税款、滞纳金,并处不缴或者少缴的税款百分之五十以上五倍以下的罚款;构成犯罪的,依法追究刑事责任。

第七十七条 纳税人、扣缴义务人有本法第六十三条、第六十五条、第六十六条、第六十七条、第七十一条规定的行为涉嫌犯罪的,税务机关应当依法移交司法机关追究刑事责任。

税务人员徇私舞弊,对依法应当移交司法机关追究刑事责任的不移交,情节严重的,依法追究刑事责任。

3.最高人民检察院、公安部《关于印发〈最高人民检察院、公安部关于公安机关管辖的刑事案件立案追诉标准的规定(二)〉的通知》(公通字〔2010〕23号 2010年5月7日)

第五十七条 [逃税案(刑法第二百零一条)]逃避缴纳税款,涉嫌下列情形之一的,应予立案追诉:

(一)纳税人采取欺骗、隐瞒手段进行虚假纳税申报或者不申报,逃避缴纳税款,数额在五万元以上并且占各税种应纳税总额百分之十以上,经税务机关依法下达追缴通知后,不补缴应纳税款、不缴纳滞纳金或者不接受行政处罚的;

(二)纳税人五年内因逃避缴纳税款受过刑事处罚或者被税务机关给予二次以上行政处罚,又逃避缴纳税款,数额在五万元以上并且占各税种应纳税总额百分之十以上的;

(三)扣缴义务人采取欺骗、隐瞒手段,不缴或者少缴已扣、已收税款,数额在五万元以上的。

纳税人在公安机关立案后再补缴应纳税款、缴纳滞纳金或者接受行政处罚的,不影响刑事责任的追究。

（二）制度规范

公安部《关于如何理解〈刑法〉第二百零一条规定的"应纳税额"问题的批复》（公复字〔1999〕4号　1999年11月23日）

《刑法》第二百零一条规定的"应纳税额"是指某一法定纳税期限或者税务机关依法核定的纳税期间内应纳税额的总和。偷税行为涉及两个以上税种的，只要其中一个税种的偷税数额、比例达到法定标准的，即构成偷税罪，其他税种的偷税数额累计计算。

二、抗税罪（刑法第 202 条）

法律与司法解释

1.《中华人民共和国刑法》

第二百零二条　以暴力、威胁方法拒不缴纳税款的，处三年以下有期徒刑或者拘役，并处拒缴税款一倍以上五倍以下罚金；情节严重的，处三年以上七年以下有期徒刑，并处拒缴税款一倍以上五倍以下罚金。

2.最高人民法院《关于审理偷税抗税刑事案件具体应用法律若干问题的解释》（法释〔2002〕33号　2002年11月7日）

为依法惩处偷税、抗税犯罪活动，根据刑法的有关法规，现就审理偷税、抗税刑事案件具体应用法律的若干问题解释如下：

第一条　纳税人实施下列行为之一，不缴或者少缴应纳税款，偷税数额占应纳税额的百分之十以上且偷税数额在一万元以上的，依照刑法第二百零一条第一款的法规定罪处罚：

（一）伪造、变造、隐匿、擅自销毁帐簿、记帐凭证；

（二）在帐簿上多列支出或者不列、少列收入；

（三）经税务机关通知申报而拒不申报纳税；

（四）进行虚假纳税申报；

（五）缴纳税款后，以假报出口或者其他欺骗手段，骗取所缴纳的税款。

扣缴义务人实施前款行为之一，不缴或者少缴已扣、已收税款，数额在一万元以上且占应缴税额百分之十以上的，依照刑法第二百零一条第一款的法规定罪处罚。扣缴义务人书面承诺代纳税人支付税款的，应当认定扣缴义务人"已扣、已收税款"。

实施本条第一款、第二款法规的行为，偷税数额在五万元以下，纳税人或者扣缴义务人在公安机关立案侦查以前已经足额补缴应纳税款和滞纳金，犯罪情节轻微，不需要判处刑罚的，可以免予刑事处罚。

第二条 纳税人伪造、变造、隐匿、擅自销毁用于记帐的发票等原始凭证的行为，应当认定为刑法第二百零一条第一款法规的伪造、变造、隐匿、擅自销毁记帐凭证的行为。

具有下列情形之一的，应当认定为刑法第二百零一条第一款法规的"经税务机关通知申报"：

（一）纳税人、扣缴义务人已经依法办理税务登记或者扣缴税款登记的；

（二）依法不需要办理税务登记的纳税人，经税务机关依法书面通知其申报的；

（三）尚未依法办理税务登记、扣缴税款登记的纳税人、扣缴义务人，经税务机关依法书面通知其申报的。

刑法第二百零一条第一款法规的"虚假的纳税申报"，是指纳税人或者扣缴义务人向税务机关报送虚假的纳税申报表、财务报表、代扣代缴、代收代缴税款报告表或者其他纳税申报资料，如提供虚假申请，编造减税、免税、抵税、先征收后退还税款等虚假资料等。

刑法第二百零一条第三款法规的"未经处理"，是指纳税人或者扣缴义务人在五年内多次实施偷税行为，但每次偷税数额均未达到刑法第二百零一条法规的构成犯罪的数额标准，且未受行政处罚的情形。

纳税人、扣缴义务人因同一偷税犯罪行为受到行政处罚，又被移送起诉的，人民法院应当依法受理。依法定罪并判处罚金的，行政罚款折抵罚金。

第三条 偷税数额，是指在确定的纳税期间，不缴或者少缴各税种税款的总额。

偷税数额占应纳税额的百分比，是指一个纳税年度中的各税种偷税总额与该纳税年度应纳税总额的比例。不按纳税年度确定纳税期的其他纳税人，偷税数额占应纳税额的百分比，按照行为人最后一次偷税行为发生之日前一年中各税种偷税总额与该年纳税总额的比例确定。纳税义务存续期间不足一个纳税年度的，偷税数额占应纳税额的百分比，按照各税种偷税总额与实际发生纳税义务期间应当缴纳税款总额的比例确定。

偷税行为跨越若干个纳税年度，只要其中一个纳税年度的偷税数额及百分比达到刑法第二百零一条第一款法规的标准，即构成偷税罪。各纳税年度的偷税数额应当累计计算，偷税百分比应当按照最高的百分比确定。

第四条　两年内因偷税受过二次行政处罚，又偷税且数额在一万元以上的，应当以偷税罪定罪处罚。

第五条　实施抗税行为具有下列情形之一的，属于刑法第二百零二条法规的"情节严重"：

（一）聚众抗税的首要分子；

（二）抗税数额在十万元以上的；

（三）多次抗税的；

（四）故意伤害致人轻伤的；

（五）具有其他严重情节。

第六条　实施抗税行为致人重伤、死亡，构成故意伤害罪、故意杀人罪的，分别依照刑法第二百三十四条第二款、第二百三十二条的法规定罪处罚。

与纳税人或者扣缴义务人共同实施抗税行为的，以抗税罪的共犯依法处罚。

3.最高人民检察院、公安部《关于印发〈最高人民检察院、公安部关于公安机关管辖的刑事案件立案追诉标准的规定（二）〉的通知》（公通字〔2010〕23号　2010年5月7日）

第五十八条　〔抗税案（刑法第二百零二条）〕以暴力、威胁方法拒不缴纳税款，涉嫌下列情形之一的，应予立案追诉：

（一）造成税务工作人员轻微伤以上的；

（二）以给税务工作人员及其亲友的生命、健康、财产等造成损害为威胁，抗拒缴纳税款的；

（三）聚众抗拒缴纳税款的；

（四）以其他暴力、威胁方法拒不缴纳税款的。

三、逃避追缴欠税罪（刑法第203条）

法律与司法解释

1.《中华人民共和国刑法》

第二百零三条 纳税人欠缴应纳税款，采取转移或者隐匿财产的手段，致使税务机关无法追缴欠缴的税款，数额在一万元以上不满十万元的，处三年以下有期徒刑或者拘役，并处或者单处欠缴税款一倍以上五倍以下罚金；数额在十万元以上的，处三年以上七年以下有期徒刑，并处欠缴税款一倍以上五倍以下罚金。

2.最高人民检察院、公安部《关于印发〈最高人民检察院、公安部关于公安机关管辖的刑事案件立案追诉标准的规定（二）〉的通知》（公通字〔2010〕23号 2010年5月7日）

第五十九条 ［逃避追缴欠税案（刑法第二百零三条）］纳税人欠缴应纳税款，采取转移或者隐匿财产的手段，致使税务机关无法追缴欠缴的税款，数额在一万元以上的，应予立案追诉。

四、骗取出口退税罪（刑法第204条）

（一）法律与司法解释

1.《中华人民共和国刑法》

第二百零四条 以假报出口或者其他欺骗手段，骗取国家出口退税款，数额较大的，处五年以下有期徒刑或者拘役，并处骗取税款一倍以上五倍以下罚金；数额巨大或者有其他严重情节的，处五年以上十年以下有期徒刑，并处骗取税款一倍以上五倍以下罚金；数额特别巨大或者有其他特别严重情节的，处十年以上有期徒刑或者无期徒刑，并处骗取税款一倍以上五倍以下罚金或者没收财产。

纳税人缴纳税款后，采取前款规定的欺骗方法，骗取所缴纳的税款的，依照本法第二百零一条的规定定罪处罚；骗取税款超过所缴纳的税款部分，依照前款的规定处罚。

2.《税收征收管理法》(2015 年 4 月 24 日)

第六十六条　以假报出口或者其他欺骗手段，骗取国家出口退税款的，由税务机关追缴其骗取的退税款，并处骗取税款一倍以上五倍以下的罚款；构成犯罪的，依法追究刑事责任。

对骗取国家出口退税款的，税务机关可以在规定期间内停止为其办理出口退税。

3. 最高人民法院《关于审理骗取出口退税刑事案件具体应用法律若干问题的解释》(法释〔2002〕30 号　2002 年 9 月 23 日)

为依法惩治骗取出口退税犯罪活动，根据《中华人民共和国刑法》的有关规定，现就审理骗取出口退税刑事案件具体应用法律的若干问题解释如下：

第一条　刑法第二百零四条规定的"假报出口"，是指以虚构已税货物出口事实为目的，具有下列情形之一的行为：

(一)伪造或者签订虚假的买卖合同；

(二)以伪造、变造或者其他非法手段取得出口货物报关单、出口收汇核销单、出口货物专用缴款书等有关出口退税单据、凭证；

(三)虚开、伪造、非法购买增值税专用发票或者其他可以用于出口退税的发票；

(四)其他虚构已税货物出口事实的行为。

第二条　具有下列情形之一的，应当认定为刑法第二百零四条规定的"其他欺骗手段"：

(一)骗取出口货物退税资格的；

(二)将未纳税或者免税货物作为已税货物出口的；

(三)虽有货物出口，但虚构该出口货物的品名、数量、单价等要素，骗取未实际纳税部分出口退税款的；

（四）以其他手段骗取出口退税款的。

第三条 骗取国家出口退税款 5 万元以上的，为刑法第二百零四条规定的"数额较大"；骗取国家出口退税款 50 万元以上的，为刑法第二百零四条规定的"数额巨大"；骗取国家出口退税款 250 万元以上的，为刑法第二百零四条规定的"数额特别巨大"。

第四条 具有下列情形之一的，属于刑法第二百零四条规定的"其他严重情节"：

（一）造成国家税款损失 30 万元以上并且在第一审判决宣告前无法追回的；

（二）因骗取国家出口退税行为受过行政处罚，两年内又骗取国家出口退税款数额在 30 万元以上的；

（三）情节严重的其他情形。

第五条 具有下列情形之一的，属于刑法第二百零四条规定的"其他特别严重情节"：

（一）造成国家税款损失 150 万元以上并且在第一审判决宣告前无法追回的；

（二）因骗取国家出口退税行为受过行政处罚，两年内又骗取国家出口退税款数额在 150 万元以上的；

（三）情节特别严重的其他情形。

第六条 有进出口经营权的公司、企业，明知他人意欲骗取国家出口退税款，仍违反国家有关进出口经营的规定，允许他人自带客户、自带货源、自带汇票并自行报关，骗取国家出口退税款的，依照刑法第二百零四条第一款、第二百一十一条的规定定罪处罚。

第七条 实施骗取国家出口退税行为，没有实际取得出口退税款的，可以比照既遂犯从轻或者减轻处罚。

第八条 国家工作人员参与实施骗取出口退税犯罪活动的，依照刑法第二百零四条第一款的规定从重处罚。

第九条 实施骗取出口退税犯罪，同时构成虚开增值税专用发票罪等其他犯罪的，依照刑法处罚较重的规定定罪处罚。

4. 最高人民检察院、公安部《关于印发〈最高人民检察院、公安部关于公安机关管辖的刑事案件立案追诉标准的规定（二）〉的通知》（公通字〔2010〕23 号　2010 年 5 月 7 日）

第六十条　［骗取出口退税案（刑法第二百零四条第一款）］以假报出口或者其他欺骗手段，骗取国家出口退税款，数额在五万元以上的，应予立案追诉。

5. 最高人民法院《关于审理骗购外汇、非法买卖外汇刑事案件具体应用法律若干问题的解释》（法释〔1998〕20 号　1998 年 8 月 28 日）

第一条　以进行走私、逃汇、洗钱、骗税等犯罪活动为目的，使用虚假、无效的凭证、商业单据或者采取其他手段向外汇指定银行骗购外汇的，应当分别按照刑法分则第三章第二节、第一百九十条、第一百九十一条和第二百零四条等规定定罪处罚。

非国有公司、企业或者其他单位，与国有公司，企业或者其他国有单位勾结逃汇的，以逃汇罪的共犯处罚。

（二）指导案例

1. 案例：中国包装进出口陕西公司、侯万万骗取出口退税案

案例来源:《刑事审判参考》第 287 号

裁判要旨:"明知他人意欲骗取出口退税款"的司法认定：有进出口经营权的公司、企业，明知他人意欲骗取国家出口退税款，仍违反国家有关进出口经营的规定，允许他人自带客户、自带货源、自带汇票并自行报关，骗取国家出口退税款的"，依照刑法第 204 条第 1 款、第 211 条的规定定罪处罚。对于"明知他人意欲骗取出口退税款"的认定，不能只听被告人的辩解，必须根据"主客观相一致"的原则，结合具体行为加以认定。

2. 案例：杨康林、曹培强等骗取出口退税案

案例来源:《刑事审判参考》第 329 号

裁判要旨：如何认定"明知他人具有骗取国家出口退税款"的主观故意：

只要有事实和证据证明有进出口经营权的公司、企业明知他人可能要骗取出口退税，仍违反规定从事"四自三不见"业务，造成国家税款流失，即可推定其主观上明知，而不要求有证据证明这些公司、企业明知他人必然要骗取出口退税。

五、虚开增值税专用发票、用于骗取出口退税、抵扣税款发票罪（刑法第 205 条）

（一）法律与司法解释

1.《中华人民共和国刑法》

第二百零五条　虚开增值税专用发票或者虚开用于骗取出口退税、抵扣税款的其他发票的，处三年以下有期徒刑或者拘役，并处二万元以上二十万元以下罚金；虚开的税款数额较大或者有其他严重情节的，处三年以上十年以下有期徒刑，并处五万元以上五十万元以下罚金；虚开的税款数额巨大或者有其他特别严重情节的，处十年以上有期徒刑或者无期徒刑，并处五万元以上五十万元以下罚金或者没收财产。

单位犯本条规定之罪的，对单位判处罚金，并对其直接负责的主管人员和其他直接责任人员，处三年以下有期徒刑或者拘役；虚开的税款数额较大或者有其他严重情节的，处三年以上十年以下有期徒刑；虚开的税款数额巨大或者有其他特别严重情节的，处十年以上有期徒刑或者无期徒刑。

虚开增值税专用发票或者虚开用于骗取出口退税、抵扣税款的其他发票，是指有为他人虚开、为自己虚开、让他人为自己虚开、介绍他人虚开行为之一的。

2.全国人民代表大会常务委员《关于〈中华人民共和国刑法〉有关出口退税、抵扣税款的其他发票规定的解释》（2005 年 12 月 29 日）

刑法规定的"出口退税、抵扣税款的其他发票"，是指除增值税专用发票以外的，具有出口退税、抵扣税款功能的收付款凭证或者完税凭证。

3. 全国人民代表大会常务委员会《关于惩治虚开、伪造和非法出售增值税专用发票犯罪的决定》（中华人民共和国主席令〔第五十七号〕 1995年10月30日）

为了惩治虚开、伪造和非法出售增值税专用发票和其他发票进行偷税、骗税等犯罪活动，保障国家税收，特作如下决定：

一、虚开增值税专用发票的，处三年以下有期徒刑或者拘役，并处二万元以上二十万元以下罚金；虚开的税款数额较大或者有其他严重情节的，处三年以上十年以下有期徒刑，并处五万元以上五十万元以下罚金；虚开的税款数额巨大或者有其他特别严重情节的，处十年以上有期徒刑或者无期徒刑，并处没收财产。

有前款行为骗取国家税款，数额特别巨大、情节特别严重、给国家利益造成特别重大损失的，处无期徒刑或者死刑，并处没收财产。

虚开增值税专用发票的犯罪集团的首要分子，分别依照前两款的规定从重处罚。

虚开增值税专用发票是指有为他人虚开、为自己虚开、让他人为自己虚开、介绍他人虚开增值税专用发票行为之一的。

二、伪造或者出售伪造的增值税专用发票的，处三年以下有期徒刑或者拘役，并处二万元以上二十万元以下罚金；数量较大或者有其他严重情节的，处三年以上十年以下有期徒刑，并处五万元以上五十万元以下罚金；数量巨大或者有其他特别严重情节的，处十年以上有期徒刑或者无期徒刑，并处没收财产。

伪造并出售伪造的增值税专用发票，数量特别巨大、情节特别严重、严重破坏经济秩序的，处无期徒刑或者死刑，并处没收财产。

伪造、出售伪造的增值税专用发票的犯罪集团的首要分子，分别依照前两款的规定从重处罚。

三、非法出售增值税专用发票的，处三年以下有期徒刑或者拘役，并处二万元以上二十万元以下罚金；数量较大的，处三年以上十年以下有期徒刑，并处五万元以上五十万元以下罚金；数量巨大的，处十年以上有期徒刑或者无期徒刑，并处没收财产。

四、非法购买增值税专用发票或者购买伪造的增值税专用发票的，处五年以下有期徒刑、拘役，并处或者单处二万元以上二十万元以下罚金。

非法购买增值税专用发票或者购买伪造的增值税专用发票又虚开或者出售的，分别依照第一条、第二条、第三条的规定处罚。

五、虚开用于骗取出口退税、抵扣税款的其他发票的，依照本决定第一条的规定处罚。

虚开用于骗取出口退税、抵扣税款的其他发票是指有为他人虚开、为自己虚开、让他人为自己虚开、介绍他人虚开用于骗取出口退税、抵扣税款的其他发票行为之一的。

六、伪造、擅自制造或者出售伪造、擅自制造的可以用于骗取出口退税、抵扣税款的其他发票的，处三年以下有期徒刑或者拘役，并处二万元以上二十万元以下罚金；数量巨大的，处三年以上七年以下有期徒刑，并处五万元以上五十万元以下罚金；数量特别巨大的，处七年以上有期徒刑，并处没收财产。

伪造、擅自制造或者出售伪造、擅自制造的前款规定以外的其他发票的，比照刑法第一百二十四条的规定处罚。

非法出售可以用于骗取出口退税、抵扣税款的其他发票的，依照第一款的规定处罚。

非法出售前款规定以外的其他发票的，比照刑法第一百二十四条的规定处罚。

七、盗窃增值税专用发票或者其他发票的，依照刑法关于盗窃罪的规定处罚。

使用欺骗手段骗取增值税专用发票或者其他发票的，依照刑法关于诈骗罪的规定处罚。

八、税务机关或者其他国家机关的工作人员有下列情形之一的，依照本决定的有关规定从重处罚：

（一）与犯罪分子相勾结，实施本决定规定的犯罪的；

（二）明知是虚开的发票，予以退税或者抵扣税款的；

（三）明知犯罪分子实施本决定规定的犯罪，而提供其他帮助的。

九、税务机关的工作人员违反法律、行政法规的规定，在发售发票、抵扣税款、出口退税工作中玩忽职守，致使国家利益遭受重大损失的，处五年以下有期徒刑或者拘役；致使国家利益遭受特别重大损失的，处五年以上有期徒刑。

十、单位犯本决定第一条、第二条、第三条、第四条、第五条、第六条、第七条第二款规定之罪的，对单位判处罚金，并对直接负责的主管人员和其他直接责任人员依照各该条的规定追究刑事责任。

十一、有本决定第二条、第三条、第四条第一款、第六条规定的行为，情节显著轻微，尚不构成犯罪的，由公安机关处十五日以下拘留、五千元以下罚款。

十二、对追缴犯本决定规定之罪的犯罪分子的非法抵扣和骗取的税款，由税务机关上交国库，其他的违法所得和供犯罪使用的财物一律没收。

供本决定规定的犯罪所使用的发票和伪造的发票一律没收。

十三、本决定自公布之日起施行。

（*根据中华人民共和国刑法（1997修订），本决定予以保留，其中，有关行政处罚和行政措施的规定继续有效；有关刑事责任的规定已纳入97刑法，自97刑法施行之日起，适用97刑法规定。）

4. 见刑法第204条骗取出口退税罪项下最高人民法院《关于审理骗取出口退税刑事案件具体应用法律若干问题的解释》。

（二）制度规范

1. 最高人民法院《关于对〈审计署关于咨询虚开增值税专用发票罪问题的函〉的复函》（法函〔2001〕66号　2001年10月17日）

地方税务机关实施"高开低征"或者"开大征小"等违规开具增值税专用发票的行为，不属于刑法第二百零五条规定的虚开增值税专用发票的犯罪行为，造成国家税款重大损失的，对有关主管部门的国家机关工作人员，应当根据刑法有关渎职罪的规定追究刑事责任。

2. 最高人民检察院法律政策研究室《关于税务机关工作人员通过企业以"高开低征"的方法代开增值税专用发票的行为如何使用法律问题的答复》（高检研发〔2004〕6号 2004年3月17日）

税务机关及其工作人员将不具备条件的小规模纳税人虚报为一般纳税人，并让其采用"高开低征"的方法为他人代开增值税专用发票的行为，属于虚开增值税专用发票。对于造成国家税款损失，构成犯罪的，应当依照刑法第二百零五条的规定追究刑事责任。

3. 最高人民法院研究室《关于如何适用法发〔1996〕30号司法解释数额标准问题的电话答复》（法研〔2014〕179号 2014年11月27日）

为了贯彻罪刑相当原则，对虚开增值税专用发票案件的量刑数额标准，可以不再参照适用1996年《最高人民法院关于适用〈全国人民代表大会常务委员会关于惩治虚开、伪造和非法出售增值税专用发票犯罪的决定〉的若干问题的解释》。在新的司法解释制定前，对于虚开增值税专用发票案件的定罪量刑标准，可以参照《最高人民法院关于审理骗取出口退税刑事案件具体应用法律若干问题的解释》的有关规定执行。

4. 最高人民法院《关于虚开增值税专用发票定罪量刑标准有关问题的通知》（法〔2018〕226号 2018年8月22日）

一、自本通知下发之日起，人民法院在审判工作中不再参照执行《最高人民法院关于适用〈全国人民代表大会常务委员会关于惩治虚开、伪造和非法出售增值税专用发票犯罪的决定〉的若干问题的解释》（法发〔1996〕30号）第一条规定的虚开增值税专用发票罪的定罪量刑标准。

二、在新的司法解释颁行前，对虚开增值税专用发票刑事案件定罪量刑的数额标准，可以参照《最高人民法院关于审理骗取出口退税刑事案件具体应用法律若干问题的解释》（法释〔2002〕30号）第三条的规定执行，即虚开的税款数额在五万元以上的，以虚开增值税专用发票罪处三年以下有期徒刑或者拘役，并处二万元以上二十万元以下罚金；虚开的税款数额在五十万元以上的，认定为刑法第二百零五条规定的"数额较大"；虚开的税款数额在二百五十万元以上的，认定为刑法第二百零五条规定的"数额巨大"。

5.最高人民检察院、公安部《关于印发〈最高人民检察院、公安部关于公安机关管辖的刑事案件立案追诉标准的规定（二）〉的通知》（公通字〔2010〕23号　2010年5月7日）

第六十一条　[虚开增值税专用发票、用于骗取出口退税、抵扣税款发票案（刑法第二百零五条）]虚开增值税专用发票或者虚开用于骗取出口退税、抵扣税款的其他发票，虚开的税款数额在1万元以上或者致使国家税款被骗数额在5000元以上的，应予立案追诉。

6.国务院《关于坚决打击骗取出口退税严厉惩治金融和财税领域违法乱纪行为的决定》（国发〔1996〕4号　1996年1月21日）

要严格执行全国人大常委会《关于惩治虚开、伪造和非法出售增值税专用发票犯罪的决定》，从严查处、惩治骗税活动。企业事业单位从事或者参与骗税逃税活动的，包括虚开增值税专用发票和以少充多、虚抬价格、假冒或虚报出口，以及在进口中以多报少、假捐赠等逃税行为的，一经查实，对直接责任人一律开除公职，对有关负责人予以撤职；根据法律和司法解释的规定，凡骗税逃税额1万元以上的，一律移送司法机关依法追究刑事责任。企业事业单位的负责人及业务人员为本单位谋利而蓄意造假骗取出口退税的，以诈骗罪或者骗取出口退税罪惩处。企业骗取出口退税，情节严重的，停止对其出口退税，经贸部门撤销其对外贸易经营许可。国家有关机关工作人员因玩忽职守，造成国家税收损失5万元以上的，对直接责任人要给予记过以上行政处分，直至开除公职，对有关负责人要给予记过以上行政处分，直至撤职；凡参与骗税活动或因玩忽职守，造成国家税收重大损失构成犯罪的，一律移送司法机关立案查处，依法追究刑事责任。对骗取国家税款，数额特别巨大、情节特别严重、给国家利益造成重大损失的，要依照全国人大常委会的有关决定从重、从严惩治。

7.公安部办公厅《关于若干经济犯罪案件如何统计涉案总价值、挽回经济损失数额的批复》（公经〔2008〕214号　2008年11月5日）

四、危害税收征管案按照以下方法统计涉案总价值：

（一）偷税案按照偷税数额统计涉案总价值。

（二）抗税案按照拒缴税款额统计涉案总价值。

（三）逃避追缴欠税案按照欠缴税款额统计涉案总价值。

（四）骗取出口退税案按照骗取税款额统计涉案总价值。

（五）虚开增值税专用发票、用于骗取出口退税、抵扣税款发票案按照价税合计额统计涉案总价值。

（六）伪造、出售伪造的增值税专用发票案、非法出售增值税专用发票案、非法购买增值税专用发票、购买伪造的增值税专用发票案，发票已经填开或打印金额的，按照价税合计额统计涉案总价值；发票未填开或打印金额的，不统计涉案总价值。

（七）非法制造、出售非法制造的用于骗取出口退税、抵扣税款发票案、非法出售用于骗取出口退税、抵扣税款发票案，发票已经填开或打印、印刷金额的，按照票面金额统计涉案总价值；票面既有价款额又有税款额的，按照价税合计额统计涉案总价值；发票未填开或打印、印刷金额的，不统计涉案总价值。

（八）非法制造、出售非法制造的发票案、非法出售发票案，发票已经填开或打印、印刷金额的，按照票面金额统计涉案总价值；发票未填开或打印、印刷金额的，不统计涉案总价值。

（三）指导案例

1. 案例：朱奕骥投机倒把案

案例来源：《刑事审判参考》第 3 号

裁判要旨：1979 年刑法没有规定单位犯罪，1997 年刑法增加了单位犯罪的规定。刑法第 30 条规定："公司、企业、事业单位、机关、团体实施的危害社会的行为，法律规定为单位犯罪的，应当负刑事责任。"根据刑法的立法精神以及社会主义市场经济的客观要求，"公司、企业"既指国有、集体性质的公司、企业，也包括非国有、集体性质的公司、企业。朱奕骥以南方公司的名义向他人提供增值税专用发票虚开牟利，并将非法所得大部分用于南方公司的经营，其行为属单位犯罪。被告人朱奕骥系南方公司的承包人、经理、法人代表，属单位直接负责的主管人员，应依法对其追究刑事责任，对南方公司应判处罚金。

单位虚开增值税专用发票犯罪，追究其直接负责的主管人员和其他直接责任人员刑事责任的法定刑，根据有关司法解释规定，以 1979 年刑法规定的法定刑最轻。因此，根据刑法第 12 条第 1 款的规定，应适用 1979 年刑法第 118 条的规定，对朱奕骥以投机倒把罪定罪处刑。

2. 案例：张贞练虚开增值税专用发票案

案例来源：《刑事审判参考》第 86 号

裁判要旨：单位犯罪必须同时具备两个要件：一是犯罪是以单位名义实施的；二是违法所得归单位所有，此特征是区别单位犯罪与自然人犯罪的关键所在。本案中，张贞练以单位名义实施的行为只是表面现象，因为虚开增值税专用发票犯罪的特殊性决定了此类犯罪不以单位名义将难以实施。除此之外，更重要的是张贞练虚开增值税专用发票的违法所得并没有归单位所有，而是绝大部分都被张贞练用于个人经商和挥霍。因此。一审法院和二审法院均认定张贞练为自然人犯罪是正确的。需要说明的是，1997 年刑法第 205 条第 2 款的规定与《关于惩治虚开、伪造和非法出售增值税专用发票的决定》第 1 条第 1、2 款的规定相同，根据从旧的原则，1997 年刑法对张贞练的行为没有溯及力。故本案对张贞练虚开增值税专用发票行为的定罪、量刑，适用《关于惩治虚开、伪造和非法出售增值税专用发票的决定》第 1 条第 1、2 款的规定更为适宜。

3. 案例：芦才兴虚开抵扣税款发票案

案例来源：《刑事审判参考》第 110 号

裁判要旨：虚开抵扣税款发票罪的成立，必须同时具备以下 4 个条件：第一，行为人实施了虚开用于抵扣税款的发票的行为。第二，犯罪对象必须是可以用于抵扣税款的发票。第三，行为人必须具有抵扣税款的资格。第四，行为人必须具有抵扣税款的故意。本案中芦才兴在主观是为了少缴应纳税款，而不是为了抵扣税款，在客观上因无申报抵扣税款的资格，既没有也不可能用于抵扣税款，因此，不能对被告人芦才兴以虚开抵扣税款发票罪定罪处罚。被告人芦才兴为了少缴应纳税款，采取了虚开交通运输发票以虚增营业开支、冲减营业数额的方式，进行虚假的纳税申报，此外，其为帮助其他联运企业偷逃税款，还将运输发票提供给其他运输企业进行虚开，用于冲减营业额，被告人芦才兴的行为已构成偷税罪。

4. 案例：何涛虚开增值税专用发票案

案例来源：《刑事审判参考》第 119 号

裁判要旨：行为人没有从事购销活动，本身不需要向税务机关缴纳增值税，其让他人为自己虚开增值税专用发票，并以进项增值税专用发票向税务机关抵扣税款的纳税行为，仅为掩人耳目，国家税款在这一环节不会造成损失。但因其虚开进项增值税专用发票，危害了国家对增值税专用发票的监督管理制度和税收征管秩序，应当认定为其虚开增值税专用发票犯罪的"其他严重情节"。同时，已向国家缴纳的税款应从给国家利益造成的损失中扣除，综上，认定被告人何涛的行为构成虚开增值税专用发票罪。

5. 案例：吴彩森、郭家春等虚开增值税专用发票案

案例来源：《刑事审判参考》第 231 号

裁判要旨：霍山县国税局西城税务分局是本案的适格被告。从主观方面看，西城税务分局具有放任受票人利用虚开的增值税专用发票抵扣税款或者骗取税款的故意；从客观方面看，西城税务分局主要实施了《最高人民法院关于适用（全国人民代表大会常务委员会关于惩治虚开、伪造和非法出售增值税专用发票犯罪的决定）若干问题的解释》第 1 条第（1）项、第（2）项规定的行为，具备构成虚开增值税专用发票罪的客观特征。因此应当以虚开增值税专用发票罪定罪处罚。

6. 案例：普宁市流沙经济发展公司等单位虚开增值税专用发票案

案例来源：《刑事审判参考》第 232 号

裁判要旨：根据刑法第 25 条关于共同犯罪的规定及刑法理论，单位也可以成为共同犯罪的主体，一个单位和其他单位，以及单位和自然人之间在共同故意的基础上可以实施共同的犯罪行为，从而构成共同犯罪。而且在单位

之间、单位和自然人之间共同犯罪的情况下，根据具体案情，有的可以或者应当区分主从犯，以追究单位和自然人不尽相同的刑事责任。

7. 案例：中国包装进出口陕西公司、侯万万骗取出口退税案

案例来源：《刑事审判参考》第 287 号

裁判要旨：最高人民法院《关于审理骗取出口退税刑事案件具体应用法律若干问题的解释》第 6 条规定："有进出口经营权的公司、企业，明知他人意欲骗取国家出口退税款，仍违反国家有关进出口经营的规定，允许他人自带客户、自带货源、自带汇票并自行报关，骗取国家出口退税款的"，依照刑法第 204 条第 1 款、第 211 条的规定定罪处罚。

8. 案例：杨康林、曹培强等骗取出口退税案

案例来源：《刑事审判参考》第 329 号

裁判要旨："四自三不见"是代理出口业务中的一种违规操作行为。有进出口经营权的公司明知他人可能骗取国家出口退税款，在"四自三不见"的情况下代理出口业务，致使国家税款被骗的，应当认定为具有骗取国家出口退税款的主观故意。攀枝花外贸公司及被告人杨康林、曹培强等人的行为构成骗取出口退税罪。

9. 上海新客派信息技术有限公司、王志强虚开增值税专用发票案

案例来源：《刑事审判参考》第 725 号

裁判要旨：一人公司单位犯罪主体适格的具体条件：第一，一人公司必须严格依法成立。第二，一人公司必须具有独立的人格。第三，一人公司必须具有公司法所要求的法人治理结构。第四，一人公司成立的目的必须是依法从事经营活动，且客观上确实从事了一定的合法经营活动。本案中，被告单位新客派公司系按照我国公司法关于一人公司的规定依法注册登记成立，具有独立的人格和法人治理结构，客观上也确实从事了一定的合法经营活动，故其实施的犯罪应当认定为单位犯罪。

10. 王小禹、鞠井田虚开增值税专用发票案

案例来源：《刑事审判参考》第 1209 号

裁判要旨：介绍他人开具、让他人为自己开具无真实货物购销的增值税

专用发票的行为构成虚开增值税专用发票罪。虚开的"税款数额"是指增值税专用发票造成的国家税收的损失，也就是抵扣的税款额，即票面载明的税额。

六、虚开发票罪（刑法第 205 条之一）

（一）法律与司法解释

《中华人民共和国刑法》

第二百零五条之一 虚开本法第二百零五条规定以外的其他发票，情节严重的，处二年以下有期徒刑、拘役或者管制，并处罚金；情节特别严重的，处二年以上七年以下有期徒刑，并处罚金。

单位犯前款罪的，对单位判处罚金，并对其直接负责的主管人员和其他直接责任人员，依照前款的规定处罚。

（二）制度规范

最高人民检察院、公安部《关于印发〈关于公安机关管辖的刑事案件立案追诉标准的规定（二）的补充规定〉的通知》（公通字〔2011〕47号 2011 年 11 月 14 日）

二、在《立案追诉标准（二）》中增加第六十一条之一：［虚开发票案（刑法第二百零五条）］规定以外的其他发票，涉嫌下列情形之一的，应予立案追诉：

（一）虚开发票一百份以上或者虚开金额累计在四十万元以上的；

（二）虽未达到上述数额标准，但五年内因虚开发票行为受过行政处罚二次以上，又虚开发票的；

（三）其他情节严重的情形。

七、伪造、出售伪造的增值税专用发票罪（刑法第 206 条）

（一）法律与司法解释

1.《中华人民共和国刑法》

第二百零六条 伪造或者出售伪造的增值税专用发票的，处三年以下有期徒刑、拘役或者管制，并处二万元以上二十万元以下罚金；数量较大或者有其他严重情节的，处三年以上十年以下有期徒刑，并处五万元以上五十万元以下罚金；数量巨大或者有其他特别严重情节的，处十年以上有期徒刑或者无期徒刑，并处五万元以上五十万元以下罚金或者没收财产。

单位犯本条规定之罪的，对单位判处罚金，并对其直接负责的主管人员和其他直接责任人员，处三年以下有期徒刑、拘役或者管制；数量较大或者有其他严重情节的，处三年以上十年以下有期徒刑；数量巨大或者有其他特别严重情节的，处十年以上有期徒刑或者无期徒刑。

2. 见刑法第205条项下全国人民代表大会常务委员会《关于惩治虚开、伪造和非法出售增值税专用发票犯罪的决定》（中华人民共和国主席令〔第五十七号〕1995年10月30日）

3. 最高人民法院《关于适用〈全国人民代表大会常务委员会关于惩治虚开、伪造和非法出售增值税专用发票犯罪的决定〉的若干问题的解释》（法发〔1996〕30号　1996年10月17日）

为正确执行《全国人民代表大会常务委员会关于惩治虚开、伪造和非法出售增值税专用发票犯 罪的决定》（以下简称《决定》），依法惩治虚开、伪造和非法出售增值税专用发票和其他发票犯罪，现就适用《决定》的若干具体问题解释如下：

一、根据《决定》第一条规定，虚开增值税专用发票的，构成虚开增值税专用发票罪。

具有下列行为之一的，属于"虚开增值税专用发票"：（1）没有货物购销或者没有提供或接受应税劳务而为他人、为自己、让他人为自己、介绍他人开具增值税专用发票；（2）有货物购销或者提供或接受了应税劳务但为他人、为自己、让他人为自己、介绍他人开具数量或者金额不实的增值税专用发票；（3）进行了实际经营活动，但让他人为自己代开增值税专用发票。

虚开税款数额1万元以上的或者虚开增值税专用发票致使国家税款被骗取5000元以上的，应当依法定罪处罚。

虚开税款数额10万元以上的，属于"虚开的税款数额较大"；具有下列情形之一的，属于"有其他严重情节"：（1）因虚开增值税专用发票致使国家税款被骗取 5 万元以上的；（2）具有其他严重情节的。

虚开税款数额 50 万元以上的，属于"虚开的税款数额巨大"；具有下列情形之一的，属于"有其他特别严重情节"：（1）因虚开增值税专用发票致使国家税款被骗取 30 万元以上的；（2）虚开的税款数额接近巨大并有其他严重情节的；（3）具有其他特别严重情节的。利用虚开的增值税专用发票实际抵扣税款或者骗取出口退税 100 万元以上的，属于"骗取国家税款数额特别巨大"；造成国家税款损失 50 万元以上并且在侦查终结前仍无法追回的，属于"给国家利益造成特别重大损失"。利用虚开的增值税专用发票骗取国家税款数额特别巨大、给国家利益造成特别重大损失，为"情节特别严重"的基本内容。

虚开增值税专用发票犯罪分子与骗取税款犯罪分子均应当对虚开的税款数额和实际骗取的国家税款数额承担刑事责任。

利用虚开的增值税专用发票抵扣税款或者骗取出口退税的，应当依照《决定》第一条的规定定罪处罚；以其他手段骗取国家税款的，仍应依照《全国人民代表大会常务委员会关于惩治偷税、抗税犯罪的补充规定》的有关规定定罪处罚。

二、根据《决定》第二条规定，伪造或者出售伪造的增值税专用发票的，构成伪造、出售伪造的增值税专用发票罪。

伪造或者出售伪造的增值税专用发票 25 份以上或者票面额（百元版以每份 100 元，千元版以每份 1000 元，万元版以每份 1 万元计算，以此类推。下同）累计 10 万元以上的应当依法定罪处罚。

伪造或者出售伪造的增值税专用发票 100 份以上或者票面额累计 50 万元以上的，属于"数量较大"；具有下列情形之一的，属于"有其他严重情节"：（1）违法所得数额在 1 万元以上的；（2）伪造并出售伪造的增值税专用发票 60 份以上或者票面额累计 30 万元以上的；（3）造成严重后果或者具有其他严重情节的。

伪造或者出售伪造的增值税专用发票 500 份以上或者票面额累计 250 万

元以上的，属于"数量巨大"；具有下列情形之一的，属于"有其他特别严重情节"：（1）违法所得数额在 5 万元以上的；（2）伪造并出售伪造的增值税专用发票 300 份以上或者票面额累计 200 万元以上的；（3）伪造或者出售伪造的增值税专用发票接近"数量巨大"并有其他严重情节的；（4）造成特别严重后果或者具有其他特别严重情节的。

伪造并出售伪造的增值税专用发票 1000 份以上或者票面额累计 1000 万元以上的，属于"伪造并出售伪造的增值税专用发票数量特别巨大"；具有下列情形之一的，属于"情节特别严重"：（1）违法所得数额在 5 万元以上的；（2）因伪造、出售伪造的增值税专用发票致使国家税款被骗取 100 万元以上的；（3）给国家税款造成实际损失 50 万元以上的；（4）具有其他特别严重情节的。对于伪造并出售伪造的增值税专用发票数量达到特别巨大，又具有特别严重情节，严重破坏经济秩序的，应当依照《决定》第二条第二款的规定处罚。

伪造并出售同一宗增值税专用发票的，数量或者票面额不重复计算。

变造增值税专用发票的，按照伪造增值税专用发票行为处理。

三、根据《决定》第三条规定，非法出售增值税专用发票的，构成非法出售增值税专用发票罪。

非法出售增值税专用发票案件的定罪量刑数量标准按照本解释第二条第二、三、四款的规定执行。

四、根据《决定》第四条规定，非法购买增值税专用发票或者购买伪造的增值税专用发票的，构成非法购买增值税专用发票、伪造的增值税专用发票罪。

非法购买增值税专用发票或者购买伪造的增值税专用发票 25 份以上或者票面额累计 10 万元以上的，应当依法定罪处罚。

非法购买真、伪两种增值税专用发票的，数量累计计算，不实行数罪并罚。

五、根据《决定》第五条规定，虚开用于骗取出口退税、抵扣税款的其他发票的，构成虚开专用发票罪，依照《决定》第一条的规定处罚。

"用于骗取出口退税、抵扣税款的其他发票"是指可以用于申请出口退税、抵扣税款的非增值税专用发票，如运输发票、废旧物品收购发票、农业产品收购发票等。

六、根据《决定》第六条规定，伪造、擅自制造或者出售伪造、擅自制造的可以用于骗取出口退税、抵扣税款的其他发票的，构成非法制造专用发票罪或出售非法制造的专用发票罪。伪造、擅自制造或者出售伪造、擅自制造的可以用于骗取出口退税、抵扣税款的其他发票 50 份以上的，应当依法定罪处罚；伪造、擅自制造或者出售伪造、擅自制造的可以用于骗取出口退税、抵扣税款的其他发票 200 份以上的，属于"数量巨大"；伪造、擅自制造或者出售伪造、擅自制造的可以用于骗取出口退税、抵扣税款的其他发票 1000 份以上的，属于"数量特别巨大"。

七、盗窃增值税专用发票或者可以用于骗取出口退税、抵扣税款的其他发票 25 份以上，或者其他发票 50 份以上的；诈骗增值税专用发票或者可以用于骗取出口退税、抵扣税款的其他发票 50 份以上，或者其他发票 100 份以上的，依照刑法第一百五十一条的规定处罚。

盗窃增值税专用发票或者可以用于骗取出口退税、抵扣税款的其他发票 250 份以上，或者其他发票 500 份以上的；诈骗增值税专用发票或者可以用于骗取出口退税、抵扣税款的其他发票 500 份以上，或者其他发票 1000 份以上的，依照刑法第一百五十二条的规定处罚。

盗窃增值税专用发票或者其他发票情节特别严重的，依照《全国人民代表大会常务委员会关于严惩严重破坏经济的罪犯的决定》第一条第（一）项的规定处罚。

盗窃、诈骗增值税专用发票或者其他发票后，又实施《决定》规定的虚开、出售等犯罪的，按照其中的重罪定罪处罚，不实行数罪并罚。

（二）制度规范

1. 见刑法第 205 条项下国务院《关于坚决打击骗取出口退税严厉惩治金融和财税领域违法乱纪行为的决定》。

2.最高人民检察院、公安部《关于印发〈最高人民检察院、公安部关于公安机关管辖的刑事案件立案追诉标准的规定（二）〉的通知》（公通字〔2010〕23号 2010年5月7日）

第六十二条 ［伪造、出售伪造的增值税专用发票案（刑法第二百零六条）］伪造或者出售伪造的增值税专用发票二十五份以上或者票面额累计在十万元以上的，应予立案追诉。

3.见刑法第205条项下公安部办公厅《关于若干经济犯罪案件如何统计涉案总价值、挽回经济损失数额的批复》（公经〔2008〕214号 2008年11月5日）。

（三）指导案例

案例：曾珠玉等伪造增值税专用发票案

案例来源：《刑事审判参考》第252号

裁判要旨：对于行为人购买伪造的增值税专用发票又出售的行为，如果购买与出售伪造的增值税专用发票行为均成立犯罪，则应以出售伪造的增值税专用发票罪定罪处罚。只有购买伪造的增值税专用发票尚未出售或者出售行为尚未达到追究刑事责任的数额标准的情况下，考虑到犯罪行为的想象竞合和吸收关系，才以购买伪造的增值税专用发票罪定罪处罚。

八、非法出售增值税专用发票罪（刑法第207条）

（一）法律与司法解释

1.《中华人民共和国刑法》

第二百零七条 非法出售增值税专用发票的，处三年以下有期徒刑、拘役或者管制，并处二万元以上二十万元以下罚金；数量较大的，处三年以上十年以下有期徒刑，并处五万元以上五十万元以下罚金；数量巨大的，处十年以上有期徒刑或者无期徒刑，并处五万元以上五十万元以下罚金或者没收财产。

2. 见刑法第 205 条项下全国人民代表大会常务委员会《关于惩治虚开、伪造和非法出售增值税专用发票犯罪的决定》(中华人民共和国主席令〔第五十七号〕 1995 年 10 月 30 日)

3. 见刑法第 206 条最高人民法院《关于适用〈全国人民代表大会常务委员会关于惩治虚开、伪造和非法出售增值税专用发票犯罪的决定〉的若干问题的解释》(法发〔1996〕30 号 1996 年 10 月 17 日)

（二）制度规范

1. 见刑法第 205 条项下国务院《关于坚决打击骗取出口退税严厉惩治金融和财税领域违法乱纪行为的决定》(国发〔1996〕4 号 1996 年 1 月 21 日)

2. 最高人民检察院、公安部《关于印发〈最高人民检察院、公安部关于公安机关管辖的刑事案件立案追诉标准的规定（二）〉的通知》(公通字〔2010〕23 号 2010 年 5 月 7 日)

第六十三条 ［非法出售增值税专用发票案（刑法第二百零七条）］非法出售增值税专用发票二十五份以上或者票面额累计在十万元以上的，应予立案追诉。

3. 见刑法第 205 条项下公安部办公厅《关于若干经济犯罪案件如何统计涉案总价值、挽回经济损失数额的批复》(公经〔2008〕214 号 2008 年 11 月 5 日)

（三）指导案例

案例：邓冬蓉非法出售增值税专用发票案

案例来源:《刑事审判参考》第 337 号

裁判要旨：由于增值税专用发票具有其他一般发票所不具备的作为抵扣税款和出口退税依据的功能，可以说刑法分则规定的所有有关增值税专用发票的犯罪直接侵犯的是国家对增值税专用发票的管理制度，最终会造成国家税款流失的危害后果，非法出售增值税专用发票罪也是如此。由于增值税专用发票的票面额和份数均能在一定程度上反映非法出售增值税专用发票行为的社会危害性，1996 年的司法解释中采用了两种计算依据。在具体个案中，为准确评价该种非法行为的社会危害性程度，应当适用处罚较重的量刑档次进行量刑，即认定邓冬蓉非法出售增值税专用发票，"数量巨大"，在"十年以上有期徒刑或者无期徒刑，并处五万元以上五十万元以下罚金或者没收财产"的法定刑幅度内量刑。考虑到其是共同非法出售增值税专用发票犯罪的从犯，法院对其减轻处罚，判处有期徒刑 7 年，并处罚金人民币 20 万元。

九、非法购买增值税专用发票、购买伪造的增值税专用发票罪（刑法第 208 条）

（一）法律与司法解释

1.《中华人民共和国刑法》

第二百零八条　非法购买增值税专用发票或者购买伪造的增值税专用发票的，处五年以下有期徒刑或者拘役，并处或者单处二万元以上二十万元以下罚金。

非法购买增值税专用发票或者购买伪造的增值税专用发票又虚开或者出售的，分别依照本法第二百零五条、第二百零六条、第二百零七条的规定定罪处罚。

2. 见刑法第 205 条项下全国人民代表大会常务委员会《关于惩治虚开、伪造和非法出售增值税专用发票犯罪的决定》（中华人民共和国主席令〔第五十七号〕 1995 年 10 月 30 日）

3. 见刑法第 206 条最高人民法院《关于适用〈全国人民代表大会常务委员会关于惩治虚开、伪造和非法出售增值税专用发票犯罪的决定〉的若干问题的解释》（法发〔1996〕30 号　1996 年 10 月 17 日）

4. 见刑法第 204 条项下最高人民法院《关于审理骗取出口退税刑事案件具体应用法律若干问题的解释》（法释〔2002〕30 号　2002 年 9 月 23 日）

（二）制度规范

1. 见刑法第 205 条项下国务院《关于坚决打击骗取出口退税严厉惩治金融和财税领域违法乱纪行为的决定》（国发〔1996〕4 号　1996 年 1 月 21 日）

2. 最高人民检察院、公安部《关于印发〈最高人民检察院、公安部关于公安机关管辖的刑事案件立案追诉标准的规定（二）〉的通知》（公通字〔2010〕23 号　2010 年 5 月 7 日）

第六十四条　〔非法购买增值税专用发票、购买伪造的增值税专用发票案（刑法第二百零八条第一款）〕非法购买增值税专用发票或者购买伪造的增值税专用发票二十五份以上或者票面额累计在十万元以上的，应予立案追诉。

3. 见刑法第 205 条项下公安部办公厅《关于若干经济犯罪案件如何统计涉案总价值、挽回经济损失数额的批复》（公经〔2008〕214 号　2008 年 11 月 5 日）

十、非法制造、出售非法制造的用于骗取出口退税、抵扣税款发票罪／非法制造、出售非法制造的发票罪／非法出售用于骗取出口退税、抵扣税款发票罪／非法出售发票罪（刑法第 209 条）

（一）法律与司法解释

1.《中华人民共和国刑法》

第二百零九条　伪造、擅自制造或者出售伪造、擅自制造的可以用于骗取出口退税、抵扣税款的其他发票的，处三年以下有期徒刑、拘役或者管制，并处二万元以上二十万元以下罚金；数量巨大的，处三年以上七年以下有期徒刑，并处五万元以上五十万元以下罚金；数量特别巨大的，处七年以上有期徒刑，并处五万元以上五十万元以下罚金或者没收财产。

伪造、擅自制造或者出售伪造、擅自制造的前款规定以外的其他发票的，处二年以下有期徒刑、拘役或者管制，并处或者单处一万元以上五万元以下罚金；情节严重的，处二年以上七年以下有期徒刑，并处五万元以上五十万元以下罚金。

非法出售可以用于骗取出口退税、抵扣税款的其他发票的，依照第一款的规定处罚。

非法出售第三款规定以外的其他发票的，依照第二款的规定处罚。

2. 见刑法第 205 条项下全国人民代表大会常务委员《关于〈中华人民共和国刑法〉有关出口退税、抵扣税款的其他发票规定的解释》（2005 年 12 月 29 日）

3. 见刑法第 205 条项下全国人民代表大会常务委员会《关于惩治虚开、伪造和非法出售增值税专用发票犯罪的决定》（中华人民共和国主席令〔第五十七号〕 1995 年 10 月 30 日）

4. 见刑法第 206 条最高人民法院《关于适用〈全国人民代表大会常务委员会关于惩治虚开、伪造和非法出售增值税专用发票犯罪的决定〉的若干问题的解释》（法发〔1996〕30 号 1996 年 10 月 17 日）

（二）制度规范

1. 全国人大常委会法制工作委员会刑法室《关于对变造、出售变造普通发票行为的定性问题的意见》（刑发〔2005〕1 号 2005 年 1 月 17 日）

刑法第二百零九条第二款规定的"伪造、擅自制造，或者出售伪造、擅自制造的前款规定以外的其他发票"的行为，包括变造、出售变造的普通发票的行为。

2. 最高人民检察院、公安部《关于印发〈最高人民检察院、公安部关于公安机关管辖的刑事案件立案追诉标准的规定（二）〉的通知》（公通字〔2010〕23 号 2010 年 5 月 7 日）

第六十五条 ［非法制造、出售非法制造的用于骗取出口退税抵扣税款发票案（刑法第二百零九条第一款）］伪造、擅自制造或者出售伪造、擅自制造的可以用于骗取出口退税、抵扣税款的非增值税专用发票五十份以上或者票面额累计在二十万元以上的，应予立案追诉。

第六十六条 〔非法制造、出售非法制造的发票案（刑法第二百零九条第二款）〕伪造、擅自制造 或者出售伪造、擅自制造的不具有骗取出口退税、抵扣税款功能的普通发票一百份以上或者票面额 累计在四十万元以上的，应予立案追诉。

第六十七条 〔非法出售用于骗取出口退税、抵扣税款发票案（刑法第二百零九条第三款）〕非法出售可以用于骗取出口退税、抵扣税款的非增值税专用发票五十份以上或者票面额累计在二十万元以上的，应予立案追诉。

第六十八条 〔非法出售发票案（刑法第二百零九条第四款）〕非法出售普通发票一百份以上或者 票面额累计在四十万元以上的，应予立案追诉。

3. 最高人民法院、最高人民检察院、公安部、国家工商行政管理局《关于印发〈关于依法查处盗窃、抢劫机动车案件的规定〉的通知》（公通字〔1998〕31号 1988年5月8日）

六、非法出售机动车有关发票的，或者伪造、擅自知道或者出售伪造、擅自制造的机动车有关发票的，依照刑法第二百零九条的规定处罚。

4. 见刑法第205条项下公安部办公厅《关于若干经济犯罪案件如何统计涉案总价值、挽回经济损失数额的批复》（公经〔2008〕214号 2008年11月5日）

（三）指导案例

案例：管怀霞、高松祥出售非法制造的发票案
案例来源：《刑事审判参考》第826号
裁判要旨：在实际生活中，对出售非法制造的发票既有票面金额，又有份数的行为，应当结合所开发票份数与票面金额和其他相关因素认定其社会危害程度，不能只按照发票份数或者票面金额一个标准来认定。在进行认定时，要始终围绕行为是否具有与其法定刑相当的社会危害性这一关键要素。被告人管怀霞、高松祥虽然非法出售的发票份数达到11000份，但所售发票均面额较小，累计仅22万元，在没有其他证据证明二被告人的行为造成国家税款流失等严重后果，且全部违法所得仅为550元的情况下，其行为的社会

危害性尚不足以认定为严重危害国家发票管理制度，若对二被告人以出售非法制造的发票罪"情节严重"定罪量刑，则有失公允。

十一、盗窃罪/诈骗罪（刑法第 210 条）

法律与司法解释

1.《中华人民共和国刑法》

第二百一十条　盗窃增值税专用发票或者可以用于骗取出口退税、抵扣税款的其他发票的，依照本法第二百六十四条的规定定罪处罚。

使用欺骗手段骗取增值税专用发票或者可以用于骗取出口退税、抵扣税款的其他发票的，依照本法第二百六十六条的规定定罪处罚。

2. 见刑法第 205 条项下全国人民代表大会常务委员会《关于惩治虚开、伪造和非法出售增值税专用发票犯罪的决定》（中华人民共和国主席令〔第五十七号〕 1995 年 10 月 30 日）

3. 见刑法第 206 条最高人民法院《关于适用〈全国人民代表大会常务委员会关于惩治虚开、伪造和非法出售增值税专用发票犯罪的决定〉的若干问题的解释》（法发〔1996〕30 号　1996 年 10 月 17 日）

十二、持有伪造的发票罪（刑法第 210 条之一）

（一）法律与司法解释

《中华人民共和国刑法》

第二百一十条之一　明知是伪造的发票而持有，数量较大的，处二年以下有期徒刑、拘役或者管制，并处罚金；数量巨大的，处二年以上七年以下有期徒刑，并处罚金。

单位犯前款罪的，对单位判处罚金，并对其直接负责的主管人员和其他直接责任人员，依照前款的规定处罚。

（二）制度规范

最高人民检察院、公安部《关于印发〈最高人民检察院、公安部关于公安机关管辖的刑事案件立案追诉标准的规定（二）的补充规定〉的通知》（公通字〔2010〕23号　2011年11月14日）

三、在《立案追诉标准（二）》中增加第六十八条之一：〔持有伪造的发票案（刑法第二百十一条之一）〕明知是伪造的发票而持有，具有下列情形之一的，应予立案追诉：

（一）持有伪造的增值税专用发票五十份以上或者票面额累计在二十万元以上的，应予立案追诉；

（二）持有伪造的可以用于骗取出口退税、抵扣税款的其他发票一百份以上或者票面额累计在四十万元以上的，应予立案追诉；

（三）持有伪造的第（一）项、第（二）项规定以外的其他发票二百份以上或者票面额累计在八十万元以上的，应予立案追诉。

十三、单位犯本节之罪的处罚（刑法第211条）

《中华人民共和国刑法》

第二百一十一条　单位犯本节第二百零一条、第二百零三条、第二百零四条、第二百零七条、第二百零八条、第二百零九条规定之罪的，对单位判处罚金，并对其直接负责的主管人员和其他直接责任人员，依照各该条的规定处罚。

十四、税收征缴优先原则（刑法第212条）

《中华人民共和国刑法》

第二百一十二条　犯本节第二百零一条至第二百零五条规定之罪，被判处罚金、没收财产的，在执行前，应当先由税务机关追缴税款和所骗取的出口退税款。

下编

程序法

一、核实、补充证据

一、法律与司法解释

1.《中华人民共和国刑事诉讼法》

第五十条 可以用于证明案件事实的材料，都是证据。

证据包括：

（一）物证；

（二）书证；

（三）证人证言；

（四）被害人陈述；

（五）犯罪嫌疑人、被告人供述和辩解；

（六）鉴定意见；

（七）勘验、检查、辨认、侦查实验等笔录；

（八）视听资料、电子数据。

证据必须经过查证属实，才能作为定案的根据。

第五十一条 公诉案件中被告人有罪的举证责任由人民检察院承担，自诉案件中被告人有罪的举证责任由自诉人承担。

第五十二条 审判人员、检察人员、侦查人员必须依照法定程序，收集能够证实犯罪嫌疑人、被告人有罪或者无罪、犯罪情节轻重的各种证据。严禁刑讯逼供和以威胁、引诱、欺骗以及其他非法方法收集证据，不得强迫任何人证实自己有罪。必须保证一切与案件有关或者了解案情的公民，有客观地充分地提供证据的条件，除特殊情况外，可以吸收他们协助调查。

第五十三条 公安机关提请批准逮捕书、人民检察院起诉书、人民法院判决书，必须忠实于事实真象。故意隐瞒事实真象的，应当追究责任。

第五十四条　人民法院、人民检察院和公安机关有权向有关单位和个人收集、调取证据。有关单位和个人应当如实提供证据。

行政机关在行政执法和查办案件过程中收集的物证、书证、视听资料、电子数据等证据材料，在刑事诉讼中可以作为证据使用。

对涉及国家秘密、商业秘密、个人隐私的证据，应当保密。

凡是伪造证据、隐匿证据或者毁灭证据的，无论属于何方，必须受法律追究。

第五十五条　对一切案件的判处都要重证据，重调查研究，不轻信口供。只有被告人供述，没有其他证据的，不能认定被告人有罪和处以刑罚；没有被告人供述，证据确实、充分的，可以认定被告人有罪和处以刑罚。

证据确实、充分，应当符合以下条件：

（一）定罪量刑的事实都有证据证明；

（二）据以定案的证据均经法定程序查证属实；

（三）综合全案证据，对所认定事实已排除合理怀疑。

第五十六条　采用刑讯逼供等非法方法收集的犯罪嫌疑人、被告人供述和采用暴力、威胁等非法方法收集的证人证言、被害人陈述，应当予以排除。收集物证、书证不符合法定程序，可能严重影响司法公正的，应当予以补正或者作出合理解释；不能补正或者作出合理解释的，对该证据应当予以排除。

在侦查、审查起诉、审判时发现有应当排除的证据的，应当依法予以排除，不得作为起诉意见、起诉决定和判决的依据。

第五十七条　人民检察院接到报案、控告、举报或者发现侦查人员以非法方法收集证据的，应当进行调查核实。对于确有以非法方法收集证据情形的，应当提出纠正意见；构成犯罪的，依法追究刑事责任。

第五十八条　法庭审理过程中，审判人员认为可能存在本法第五十六条规定的以非法方法收集证据情形的，应当对证据收集的合法性进行法庭调查。

当事人及其辩护人、诉讼代理人有权申请人民法院对以非法方法收集的证据依法予以排除。申请排除以非法方法收集的证据的，应当提供相关线索或者材料。

第五十九条 在对证据收集的合法性进行法庭调查的过程中，人民检察院应当对证据收集的合法性加以证明。

现有证据材料不能证明证据收集的合法性的，人民检察院可以提请人民法院通知有关侦查人员或者其他人员出庭说明情况；人民法院可以通知有关侦查人员或者其他人员出庭说明情况。有关侦查人员或者其他人员也可以要求出庭说明情况。经人民法院通知，有关人员应当出庭。

第六十条 对于经过法庭审理，确认或者不能排除存在本法第五十六条规定的以非法方法收集证据情形的，对有关证据应当予以排除。

第六十一条 证人证言必须在法庭上经过公诉人、被害人和被告人、辩护人双方质证并且查实以后，才能作为定案的根据。法庭查明证人有意作伪证或者隐匿罪证的时候，应当依法处理。

第六十二条 凡是知道案件情况的人，都有作证的义务。

生理上、精神上有缺陷或者年幼，不能辨别是非、不能正确表达的人，不能作证人。

第六十三条 人民法院、人民检察院和公安机关应当保障证人及其近亲属的安全。

对证人及其近亲属进行威胁、侮辱、殴打或者打击报复，构成犯罪的，依法追究刑事责任；尚不够刑事处罚的，依法给予治安管理处罚。

第六十四条 对于危害国家安全犯罪、恐怖活动犯罪、黑社会性质的组织犯罪、毒品犯罪等案件，证人、鉴定人、被害人因在诉讼中作证，本人或者其近亲属的人身安全面临危险的，人民法院、人民检察院和公安机关应当采取以下一项或者多项保护措施：

（一）不公开真实姓名、住址和工作单位等个人信息；

（二）采取不暴露外貌、真实声音等出庭作证措施；

（三）禁止特定的人员接触证人、鉴定人、被害人及其近亲属；

（四）对人身和住宅采取专门性保护措施；

（五）其他必要的保护措施。

证人、鉴定人、被害人认为因在诉讼中作证，本人或者其近亲属的人身安全面临危险的，可以向人民法院、人民检察院、公安机关请求予以保护。

人民法院、人民检察院、公安机关依法采取保护措施，有关单位和个人应当配合。

第六十五条 证人因履行作证义务而支出的交通、住宿、就餐等费用，应当给予补助。证人作证的补助列入司法机关业务经费，由同级政府财政予以保障。

有工作单位的证人作证，所在单位不得克扣或者变相克扣其工资、奖金及其他福利待遇。

2.《人民检察院刑事诉讼规则（试行）》（高检发释字〔2012〕2号 2012年11月22日）

第六十一条 人民检察院在立案侦查、审查逮捕、审查起诉等办案活动中认定案件事实，应当以证据为根据。

公诉案件中被告人有罪的举证责任由人民检察院承担。人民检察院在提起公诉指控犯罪时，应当提出确实、充分的证据，并运用证据加以证明。

人民检察院提起公诉，应当遵循客观公正原则，对被告人有罪、罪重、罪轻的证据都应当向人民法院提出。

第六十二条 证据的审查认定，应当结合案件的具体情况，从证据与待证事实的关联程度、各证据之间的联系、是否依照法定程序收集等方面进行综合审查判断。

第六十三条 人民检察院侦查终结或者提起公诉的案件，证据应当确实、充分。证据确实、充分，应当符合以下条件：

（一）定罪量刑的事实都有证据证明；

（二）据以定案的证据均经法定程序查证属实；

（三）综合全案证据，对所认定事实已排除合理怀疑。

第六十四条 行政机关在行政执法和查办案件过程中收集的物证、书证、视听资料、电子数据证据材料，应当以该机关的名义移送，经人民检察院审查符合法定要求的，可以作为证据使用。

　　行政机关在行政执法和查办案件过程中收集的鉴定意见、勘验、检查笔录，经人民检察院审查符合法定要求的，可以作为证据使用。

　　人民检察院办理直接受理立案侦查的案件，对于有关机关在行政执法和查办案件过程中收集的涉案人员供述或者相关人员的证言、陈述，应当重新收集；确有证据证实涉案人员或者相关人员因路途遥远、死亡、失踪或者丧失作证能力，无法重新收集，但供述、证言或者陈述的来源、收集程序合法，并有其他证据相印证，经人民检察院审查符合法定要求的，可以作为证据使用。

　　根据法律、法规赋予的职责查处行政违法、违纪案件的组织属于本条规定的行政机关。

　　第六十五条　对采用刑讯逼供等非法方法收集的犯罪嫌疑人供述和采用暴力、威胁等非法方法收集的证人证言、被害人陈述，应当依法排除，不得作为报请逮捕、批准或者决定逮捕、移送审查起诉以及提起公诉的依据。

　　刑讯逼供是指使用肉刑或者变相使用肉刑，使犯罪嫌疑人在肉体或者精神上遭受剧烈疼痛或者痛苦以逼取供述的行为。

　　其他非法方法是指违法程度和对犯罪嫌疑人的强迫程度与刑讯逼供或者暴力、威胁相当而迫使其违背意愿供述的方法。

　　第六十六条　收集物证、书证不符合法定程序，可能严重影响司法公正的，人民检察院应当及时要求侦查机关补正或者作出书面解释；不能补正或者无法作出合理解释的，对该证据应当予以排除。

　　对侦查机关的补正或者解释，人民检察院应当予以审查。经侦查机关补正或者作出合理解释的，可以作为批准或者决定逮捕、提起公诉的依据。

　　本条第一款中的可能严重影响司法公正是指收集物证、书证不符合法定程序的行为明显违法或者情节严重，可能对司法机关办理案件的公正性造成严重损害；补正是指对取证程序上的非实质性瑕疵进行补救；合理解释是指对取证程序的瑕疵作出符合常理及逻辑的解释。

　　第六十七条　人民检察院经审查发现存在刑事诉讼法第五十四条规定的非法取证行为，依法对该证据予以排除后，其他证据不能证明犯罪嫌疑人实施犯罪行为的，应当不批准或者决定逮捕，已经移送审查起诉的，可以将案件退回侦查机关补充侦查或者作出不起诉决定。

第六十八条 在侦查、审查起诉和审判阶段，人民检察院发现侦查人员以非法方法收集证据的，应当报经检察长批准，及时进行调查核实。

当事人及其辩护人、诉讼代理人报案、控告、举报侦查人员采用刑讯逼供等非法方法收集证据并提供涉嫌非法取证的人员、时间、地点、方式和内容等材料或者线索的，人民检察院应当受理并进行审查，对于根据现有材料无法证明证据收集合法性的，应当报经检察长批准，及时进行调查核实。

上一级人民检察院接到对侦查人员采用刑讯逼供等非法方法收集证据的报案、控告、举报的，可以直接进行调查核实，也可以交由下级人民检察院调查核实。交由下级人民检察院调查核实的，下级人民检察院应当及时将调查结果报告上一级人民检察院。

人民检察院决定调查核实的，应当及时通知办案机关。

第六十九条 对于非法证据的调查核实，在侦查阶段由侦查监督部门负责；在审查起诉、审判阶段由公诉部门负责。必要时，渎职侵权检察部门可以派员参加。

第七十条 人民检察院可以采取以下方式对非法取证行为进行调查核实：

（一）讯问犯罪嫌疑人；

（二）询问办案人员；

（三）询问在场人员及证人；

（四）听取辩护律师意见；

（五）调取讯问笔录、讯问录音、录像；

（六）调取、查询犯罪嫌疑人出入看守所的身体检查记录及相关材料；

（七）进行伤情、病情检查或者鉴定；

（八）其他调查核实方式。

第七十一条 人民检察院调查完毕后，应当制作调查报告，根据查明的情况提出处理意见，报请检察长决定后依法处理。

办案人员在审查逮捕、审查起诉中经调查核实依法排除非法证据的，应当在调查报告中予以说明。被排除的非法证据应当随案移送。

对于确有以非法方法收集证据情形，尚未构成犯罪的，应当依法向被调查人所在机关提出纠正意见。对于需要补正或者作出合理解释的，应当提出明确要求。

经审查，认为非法取证行为构成犯罪需要追究刑事责任的，应当依法移送立案侦查。

第七十二条　人民检察院认为存在以非法方法收集证据情形的，可以书面要求侦查机关对证据收集的合法性进行说明。说明应当加盖单位公章，并由侦查人员签名。

第七十三条　对于公安机关立案侦查的案件，存在下列情形之一的，人民检察院在审查逮捕、审查起诉和审判阶段，可以调取公安机关讯问犯罪嫌疑人的录音、录像，对证据收集的合法性以及犯罪嫌疑人、被告人供述的真实性进行审查：

（一）认为讯问活动可能存在刑讯逼供等非法取证行为的；

（二）犯罪嫌疑人、被告人或者辩护人提出犯罪嫌疑人、被告人供述系非法取得，并提供相关线索或者材料的；

（三）犯罪嫌疑人、被告人对讯问活动合法性提出异议或者翻供，并提供相关线索或者材料的；

（四）案情重大、疑难、复杂的。

人民检察院直接受理立案侦查的案件，侦查部门移送审查逮捕、审查起诉时，应当将讯问录音、录像连同案卷材料一并移送审查。

第七十四条　对于提起公诉的案件，被告人及其辩护人提出审前供述系非法取得，并提供相关线索或者材料的，人民检察院可以将讯问录音、录像连同案卷材料一并移送人民法院。

第七十五条　在法庭审理过程中，被告人或者辩护人对讯问活动合法性提出异议，公诉人可以要求被告人及其辩护人提供相关线索或者材料。必要时，公诉人可以提请法庭当庭播放相关时段的讯问录音、录像，对有关异议或者事实进行质证。

需要播放的讯问录音、录像中涉及国家秘密、商业秘密、个人隐私或者含有其他不宜公开的内容的，公诉人应当建议在法庭组成人员、公诉人、侦查人员、被告人及其辩护人范围内播放。因涉及国家秘密、商业秘密、个人隐私或者其他犯罪线索等内容，人民检察院对讯问录音、录像的相关内容作技术处理的，公诉人应当向法庭作出说明。

第七十六条 对于危害国家安全犯罪、恐怖活动犯罪、黑社会性质的组织犯罪、毒品犯罪等案件，人民检察院在办理案件过程中，证人、鉴定人、被害人因在诉讼中作证，本人或者其近亲属人身安全面临危险，向人民检察院请求保护的，人民检察院应当受理并及时进行审查，对于确实存在人身安全危险的，应当立即采取必要的保护措施。人民检察院发现存在上述情形的，可以主动采取保护措施。

人民检察院可以采取以下一项或者多项保护措施：

（一）不公开真实姓名、住址和工作单位等个人信息；

（二）建议法庭采取不暴露外貌、真实声音等出庭作证措施；

（三）禁止特定的人员接触证人、鉴定人、被害人及其近亲属；

（四）对人身和住宅采取专门性保护措施；

（五）其他必要的保护措施。

人民检察院依法决定不公开证人、鉴定人、被害人的真实姓名、住址和工作单位等个人信息的，可以在起诉书、询问笔录等法律文书、证据材料中使用化名代替证人、鉴定人、被害人的个人信息。但是应当另行书面说明使用化名的情况并标明密级。

人民检察院依法采取保护措施，可以要求有关单位和个人予以配合。

对证人及其近亲属进行威胁、侮辱、殴打或者打击报复，构成犯罪或者应当给予治安管理处罚的，人民检察院应当移送公安机关处理；情节轻微的，予以批评教育、训诫。

第七十七条 证人在人民检察院侦查、审查起诉阶段因履行作证义务而支出的交通、住宿、就餐等费用，人民检察院应当给予补助。

3. 最高人民法院《关于适用〈中华人民共和国刑事诉讼法〉的解释》（法释〔2012〕21 号　2013 年 1 月 1 日）

第六十三条　证据未经当庭出示、辨认、质证等法庭调查程序查证属实，不得作为定案的根据，但法律和本解释另有规定的除外。

第四章　证据
第一节　一般规定

第六十一条　认定案件事实，必须以证据为根据。

第六十二条　审判人员应当依照法定程序收集、审查、核实、认定证据。

第六十三条　证据未经当庭出示、辨认、质证等法庭调查程序查证属实，不得作为定案的根据，但法律和本解释另有规定的除外。

第六十四条　应当运用证据证明的案件事实包括：

（一）被告人、被害人的身份；

（二）被指控的犯罪是否存在；

（三）被指控的犯罪是否为被告人所实施；

（四）被告人有无刑事责任能力，有无罪过，实施犯罪的动机、目的；

（五）实施犯罪的时间、地点、手段、后果以及案件起因等；

（六）被告人在共同犯罪中的地位、作用；

（七）被告人有无从重、从轻、减轻、免除处罚情节；

（八）有关附带民事诉讼、涉案财物处理的事实；

（九）有关管辖、回避、延期审理等的程序事实；

（十）与定罪量刑有关的其他事实。

认定被告人有罪和对被告人从重处罚，应当适用证据确实、充分的证明标准。

第六十五条　行政机关在行政执法和查办案件过程中收集的物证、书证、视听资料、电子数据等证据材料，在刑事诉讼中可以作为证据使用；经法庭查证属实，且收集程序符合有关法律、行政法规规定的，可以作为定案的根据。

根据法律、行政法规规定行使国家行政管理职权的组织，在行政执法和查办案件过程中收集的证据材料，视为行政机关收集的证据材料。

第六十六条 人民法院依照刑事诉讼法第一百九十一条的规定调查核实证据，必要时，可以通知检察人员、辩护人、自诉人及其法定代理人到场。上述人员未到场的，应当记录在案。

人民法院调查核实证据时，发现对定罪量刑有重大影响的新的证据材料的，应当告知检察人员、辩护人、自诉人及其法定代理人。必要时，也可以直接提取，并及时通知检察人员、辩护人、自诉人及其法定代理人查阅、摘抄、复制。

第六十七条 下列人员不得担任刑事诉讼活动的见证人：

（一）生理上、精神上有缺陷或者年幼，不具有相应辨别能力或者不能正确表达的人；

（二）与案件有利害关系，可能影响案件公正处理的人；

（三）行使勘验、检查、搜查、扣押等刑事诉讼职权的公安、司法机关的工作人员或者其聘用的人员。

由于客观原因无法由符合条件的人员担任见证人的，应当在笔录材料中注明情况，并对相关活动进行录像。

第六十八条 公开审理案件时，公诉人、诉讼参与人提出涉及国家秘密、商业秘密或者个人隐私的证据的，法庭应当制止。有关证据确与本案有关的，可以根据具体情况，决定将案件转为不公开审理，或者对相关证据的法庭调查不公开进行。

第二节 物证、书证的审查与认定

第六十九条 对物证、书证应当着重审查以下内容：

（一）物证、书证是否为原物、原件，是否经过辨认、鉴定；物证的照片、录像、复制品或者书证的副本、复制件是否与原物、原件相符，是否由二人以上制作，有无制作人关于制作过程以及原物、原件存放于何处的文字说明和签名；

（二）物证、书证的收集程序、方式是否符合法律、有关规定；经勘验、检查、搜查提取、扣押的物证、书证，是否附有相关笔录、清单，笔录、清单是否经侦查人员、物品持有人、见证人签名，没有物品持有人签名的，是否注明原因；物品的名称、特征、数量、质量等是否注明清楚；

（三）物证、书证在收集、保管、鉴定过程中是否受损或者改变；

（四）物证、书证与案件事实有无关联；对现场遗留与犯罪有关的具备鉴定条件的血迹、体液、毛发、指纹等生物样本、痕迹、物品，是否已作 DNA 鉴定、指纹鉴定等，并与被告人或者被害人的相应生物检材、生物特征、物品等比对；

（五）与案件事实有关联的物证、书证是否全面收集。

第七十条 据以定案的物证应当是原物。原物不便搬运，不易保存，依法应当由有关部门保管、处理，或者依法应当返还的，可以拍摄、制作足以反映原物外形和特征的照片、录像、复制品。

物证的照片、录像、复制品，不能反映原物的外形和特征的，不得作为定案的根据。

物证的照片、录像、复制品，经与原物核对无误、经鉴定为真实或者以其他方式确认为真实的，可以作为定案的根据。

第七十一条 据以定案的书证应当是原件。取得原件确有困难的，可以使用副本、复制件。

书证有更改或者更改迹象不能作出合理解释，或者书证的副本、复制件不能反映原件及其内容的，不得作为定案的根据。

书证的副本、复制件，经与原件核对无误、经鉴定为真实或者以其他方式确认为真实的，可以作为定案的根据。

第七十二条 对与案件事实可能有关联的血迹、体液、毛发、人体组织、指纹、足迹、字迹等生物样本、痕迹和物品，应当提取而没有提取，应当检验而没有检验，导致案件事实存疑的，人民法院应当向人民检察院说明情况，由人民检察院依法补充收集、调取证据或者作出合理说明。

第七十三条 在勘验、检查、搜查过程中提取、扣押的物证、书证，未附笔录或者清单，不能证明物证、书证来源的，不得作为定案的根据。

物证、书证的收集程序、方式有下列瑕疵，经补正或者作出合理解释的，可以采用：

（一）勘验、检查、搜查、提取笔录或者扣押清单上没有侦查人员、物品持有人、见证人签名，或者对物品的名称、特征、数量、质量等注明不详的；

（二）物证的照片、录像、复制品，书证的副本、复制件未注明与原件核对无异，无复制时间，或者无被收集、调取人签名、盖章的；

（三）物证的照片、录像、复制品，书证的副本、复制件没有制作人关于制作过程和原物、原件存放地点的说明，或者说明中无签名的；

（四）有其他瑕疵的。

对物证、书证的来源、收集程序有疑问，不能作出合理解释的，该物证、书证不得作为定案的根据。

第三节　证人证言、被害人陈述的审查与认定

第七十四条　对证人证言应当着重审查以下内容：

（一）证言的内容是否为证人直接感知；

（二）证人作证时的年龄，认知、记忆和表达能力，生理和精神状态是否影响作证；

（三）证人与案件当事人、案件处理结果有无利害关系；

（四）询问证人是否个别进行；

（五）询问笔录的制作、修改是否符合法律、有关规定，是否注明询问的起止时间和地点，首次询问时是否告知证人有关作证的权利义务和法律责任，证人对询问笔录是否核对确认；

（六）询问未成年证人时，是否通知其法定代理人或者有关人员到场，其法定代理人或者有关人员是否到场；

（七）证人证言有无以暴力、威胁等非法方法收集的情形；

（八）证言之间以及与其他证据之间能否相互印证，有无矛盾。

第七十五条　处于明显醉酒、中毒或者麻醉等状态，不能正常感知或者正确表达的证人所提供的证言，不得作为证据使用。

证人的猜测性、评论性、推断性的证言，不得作为证据使用，但根据一般生活经验判断符合事实的除外。

第七十六条 证人证言具有下列情形之一的，不得作为定案的根据：

（一）询问证人没有个别进行的；

（二）书面证言没有经证人核对确认的；

（三）询问聋、哑人，应当提供通晓聋、哑手势的人员而未提供的；

（四）询问不通晓当地通用语言、文字的证人，应当提供翻译人员而未提供的。

第七十七条 证人证言的收集程序、方式有下列瑕疵，经补正或者作出合理解释的，可以采用；不能补正或者作出合理解释的，不得作为定案的根据：

（一）询问笔录没有填写询问人、记录人、法定代理人姓名以及询问的起止时间、地点的；

（二）询问地点不符合规定的；

（三）询问笔录没有记录告知证人有关作证的权利义务和法律责任的；

（四）询问笔录反映出在同一时段，同一询问人员询问不同证人的。

第七十八条 证人当庭作出的证言，经控辩双方质证、法庭查证属实的，应当作为定案的根据。

证人当庭作出的证言与其庭前证言矛盾，证人能够作出合理解释，并有相关证据印证的，应当采信其庭审证言；不能作出合理解释，而其庭前证言有相关证据印证的，可以采信其庭前证言。

经人民法院通知，证人没有正当理由拒绝出庭或者出庭后拒绝作证，法庭对其证言的真实性无法确认的，该证人证言不得作为定案的根据。

第七十九条 对被害人陈述的审查与认定，参照适用本节的有关规定。

第四节　被告人供述和辩解的审查与认定

第八十条 对被告人供述和辩解应当着重审查以下内容：

（一）讯问的时间、地点，讯问人的身份、人数以及讯问方式等是否符合法律、有关规定；

（二）讯问笔录的制作、修改是否符合法律、有关规定，是否注明讯问的具体起止时间和地点，首次讯问时是否告知被告人相关权利和法律规定，被告人是否核对确认；

（三）讯问未成年被告人时，是否通知其法定代理人或者有关人员到场，其法定代理人或者有关人员是否到场；

（四）被告人的供述有无以刑讯逼供等非法方法收集的情形；

（五）被告人的供述是否前后一致，有无反复以及出现反复的原因；被告人的所有供述和辩解是否均已随案移送；

（六）被告人的辩解内容是否符合案情和常理，有无矛盾；

（七）被告人的供述和辩解与同案被告人的供述和辩解以及其他证据能否相互印证，有无矛盾。

必要时，可以调取讯问过程的录音录像、被告人进出看守所的健康检查记录、笔录，并结合录音录像、记录、笔录对上述内容进行审查。

第八十一条 被告人供述具有下列情形之一的，不得作为定案的根据：

（一）讯问笔录没有经被告人核对确认的；

（二）讯问聋、哑人，应当提供通晓聋、哑手势的人员而未提供的；

（三）讯问不通晓当地通用语言、文字的被告人，应当提供翻译人员而未提供的。

第八十二条 讯问笔录有下列瑕疵，经补正或者作出合理解释的，可以采用；不能补正或者作出合理解释的，不得作为定案的根据：

（一）讯问笔录填写的讯问时间、讯问人、记录人、法定代理人等有误或者存在矛盾的；

（二）讯问人没有签名的；

（三）首次讯问笔录没有记录告知被讯问人相关权利和法律规定的。

第八十三条 审查被告人供述和辩解，应当结合控辩双方提供的所有证据以及被告人的全部供述和辩解进行。

被告人庭审中翻供，但不能合理说明翻供原因或者其辩解与全案证据矛盾，而其庭前供述与其他证据相互印证的，可以采信其庭前供述。

被告人庭前供述和辩解存在反复，但庭审中供认，且与其他证据相互印证的，可以采信其庭审供述；被告人庭前供述和辩解存在反复，庭审中不供认，且无其他证据与庭前供述印证的，不得采信其庭前供述。

第五节　鉴定意见的审查与认定

第八十四条　对鉴定意见应当着重审查以下内容：

（一）鉴定机构和鉴定人是否具有法定资质；

（二）鉴定人是否存在应当回避的情形；

（三）检材的来源、取得、保管、送检是否符合法律、有关规定，与相关提取笔录、扣押物品清单等记载的内容是否相符，检材是否充足、可靠；

（四）鉴定意见的形式要件是否完备，是否注明提起鉴定的事由、鉴定委托人、鉴定机构、鉴定要求、鉴定过程、鉴定方法、鉴定日期等相关内容，是否由鉴定机构加盖司法鉴定专用章并由鉴定人签名、盖章；

（五）鉴定程序是否符合法律、有关规定；

（六）鉴定的过程和方法是否符合相关专业的规范要求；

（七）鉴定意见是否明确；

（八）鉴定意见与案件待证事实有无关联；

（九）鉴定意见与勘验、检查笔录及相关照片等其他证据是否矛盾；

（十）鉴定意见是否依法及时告知相关人员，当事人对鉴定意见有无异议。

第八十五条　鉴定意见具有下列情形之一的，不得作为定案的根据：

（一）鉴定机构不具备法定资质，或者鉴定事项超出该鉴定机构业务范围、技术条件的；

（二）鉴定人不具备法定资质，不具有相关专业技术或者职称，或者违反回避规定的；

（三）送检材料、样本来源不明，或者因污染不具备鉴定条件的；

（四）鉴定对象与送检材料、样本不一致的；

（五）鉴定程序违反规定的；

（六）鉴定过程和方法不符合相关专业的规范要求的；

（七）鉴定文书缺少签名、盖章的；

（八）鉴定意见与案件待证事实没有关联的；

（九）违反有关规定的其他情形。

第八十六条 经人民法院通知，鉴定人拒不出庭作证的，鉴定意见不得作为定案的根据。

鉴定人由于不能抗拒的原因或者有其他正当理由无法出庭的，人民法院可以根据情况决定延期审理或者重新鉴定。

对没有正当理由拒不出庭作证的鉴定人，人民法院应当通报司法行政机关或者有关部门。

第八十七条 对案件中的专门性问题需要鉴定，但没有法定司法鉴定机构，或者法律、司法解释规定可以进行检验的，可以指派、聘请有专门知识的人进行检验，检验报告可以作为定罪量刑的参考。

对检验报告的审查与认定，参照适用本节的有关规定。

经人民法院通知，检验人拒不出庭作证的，检验报告不得作为定罪量刑的参考。

第六节 勘验、检查、辨认、侦查实验等笔录的审查与认定

第八十八条 对勘验、检查笔录应当着重审查以下内容：

（一）勘验、检查是否依法进行，笔录的制作是否符合法律、有关规定，勘验、检查人员和见证人是否签名或者盖章；

（二）勘验、检查笔录是否记录了提起勘验、检查的事由，勘验、检查的时间、地点，在场人员、现场方位、周围环境等，现场的物品、人身、尸体等的位置、特征等情况，以及勘验、检查、搜查的过程；文字记录与实物或者绘图、照片、录像是否相符；现场、物品、痕迹等是否伪造、有无破坏；人身特征、伤害情况、生理状态有无伪装或者变化等；

（三）补充进行勘验、检查的，是否说明了再次勘验、检查的原由，前后勘验、检查的情况是否矛盾。

第八十九条 勘验、检查笔录存在明显不符合法律、有关规定的情形，不能作出合理解释或者说明的，不得作为定案的根据。

第九十条 对辨认笔录应当着重审查辨认的过程、方法，以及辨认笔录的制作是否符合有关规定。

辨认笔录具有下列情形之一的，不得作为定案的根据：

（一）辨认不是在侦查人员主持下进行的；

（二）辨认前使辨认人见到辨认对象的；

（三）辨认活动没有个别进行的；

（四）辨认对象没有混杂在具有类似特征的其他对象中，或者供辨认的对象数量不符合规定的；

（五）辨认中给辨认人明显暗示或者明显有指认嫌疑的；

（六）违反有关规定、不能确定辨认笔录真实性的其他情形。

第九十一条　对侦查实验笔录应当着重审查实验的过程、方法，以及笔录的制作是否符合有关规定。

侦查实验的条件与事件发生时的条件有明显差异，或者存在影响实验结论科学性的其他情形的，侦查实验笔录不得作为定案的根据。

第七节　视听资料、电子数据的审查与认定

第九十二条　对视听资料应当着重审查以下内容：

（一）是否附有提取过程的说明，来源是否合法；

（二）是否为原件，有无复制及复制份数；是复制件的，是否附有无法调取原件的原因、复制件制作过程和原件存放地点的说明，制作人、原视听资料持有人是否签名或者盖章；

（三）制作过程中是否存在威胁、引诱当事人等违反法律、有关规定的情形；

（四）是否写明制作人、持有人的身份，制作的时间、地点、条件和方法；

（五）内容和制作过程是否真实，有无剪辑、增加、删改等情形；

（六）内容与案件事实有无关联。

对视听资料有疑问的，应当进行鉴定。

第九十三条　对电子邮件、电子数据交换、网上聊天记录、博客、微博客、手机短信、电子签名、域名等电子数据，应当着重审查以下内容：

（一）是否随原始存储介质移送；在原始存储介质无法封存、不便移动或者依法应当由有关部门保管、处理、返还时，提取、复制电子数据是否由二

人以上进行，是否足以保证电子数据的完整性，有无提取、复制过程及原始存储介质存放地点的文字说明和签名；

（二）收集程序、方式是否符合法律及有关技术规范；经勘验、检查、搜查等侦查活动收集的电子数据，是否附有笔录、清单，并经侦查人员、电子数据持有人、见证人签名；没有持有人签名的，是否注明原因；远程调取境外或者异地的电子数据的，是否注明相关情况；对电子数据的规格、类别、文件格式等注明是否清楚；

（三）电子数据内容是否真实，有无删除、修改、增加等情形；

（四）电子数据与案件事实有无关联；

（五）与案件事实有关联的电子数据是否全面收集。

对电子数据有疑问的，应当进行鉴定或者检验。

第九十四条 视听资料、电子数据具有下列情形之一的，不得作为定案的根据：

（一）经审查无法确定真伪的；

（二）制作、取得的时间、地点、方式等有疑问，不能提供必要证明或者作出合理解释的。

第八节　非法证据排除

第九十五条 使用肉刑或者变相肉刑，或者采用其他使被告人在肉体上或者精神上遭受剧烈疼痛或者痛苦的方法，迫使被告人违背意愿供述的，应当认定为刑事诉讼法第五十四条规定的"刑讯逼供等非法方法"。

认定刑事诉讼法第五十四条规定的"可能严重影响司法公正"，应当综合考虑收集物证、书证违反法定程序以及所造成后果的严重程度等情况。

第九十六条 当事人及其辩护人、诉讼代理人申请人民法院排除以非法方法收集的证据的，应当提供涉嫌非法取证的人员、时间、地点、方式、内容等相关线索或者材料。

第九十七条 人民法院向被告人及其辩护人送达起诉书副本时，应当告知其申请排除非法证据的，应当在开庭审理前提出，但在庭审期间才发现相关线索或者材料的除外。

第九十八条 开庭审理前，当事人及其辩护人、诉讼代理人申请人民法院排除非法证据的，人民法院应当在开庭前及时将申请书或者申请笔录及相关线索、材料的复制件送交人民检察院。

第九十九条 开庭审理前，当事人及其辩护人、诉讼代理人申请排除非法证据，人民法院经审查，对证据收集的合法性有疑问的，应当依照刑事诉讼法第一百八十二条第二款的规定召开庭前会议，就非法证据排除等问题了解情况，听取意见。人民检察院可以通过出示有关证据材料等方式，对证据收集的合法性加以说明。

第一百条 法庭审理过程中，当事人及其辩护人、诉讼代理人申请排除非法证据的，法庭应当进行审查。经审查，对证据收集的合法性有疑问的，应当进行调查；没有疑问的，应当当庭说明情况和理由，继续法庭审理。当事人及其辩护人、诉讼代理人以相同理由再次申请排除非法证据的，法庭不再进行审查。

对证据收集合法性的调查，根据具体情况，可以在当事人及其辩护人、诉讼代理人提出排除非法证据的申请后进行，也可以在法庭调查结束前一并进行。

法庭审理过程中，当事人及其辩护人、诉讼代理人申请排除非法证据，人民法院经审查，不符合本解释第九十七条规定的，应当在法庭调查结束前一并进行审查，并决定是否进行证据收集合法性的调查。

第一百零一条 法庭决定对证据收集的合法性进行调查的，可以由公诉人通过出示、宣读讯问笔录或者其他证据，有针对性地播放讯问过程的录音录像，提请法庭通知有关侦查人员或者其他人员出庭说明情况等方式，证明证据收集的合法性。

公诉人提交的取证过程合法的说明材料，应当经有关侦查人员签名，并加盖公章。未经有关侦查人员签名的，不得作为证据使用。上述说明材料不能单独作为证明取证过程合法的根据。

第一百零二条 经审理，确认或者不能排除存在刑事诉讼法第五十四条规定的以非法方法收集证据情形的，对有关证据应当排除。

人民法院对证据收集的合法性进行调查后，应当将调查结论告知公诉人、当事人和辩护人、诉讼代理人。

第一百零三条 具有下列情形之一的，第二审人民法院应当对证据收集的合法性进行审查，并根据刑事诉讼法和本解释的有关规定作出处理：

（一）第一审人民法院对当事人及其辩护人、诉讼代理人排除非法证据的申请没有审查，且以该证据作为定案根据的；

（二）人民检察院或者被告人、自诉人及其法定代理人不服第一审人民法院作出的有关证据收集合法性的调查结论，提出抗诉、上诉的；

（三）当事人及其辩护人、诉讼代理人在第一审结束后才发现相关线索或者材料，申请人民法院排除非法证据的。

第九节　证据的综合审查与运用

第一百零四条 对证据的真实性，应当综合全案证据进行审查。

对证据的证明力，应当根据具体情况，从证据与待证事实的关联程度、证据之间的联系等方面进行审查判断。

证据之间具有内在联系，共同指向同一待证事实，不存在无法排除的矛盾和无法解释的疑问的，才能作为定案的根据。

第一百零五条 没有直接证据，但间接证据同时符合下列条件的，可以认定被告人有罪：

（一）证据已经查证属实；

（二）证据之间相互印证，不存在无法排除的矛盾和无法解释的疑问；

（三）全案证据已经形成完整的证明体系；

（四）根据证据认定案件事实足以排除合理怀疑，结论具有唯一性；

（五）运用证据进行的推理符合逻辑和经验。

第一百零六条 根据被告人的供述、指认提取到了隐蔽性很强的物证、书证，且被告人的供述与其他证明犯罪事实发生的证据相互印证，并排除串供、逼供、诱供等可能性的，可以认定被告人有罪。

第一百零七条 采取技术侦查措施收集的证据材料，经当庭出示、辨认、质证等法庭调查程序查证属实的，可以作为定案的根据。

使用前款规定的证据可能危及有关人员的人身安全，或者可能产生其他严重后果的，法庭应当采取不暴露有关人员身份、技术方法等保护措施，必要时，审判人员可以在庭外核实。

第一百零八条　对侦查机关出具的被告人到案经过、抓获经过等材料，应当审查是否有出具该说明材料的办案人、办案机关的签名、盖章。

对到案经过、抓获经过或者确定被告人有重大嫌疑的根据有疑问的，应当要求侦查机关补充说明。

第一百零九条　下列证据应当慎重使用，有其他证据印证的，可以采信：

（一）生理上、精神上有缺陷，对案件事实的认知和表达存在一定困难，但尚未丧失正确认知、表达能力的被害人、证人和被告人所作的陈述、证言和供述；

（二）与被告人有亲属关系或者其他密切关系的证人所作的有利被告人的证言，或者与被告人有利害冲突的证人所作的不利被告人的证言。

第一百一十条　证明被告人自首、坦白、立功的证据材料，没有加盖接受被告人投案、坦白、检举揭发等的单位的印章，或者接受人员没有签名的，不得作为定案的根据。

对被告人及其辩护人提出有自首、坦白、立功的事实和理由，有关机关未予认定，或者有关机关提出被告人有自首、坦白、立功表现，但证据材料不全的，人民法院应当要求有关机关提供证明材料，或者要求相关人员作证，并结合其他证据作出认定。

第一百一十一条　证明被告人构成累犯、毒品再犯的证据材料，应当包括前罪的裁判文书、释放证明等材料；材料不全的，应当要求有关机关提供。

第一百一十二条　审查被告人实施被指控的犯罪时或者审判时是否达到相应法定责任年龄，应当根据户籍证明、出生证明文件、学籍卡、人口普查登记、无利害关系人的证言等证据综合判断。

证明被告人已满十四周岁、十六周岁、十八周岁或者不满七十五周岁的证据不足的，应当认定被告人不满十四周岁、不满十六周岁、不满十八周岁或者已满七十五周岁。

4.最高人民法院、最高人民检察院、公安部等《印发〈关于办理刑事案件排除非法证据若干问题的规定〉的通知》（法发〔2017〕15号 2017年6月27日）

为准确惩罚犯罪，切实保障人权，规范司法行为，促进司法公正，根据《中华人民共和国刑事诉讼法》及有关司法解释等规定，结合司法实际，制定如下规定。

一、一般规定

第一条 严禁刑讯逼供和以威胁、引诱、欺骗以及其他非法方法收集证据，不得强迫任何人证实自己有罪。对一切案件的判处都要重证据，重调查研究，不轻信口供。

第二条 采取殴打、违法使用戒具等暴力方法或者变相肉刑的恶劣手段，使犯罪嫌疑人、被告人遭受难以忍受的痛苦而违背意愿作出的供述，应当予以排除。

第三条 采用以暴力或者严重损害本人及其近亲属合法权益等进行威胁的方法，使犯罪嫌疑人、被告人遭受难以忍受的痛苦而违背意愿作出的供述，应当予以排除。

第四条 采用非法拘禁等非法限制人身自由的方法收集的犯罪嫌疑人、被告人供述，应当予以排除。

第五条 采用刑讯逼供方法使犯罪嫌疑人、被告人作出供述，之后犯罪嫌疑人、被告人受该刑讯逼供行为影响而作出的与该供述相同的重复性供述，应当一并排除，但下列情形除外：

（一）侦查期间，根据控告、举报或者自己发现等，侦查机关确认或者不能排除以非法方法收集证据而更换侦查人员，其他侦查人员再次讯问时告知诉讼权利和认罪的法律后果，犯罪嫌疑人自愿供述的；

（二）审查逮捕、审查起诉和审判期间，检察人员、审判人员讯问时告知诉讼权利和认罪的法律后果，犯罪嫌疑人、被告人自愿供述的。

第六条 采用暴力、威胁以及非法限制人身自由等非法方法收集的证人证言、被害人陈述，应当予以排除。

第七条　收集物证、书证不符合法定程序，可能严重影响司法公正的，应当予以补正或者作出合理解释；不能补正或者作出合理解释的，对有关证据应当予以排除。

二、侦查

第八条　侦查机关应当依照法定程序开展侦查，收集、调取能够证实犯罪嫌疑人有罪或者无罪、罪轻或者罪重的证据材料。

第九条　拘留、逮捕犯罪嫌疑人后，应当按照法律规定送看守所羁押。犯罪嫌疑人被送交看守所羁押后，讯问应当在看守所讯问室进行。因客观原因侦查机关在看守所讯问室以外的场所进行讯问的，应当作出合理解释。

第十条　侦查人员在讯问犯罪嫌疑人的时候，可以对讯问过程进行录音录像；对于可能判处无期徒刑、死刑的案件或者其他重大犯罪案件，应当对讯问过程进行录音录像。

侦查人员应当告知犯罪嫌疑人对讯问过程录音录像，并在讯问笔录中写明。

第十一条　对讯问过程录音录像，应当不间断进行，保持完整性，不得选择性地录制，不得剪接、删改。

第十二条　侦查人员讯问犯罪嫌疑人，应当依法制作讯问笔录。讯问笔录应当交犯罪嫌疑人核对，对于没有阅读能力的，应当向他宣读。对讯问笔录中有遗漏或者差错等情形，犯罪嫌疑人可以提出补充或者改正。

第十三条　看守所应当对提讯进行登记，写明提讯单位、人员、事由、起止时间以及犯罪嫌疑人姓名等情况。

看守所收押犯罪嫌疑人，应当进行身体检查。检查时，人民检察院驻看守所检察人员可以在场。检查发现犯罪嫌疑人有伤或者身体异常的，看守所应当拍照或者录像，分别由送押人员、犯罪嫌疑人说明原因，并在体检记录中写明，由送押人员、收押人员和犯罪嫌疑人签字确认。

第十四条　犯罪嫌疑人及其辩护人在侦查期间可以向人民检察院申请排除非法证据。对犯罪嫌疑人及其辩护人提供相关线索或者材料的，人民检察院应当调查核实。调查结论应当书面告知犯罪嫌疑人及其辩护人。对确有以非法方法收集证据情形的，人民检察院应当向侦查机关提出纠正意见。

侦查机关对审查认定的非法证据，应当予以排除，不得作为提请批准逮捕、移送审查起诉的根据。

对重大案件，人民检察院驻看守所检察人员应当在侦查终结前询问犯罪嫌疑人，核查是否存在刑讯逼供、非法取证情形，并同步录音录像。经核查，确有刑讯逼供、非法取证情形的，侦查机关应当及时排除非法证据，不得作为提请批准逮捕、移送审查起诉的根据。

第十五条 对侦查终结的案件，侦查机关应当全面审查证明证据收集合法性的证据材料，依法排除非法证据。排除非法证据后，证据不足的，不得移送审查起诉。

侦查机关发现办案人员非法取证的，应当依法作出处理，并可另行指派侦查人员重新调查取证。

三、审查逮捕、审查起诉

第十六条 审查逮捕、审查起诉期间讯问犯罪嫌疑人，应当告知其有权申请排除非法证据，并告知诉讼权利和认罪的法律后果。

第十七条 审查逮捕、审查起诉期间，犯罪嫌疑人及其辩护人申请排除非法证据，并提供相关线索或者材料的，人民检察院应当调查核实。调查结论应当书面告知犯罪嫌疑人及其辩护人。

人民检察院在审查起诉期间发现侦查人员以刑讯逼供等非法方法收集证据的，应当依法排除相关证据并提出纠正意见，必要时人民检察院可以自行调查取证。

人民检察院对审查认定的非法证据，应当予以排除，不得作为批准或者决定逮捕、提起公诉的根据。被排除的非法证据应当随案移送，并写明为依法排除的非法证据。

第十八条 人民检察院依法排除非法证据后，证据不足，不符合逮捕、起诉条件的，不得批准或者决定逮捕、提起公诉。

对于人民检察院排除有关证据导致对涉嫌的重要犯罪事实未予认定，从而作出不批准逮捕、不起诉决定，或者对涉嫌的部分重要犯罪事实决定不起诉的，公安机关、国家安全机关可要求复议、提请复核。

四、辩护

第十九条 犯罪嫌疑人、被告人申请提供法律援助的，应当按照有关规定指派法律援助律师。

法律援助值班律师可以为犯罪嫌疑人、被告人提供法律帮助，对刑讯逼供、非法取证情形代理申诉、控告。

第二十条 犯罪嫌疑人、被告人及其辩护人申请排除非法证据，应当提供涉嫌非法取证的人员、时间、地点、方式、内容等相关线索或者材料。

第二十一条 辩护律师自人民检察院对案件审查起诉之日起，可以查阅、摘抄、复制讯问笔录、提讯登记、采取强制措施或者侦查措施的法律文书等证据材料。其他辩护人经人民法院、人民检察院许可，也可以查阅、摘抄、复制上述证据材料。

第二十二条 犯罪嫌疑人、被告人及其辩护人向人民法院、人民检察院申请调取公安机关、国家安全机关、人民检察院收集但未提交的讯问录音录像、体检记录等证据材料，人民法院、人民检察院经审查认为犯罪嫌疑人、被告人及其辩护人申请调取的证据材料与证明证据收集的合法性有联系的，应当予以调取；认为与证明证据收集的合法性没有联系的，应当决定不予调取并向犯罪嫌疑人、被告人及其辩护人说明理由。

五、审判

第二十三条 人民法院向被告人及其辩护人送达起诉书副本时，应当告知其有权申请排除非法证据。

被告人及其辩护人申请排除非法证据，应当在开庭审理前提出，但在庭审期间发现相关线索或者材料等情形除外。人民法院应当在开庭审理前将申请书和相关线索或者材料的复制件送交人民检察院。

第二十四条 被告人及其辩护人在开庭审理前申请排除非法证据，未提供相关线索或者材料，不符合法律规定的申请条件的，人民法院对申请不予受理。

第二十五条 被告人及其辩护人在开庭审理前申请排除非法证据，按照法律规定提供相关线索或者材料的，人民法院应当召开庭前会议。人民检察院应当通过出示有关证据材料等方式，有针对性地对证据收集的合法性作出说明。人民法院可以核实情况，听取意见。

人民检察院可以决定撤回有关证据，撤回的证据，没有新的理由，不得在庭审中出示。

被告人及其辩护人可以撤回排除非法证据的申请。撤回申请后，没有新的线索或者材料，不得再次对有关证据提出排除申请。

第二十六条　公诉人、被告人及其辩护人在庭前会议中对证据收集是否合法未达成一致意见，人民法院对证据收集的合法性有疑问的，应当在庭审中进行调查；人民法院对证据收集的合法性没有疑问，且没有新的线索或者材料表明可能存在非法取证的，可以决定不再进行调查。

第二十七条　被告人及其辩护人申请人民法院通知侦查人员或者其他人员出庭，人民法院认为现有证据材料不能证明证据收集的合法性，确有必要通知上述人员出庭作证或者说明情况的，可以通知上述人员出庭。

第二十八条　公诉人宣读起诉书后，法庭应当宣布开庭审理前对证据收集合法性的审查及处理情况。

第二十九条　被告人及其辩护人在开庭审理前未申请排除非法证据，在法庭审理过程中提出申请的，应当说明理由。

对前述情形，法庭经审查，对证据收集的合法性有疑问的，应当进行调查；没有疑问的，应当驳回申请。

法庭驳回排除非法证据申请后，被告人及其辩护人没有新的线索或者材料，以相同理由再次提出申请的，法庭不再审查。

第三十条　庭审期间，法庭决定对证据收集的合法性进行调查的，应当先行当庭调查。但为防止庭审过分迟延，也可以在法庭调查结束前进行调查。

第三十一条　公诉人对证据收集的合法性加以证明，可以出示讯问笔录、提讯登记、体检记录、采取强制措施或者侦查措施的法律文书、侦查终结前对讯问合法性的核查材料等证据材料，有针对性地播放讯问录音录像，提请法庭通知侦查人员或者其他人员出庭说明情况。

被告人及其辩护人可以出示相关线索或者材料，并申请法庭播放特定时段的讯问录音录像。

侦查人员或者其他人员出庭，应当向法庭说明证据收集过程，并就相关情况接受发问。对发问方式不当或者内容与证据收集的合法性无关的，法庭应当制止。

公诉人、被告人及其辩护人可以对证据收集的合法性进行质证、辩论。

第三十二条　法庭对控辩双方提供的证据有疑问的，可以宣布休庭，对证据进行调查核实。必要时，可以通知公诉人、辩护人到场。

第三十三条　法庭对证据收集的合法性进行调查后，应当当庭作出是否排除有关证据的决定。必要时，可以宣布休庭，由合议庭评议或者提交审判委员会讨论，再次开庭时宣布决定。

在法庭作出是否排除有关证据的决定前，不得对有关证据宣读、质证。

第三十四条　经法庭审理，确认存在本规定所规定的以非法方法收集证据情形的，对有关证据应当予以排除。法庭根据相关线索或者材料对证据收集的合法性有疑问，而人民检察院未提供证据或者提供的证据不能证明证据收集的合法性，不能排除存在本规定所规定的以非法方法收集证据情形的，对有关证据应当予以排除。

对依法予以排除的证据，不得宣读、质证，不得作为判决的根据。

第三十五条　人民法院排除非法证据后，案件事实清楚，证据确实、充分，依据法律认定被告人有罪的，应当作出有罪判决；证据不足，不能认定被告人有罪的，应当作出证据不足、指控的犯罪不能成立的无罪判决；案件部分事实清楚，证据确实、充分的，依法认定该部分事实。

第三十六条　人民法院对证据收集合法性的审查、调查结论，应当在裁判文书中写明，并说明理由。

第三十七条　人民法院对证人证言、被害人陈述等证据收集合法性的审查、调查，参照上述规定。

第三十八条　人民检察院、被告人及其法定代理人提出抗诉、上诉，对第一审人民法院有关证据收集合法性的审查、调查结论提出异议的，第二审人民法院应当审查。

被告人及其辩护人在第一审程序中未申请排除非法证据，在第二审程序中提出申请的，应当说明理由。第二审人民法院应当审查。

人民检察院在第一审程序中未出示证据证明证据收集的合法性，第一审人民法院依法排除有关证据的，人民检察院在第二审程序中不得出示之前未出示的证据，但在第一审程序后发现的除外。

第三十九条 第二审人民法院对证据收集合法性的调查，参照上述第一审程序的规定。

第四十条 第一审人民法院对被告人及其辩护人排除非法证据的申请未予审查，并以有关证据作为定案根据，可能影响公正审判的，第二审人民法院可以裁定撤销原判，发回原审人民法院重新审判。

第一审人民法院对依法应当排除的非法证据未予排除的，第二审人民法院可以依法排除非法证据。排除非法证据后，原判决认定事实和适用法律正确、量刑适当的，应当裁定驳回上诉或者抗诉，维持原判；原判决认定事实没有错误，但适用法律有错误，或者量刑不当的，应当改判；原判决事实不清楚或者证据不足的，可以裁定撤销原判，发回原审人民法院重新审判。

第四十一条 审判监督程序、死刑复核程序中对证据收集合法性的审查、调查，参照上述规定。

第四十二条 本规定自 2017 年 6 月 27 日起施行。

5. 最高人民法院、最高人民检察院、公安部《关于办理网络犯罪案件适用刑事诉讼程序若干问题的意见》（公通字〔2014〕10 号　2014 年 5 月 4 日）

五、关于电子数据的取证与审查

13. 收集、提取电子数据，应当由二名以上具备相关专业知识的侦查人员进行。取证设备和过程应当符合相关技术标准，并保证所收集、提取的电子数据的完整性、客观性。

14. 收集、提取电子数据，能够获取原始存储介质的，应当封存原始存储介质，并制作笔录，记录原始存储介质的封存状态，由侦查人员、原始存储介质持有人签名或者盖章；持有人无法签名或者拒绝签名的，应当在笔录中注明，由见证人签名或者盖章。有条件的，侦查人员应当对相关活动进行录像。

15. 具有下列情形之一，无法获取原始存储介质的，可以提取电子数据，但应当在笔录中注明不能获取原始存储介质的原因、原始存储介质的存放地点等情况，并由侦查人员、电子数据持有人、提供人签名或者盖章；持有人、提供人无法签名或者拒绝签名的，应当在笔录中注明，由见证人签名或者盖章；有条件的，侦查人员应当对相关活动进行录像：

（1）原始存储介质不便封存的；

（2）提取计算机内存存储的数据、网络传输的数据等不是存储在存储介质上的电子数据的；

（3）原始存储介质位于境外的；

（4）其他无法获取原始存储介质的情形。

16. 收集、提取电子数据应当制作笔录，记录案由、对象、内容，收集、提取电子数据的时间、地点、方法、过程，电子数据的清单、规格、类别、文件格式、完整性校验值等，并由收集、提取电子数据的侦查人员签名或者盖章。远程提取电子数据的，应当说明原因，有条件的，应当对相关活动进行录像。通过数据恢复、破解等方式获取被删除、隐藏或者加密的电子数据的，应当对恢复、破解过程和方法作出说明。

17. 收集、提取的原始存储介质或者电子数据，应当以封存状态随案移送，并制作电子数据的复制件一并移送。

对文档、图片、网页等可以直接展示的电子数据，可以不随案移送电子数据打印件，但应当附有展示方法说明和展示工具；人民法院、人民检察院因设备等条件限制无法直接展示电子数据的，公安机关应当随案移送打印件。

对侵入、非法控制计算机信息系统的程序、工具以及计算机病毒等无法直接展示的电子数据，应当附有电子数据属性、功能等情况的说明。

对数据统计数量、数据同一性等问题，公安机关应当出具说明。

18. 对电子数据涉及的专门性问题难以确定的，由司法鉴定机构出具鉴定意见，或者由公安部指定的机构出具检验报告。

二、制度规范

1.《公安机关办理刑事案件程序规定》（中华人民共和国公安部令第127号　2013年1月1日）

第五十六条　可以用于证明案件事实的材料，都是证据。

证据包括：

（一）物证；

（二）书证；

（三）证人证言；

（四）被害人陈述；

（五）犯罪嫌疑人供述和辩解；

（六）鉴定意见；

（七）勘验、检查、侦查实验、搜查、查封、扣押、提取、辨认等笔录；

（八）视听资料、电子数据。

证据必须经过查证属实，才能作为认定案件事实的根据。

第五十七条　公安机关必须依照法定程序，收集能够证实犯罪嫌疑人有罪或者无罪、犯罪情节轻重的各种证据。必须保证一切与案件有关或者了解案情的公民，有客观地充分地提供证据的条件，除特殊情况外，可以吸收他们协助调查。

第五十八条　公安机关向有关单位和个人收集、调取证据时，应当告知其必须如实提供证据。

对涉及国家秘密、商业秘密、个人隐私的证据，应当保密。

对于伪造证据、隐匿证据或者毁灭证据的，应当追究其法律责任。

第五十九条　公安机关向有关单位和个人调取证据，应当经办案部门负责人批准，开具调取证据通知书。被调取单位、个人应当在通知书上盖章或者签名，拒绝盖章或者签名的，公安机关应当注明。必要时，应当采用录音或者录像等方式固定证据内容及取证过程。

第六十条　公安机关接受或者依法调取的行政机关在行政执法和查办案件过程中收集的物证、书证、视听资料、电子数据、检验报告、鉴定意见、勘验笔录、检查笔录等证据材料，可以作为证据使用。

第六十一条　收集、调取的物证应当是原物。只有在原物不便搬运、不易保存或者依法应当由有关部门保管、处理或者依法应当返还时，才可以拍摄或者制作足以反映原物外形或者内容的照片、录像或者复制品。

物证的照片、录像或者复制品经与原物核实无误或者经鉴定证明为真实的，或者以其他方式确能证明其真实的，可以作为证据使用。原物的照片、录像或者复制品，不能反映原物的外形和特征的，不能作为证据使用。

第六十二条　收集、调取的书证应当是原件。只有在取得原件确有困难时，才可以使用副本或者复制件。

书证的副本、复制件，经与原件核实无误或者经鉴定证明为真实的，或者以其他方式确能证明其真实的，可以作为证据使用。书证有更改或者更改迹象不能作出合理解释的，或者书证的副本、复制件不能反映书证原件及其内容的，不能作为证据使用。

第六十三条　物证的照片、录像或者复制品，书证的副本、复制件，视听资料、电子数据的复制件，应当附有关制作过程及原件、原物存放处的文字说明，并由制作人和物品持有人或者物品持有单位有关人员签名。

第六十四条　公安机关提请批准逮捕书、起诉意见书必须忠实于事实真象。故意隐瞒事实真象的，应当依法追究责任。

第六十五条　需要查明的案件事实包括：

（一）犯罪行为是否存在；

（二）实施犯罪行为的时间、地点、手段、后果以及其他情节；

（三）犯罪行为是否为犯罪嫌疑人实施；

（四）犯罪嫌疑人的身份；

（五）犯罪嫌疑人实施犯罪行为的动机、目的；

（六）犯罪嫌疑人的责任以及与其他同案人的关系；

（七）犯罪嫌疑人有无法定从重、从轻、减轻处罚以及免除处罚的情节；

（八）其他与案件有关的事实。

第六十六条 公安机关移送审查起诉的案件，应当做到犯罪事实清楚，证据确实、充分。

证据确实、充分，应当符合以下条件：

（一）认定的案件事实都有证据证明；

（二）认定案件事实的证据均经法定程序查证属实；

（三）综合全案证据，对所认定事实已排除合理怀疑。

对证据的审查，应当结合案件的具体情况，从各证据与待证事实的关联程度、各证据之间的联系等方面进行审查判断。

只有犯罪嫌疑人供述，没有其他证据的，不能认定案件事实；没有犯罪嫌疑人供述，证据确实、充分的，可以认定案件事实。

第六十七条 采用刑讯逼供等非法方法收集的犯罪嫌疑人供述和采用暴力、威胁等非法方法收集的证人证言、被害人陈述，应当予以排除。

收集物证、书证违反法定程序，可能严重影响司法公正的，应当予以补正或者作出合理解释；不能补正或者作出合理解释的，对该证据应当予以排除。

在侦查阶段发现有应当排除的证据的，经县级以上公安机关负责人批准，应当依法予以排除，不得作为提请批准逮捕、移送审查起诉的依据。

人民检察院认为可能存在以非法方法收集证据情形，要求公安机关进行说明的，公安机关应当及时进行调查，并向人民检察院作出书面说明。

第六十八条 人民法院认为现有证据材料不能证明证据收集的合法性，通知有关侦查人员或者其他人员出庭说明情况的，有关侦查人员或者其他人员应当出庭。必要时，有关侦查人员或者其他人员也可以要求出庭说明情况。

经人民法院通知，人民警察应当就其执行职务时目击的犯罪情况出庭作证。

第六十九条 凡是知道案件情况的人，都有作证的义务。

生理上、精神上有缺陷或者年幼，不能辨别是非，不能正确表达的人，不能作证人。

对于证人能否辨别是非，能否正确表达，必要时可以进行审查或者鉴别。

第七十条　公安机关应当保障证人及其近亲属的安全。

对证人及其近亲属进行威胁、侮辱、殴打或者打击报复，构成犯罪的，依法追究刑事责任；尚不够刑事处罚的，依法给予治安管理处罚。

第七十一条　对危害国家安全犯罪、恐怖活动犯罪、黑社会性质的组织犯罪、毒品犯罪等案件，证人、鉴定人、被害人因在侦查过程中作证，本人或者其近亲属的人身安全面临危险的，公安机关应当采取以下一项或者多项保护措施：

（一）不公开真实姓名、住址和工作单位等个人信息；

（二）禁止特定的人员接触证人、鉴定人、被害人及其近亲属；

（三）对人身和住宅采取专门性保护措施；

（四）其他必要的保护措施。

证人、鉴定人、被害人认为因在侦查过程中作证，本人或者其近亲属的人身安全面临危险，向公安机关请求予以保护，公安机关经审查认为符合前款规定的条件，确有必要采取保护措施的，应当采取上述一项或者多项保护措施。

公安机关依法采取保护措施，可以要求有关单位和个人配合。

案件移送审查起诉时，应当将采取保护措施的相关情况一并移交人民检察院。

第七十二条　公安机关依法决定不公开证人、鉴定人、被害人的真实姓名、住址和工作单位等个人信息的，可以在起诉意见书、询问笔录等法律文书、证据材料中使用化名等代替证人、鉴定人、被害人的个人信息。但是，应当另行书面说明使用化名的情况并标明密级，单独成卷。

第七十三条　证人保护工作所必需的人员、经费、装备等，应当予以保障。

证人因履行作证义务而支出的交通、住宿、就餐等费用，应当给予补助。证人作证的补助列入公安机关业务经费。

2.《司法鉴定程序通则》（中华人民共和国司法部令第132号　2016年3月2日）

第二十条　司法鉴定人本人或者其近亲属与诉讼当事人、鉴定事项涉及的案件有利害关系，可能影响其独立、客观、公正进行鉴定的，应当回避。

司法鉴定人曾经参加过同一鉴定事项鉴定的，或者曾经作为专家提供过咨询意见的，或者曾被聘请为有专门知识的人参与过同一鉴定事项法庭质证的，应当回避。

第二十四条 司法鉴定人有权了解进行鉴定所需要的案件材料，可以查阅、复制相关资料，必要时可以询问诉讼当事人、证人。

经委托人同意，司法鉴定机构可以派员到现场提取鉴定材料。现场提取鉴定材料应当由不少于二名司法鉴定机构的工作人员进行，其中至少一名应为该鉴定事项的司法鉴定人。现场提取鉴定材料时，应当有委托人指派或者委托的人员在场见证并在提取记录上签名。

第二十五条 鉴定过程中，需要对无民事行为能力人或者限制民事行为能力人进行身体检查的，应当通知其监护人或者近亲属到场见证；必要时，可以通知委托人到场见证。

对被鉴定人进行法医精神病鉴定的，应当通知委托人或者被鉴定人的近亲属或者监护人到场见证。

对需要进行尸体解剖的，应当通知委托人或者死者的近亲属或者监护人到场见证。

到场见证人员应当在鉴定记录上签名。见证人员未到场的，司法鉴定人不得开展相关鉴定活动，延误时间不计入鉴定时限。

第三十一条 有下列情形之一的，司法鉴定机构可以接受办案机关委托进行重新鉴定：

（一）原司法鉴定人不具有从事委托鉴定事项执业资格的；

（二）原司法鉴定机构超出登记的业务范围组织鉴定的；

（三）原司法鉴定人应当回避没有回避的；

（四）办案机关认为需要重新鉴定的；

（五）法律规定的其他情形。

3.最高人民检察院《关于印发〈人民检察院刑事诉讼涉案财物管理规定〉的通知》（高检发〔2015〕6号 2015年3月6日）

第十条 人民检察院办案部门查封、扣押、冻结涉案财物及其孳息后，应当及时按照下列情形分别办理，至迟不得超过三日，法律和有关规定另有规定的除外：

（一）将扣押的款项存入唯一合规账户；

（二）将扣押的物品和相关权利证书、支付凭证以及具有一定特征能够证明案情的现金等，送案件管理部门入库保管；

（三）将查封、扣押、冻结涉案财物的清单和扣押款项存入唯一合规账户的存款凭证等，送案件管理部门登记；案件管理部门应当对存款凭证复印保存，并将原件送计划财务装备部门。

扣押的款项或者物品因特殊原因不能按时存入唯一合规账户或者送案件管理部门保管的，经检察长批准，可以由办案部门暂时保管，在原因消除后及时存入或者移交，但应当将扣押清单和相关权利证书、支付凭证等依照本条第一款规定的期限送案件管理部门登记、保管。

第十一条 案件管理部门接收人民检察院办案部门移送的涉案财物或者清单时，应当审查是否符合下列要求：

（一）有立案决定书和相应的查封、扣押、冻结法律文书以及查封、扣押清单，并填写规范、完整，符合相关要求；

（二）移送的财物与清单相符；

（三）移送的扣押物品清单，已经依照《人民检察院刑事诉讼规则（试行）》有关扣押的规定注明扣押财物的主要特征；

（四）移送的外币、金银珠宝、文物、名贵字画以及其他不易辨别真伪的贵重物品，已经依照《人民检察院刑事诉讼规则（试行）》有关扣押的规定予以密封，检察人员、见证人和被扣押物品持有人在密封材料上签名或者盖章，经过鉴定的，附有鉴定意见复印件；

（五）移送的存折、信用卡、有价证券等支付凭证和具有一定特征能够证明案情的现金，已经依照《人民检察院刑事诉讼规则（试行）》有关扣押的规定予以密封，注明特征、编号、种类、面值、张数、金额等，检察人员、见证人和被扣押物品持有人在密封材料上签名或者盖章；

（六）移送的查封清单，已经依照《人民检察院刑事诉讼规则（试行）》

有关查封的规定注明相关财物的详细地址和相关特征，检察人员、见证人和持有人签名或者盖章，注明已经拍照或者录像及其权利证书是否已被扣押，注明财物被查封后由办案部门保管或者交持有人或者其近亲属保管，注明查封决定书副本已送达相关的财物登记、管理部门等。

第十二条　人民检察院办案部门查封、扣押的下列涉案财物不移送案件管理部门保管，由办案部门拍照或者录像后妥善管理或者及时按照有关规定处理：

（一）查封的不动产和置于该不动产上不宜移动的设施等财物，以及涉案的车辆、船舶、航空器和大型机械、设备等财物，及时依照《人民检察院刑事诉讼规则（试行）》有关查封、扣押的规定扣押相关权利证书，将查封决定书副本送达有关登记、管理部门，并告知其在查封期间禁止办理抵押、转让、出售等权属关系变更、转移登记手续；

（二）珍贵文物、珍贵动物及其制品、珍稀植物及其制品，按照国家有关规定移送主管机关；

（三）毒品、淫秽物品等违禁品，及时移送有关主管机关，或者根据办案需要严格封存，不得擅自使用或者扩散；

（四）爆炸性、易燃性、放射性、毒害性、腐蚀性等危险品，及时移送有关部门或者根据办案需要委托有关主管机关妥善保管；

（五）易损毁、灭失、变质等不宜长期保存的物品，易贬值的汽车、船艇等物品，经权利人同意或者申请，并经检察长批准，可以及时委托有关部门先行变卖、拍卖，所得款项存入唯一合规账户。先行变卖、拍卖应当做到公开、公平。

人民检察院办案部门依照前款规定不将涉案财物移送案件管理部门保管的，应当将查封、扣押清单以及相关权利证书、支付凭证等依照本规定第十条第一款的规定送案件管理部门登记、保管。

第十三条　人民检察院案件管理部门接收其他办案机关随案移送的涉案财物的，参照本规定第十一条、第十二条的规定进行审查和办理。

对移送的物品、权利证书、支付凭证以及具备一定特征能够证明案情的现金，案件管理部门审查后认为符合要求的，予以接收并入库保管。对移送的涉案款项，由其他办案机关存入检察机关指定的唯一合规账户，案件管理部门对转账凭证进行登记并联系计划财务装备部门进行核对。其他办案机关直接移送现金的，案件管理部门可以告知其存入指定的唯一合规账户，也可以联系计划财务装备部门清点、接收并及时存入唯一合规账户。计划财务装备部门应当在收到款项后三日以内将收款凭证复印件送案件管理部门登记。

对于其他办案机关移送审查起诉时随案移送的有关实物，案件管理部门经商公诉部门后，认为属于不宜移送的，可以依照刑事诉讼法第二百三十四条第一款、第二款的规定，只接收清单、照片或者其他证明文件。必要时，人民检察院案件管理部门可以会同公诉部门与其他办案机关相关部门进行沟通协商，确定不随案移送的实物。

第十四条 案件管理部门应当指定专门人员，负责有关涉案财物的接收、管理和相关信息录入工作。

第十五条 案件管理部门接收密封的涉案财物，一般不进行拆封。移送部门或者案件管理部门认为有必要拆封的，由移送人员和接收人员共同启封、检查、重新密封，并对全过程进行录像。根据《人民检察院刑事诉讼规则（试行）》有关扣押的规定应当予以密封的涉案财物，启封、检查、重新密封时应当依照规定有见证人、持有人或者单位负责人等在场并签名或者盖章。

第十六条 案件管理部门对于接收的涉案财物、清单及其他相关材料，认为符合条件的，应当及时在移送清单上签字并制作入库清单，办理入库手续。认为不符合条件的，应当将原因告知移送单位，由移送单位及时补送相关材料，或者按照有关规定进行补正或者作出合理解释。

4.最高人民法院、最高人民检察院、公安部《印发〈关于办理刑事案件收集提取和审查判断电子数据若干问题的规定〉的通知》（法发〔2016〕22号 2016年9月9日）

第一条 电子数据是案件发生过程中形成的，以数字化形式存储、处理、传输的，能够证明案件事实的数据。

电子数据包括但不限于下列信息、电子文件：

（一）网页、博客、微博客、朋友圈、贴吧、网盘等网络平台发布的信息；

（二）手机短信、电子邮件、即时通信、通讯群组等网络应用服务的通信信息；

（三）用户注册信息、身份认证信息、电子交易记录、通信记录、登录日志等信息；

（四）文档、图片、音视频、数字证书、计算机程序等电子文件。

以数字化形式记载的证人证言、被害人陈述以及犯罪嫌疑人、被告人供述和辩解等证据，不属于电子数据。确有必要的，对相关证据的收集、提取、移送、审查，可以参照适用本规定。

第二条 侦查机关应当遵守法定程序，遵循有关技术标准，全面、客观、及时地收集、提取电子数据；人民检察院、人民法院应当围绕真实性、合法性、关联性审查判断电子数据。

第四条 电子数据涉及国家秘密、商业秘密、个人隐私的，应当保密。

第五条 对作为证据使用的电子数据，应当采取以下一种或者几种方法保护电子数据的完整性：

（一）扣押、封存电子数据原始存储介质；

（二）计算电子数据完整性校验值；

（三）制作、封存电子数据备份；

（四）冻结电子数据；

（五）对收集、提取电子数据的相关活动进行录像；

（六）其他保护电子数据完整性的方法。

第六条 初查过程中收集、提取的电子数据，以及通过网络在线提取的电子数据，可以作为证据使用。

第七条 收集、提取电子数据，应当由二名以上侦查人员进行。取证方法应当符合相关技术标准。

第八条 收集、提取电子数据，能够扣押电子数据原始存储介质的，应当扣押、封存原始存储介质，并制作笔录，记录原始存储介质的封存状态。

封存电子数据原始存储介质，应当保证在不解除封存状态的情况下，无法增加、删除、修改电子数据。封存前后应当拍摄被封存原始存储介质的照片，清晰反映封口或者张贴封条处的状况。

封存手机等具有无线通信功能的存储介质，应当采取信号屏蔽、信号阻断或者切断电源等措施。

第九条　具有下列情形之一，无法扣押原始存储介质的，可以提取电子数据，但应当在笔录中注明不能扣押原始存储介质的原因、原始存储介质的存放地点或者电子数据的来源等情况，并计算电子数据的完整性校验值：

（一）原始存储介质不便封存的；

（二）提取计算机内存数据、网络传输数据等不是存储在存储介质上的电子数据的；

（三）原始存储介质位于境外的；

（四）其他无法扣押原始存储介质的情形。

对于原始存储介质位于境外或者远程计算机信息系统上的电子数据，可以通过网络在线提取。

为进一步查明有关情况，必要时，可以对远程计算机信息系统进行网络远程勘验。进行网络远程勘验，需要采取技术侦查措施的，应当依法经过严格的批准手续。

第十条　由于客观原因无法或者不宜依据第八条、第九条的规定收集、提取电子数据的，可以采取打印、拍照或者录像等方式固定相关证据，并在笔录中说明原因。

第十一条　具有下列情形之一的，经县级以上公安机关负责人或者检察长批准，可以对电子数据进行冻结：

（一）数据量大，无法或者不便提取的；

（二）提取时间长，可能造成电子数据被篡改或者灭失的；

（三）通过网络应用可以更为直观地展示电子数据的；

（四）其他需要冻结的情形。

第十二条　冻结电子数据，应当制作协助冻结通知书，注明冻结电子数据的网络应用账号等信息，送交电子数据持有人、网络服务提供者或者有关部门协助办理。解除冻结的，应当在三日内制作协助解除冻结通知书，送交电子数据持有人、网络服务提供者或者有关部门协助办理。

冻结电子数据，应当采取以下一种或者几种方法：

（一）计算电子数据的完整性校验值；

（二）锁定网络应用账号；

（三）其他防止增加、删除、修改电子数据的措施。

第十三条 调取电子数据，应当制作调取证据通知书，注明需要调取电子数据的相关信息，通知电子数据持有人、网络服务提供者或者有关部门执行。

第十四条 收集、提取电子数据，应当制作笔录，记录案由、对象、内容、收集、提取电子数据的时间、地点、方法、过程，并附电子数据清单，注明类别、文件格式、完整性校验值等，由侦查人员、电子数据持有人（提供人）签名或者盖章；电子数据持有人（提供人）无法签名或者拒绝签名的，应当在笔录中注明，由见证人签名或者盖章。有条件的，应当对相关活动进行录像。

第十五条 收集、提取电子数据，应当根据刑事诉讼法的规定，由符合条件的人员担任见证人。由于客观原因无法由符合条件的人员担任见证人的，应当在笔录中注明情况，并对相关活动进行录像。

针对同一现场多个计算机信息系统收集、提取电子数据的，可以由一名见证人见证。

第十六条 对扣押的原始存储介质或者提取的电子数据，可以通过恢复、破解、统计、关联、比对等方式进行检查。必要时，可以进行侦查实验。

电子数据检查，应当对电子数据存储介质拆封过程进行录像，并将电子数据存储介质通过写保护设备接入到检查设备进行检查；有条件的，应当制作电子数据备份，对备份进行检查；无法使用写保护设备且无法制作备份的，应当注明原因，并对相关活动进行录像。

电子数据检查应当制作笔录，注明检查方法、过程和结果，由有关人员签名或者盖章。进行侦查实验的，应当制作侦查实验笔录，注明侦查实验的条件、经过和结果，由参加实验的人员签名或者盖章。

第二十条　公安机关报请人民检察院审查批准逮捕犯罪嫌疑人，或者对侦查终结的案件移送人民检察院审查起诉的，应当将电子数据等证据一并移送人民检察院。人民检察院在审查批准逮捕和审查起诉过程中发现应当移送的电子数据没有移送或者移送的电子数据不符合相关要求的，应当通知公安机关补充移送或者进行补正。

对于提起公诉的案件，人民法院发现应当移送的电子数据没有移送或者移送的电子数据不符合相关要求的，应当通知人民检察院。

公安机关、人民检察院应当自收到通知后三日内移送电子数据或者补充有关材料。

第二十二条　对电子数据是否真实，应当着重审查以下内容：

（一）是否移送原始存储介质；在原始存储介质无法封存、不便移动时，有无说明原因，并注明收集、提取过程及原始存储介质的存放地点或者电子数据的来源等情况；

（二）电子数据是否具有数字签名、数字证书等特殊标识；

（三）电子数据的收集、提取过程是否可以重现；

（四）电子数据如有增加、删除、修改等情形的，是否附有说明；

（五）电子数据的完整性是否可以保证。

第二十三条　对电子数据是否完整，应当根据保护电子数据完整性的相应方法进行验证：

（一）审查原始存储介质的扣押、封存状态；

（二）审查电子数据的收集、提取过程，查看录像；

（三）比对电子数据完整性校验值；

（四）与备份的电子数据进行比较；

（五）审查冻结后的访问操作日志；

（六）其他方法。

第二十四条　对收集、提取电子数据是否合法，应当着重审查以下内容：

（一）收集、提取电子数据是否由二名以上侦查人员进行，取证方法是否符合相关技术标准；

（二）收集、提取电子数据，是否附有笔录、清单，并经侦查人员、电子数据持有人（提供人）、见证人签名或者盖章；没有持有人（提供人）签名或者盖章的，是否注明原因；对电子数据的类别、文件格式等是否注明清楚；

（三）是否依照有关规定由符合条件的人员担任见证人，是否对相关活动进行录像；

（四）电子数据检查是否将电子数据存储介质通过写保护设备接入到检查设备；有条件的，是否制作电子数据备份，并对备份进行检查；无法制作备份且无法使用写保护设备的，是否附有录像。

第二十五条　认定犯罪嫌疑人、被告人的网络身份与现实身份的同一性，可以通过核查相关 IP 地址、网络活动记录、上网终端归属、相关证人证言以及犯罪嫌疑人、被告人供述和辩解等进行综合判断。

认定犯罪嫌疑人、被告人与存储介质的关联性，可以通过核查相关证人证言以及犯罪嫌疑人、被告人供述和辩解等进行综合判断。

第二十六条　公诉人、当事人或者辩护人、诉讼代理人对电子数据鉴定意见有异议，可以申请人民法院通知鉴定人出庭作证。人民法院认为鉴定人有必要出庭的，鉴定人应当出庭作证。

经人民法院通知，鉴定人拒不出庭作证的，鉴定意见不得作为定案的根据。对没有正当理由拒不出庭作证的鉴定人，人民法院应当通报司法行政机关或者有关部门。

公诉人、当事人或者辩护人、诉讼代理人可以申请法庭通知有专门知识的人出庭，就鉴定意见提出意见。

对电子数据涉及的专门性问题的报告，参照适用前三款规定。

第二十七条　电子数据的收集、提取程序有下列瑕疵，经补正或者作出合理解释的，可以采用；不能补正或者作出合理解释的，不得作为定案的根据：

（一）未以封存状态移送的；

（二）笔录或者清单上没有侦查人员、电子数据持有人（提供人）、见证人签名或者盖章的；

（三）对电子数据的名称、类别、格式等注明不清的；

（四）有其他瑕疵的。

第二十八条 电子数据具有下列情形之一的，不得作为定案的根据：

（一）电子数据系篡改、伪造或者无法确定真伪的；

（二）电子数据有增加、删除、修改等情形，影响电子数据真实性的；

（三）其他无法保证电子数据真实性的情形。

5.最高人民检察院《关于印发部分罪案〈审查逮捕证据参考标准（试行）〉的通知》（高检侦监发〔2003〕107号 2003年11月27日）

八、合同诈骗罪案审查逮捕证据参考标准

合同诈骗罪，是指触犯（刑法）第224条的规定，以非法占有为目的，在签订合同、履行合同过程中，骗取对方当事人财物，数额较大的行为。

对提请批捕的合同诈骗案件，应当注意从以下几个方面审查证据：

（一）有证据证明发生了合同诈骗犯罪事实。

重点审查：

1.查获的合同、工商部门出具的工商登记资料等证明有以虚构的单位或者冒用他人名义签订合同的行为的证据。

2.查获的伪造、变造、作废的票据或虚假的产权证明、双方签订的合同、担保合同或担保条款等，证明有以伪造、变造、作废的票据或者虚假的产权证明作担保的行为的证据。

3.犯罪嫌疑人没有履行能力、犯罪嫌疑人部分履行合同、双方先后签订的多份合同等证明没有实际履行能力，以先履行小额合同或者部分履行合同的方法，诱骗对方当事人继续签订和履行合同的行为的证据。

4.双方签订的合同、犯罪嫌疑人收受被害人给付的货物、预付款或者担保财产、犯罪嫌疑人逃匿等，证明有收受对方当事人给付的货物、货款、预付款或者担保财产后逃匿的行为的证据。

5.证明犯罪嫌疑人有以其他方法骗取对方当事人财物的行为的证据。

6.证明合同诈骗事实发生的被害人陈述、证人证言、犯罪嫌疑人供述等。

7.证明犯罪嫌疑人的合同诈骗行为以非法占有为目的的证据，如具有逃匿、躲避或者出走不归，或者以其他方法逃避承担民事责任的；以隐匿等方法占有财物的；对骗得财物进行私分、挥霍使用的；用于归还欠债或者抵偿债务的；用于进行其他违法犯罪活动（包括非法经营活动）的；其他企图使他人丧失对财物占有的情形。

（二）有证据证明合同诈骗犯罪事实系犯罪嫌疑人实施的。

重点审查：

1.被害人的指认。

2.犯罪嫌疑人的供认。

3.证人证言。

4.同案犯罪嫌疑人的供述。

5.对合同、收条或伪造票据上的签名笔迹所做的能够证明犯罪嫌疑人实施合同诈骗犯罪的鉴定。

6.其他能够证明犯罪嫌疑人实施合同诈骗犯罪的证据。

（三）证明犯罪嫌疑人实施合同诈骗犯罪行为的证据已有查证属实的。

重点审查：

1.其他证据能够印证的被害人的指认。

2.其他证据能够印证的犯罪嫌疑人的供述。

3.能够相互印证的证人证言。

4.能够与其他证据相互印证的证人证言或者同案犯供述。

5.其他证据能够印证的涉案合同文本。

6.查证属实的证明犯罪嫌疑人实施合同诈骗犯罪的其他证据。

九、伪造货币罪案审查逮捕证据参考标准

伪造货币罪，是指触犯《刑法》第170条的规定，仿照人民币或者外币的面额、图案、色彩、质地、式样、规格等，使用各种方法，非法制造假货币、冒充真货币的行为。其他以伪造货币罪定罪处罚的有：行为人销售、伪造货币版样或者与他人事前通谋、为他人伪造货币提供版样的。

对提请批捕的伪造货币案件，应当注意从以下几个方面审查证据：

（一）有证据证明发生了伪造货币犯罪事实。

重点审查：

1. 查获的伪造货币的实物或照片、收缴的犯罪工具或照片等证明发生伪造货币的行为的证据。

2. 证明伪造货币的总面额达到二千元以上，或者币量达到二百张（枚）以上的证据。

3. 证明伪造货币犯罪事实发生的证人证言、犯罪嫌疑人供述等。

4. 证明是假币的有关部门的鉴定。

（二）有证据证明伪造货币犯罪事实是否系犯罪嫌疑人实施的。

重点审查：

1. 现场查获犯罪嫌疑人实施伪造货币犯罪的证据；

2. 犯罪嫌疑人的供认。

3. 证人证言。

4. 同案犯罪嫌疑人的供述。

5. 其他能够证明犯罪嫌疑人实施伪造货币犯罪的证据。

（三）证明犯罪嫌疑人实施伪造货币犯罪行为的证据已有查证属实的。

重点审查：

1. 现场查获犯罪嫌疑人实施犯罪的，现场勘查笔录、收缴的假币、犯罪工具或照片等证据。

2. 其他证据能够印证的犯罪嫌疑人的供述。

3. 能够相互印证的证人证言。

4. 能够与其他证据相互印证的证人证言或者同案犯、被雇人员供述。

5. 其他已有查证属实的证明犯罪嫌疑人实施伪造货币犯罪的证据。

6. 北京市朝阳区人民检察院《涉众型经济犯罪案件办案指南》（2019年7月修订）

一、侦查

第八条 公安机关对涉嫌涉众型经济犯罪案件的报案、控告或举报，应当立即接受并及时审查，必要时可以进行初查。

公安机关经审查认为有犯罪事实需要追究刑事责任，且属于自己管辖的，经公安机关负责人批准，予以立案。经审查不符合立案条件的，应及时向举报人、报案人或控告人说明理由。

公安机关对于金融监管部门移送的线索应及时审查，符合立案条件的，立案后应通知金融监管部门，并加强协作。经审查不符合立案条件的，应及时向金融监管部门说明理由。

第九条 公安机关拟对涉众型经济犯罪案件的犯罪嫌疑人采取强制措施前，确有必要的，可以与检察机关共同会商抓捕时机、抓捕人员范围及冻结账户、查扣财产的范围等，做好涉案人员、资产等的风险防控。

公安机关认为确有必要的，可以适时商请检察机关提前介入，引导侦查方向，统一证据标准。

第十条 公安机关对有证据证明有犯罪事实，可能判处徒刑以上刑罚，采取取保候审尚不足以防止发生社会危险性的犯罪嫌疑人，可以适时提请检察机关批准逮捕。

第十一条 公安机关应当依法、及时、准确、全面地收集、固定证据，重点追查资金去向，并最大限度地挽回经济损失。

第十二条 公安机关应当依法开展搜查工作，及时查封、扣押、冻结涉案文件、账目、电脑、手机、服务器、资产，经审查确与案件无关的，依法解除查封、扣押、冻结。

在搜查时，应当出示搜查证，制作搜查笔录，搜查笔录应当有二名以上侦查人员、被搜查人或家属、适合的见证人签名。在执行查封、扣押时应当出示查封、扣押决定书，对涉案物品查点清楚，制作扣押笔录和扣押清单，笔录和清单应当有二名以上侦查人员、被扣押物品持有人、适合的见证人签名。

公安机关在搜查、查封、扣押时，应当保持涉案物品、文件、账目等的原始状态，并全程录音录像，保证程序合法，手续齐备。

第十三条 公安机关对于依法扣押的原始账目、文件、资料等确需分类保管的，应当依法妥善保存，避免混同。

确需提取电子数据时，应当依法制作勘验、检查笔录，由参加勘验、检查的人和适合的见证人签名。

确需对物证、书证、电子数据等鉴定时，应当依法进行。

第十四条 公安机关对于涉众型经济犯罪案件，应当出具司法会计鉴定意见。进行司法会计鉴定意见应当符合以下规定：

（一）应当聘请有司法鉴定资质的会计师事务所依法出具；

（二）公安机关应当提供会计鉴定所需的全部资料，包括：涉案合同、涉案公司经营账目、银行账户明细、集资参与人报案材料、电子数据等。鉴定意见应当客观、真实、全面、有效；

（三）鉴定意见书应当包括以下内容：1、集资参与人身份信息、集资参与人数；2、每名集资参与人的投资时间、金额、获得返利、实际损失、投资具体项目等；3、涉案公司收取的投资金额、投资款去向、获利情况；4、涉案集资人员收取投资的时间、金额、款项用途，获得股东分红、佣金、提成等获利情况；5.根据具体案情，其他应当进行司法会计鉴定的内容。

第十五条 确需对物证、书证、电子数据等鉴定时，应当依法进行。鉴定意见应包括检材的来源情况、提取的程序、证实的内容等。

第十六条 公安机关对犯罪嫌疑人进行讯问时，应当围绕犯罪构成全面获取其所知晓的与案件有关的情况，主要包括：

（一）犯罪嫌疑人基本情况，包括：从业经历、专业背景、工作时间、职务、职责范围、募集资金的数额、工资结构和薪金总额、获利款物去向等；

（二）单位基本情况，包括：成立时间、股东构成、经营范围、资产状况、组织机构、人员结构、各层级人员的职责及参与公司经营管理状况、是否经国家有关主管部门批准等；

（三）单位主要经营活动，包括：经营模式、资金来源、募集资金总额、返利情况、资金去向、投资项目、债权债务、担保情况等；

（四）犯罪嫌疑人的地位和作用，包括：募集资金模式的提起、各犯罪嫌疑人的具体行为、参与程度等；

（五）犯罪嫌疑人的主观认知。

第十七条 公安机关应当及时、全面调取涉案证人证言，包括集资参与人证言、涉案单位员工的证言、项目方负责人证言、与案件有其他关联的证人证言等。

第十八条 公安机关集资参与人应当依法、及时、全面向集资参与人收集信息，重点核实以下内容：集资参与人

（一）集资参与人集资参与人基本情况、收入情况；

（二）获取投资信息的方式及认知、投资原因、业务员情况；

（三）对所投项目的了解情况：项目情况、宣传状况、是否实地考察；

（四）投资时间、投资金额、资金来源、返利数额、实际损失；

（五）投资合同签署情况、履行情况、投资款支付方式、合同中对返利的约定情况；

（六）涉案单位及人员承诺返本付息的情况；

（七）其他应当收集的信息。

收集集资参与人报案材料时，应当要求集资参与人提供投资合同、收据、银行交易流水（标注投资及返款交易项），并签字捺手印确认。

在侦查过程中，公安机关发现投资数额巨大、与收入明显不符的异常投资行为的，应当对集资参与人的身份信息和资金来源着重核查，必要时调取集资参与人所在单位出具的工作和收入证明，对可能涉及其他犯罪的线索，及时移送相关单位。

第十九条 涉案单位员工证言主要用于证实涉案单位的情况、非法募集资金情况及各犯罪嫌疑人的地位作用，询问内容参照第十五条的规定。

第二十条 涉案担保公司、项目公司等关联单位的证人证言，用于证实担保真实性、投资项目真实性及资金去向，内容应当包括：

（一）涉案担保公司、项目公司单位的基本情况，是否具有相关资质，与涉案单位及犯罪嫌疑人、被告人的关系；

（二）宣传的投资项目是否真实，集资款用于投资项目的情况；

（三）投资项目的经营情况、风险评估；

（四）关联公司负责人对非法集资运营模式是否知情；

（五）其他与担保和项目运营有关的情况。

第二十一条 讯问犯罪嫌疑人、询问关键证人应当同步录音录像，必要时可以要求其亲笔书写供述、证言。

第二十二条 为了查明案情，在必要的时候，公安机关可以让集资参与人、其他证人或者犯罪嫌疑人进行辨认，或相互辨认，用于证实犯罪嫌疑人的身份、作用，辨认应当依法进行。

第二十三条 公安机关应当依法及时调取以下书证：包括报案人提供的书证、从涉案单位起获的书证材料、涉案单位的工商登记材料、涉案单位及犯罪嫌疑人的钱款往来查询材料、犯罪嫌疑人的任职材料、项目合作方或关联公司的相关材料等。

第二十四条 公安机关应当依法及时从涉案公司网站、服务器、移动存储设备、电脑等物品中提取电子数据。

电子数据的调取、移送和审查，应符合相关司法解释，确保电子数据调取的合法性、客观性和完整性。

电子数据中的关键性证据，应制作成相应的书证材料随案移送。

第二十五条 公安机关对犯罪嫌疑人多、涉案事实多、证据材料多的涉众型经济犯罪案件，在移送审查起诉时应当按照以下要求对证据材料装订立卷：

（一）卷宗应当按照证据种类、证明事实等标准装订成册；

（二）卷宗应当附有证据目录，并单独制作证据清单；

（三）每名犯罪嫌疑人的讯问笔录应当独立成册，并按照讯问的时间顺序装订；

（四）涉案投资情况的相关证据，应当以每个集资参与人为单位，将其所对应的集资参与人证言、投资合同、投资款收据、银行凭证、投资款去向、返利证明等装订；

（五）涉案公司的相关材料应当单独成卷，包括涉案公司工商登记材料、经营状况等证明材料；

（六）涉案财物的查封、扣押、冻结清单附表，应详细载明基本信息，包括查封、扣押财物的时间、数量、特征，冻结账户资金等的起止时间、金额，轮候查封、冻结情况，前手查封、冻结情况等；

（七）法律手续、身份户籍证明等其他证据材料按规定装订。

第二十六条 对于补充侦查和需要调取法庭所需证据的要求，公安机关应当依法及时调取相关证据，不能调取的，应当书面说明理由。

二、提前介入侦查

第二十七条 检察机关介入公安侦查活动的主要任务是按照以审判为中心的诉讼要求，规范和引导公安机关办案部门及基层派出所侦查取证工作，按照庭审裁判的需要将证据标准通过检察环节向侦查前端传导，督促公安机关依法、全面、客观、及时收集证据，就侦查方向和侦查重点提出建议，审查公安机关已收集的证据并对瑕疵证据补正、非法证据排除提出意见建议，研究解决涉及法律适用、办案程序等方面的疑难问题，提出固定和完善证据的意见，并对侦查活动进行法律监督。

第二十八条 检察机关对公安机关立案侦查的下列涉众型经济犯罪案件，可以介入侦查：

（一）案情重大、疑难、复杂，在事实认定、证据采信或法律适用等方面公安机关内部或公安机关与检察机关存在较大分歧的案件；

（二）上级机关交办、督办的案件；

（三）案情敏感，容易产生重大社会影响的案件；

（四）新领域、新类型案件；

（五）检察机关监督公安机关立案侦查的重大案件；

（六）其他需要介入侦查的涉众型经济犯罪案件。

第二十九条 公安机关商请检察机关介入侦查的，检察机关应当根据商请意见，在报经主管检察长批准后派员介入。公安机关也可根据案件情况提请检察机关对案件进行会商。

公安机关未商请检察机关介入，但检察机关认为确有介入必要的，可以在报经主管检察长批准后，向公安机关提出介入侦查的建议。

第三十条 检察机关介入侦查，一般应当在公安机关对犯罪嫌疑人采取刑事拘留等强制措施后、案件侦查终结前进行。

检察机关派员介入侦查时，应当根据案件情况及工作需要指派政治素质可靠、业务素质过硬、沟通协调能力强的检察官办案组织开展工作。

介入公安机关刑事案件侦查一般应由拟承担该案审查逮捕和审查起诉工作的检察部门和检察官承担。必要时，上级检察机关可以派员一并介入。

第三十一条 提前介入侦查的主要任务是：与公安机关共同研究、确定取证方向，对侦查活动进行法律监督，确保侦查取证工作依法、客观、及时、全面地进行。

提前介入侦查重点开展以下工作：

（一）对公安机关的侦查方向、重点提出建议；

（二）参与研究证据材料，并提出补充固定和完善的意见；

（三）全面审查公安机关收集的证据材料，对其中非法证据应当依法提出排除意见，对瑕疵证据应当提出补正意见；

（四）对案件的罪名、定罪量刑情节等问题提出意见；

（五）及时发现和纠正侦查活动中的违法行为；

（六）提出书面意见，专案应当撰写《案件提前介入审查报告》。

第三十二条 在提前介入侦查活动过程中，遇有案件事实认定、法律适用意见、证据补正方向等重大意见分歧时，公安机关、检察机关可以分别向上级机关请示报告，必要时可以咨询专家意见。

第三十三条 提前介入侦查的检察人员应当严守办案纪律，对案情及侦查情况、侦查手段、涉及的国家秘密、商业秘密和个人隐私均应严格保密，严格执行案卷材料保管规定，确保办案安全。

三、审查逮捕

第三十四条 对于公安机关提请批准逮捕的涉众型经济犯罪案件，检察机关应当依法做出是否批准逮捕的决定。对于重大敏感案件应及时向上级检察机关汇报。

第三十五条 在审查逮捕过程中，发现侦查监督线索，及时移转相关部门。

第三十六条　在审查逮捕过程中，在按照《刑事诉讼法》审查的基础上，应结合考虑涉众型经济犯罪案件涉案人员多、涉及金额大、调查取证难等特点，着重分析案件追赃挽损情况、社会稳定因素以及犯罪嫌疑人的地位作用、主观恶性等因素。

第三十七条　在符合《刑事诉讼法》关于审查逮捕规定的前提下，案件事实清楚，犯罪嫌疑人认罪悔罪的涉众型经济犯罪，在审查逮捕阶段可以适用认罪认罚从宽制度，在犯罪嫌疑人根据其地位作用退赔一定比例钱款时，可以决定不批准逮捕。

第三十八条　在审查逮捕阶段，拟对涉众型经济犯罪嫌疑人适用认罪认罚从宽制度不批准逮捕或拟做证据不足不批准逮捕决定的，应当提请部门检察官联席会进行讨论，并将讨论意见记录在案。联席会意见有重大分歧的，报请主管检察长决定。

第三十九条　检察官因证据不足做出不批准逮捕决定的，应当说明不予批准逮捕理由，制作补充侦查提纲送达公安机关，与公安机关就继续补充侦查事项进行沟通。

第四十条　检察官对于已经批准逮捕的案件应当进行后续跟踪，发现有下列情形之一的，可以向公安机关提出释放或者变更强制措施的书面建议：

（一）案件证据发生重大变化，足以影响定罪的；

（二）案件事实或情节发生变化，犯罪嫌疑人可能被判处拘役以下刑罚、免予刑事处罚或者判决无罪的；

（三）案件事实基本查清，证据已经收集固定，符合取保候审或监视居住条件的；

（四）积极退赔，符合认罪认罚从宽不予批准逮捕条件的；

（五）其他不需要继续羁押的情形。

四、审查起诉

第四十一条　案件管理部门负责接收公安机关移送审查起诉的涉众型经济犯罪案件，并进行初步审查，确有必要时，办案部门可以配合开展工作。主要审查以下内容：

（一）案件是否属于本院管辖；

（二）案件材料是否齐备，案卷装订是否规范，案卷材料是否依规标注页码，卷内是否附集资参与人列表；

（三）扣押清单是否在卷，查封、扣押、冻结手续是否齐备，查封、冻结期限是否届满；

（四）犯罪嫌疑人是否在案以及采取强制措施的情况。

案件管理部门应当及时审查并决定是否受理。

第四十二条 案件管理部门对于不属于本院管辖的案件，应当不予受理；上级机关指定我院管辖的案件，办案部门应协调案件管理部门先行接收案件，并向上级机关申请指定管辖函、案件交办函，完善相关法律手续。

第四十三条 案件管理部门对于案件材料不齐备的，应当要求公安机关及时补送相关材料；对于卷宗装订不符合要求、未依规标注页码或未提供查封、扣押、冻结附表的，应当要求公安机关重新装订、标注、补充提供后再行移送。

对于查封、冻结期限已经或临近届满的，应当不予受理，并要求公安机关重新或者继续查封、冻结后再行移送。

第四十四条 案件管理部门对于犯罪嫌疑人不能到案的，应当不予受理，并要求公安机关保证犯罪嫌疑人到案后再行移送。

第四十五条 案件管理部门在审核无误后，应当及时将案卷材料进行扫描，并制作成电子卷宗上传检察机关统一业务应用系统。

案卷材料一般应在二个工作日内移送办案部门。

第四十六条 收案后，应当在三日内依法对犯罪嫌疑人和被害人告知权利义务。

犯罪嫌疑人在押期间要求委托辩护人的，应当及时转达要求；符合条件的，应当通知法律援助机构指派律师。

在对被害人告权时，可以根据案件情况采用电话、信函、公告或当面告知等方式，并做好记录。采用公告方式告知的可以会同案件移送机关和本院控告申诉部门一同办理。

对于非法吸收公众存款、非法经营等涉众型经济犯罪案件的集资参与人，不适用被害人权利义务告知的有关规定。但应当听取集资参与人意见，保障其合法权益。

第四十七条 收案后，经初步审查认为应由上级检察机关管辖的，应当在五日内经由案件管理部门报送上级检察机关，同时通知移送审查起诉的公安机关。

对于涉案地域广，集资参与人众多，涉案金额巨大，在本市有重大影响的涉众型经济犯罪案件，需要由上级检察机关管辖的，应当及时向上级检察机关汇报并请求移送管辖。

对于案件事实复杂、部分犯罪事实发生在本辖区以外，在本辖区的犯罪事实存在无法认定等风险的，应当及时向上级检察机关汇报，请求移送其他有管辖权的检察机关或者指定管辖。

第四十八条 对于因回避等客观情况不宜由本院管辖的，应当及时向上级检察机关报告并说明理由，由上级检察机关指定管辖。

遇有管辖不明或管辖存在重大争议的，依照法律规定处理。

第四十九条 收案后，应当及时与公安机关协调，完成换押工作。

第五十条 涉众型经济犯罪案件一般由一名检察官依法独立办理。疑难、复杂和有重大影响的案件应当成立检察官联合办案组织。特别重大、疑难、复杂且上级检察机关关注、督办的案件，应当成立专案组，必要时可由上级检察机关在全市范围内调配优秀办案人员。

专案组应当全面接受上级机关的指导，及时将案件办理情况向上级机关请示、报告。

第五十一条 应当依法保障辩护人、诉讼代理人的辩护权、阅卷权、会见权、申请调取证据等诉讼权利。

应当依法听取辩护人、诉讼代理人的意见；集资参与人委托的律师提出意见的，可以听取。

第五十二条 在审查起诉阶段，辩护律师或经过许可的其他辩护人可以查阅、摘抄、复制案卷材料或刻录电子卷宗。必要时，办案部门可以结合案件情况，适时主动通知辩护人全面阅卷，并听取辩护人对证据形式、证明内容、预举证方式等的意见。

第五十三条 听取辩护人、诉讼代理人的意见，主要包括：

（一）认定犯罪事实的意见；

（二）侦查活动违法、排除非法证据的意见；

（三）犯罪嫌疑人刑事责任的意见；

（四）解除、变更强制措施的申请；

（五）涉案款物去向的线索；

（六）追诉其他涉案人员的意见。

听取意见既可以直接当面听取，也可以通过书面形式听取。听取意见时获取的相关线索，应当及时移送公安机关调查，也可以主动调取相关证据。

第五十四条 应当全面审查案件事实和证据，既要审查有罪、罪重的证据，又要审查无罪、罪轻的证据。

第五十五条 应当对证据的合法性、客观性和关联性进行审查。对于瑕疵证据应当及时要求公安机关补正；对于非法证据应当依法予以排除；对于证据之间存在矛盾不能排除合理怀疑、作出合理解释的，不能作为定案的根据。

第五十六条 受理案件后，应当重点审查以下内容：

（一）审查犯罪嫌疑人对公司经营情况、经营行为性质等的主观认知；

（二）审查犯罪嫌疑人的基本情况、地位和作用，对于涉案犯罪嫌疑人较多、层级结构较复杂的，可以制作涉案人员层级表；

（三）审查涉案公司的基本情况，必要时，可以与涉案公司人员层级表相结合制作公司整体架构、部门结构图；

（四）审查涉案公司主要经营情况，对于经营模式复杂、流程环节较多的，可以制作经营流程图；

（五）审查集资参与人的基本情况，对于集资参与人员众多、来源渠道分散的，可以制作集资参与人情况统计表；

（六）审查涉案公司资金情况，应当结合司法会计鉴定意见、电子数据、银行交易明细等，梳理涉案网络平台的集资参与人注册、投资情况，钱款流向等内容。

（七）审查涉案款物情况，对于涉案款物数量较多、种类较为复杂的，应当制作查封、扣押、冻结款物情况明细单。

第五十七条 在审查起诉阶段讯问犯罪嫌疑人应当拟定讯问提纲，必要时，应报请专案指导组同意。对于重大、敏感的案件，应当对讯问过程进行全程录音录像，并在讯问笔录中注明。

在审查起诉阶段讯问犯罪嫌疑人，应当告知其自愿认罪认罚、主动退缴违法所得、退赔集资参与人损失，可获从宽处理的法律规定和政策。

第五十八条 对犯罪嫌疑人供述与辩解应当着重审查以下内容：

（一）讯问是否符合法律规定，是否存在刑讯逼供或者诱供、指供、欺骗、威胁、疲劳审讯等变相刑讯逼供的情形；

（二）是否系统供述本人及其知情的其他犯罪嫌疑人的基本情况、主要行为和主观认知，公司的基本情况、主要经营活动等；

（三）是否供述司法机关未掌握的其他犯罪行为，是否提供抓获未在案犯罪嫌疑人、追缴涉案投资款的相关线索。

必要时，可以调取讯问过程的录音录像，对以上内容进行审查。

第五十九条 对证人证言应当着重审查以下内容：

（一）询问是否符合法律规定，是否采取暴力、威胁、引诱、欺骗等非法方法收集证人证言；

（二）是否系统陈述集资参与人的基本情况、获取投资信息的方式及认知、投资时间、投资金额、投资来源、返利数额、实际损失、投资合同签署、履行、投资款去向等情况；

（三）是否提供司法机关未掌握的其他犯罪事实，是否提供抓获未在案犯罪嫌疑人、追缴涉案投资款的相关线索。

对于证人证言内容不全面或者需要重新调取的，公诉部门可以依职权直接调取或者要求公安机关调取。对于足以影响定罪、定性的关键性证人证言，公诉部门不宜单独调取。

经审查后发现其他需要追究刑事责任的，应当依法将线索移送有关机关。

第六十条 对涉案资金的司法会计鉴定意见应当着重审查以下内容:

(一)出具单位是否具有司法鉴定资质;

(二)依据的资料是否客观、真实、全面、有效;

(三)内容是否全面,是否符合指控犯罪的要求,确需补充完善的,应当及时补充鉴定。

第六十一条 涉案司法会计鉴定意见应当包括信息完整、准确的集资参与人涉案资金明细情况;重点审计涉案资金的流向,尤其是涉案资金用于项目使用的金额、支付集资参与人的金额、用于经营的金额、犯罪嫌疑人高消费的金额、提取现金的金额等关键事实。

第六十二条 对于司法会计鉴定工作正在进行中的审查起诉案件,办案人员应当及时与审计人员沟通,明确委托事项、审计要求,对于审计材料不全,需要公安机关补充调取的,应当及时与侦查人员沟通取证,保障司法会计鉴定工作的顺利开展。

第六十三条 对查封、扣押、冻结款物应当着重审查以下内容:

(一)查封、扣押、冻结程序是否合法,相关证明、法律文书是否齐备;

(二)涉案款物是否移送并妥善保管,不宜长期保存的是否已妥善处理;

(三)查封、冻结期限是否届满,是否需要继续查封、冻结;

(四)是否存在应当查封、扣押、冻结而未采取相应措施的。

发现查封、扣押、冻结违反法律规定存在瑕疵的,应当要求公安机关依法补正或者作出合理解释。对于严重违反法律规定或者不能作出合理解释的,应当依法予以排除。

第六十四条 涉众型经济犯罪案件中的涉案物品,应当详细记载涉案物品特征,如型号、颜色、材质、破损情况等。

对于分案移送审查起诉的同案犯罪嫌疑人,涉案案款应当由公安机关分别扣押、分别移送。

在办案过程中,对于主要犯罪嫌疑人使用的手机、电脑等设备,应当及时进行扣押、勘验,不宜作为随身附物处理。

第六十五条 对电子数据的审查应当着重审查以下内容:

（一）电子数据的来源是否合法；

（二）电子数据的勘验、提取程序是否合法；

（三）电子数据的勘验、提取是否符合相关技术标准；

（四）电子数据是否完整，是否经过编辑、截取等。

办案部门在审查电子数据过程中要严格执行相关法律、法规、司法解释的规定。

对云存储电子数据等新型电子数据进行提取、审查时，要高度重视程序的合法性、数据完整性等问题，必要时主动征求相关领域专家意见。在提取前可以会同公安机关、云存储服务提供商制定科学合法的提取方案。

第六十六条　在审查起诉阶段，犯罪嫌疑人如实供述，真诚悔过，认罪认罚，自愿退赃，且退赔钱款符合相关规定的比例要求，不会引发集资参与人集体访或其他过激行为的。在符合《刑事诉讼法》及相关司法解释关于认罪认罚相关规定的前提下，可以适用认罪认罚从宽制度，依法对犯罪嫌疑人变更强制措施。案件存在维稳舆情风险时除外。

第六十七条　对于需要退回公安机关补充侦查的，应当拟定详细的补充侦查提纲，明确补充侦查内容。

对于专案，认为需要补充侦查的，应当向专案指导组请示，经同意后向公安机关提出补充侦查的书面意见。

退回公安机关补充侦查的案件，应当随时与公安机关沟通，对收集、调取的证据材料及时审查，并提出具体意见。

第六十八条　在退回补充侦查、不起诉、起诉之前均应制作案件审查报告。对于专案，专案组应当将审查报告报送专案指导组，必要时，制作多媒体汇报文稿。

制作审查报告时，应当对听取辩护人、诉讼代理人意见、羁押必要性审查情况、追赃和维稳情况以及释法说理工作情况作专项分析汇报。

第六十九条　在审查起诉过程中，发现新的犯罪事实、其他依法应当追究刑事责任的人员或者新的集资参与人报案的，应当要求公安机关进行侦查，如果证据确实充分不需要侦查的，可以直接作出处理决定。

公安机关侦查完毕后，应当制作补充起诉意见书，连同证据材料一并移送审查起诉。经审查后，公诉部门可以与原审查起诉的犯罪事实一并提出处理意见。

第七十条 在审查起诉过程中，发现案件中涉及黑恶势力犯罪线索、职务犯罪案件线索，或者公益诉讼相关案件线索的，应当及时将相关线索和材料通过案件管理部门移转给相关单位、部门处理。

第七十一条 认定非法集资类涉众型经济案件的犯罪数额时，可以参照以下标准：

（一）对于董事长、总经理、实际控制人等高层管理人员，应按照其任职期间公司募集资金的全部数额认定；

（二）对于负责集资的业务部门或者分支机构的负责人，应按照其所领导的团队募集资金的全部数额认定；

（三）对于人事、行政、财务等非核心业务部门的负责人以及互联网金融犯罪案件中发挥关键作用的技术人员，参与集资的，应按照其在担任负责人期间公司募集资金的全部数额认定；

（四）对于其他需要追究刑事责任的人员，可以结合犯罪行为、地位和作用具体认定。

对于构成单位犯罪的，可以比照前款第（一）项的标准认定犯罪数额。

第七十二条 负责或者从事吸收资金行为的犯罪嫌疑人非法吸收公众资金的金额，应当以其实际参与吸收的全部金额认定。但记录在犯罪嫌疑人名下，但其未实际参与参与吸收且未从中收取任何形式好处的资金。吸收金额经过司法会计鉴定的，可以将上述不计入部分直接扣除。但是上述所涉金额仍应计入相对应的上一级负责人及所在单位的吸收金额。

第七十三条 确定犯罪嫌疑人的吸收金额时，应当重点审查、运用以下证据：（1）涉案主体自身的服务器或第三方服务器上存储的交易记录等电子数据；（2）会计账簿和会计凭证；（3）银行账户交易记录、POS机支付记录；（4）资金收付凭证、书面合同等书证。仅凭集资参与人报案数据不能认定吸收金额。

第七十四条 非法吸收或者变相非法吸收公众存款案件，具有下列情形之一的，向亲友或者单位内部人员吸收的资金应当与向不特定对象吸收的资金一并计入犯罪数额：

（一）在向亲友或者单位内部人员吸收资金的过程中，明知亲友或者单位内部人员向不特定对象吸收资金而予以放任的；

（二）以吸收资金为目的，将社会人员吸收为单位内部人员，并向社会人员吸收资金的；

（三）向社会公开宣传，同时向不特定对象、亲友或者单位内部人员吸收资金的。

非法吸收或者变相非法吸收公众存款的数额以行为人所吸收的资金全额计算。集资参与人收回本金或者获得回报后又重复投资的数额不予扣除，但可以作为量刑情节酌情考虑。

第七十五条 公诉部门对于涉众型经济犯罪案件可以根据下列情形分别作出处理决定：

（一）对于经营模式的发起人、决策人，参与时间长、违法性认识程度高的公司核心人员、业务骨干、关键技术人员，以及曾经因从事非法集资活动受过法律处罚又积极参与非法集资犯罪，经审查后事实清楚、证据确实充分的，应当依法提起公诉；

（二）对于在共同犯罪中起次要和辅助作用，主观恶性不深且系初犯、偶犯的，可以依法提起公诉并提出从宽处理的量刑建议，或者依照《刑事诉讼法》第一百七十三条第二款作出不起诉处理；

（三）对于仅从事劳务性工作，领取固定工资，参与时间短、违法性认识低等犯罪情节轻微的公司一般人员，可以依照《刑事诉讼法》第一百七十三条第二款作出不起诉决定；

（四）对于经退回补充侦查仍然证据不足、无法排除合理怀疑的，应当依照《刑事诉讼法》第一百七十一条第四款作出不起诉决定；

（五）对于没有从事涉众型经济犯罪，或者具有《刑事诉讼法》第十五条规定的情形之一的，应当依照《刑事诉讼法》第一百七十三条第一款作出不起诉处理。

第七十六条 在审查完毕后，应当依法作出起诉或者不起诉的决定。拟作出不起诉决定的，应当报请部门检察官联席会讨论决定，检察官联席会意见出现重大分歧的，报请检察长决定。

专案组在拟提出审查意见前，应当听取专案指导组对案件事实、证据、定性等提出的指导意见。

对于案情复杂，涉及领域较广的案件，可以组织跨部门检察官联席会讨论，也可以听取行政主管部门、专家、学者意见。

在提起公诉时，可以根据案件情况提出量刑建议，连同起诉书、案卷材料一并移送审判机关。

犯罪嫌疑人认罪认罚的，应当就主刑、附加刑、是否适用缓刑等提出量刑建议，并随案移送认罪认罚具结书等材料。

第七十七条 对于作出不起诉决定的，应当做好风险评估预警和释法说理。

第七十八条 对共同犯罪案件中部分犯罪嫌疑人作出不起诉决定的，一般应当适时宣告，并依法保障当事人的诉讼权利。

第七十九条 作出不起诉决定的，可以将不起诉决定书送达金融监管部门等。被不起诉人从事金融业务或注册公司时，金融监管机关等应当重点监控。

被不起诉人具有中共党员、公职人员身份的，应当将不起诉决定书送达同级监察机关。被不起诉人具有公职人员身份的，应当同时将不起诉决定书、检察意见书送达被不起诉人所在单位，建议对其作出相应处理。

第八十条 办案部门对查封、扣押、冻结的涉案款物应当依法处理。对于作为证据使用的实物，应当依法随案移送，妥善处理。

对于涉案款物数额巨大、组成复杂、属性特殊的案件，确有必要参与处置工作的，应当在上级机关统一部署下积极配合相关部门共同做好工作。

第八十一条 应当及时进行办案风险评估，预判涉检信访风险。对于可能存在集体访的，应当及时制定工作预案，并向上级检察机关和同级政法委报告。

应当密切加强与宣传部门的沟通，共同做好涉众型经济犯罪案件的舆情监控和应急处置。确有对外宣传需要的，由宣传部门负责联系和组织，并向上级检察机关和同级党委报告。未经许可、批准，任何人不得私自接受采访，不得擅自发表评论，违反规定造成严重后果的，依法追究责任。

第八十二条 检察机关发现公安机关在侦查活动中存在违法行为，对于情节较轻的，可以以口头方式提出纠正意见；对于情节严重的，应当发出纠正违法通知书；涉嫌犯罪的，应当移送有关部门依法追究刑事责任。

检察机关发现行政机关在执法、管理工作中存在问题，应当及时发出检察建议书，督促整改。发现公司、企业、银行等单位存在违规、重大管理漏洞的，可以发出检察建议书。

五、出庭支持公诉

第八十三条 案件提起公诉后公诉人应当全面预测庭审中可能遇到的问题，系统制作出庭预案，包括讯问提纲、举证、质证提纲、公诉意见、答辩提纲、询问预案以及应急预案等。

专案组制定的出庭预案应当及时向专案指导组报告，并就相关事项及时与合议庭沟通。

第八十四条 对于重大、疑难、复杂的案件，必要时可以建议法院组织召开庭前会议。法院通知召开庭前会议的，公诉人应当做好预案。

庭前会议着重解决与审判相关的程序问题，包括：

（一）是否对案件管辖有异议；

（二）是否申请有关人员回避；

（三）是否全面、客观移送证据材料；

（四）是否对司法会计鉴定意见有异议，是否申请鉴定人出庭；

（五）是否提请证人、有专门知识的人出庭；

（六）是否申请排除非法证据；

（七）确定庭审方式，包括讯问方式、询问方式、举证方式等。

（八）其他需要通过庭前会议解决的问题。

对于案情复杂、证据材料较多的，庭前会议应重点确定庭审方式。对被告人认罪的，在庭审时可以简化讯问；对控辩双方无争议的证据材料，在庭审时可以分类集中出示并简要说明。

第八十五条 公诉人出庭公诉应当规范着装和语言，遵守法庭纪律，根据庭审情况，结合出庭预案适时应变。

公诉人在庭审过程中，应当注重加强释法说理和法制宣传。

第八十六条 公诉人应当做好法庭讯问。法庭讯问应当根据讯问提纲结合庭审情况及时调整，繁简结合，注重引导能力和讯问技巧。

第八十七条 对于单名被告人的犯罪案件，一般应当按照犯罪构成要件进行讯问，围绕非法占有目的、集资模式、对集资参与人的宣传、募集资金的来源、涉案集资款的去向及被告人主观认知等内容，揭示犯罪事实。

第八十八条 对于多名被告人的共同犯罪案件，一般应当按照起诉书列明的顺序进行讯问。必要时，可以根据各被告人的认罪态度、参与程度、地位和作用等确定讯问顺序。先讯问认罪态度好、供述清楚的主犯，对于主犯不认罪的，可以先讯问其他认罪态度好、供述清楚的从犯。

在讯问时，着重对共同犯意的形成、犯罪行为的分工、各被告人的地位和作用等进行讯问。

第八十九条 对于拒不认罪或者当庭翻供的被告人，公诉人应当加强对证据的把握和运用，可以通过对案件细节的讯问、连续追问等方式，揭穿其供述和辩解的虚假性。必要时，可以让供述矛盾的被告人相互对质。

第九十条 对于法庭通知证人、被害人、鉴定人出庭的，公诉人应当加强庭审询问能力。法庭询问应当根据询问提纲，结合庭审情况，围绕询问目的进行询问，注重解决证据的证据能力和证明力问题。

第九十一条 对于公诉人提请出庭的人员，应当在庭审前就公诉人的提问内容、辩护人可能提问的方向进行充分沟通的基础上，以强化指控为目的有重点地进行询问。对辩护人采用诱导、推测等不正当方式发问的，应当及时提请法庭制止。

第九十二条 对于被告人、辩护人提请出庭的人员，应当在充分了解其出庭目的的基础上，根据辩护人的发问和出庭人员的陈述内容，有针对性地询问。对于被询问人歪曲事实或者答非所问的，可以通过连续追问、反复盘问等方式揭示其陈述的漏洞。

第九十三条 庭前会议已对举证方式达成一致或者未召开庭前会议，庭审时控辩审三方对简化举证方式无争议的，经审判长许可，公诉人可以简化举证。

公诉人应当在举证前作出简要说明，举证时围绕指控事实和案件争议焦点，结合涉众型经济犯罪特点，按照犯罪构成、证据种类或者证明方向等标准将证据归纳联接，分组出示，根据需要可以制作表格、结构图、流程图等辅助举证，以便于法庭准确、高效查明案情。

必要时，公诉人可以采用多媒体示证的方式，直观、立体、全面向法庭展示案件证据。

第九十四条 庭前会议未能对归纳分类简化举证方式达成一致或未召开庭前会议的，庭审时辩护人要求逐一出示证据、详细宣读证据内容的，公诉人可以分情况处理：

（一）对于辩护人庭审前已查阅全部案卷材料的，公诉人可以向法庭说明情况，提出拟简化举证的意见，提请审判长决定；

（二）对于辩护人庭审前没有查阅全部案卷材料的，公诉人可以建议休庭，由辩护人全面阅卷。再次开庭时，辩护人仍要求详细举证的，按照第（一）项处理。

第九十五条 庭审中，辩护人认为公诉人未出示有利于被告人的证据时，公诉人可以直接出示，也可以说明理由建议辩护人出示。

第九十六条 被告人、辩护人对公诉人出示的证据有异议时，公诉人应当立足证据认定的全面性、同一性原则，综合证明内容、证据形式、证据之间的关系等予以答辩。

第九十七条 公诉人对被告人、辩护人出示的证据，应当认真审查，认为不具备证据能力及缺乏关联性的证据，应当提请法庭不予采信。

对于经审查证据形式合法、内容客观真实、与案件有关联的，可以发表予以采信的意见。对于与本案关联性不强、证明内容在细节上与控方证据有一定出入但不影响定罪量刑的，公诉人可以答辩并提请法庭综合判断。

对于与定罪、量刑有重大影响的新证据，公诉人认为需要进一步核实的，应当建议休庭，符合延期审理条件的，应当建议延期审理。

第九十八条 公诉人应当结合庭审情况，就案件证据、事实、法律适用等全面发表公诉意见。重点围绕以下内容：

（一）概述全案证据的证明作用，并运用各证据之间的逻辑关系说明起诉书指控的犯罪事实已经得到充分证明；

（二）根据被告人的犯罪事实，重点关注涉众型经济犯罪与普通违法行为的区别，围绕犯罪构成要件论证定罪意见；

（三）结合涉众型经济犯罪的特点，综合自首、立功、主从关系、累犯等法定量刑情节和认知程度、犯罪影响、退赃挽损等酌定量刑情节，发表量刑意见；

（四）揭露涉众型经济犯罪的社会危害性，从法制教育的角度释法说理，惩教被告人，警示集资参与人。

第九十九条 法庭辩论阶段，公诉人应当根据答辩提纲，结合庭审情况，发表答辩意见。

对于控辩双方认识基本一致的问题，可以不答辩或者简单说明；对于双方争议的关键证据、重大事实认定、重要量刑情节等焦点问题，应当重点答辩。

答辩意见应尽量避免与公诉人已经发表的质证、公诉意见重复。

公诉人确有需要发表的新的答辩意见，应举手示意审判长，审判长未予理睬即结束法庭辩论的，公诉人应当明确向法庭提出申请，恢复法庭辩论。

第一百条 在审判过程中，公诉人可以随时提供法庭审判所需的证据，确需依法补充侦查时，可以建议法庭延期审理。公诉人可以自行收集证据，也可以要求公安机关协助收集。

第一百〇一条 在法院宣告判决前，公诉人发现新的犯罪事实、其他依法应当追究刑事责任的人员、新的集资参与人报案或者发现新的证据，经审查后符合追加、补充、变更起诉条件的，应当依法向审判机关追加、补充、变更起诉。

第一百〇二条　提起公诉后，对于因证据发生变化等原因可能判处无罪或者其他不应当追究刑事责任的，公诉人应当报检察长或检察委员会决定。

第一百〇三条　对于撤回起诉的案件，应当在撤回起诉后三十日以内依照《刑事诉讼法》第一百七十一条第四款或者第一百七十三条第一款作出不起诉决定。

第一百〇四条　公诉人在庭审中发现审判人员违反法律规定，侵犯当事人合法权益，可能影响公正审理的，应当在休庭后及时向本院检察长报告，依法提出纠正意见。

第一百〇五条　专案组应当随时向专案指导组汇报庭审情况并听取意见。

六、审判

第一百〇六条　法院应当依法做好涉众型经济犯罪案件的审理、判决、资产处置等工作，并对典型案例和规律性问题进行分析研究，提出法律适用意见和应对策略。

第一百〇七条　合议庭对于重大、疑难、复杂的涉众型经济犯罪案件，可以依法在开庭审理前召开庭前会议。庭前会议应当通知公诉人、辩护人共同参加，必要时可以通知被告人参加。对于庭前会议达成一致的意见，控辩审三方一般应当遵照执行。

对于公诉人提请召开庭前会议的，合议庭可以根据案件情况决定是否召开。

第一百〇八条　决定开庭审理后，合议庭应当依法通知公诉人、当事人、辩护人、诉讼代理人、证人、鉴定人和翻译人员。

决定公开审理的案件，必要时可以通知集资参与人代表旁听。

第一百〇九条　决定开庭审理后，合议庭对于在庭审过程中可能出现的突发状况、群体事件、负面舆情等，应提前研判，做好应对预案。

第一百一十条　在法庭审理中，审判长应当准确把握庭审节奏，引导公诉人、被告人、辩护人及其他诉讼参与人重点围绕事实认定和证据采信等关键问题开展法庭活动。

第一百一十一条　庭审中，审判长应当依法组织法庭调查。对于以诱导、推测等不当方式发问或者发问内容与本案无关的，审判长应当及时制止。

对于答非所问、多次重复的，审判长可以制止。对于发表蔑视法庭、侮辱他人等不当言论的，审判长应当制止。

第一百一十二条 庭审时，公诉人提出分类归纳出示证据的，审判长应当询问被告人、辩护人的意见。对于被告人、辩护人无异议的，审判长可以准许。

对于辩护人要求逐一出示证据、详细宣读证据内容的，审判长可以综合庭前会议情况和案件情况，以有利于查明案情和高效审判为标准，决定是否准许。

第一百一十三条 合议庭对当庭出示的证据有疑问的，可以要求公诉人、被告人、辩护人补充证据或者作出说明。必要时，可以宣告休庭，对证据进行调查核实。

第一百一十四条 庭审过程中，被告人、辩护人申请通知新的证人到庭，调取新的证据的，合议庭认为确有必要时应当同意并宣布延期审理；合议庭不同意时，应当说明理由并继续审理。

第一百一十五条 被告人、辩护人对司法会计鉴定提出异议或者申请重新鉴定的，应当由公诉人对鉴定机关、鉴定形式、鉴定内容、数据依据、鉴定程序做出说明，必要时可以通知鉴定人出庭。对于确有重大瑕疵，合议庭认为有补正必要的，应当通知公诉人。

第一百一十六条 审判期间，公诉人依法建议延期审理的，合议庭应当同意。检察机关将补充收集的证据移送法院的，法院应当及时通知辩护人阅卷。

第一百一十七条 在法庭辩论过程中，合议庭应当保障控辩双方充分发表意见。

对于案情复杂、争议点分散、法律适用分歧严重等案件，审判长可以适时归纳辩点、引导控辩双方围绕争议焦点有针对性地发表意见。

对于重复发表意见、发表与案件无关的意见时，审判长可以适当地提醒、制止。

第一百一十八条 在审判期间，拟对被告人适用认罪认罚从宽程序的，审判长应当依法告知被告人相关权利义务，并听取被告人及控辩双方的意见。

第一百一十九条 法庭辩论结束后，合议庭应当保证被告人充分行使最后陈述的权利。被告人自愿提交书面陈述的，合议庭应当准许。

第一百二十条 在法庭辩论、被告人最后陈述时，合议庭发现与定罪、量刑有关的新的事实、有必要调查的，审判长可以宣布恢复法庭调查。

第一百二十一条 法庭审理结束后，法院应当综合被告人的主观认知、参与程度、地位和作用、犯罪数额、非法集资人数等情况确定被告人是否构成犯罪、构成何种犯罪。

法院依法对被告人确定刑罚和执行方式时，应当综合考量被告人的量刑情节、追赃挽损、社会危害性等。

第一百二十二条 法院应当及时、妥善地做好资产处置工作。对于随时追缴到案的涉案款物应当依法处理。

七、裁判审查

第一百二十三条 收到一审判决书后，应当及时审查，涉及专案的应当及时向专案指导组报告。重点审查判决的以下内容：

（一）判决书认定的事实与起诉书认定的事实是否一致；

（二）用于证明犯罪事实的证据是否经过质证；

（三）对各被告人的刑事责任认定是否恰当，主、从犯认定是否准确，量刑是否适当，已经发表量刑意见的，法院判决与量刑意见是否一致；

（四）对于单位犯罪和自然人犯罪的认定是否适当，引用法条是否完整、准确；

（五）对于涉案款物的处理是否适当；

（六）是否附有被害人或集资参与人的名单；

（七）审判程序是否严重违反法律规定，审判人员是否存在贪污贿赂、徇私舞弊、枉法裁判的行为。

（八）认罪认罚的适用程序是否合法，适用认罪认罚的被告人是否以量刑过重为由提出上诉。

第一百二十四条 审查判决后，认为确有错误的，应当依法提出抗诉。

涉及专案的，应当按规定向专案指导组汇报后，提请本院检察长或检察委员会作出决定。

法院在审判过程中虽有错误但不宜抗诉的，可以依法向法院提出纠正意见。

第一百二十五条 被害人及其法定代理人不服一审判决，依法向检察机关提出抗诉申请的，应当立即审查，依程序及时汇报，五日内作出是否抗诉的决定，并且答复申请人，做好释法说理工作。

非法吸收公众存款犯罪的集资参与人向检察机关提出抗诉请求的，依法做好释法说理工作，避免激化矛盾。

三、指导案例

1. 案例名称：郭明升、郭明锋、孙淑标假冒注册商标案

案例来源：指导案例 87 号

裁判要旨：假冒注册商标犯罪的非法经营数额、违法所得数额，应当综合被告人供述、证人证言、被害人陈述、网络销售电子数据、被告人银行账户往来记录、送货单、快递公司电脑系统记录、被告人等所作记账等证据认定。被告人辩解称网络销售记录存在刷信誉的不真实交易，但无证据证实的，对其辩解不予采纳。

2. 案例名称：沈容焕合同诈骗案

案例来源：《刑事审判参考》第 578 号

裁判要旨：对于我国司法机关通过刑事司法协助获取的境外证据的审查与认定：由于我国请求刑事司法协助的相对方是外国的司法机关，因此，对于由外国司法机关进行的调查取证，只要其具备了完整的证据属性，即客观性、关联性和合法性，即可对该证据进行认定。但是，公安机关、检察机关在请求国际刑事司法协助工作中必须严格遵守相关程序规定，也即在请求国际刑事司法协助工作中应当遵循程序合法的原则。

对于在刑事诉讼过程中，当事人、辩护人、诉讼代理人向法院提供的在我国领域外形成的证据也应经所在国公证机关证明、所在国外交部或者其授

权机关认证，并经我国驻该国使、领馆认证。对履行了上述证明手续的证据，法院才能予以认定。但并不是说只要经过了公证、认证手续的证据材料，其真实效力即得到了确认，其证明力就相等于公证文件，对该证据的证明内容是否采纳，人民法院仍应当结合案件的其他证据进行审查后才能作出判断。

3. 案例名称：顾娟、张立峰销售假冒注册商标的商品案

案例来源：《刑事审判参考》第 860 号

裁判要旨：商标权利人在侵犯商标权刑事犯罪案件中，处于被害人地位，其就假冒商品或者商标所作的真伪辨别属于被害人陈述而非鉴定意见，无须鉴定资质的要求。因此，对商标权利人出具的鉴定文本的证据效力应当综合审查以下三个方面：第一，辩证看待鉴定文本的证据效力。一方面商标权利人的鉴定意见具有当然的证明效力；另一方面客观存在的利害关系在一定程度上对证据效力产生消极影响。第二，综合把握全案证据之间的印证关系。对证据的真实性，应当综合全案证据进行审查；对证据的证明力，应当根据具体情况，从证据与待证事实的关联程度、证据之间的联系等方面进行审查判断；证据之间具有内在联系，共同指向同一待证事实，不存在无法排除的矛盾和无法解释的疑问的，才能作为定案的根据。正是由于被害人与犯罪嫌疑人、被告人之间固有的利害关系，尽管商标权利人出具的商品真伪的鉴定意见具有当然的证明效力，仍然需要结合其他证据予以综合审查。第三，重点审查辩方提供的反驳证据。根据刑法第 214 条的规定，销售假冒注册商标的商品罪在犯罪构成的主要方面要求被告人主观明知；换言之，如果被告人主观不明知的，即使其实施了销售假冒商品的行为也不构成销售假冒注册商标的商品罪，所以应重点审查相关证据从而予以认定主观上是否明知。

二、变更强制措施

一、法律与司法解释

1.《中华人民共和国刑事诉讼法》

第九十五条 犯罪嫌疑人、被告人被逮捕后,人民检察院仍应当对羁押的必要性进行审查。对不需要继续羁押的,应当建议予以释放或者变更强制措施。有关机关应当在十日以内将处理情况通知人民检察院。

第九十六条 人民法院、人民检察院和公安机关如果发现对犯罪嫌疑人、被告人采取强制措施不当的,应当及时撤销或者变更。公安机关释放被逮捕的人或者变更逮捕措施的,应当通知原批准的人民检察院。

第九十七条 犯罪嫌疑人、被告人及其法定代理人、近亲属或者辩护人有权申请变更强制措施。人民法院、人民检察院和公安机关收到申请后,应当在三日以内作出决定;不同意变更强制措施的,应当告知申请人,并说明不同意的理由。

第九十八条 犯罪嫌疑人、被告人被羁押的案件,不能在本法规定的侦查羁押、审查起诉、一审、二审期限内办结的,对犯罪嫌疑人、被告人应当予以释放;需要继续查证、审理的,对犯罪嫌疑人、被告人可以取保候审或者监视居住。

第九十九条 人民法院、人民检察院或者公安机关对被采取强制措施法定期限届满的犯罪嫌疑人、被告人,应当予以释放、解除取保候审、监视居住或者依法变更强制措施。犯罪嫌疑人、被告人及其法定代理人、近亲属或者辩护人对于人民法院、人民检察院或者公安机关采取强制措施法定期限届满的,有权要求解除强制措施。

2.《人民检察院刑事诉讼规则（试行）》（高检发释字〔2012〕2号 2013年1月1日）

第六节　强制措施解除与变更

第一百四十七条　犯罪嫌疑人及其法定代理人、近亲属或者辩护人认为人民检察院采取强制措施法定期限届满，要求解除强制措施的，由人民检察院侦查部门或者公诉部门审查后报请检察长决定。人民检察院应当在收到申请后三日以内作出决定。

经审查，认为法定期限届满的，应当决定解除或者依法变更强制措施，并通知公安机关执行；认为未满法定期限的，书面答复申请人。

对于被羁押的犯罪嫌疑人解除或者变更强制措施的，侦查部门或者公诉部门应当及时通报本院监所检察部门和案件管理部门。

第一百四十八条　犯罪嫌疑人及其法定代理人、近亲属或者辩护人向人民检察院提出变更强制措施申请的，由人民检察院侦查部门或者公诉部门审查后报请检察长决定。人民检察院应当在收到申请后三日内作出决定。

经审查同意变更强制措施的，在作出决定的同时通知公安机关执行；不同意变更强制措施的，应当书面告知申请人，并说明不同意的理由。

对于被羁押的犯罪嫌疑人变更强制措施的，侦查部门或者公诉部门应当及时通报本院监所检察部门和案件管理部门。

犯罪嫌疑人及其法定代理人、近亲属或者辩护人提出变更强制措施申请的，应当说明理由，有证据和其他材料的，应当附上相关材料。

第一百四十九条　取保候审变更为监视居住，或者取保候审、监视居住变更为拘留、逮捕的，在变更的同时原强制措施自动解除，不再办理解除法律手续。

第一百五十条　人民检察院已经对犯罪嫌疑人取保候审、监视居住，案件起诉至人民法院后，人民法院决定取保候审、监视居住或者变更强制措施的，原强制措施自动解除，不再办理解除法律手续。

第一百五十一条　人民检察院提出抗诉的再审案件，需要对被告人采取强制措施的，适用本章及本规则第十章的规定。

二、制度规范

北京市朝阳区人民检察院《涉众型经济犯罪案件办案指南》(2019年7月修订)

第四十条 检察官对于已经批准逮捕的案件应当进行后续跟踪,发现有下列情形之一的,可以向公安机关提出释放或者变更强制措施的书面建议:

(一)案件证据发生重大变化,足以影响定罪的;

(二)案件事实或情节发生变化,犯罪嫌疑人可能被判处拘役以下刑罚、免予刑事处罚或者判决无罪的;

(三)案件事实基本查清,证据已经收集固定,符合取保候审或监视居住条件的;

(四)积极退赔,符合认罪认罚从宽不予批准逮捕条件的;

(五)其他不需要继续羁押的情形。

第六十六条 在审查起诉阶段,犯罪嫌疑人如实供述,真诚悔过,认罪认罚,自愿退赃,且退赔钱款符合相关规定的比例要求,不会引发集资参与人集体访或其他过激行为的。在符合《刑事诉讼法》及相关司法解释关于认罪认罚相关规定的前提下,可以适用认罪认罚从宽制度,依法对犯罪嫌疑人变更强制措施。案件存在维稳舆情风险时除外。

三、认罪认罚从宽

一、法律与司法解释

1.《中华人民共和国刑事诉讼法》

第十五条 犯罪嫌疑人、被告人自愿如实供述自己的罪行，承认指控的犯罪事实，愿意接受处罚的，可以依法从宽处理。

第三十六条 法律援助机构可以在人民法院、看守所等场所派驻值班律师。犯罪嫌疑人、被告人没有委托辩护人，法律援助机构没有指派律师为其提供辩护的，由值班律师为犯罪嫌疑人、被告人提供法律咨询、程序选择建议、申请变更强制措施、对案件处理提出意见等法律帮助。

人民法院、人民检察院、看守所应当告知犯罪嫌疑人、被告人有权约见值班律师，并为犯罪嫌疑人、被告人约见值班律师提供便利。

第八十一条第二款 批准或者决定逮捕，应当将犯罪嫌疑人、被告人涉嫌犯罪的性质、情节，认罪认罚等情况，作为是否可能发生社会危险性的考虑因素。

第一百二十条 侦查人员在讯问犯罪嫌疑人的时候，应当首先讯问犯罪嫌疑人是否有犯罪行为，让他陈述有罪的情节或者无罪的辩解，然后向他提出问题。犯罪嫌疑人对侦查人员的提问，应当如实回答。但是对与本案无关的问题，有拒绝回答的权利。

侦查人员在讯问犯罪嫌疑人的时候，应当告知犯罪嫌疑人享有的诉讼权利，如实供述自己罪行可以从宽处理和认罪认罚的法律规定。

第一百六十二条 公安机关侦查终结的案件，应当做到犯罪事实清楚，证据确实、充分，并且写出起诉意见书，连同案卷材料、证据一并移送同级人民检察院审查决定；同时将案件移送情况告知犯罪嫌疑人及其辩护律师。

犯罪嫌疑人自愿认罪的，应当记录在案，随案移送，并在起诉意见书中写明有关情况。

第一百七十二条 人民检察院对于监察机关、公安机关移送起诉的案件，应当在一个月以内作出决定，重大、复杂的案件，可以延长十五日；犯罪嫌疑人认罪认罚，符合速裁程序适用条件的，应当在十日以内作出决定，对可能判处的有期徒刑超过一年的，可以延长至十五日。

人民检察院审查起诉的案件改变管辖的，从改变后的人民检察院收到案件之日起计算审查起诉期限。

第一百七十三条 人民检察院审查案件，应当讯问犯罪嫌疑人，听取辩护人或者值班律师、被害人及其诉讼代理人的意见，并记录在案。辩护人或者值班律师、被害人及其诉讼代理人提出书面意见的，应当附卷。

犯罪嫌疑人认罪认罚的，人民检察院应当告知其享有的诉讼权利和认罪认罚的法律规定，听取犯罪嫌疑人、辩护人或者值班律师、被害人及其诉讼代理人对下列事项的意见，并记录在案：

（一）涉嫌的犯罪事实、罪名及适用的法律规定；

（二）从轻、减轻或者免除处罚等从宽处罚的建议；

（三）认罪认罚后案件审理适用的程序；

（四）其他需要听取意见的事项。

人民检察院依照前两款规定听取值班律师意见的，应当提前为值班律师了解案件有关情况提供必要的便利。

第一百七十四条 犯罪嫌疑人自愿认罪，同意量刑建议和程序适用的，应当在辩护人或者值班律师在场的情况下签署认罪认罚具结书。

犯罪嫌疑人认罪认罚，有下列情形之一的，不需要签署认罪认罚具结书：

（一）犯罪嫌疑人是盲、聋、哑人，或者是尚未完全丧失辨认或者控制自己行为能力的精神病人的；

（二）未成年犯罪嫌疑人的法定代理人、辩护人对未成年人认罪认罚有异议的；

（三）其他不需要签署认罪认罚具结书的情形。

第一百七十六条 人民检察院认为犯罪嫌疑人的犯罪事实已经查清，证据确实、充分，依法应当追究刑事责任的，应当作出起诉决定，按照审判管辖的规定，向人民法院提起公诉，并将案卷材料、证据移送人民法院。

犯罪嫌疑人认罪认罚的，人民检察院应当就主刑、附加刑、是否适用缓刑等提出量刑建议，并随案移送认罪认罚具结书等材料。

第一百九十条 开庭的时候，审判长查明当事人是否到庭，宣布案由；宣布合议庭的组成人员、书记员、公诉人、辩护人、诉讼代理人、鉴定人和翻译人员的名单；告知当事人有权对合议庭组成人员、书记员、公诉人、鉴定人和翻译人员申请回避；告知被告人享有辩护权利。

被告人认罪认罚的，审判长应当告知被告人享有的诉讼权利和认罪认罚的法律规定，审查认罪认罚的自愿性和认罪认罚具结书内容的真实性、合法性。

第二百零一条 对于认罪认罚案件，人民法院依法作出判决时，一般应当采纳人民检察院指控的罪名和量刑建议，但有下列情形的除外：

（一）被告人的行为不构成犯罪或者不应当追究其刑事责任的；

（二）被告人违背意愿认罪认罚的；

（三）被告人否认指控的犯罪事实的；

（四）起诉指控的罪名与审理认定的罪名不一致的；

（五）其他可能影响公正审判的情形。

人民法院经审理认为量刑建议明显不当，或者被告人、辩护人对量刑建议提出异议的，人民检察院可以调整量刑建议。人民检察院不调整量刑建议或者调整量刑建议后仍然明显不当的，人民法院应当依法作出判决。

第二百二十二条 基层人民法院管辖的可能判处三年有期徒刑以下刑罚的案件，案件事实清楚，证据确实、充分，被告人认罪认罚并同意适用速裁程序的，可以适用速裁程序，由审判员一人独任审判。

人民检察院在提起公诉的时候，可以建议人民法院适用速裁程序。

第二百二十六条 人民法院在审理过程中，发现有被告人的行为不构成犯罪或者不应当追究其刑事责任、被告人违背意愿认罪认罚、被告人否认指控的犯罪事实或者其他不宜适用速裁程序审理的情形的，应当按照本章第一节或者第三节的规定重新审理。

2.《人民检察院刑事诉讼规则（试行）》（高检发释字〔2012〕2号 2013年1月1日）

第一百九十七条 讯问犯罪嫌疑人一般按照下列顺序进行：

查明犯罪嫌疑人的基本情况，包括姓名、出生年月日、籍贯、身份证号码、民族、职业、文化程度、工作单位及职务、住所、家庭情况、社会经历、是否属于人大代表、政协委员等；

告知犯罪嫌疑人在侦查阶段的诉讼权利，有权自行辩护或委托律师辩护，告知其如实供述自己罪行可以依法从宽处理的法律规定；

讯问犯罪嫌疑人是否有犯罪行为，让他陈述有罪的事实或者无罪的辩解，应当允许其连贯陈述。

犯罪嫌疑人对侦查人员的提问，应当如实回答。但是对与本案无关的问题，有拒绝回答的权利。

讯问犯罪嫌疑人时，应当告知犯罪嫌疑人将对讯问进行全程同步录音、录像，告知情况应当在录音、录像中予以反映，并记明笔录。

讯问时，对犯罪嫌疑人提出的辩解要认真查核。严禁刑讯逼供和以威胁、引诱、欺骗以及其他非法的方法获取供述。

第四百零六条 人民检察院对于犯罪情节轻微，依照刑法规定不需要判处刑罚或者免除刑罚的，经检察长或者检察委员会决定，可以作出不起诉决定。

二、制度规范

1.最高人民法院、最高人民检察院、公安部等《印发〈关于在部分地区开展刑事案件认罪认罚从宽制度试点工作的办法〉的通知》（法〔2016〕386号 2016年11月11日）

为确保刑事案件认罪认罚从宽制度试点工作依法有序开展，根据刑法、刑事诉讼法和《全国人民代表大会常务委员会关于授权最高人民法院、最高人民检察院在部分地区开展刑事案件认罪认罚从宽制度试点工作的决定》，结合司法工作实际，制定本办法。

第一条 犯罪嫌疑人、被告人自愿如实供述自己的罪行，对指控的犯罪事实没有异议，同意量刑建议，签署具结书的，可以依法从宽处理。

第二条 具有下列情形之一的，不适用认罪认罚从宽制度：

（一）犯罪嫌疑人、被告人是尚未完全丧失辩认或者控制自己行为能力的精神病人的；

（二）未成年犯罪嫌疑人、被告人的法定代理人、辩护人对未成年人认罪认罚有异议的；

（三）犯罪嫌疑人、被告人行为不构成犯罪的；

（四）其他不宜适用的情形。

第三条 办理认罪认罚案件，应当遵循刑法、刑事诉讼法的基本原则，以事实为根据，以法律为准绳，保障犯罪嫌疑人、被告人依法享有的辩护权和其他诉讼权利，保障被害人的合法权益，维护社会公共利益，强化监督制约，确保无罪的人不受刑事追究，有罪的人受到公正惩罚，确保司法公正。

第四条 办理认罪认罚案件，应当坚持下列原则：

贯彻宽严相济刑事政策，充分考虑犯罪的社会危害性和犯罪嫌疑人、被告人的人身危险性，结合认罪认罚的具体情况，确定是否从宽以及从宽幅度，做到该宽则宽，当严则严，宽严相济，确保办案法律效果和社会效果。

坚持罪责刑相适应，根据犯罪的事实、性质、情节、后果，依照法律规定提出量刑建议，准确裁量刑罚，确保刑罚的轻重与犯罪分子所犯罪行和应当承担的刑事责任相适应。

坚持证据裁判，依照法律规定收集、固定、审查和认定证据。

第五条 办理认罪认罚案件，应当保障犯罪嫌疑人、被告人获得有效法律帮助，确保其了解认罪认罚的性质和法律后果，自愿认罪认罚。

法律援助机构可以根据人民法院、看守所实际工作需要，通过设立法律援助工作站派驻值班律师、及时安排值班律师等形式提供法律帮助。人民法院、看守所应当为值班律师开展工作提供便利工作场所和必要办公设施，简化会见程序，保障值班律师依法履行职责。

犯罪嫌疑人、被告人自愿认罪认罚，没有辩护人的，人民法院、人民检察院、公安机关应当通知值班律师为其提供法律咨询、程序选择、申请变更强制措施等法律帮助。

人民法院、人民检察院、公安机关应当告知犯罪嫌疑人、被告人申请法律援助的权利。符合应当通知辩护条件的，依法通知法律援助机构指派律师为其提供辩护。

第六条 人民法院、人民检察院、公安机关应当将犯罪嫌疑人、被告人认罪认罚作为其是否具有社会危害性的重要考虑因素，对于没有社会危险性的犯罪嫌疑人、被告人，应当取保候审、监视居住。

第七条 办理认罪认罚案件，应当听取被害人及其代理人意见，并将犯罪嫌疑人、被告人是否与被害人达成和解协议或者赔偿被害人损失，取得被害人谅解，作为量刑的重要考虑因素。

第八条 在侦查过程中，侦查机关应当告知犯罪嫌疑人享有的诉讼权利和认罪认罚可能导致的法律后果，听取犯罪嫌疑人及其辩护人或者值班律师的意见，犯罪嫌疑人自愿认罪认罚的，记录在案并附卷。

犯罪嫌疑人向看守所工作人员或辩护人、值班律师表示愿意认罪认罚的，有关人员应当及时书面告知办案单位。

对拟移送审查起诉的案件，侦查机关应当在起诉意见中写明犯罪嫌疑人自愿认罪认罚情况。

第九条 犯罪嫌疑人自愿如实供述涉嫌犯罪的事实，有重大立功或者案件涉及国家重大利益，需要撤销案件的，办理案件的公安机关应当层报公安部，由公安部提请最高人民检察院批准。

第十条 在审查起诉过程中，人民检察院应当告知犯罪嫌疑人享有的诉讼权利和认罪认罚可能导致的法律后果，就下列事项听取犯罪嫌疑人及其辩护人或者值班律师的意见，记录在案并附卷：

（一）指控的罪名及适用的法律条款；

（二）从轻、减轻或者免除处罚等从宽处罚的建议；

（三）认罪认罚后案件审查适用的程序；

（四）其他需要听取意见的情形。

犯罪嫌疑人自愿认罪，同意量刑建议和程序适用的，应当在辩护人或者值班律师在场的情况下签署具结书。

第十一条　人民检察院向人民法院提起公诉的，应当在起诉书中写明被告人认罪认罚情况，提出量刑建议，并同时移送被告人的认罪认罚具结书等材料。

量刑建议一般应当包括主刑、附加刑，并明确刑罚执行方式。可以提出相对明确的量刑幅度，也可以根据案件具体情况，提出确定刑期的量刑建议。建议判处财产刑的，一般应当提出确定的数额。

第十二条　对适用速裁程序的案件，人民检察院一般应当在受理后十日内作出是否提起公诉的决定；对可能判处的有期徒刑超过一年的，可以延长至十五日。

第十三条　犯罪嫌疑人自愿如实供述涉嫌犯罪的事实，有重大立功或者案件涉及国家重大利益的，经最高人民检察院批准，人民检察院可以作出不起诉决定，也可以对涉嫌数罪中的一项或者多项提起公诉。

具有法律规定不起诉情形的，依照法律规定办理。

第十四条　最高人民检察院批准不起诉的，或者经公安部提请批准撤销案件的，人民检察院、公安机关对查封、扣押、冻结的财物及其孳息，应当调查权属情况，查明是否属于违法所得或者依法应当追缴的其他涉案财物。案外人对查封、扣押、冻结的财物及其孳息提出权属异议的，应当进行审查。

确认查封、扣押、冻结的财物及其孳息属于违法所得、违禁品或者供作案所用的本人财物，除依法返还被害人的以外，应当在撤销案件或者作出不起诉决定后三十日内予以收缴，一律上缴国库。对查封、扣押、冻结的财物及其孳息不能确认属于违法所得或者依法应当追缴的其他涉案财物的，不得收缴。

第十五条　人民法院审理认罪认罚案件，应当告知被告人享有的诉讼权利和认罪认罚可能导致的法律后果，审查认罪认罚的自愿性和认罪认罚具结书内容的真实性、合法性。

第十六条　对于基层人民法院管辖的可能判处三年有期徒刑以下刑罚的案件，事实清楚、证据充分，当事人对适用法律没有争议，被告人认罪认罚并同意适用速裁程序的，可以适用速裁程序，由审判员独任审判，送达期限不受刑事诉讼法规定的限制，不进行法庭调查、法庭辩论，当庭宣判，但在判决宣告前应当听取被告人的最后陈述。

适用速裁程序审理案件，人民法院一般应当在十日内审结；对可能判处的有期徒刑超过一年的，可以延长至十五日。

第十七条　具有下列情形之一的，不适用速裁程序审理：

（一）被告人是盲、聋、哑人的；

（二）案件疑难、复杂，或者有重大社会影响的；

（三）共同犯罪案件中部分被告人对指控事实、罪名、量刑建议有异议的；

（四）被告人与被害人或者其代理人没有就附带民事赔偿等事项达成调解或者和解协议的；

（五）其他不宜适用速裁程序的情形。

第十八条　对于基层人民法院管辖的可能判处三年有期徒刑以上刑罚的案件，被告人认罪认罚的，可以依法适用简易程序审判，在判决宣告前应当听取被告人的最后陈述，一般应当当庭宣判。

第十九条　人民法院适用速裁程序或者简易程序审查的认罪认罚案件，有下列情形之一的，应当转为普通程序审理：

（一）被告人违背意愿认罪认罚的；

（二）被告人否认指控的犯罪事实的；

（三）其他不宜适用速裁程序或者简易程序审理的情形。

第二十条　对于认罪认罚案件，人民法院依法作出判决时，一般应当采纳人民检察院指控的罪名和量刑建议，但具有下列情形的除外：

（一）被告人不构成犯罪或者不应当追究刑事责任的；

（二）被告人违背意愿认罪认罚的；

（三）被告人否认指控的犯罪事实的；

（四）起诉指控的罪名与审理认定的罪名不一致的；

（五）其他可能影响公正审判的情形。

第二十一条　人民法院经审理认为，人民检察院的量刑建议明显不当，或者被告人、辩护人对量刑建议提出异议的，人民法院可以对建议人民检察院调整量刑建议，人民检察院不同意调整量刑建议或者调整量刑建议后被告人、辩护人仍有异议的，人民法院应当依法作出判决。

第二十二条　对不具有法定减轻处罚情节的认罪认罚案件，应当在法定刑的限度以内从轻判处刑罚，犯罪情节轻微不需要判处刑罚的，可以依法免予刑事处罚，确实需要在法定刑以下判处刑罚的，应当层报最高人民法院核准。

第二十三条　第二审人民法院对被告人不服适用速裁程序作出的第一审判决提起上诉的案件，可以不开庭审理。经审理认为原判认定事实和适用法律正确、量刑适当的，应当裁定驳回上诉，维持原判；原判认定事实没有错误，但适用法律有错误，或者量刑不当的，应当改判；原判事实不清或者证据不足的，应当裁定撤销原判，发回原审人民法院适用普通程序重新审判。

第二十四条　人民法院、人民检察院、公安机关工作人员在办理认罪认罚案件中，有刑讯逼供、暴力取证或者权钱交易、放纵罪犯等滥用职权、徇私枉法情形，构成犯罪的，依法追究刑事责任；尚不构成犯罪的，依法给予行政处分或者纪律处分。

第二十五条　国家安全机关依法办理认罪认罚案件，适用本办法中有关公安机关的规定。

第二十六条　办理犯罪嫌疑人、被告人认罪认罚案件，本办法有规定的，按照本办法执行；本办法没有规定的，适用刑法、刑事诉讼法等有关规定。

第二十七条　原刑事案件速裁程序试点相关规定可以参照执行，本办法另有规定的除外。

第二十八条　本办法在北京、天津、上海、重庆、沈阳、大连、南京、杭州、福州、厦门、济南、青岛、郑州、武汉、长沙、广州、深圳、西安试行。

第二十九条 本办法自发布之日起试行二年。

2. 北京市高级人民法院、北京市人民检察院、北京市公安局等《关于开展刑事案件认罪认罚从宽制度试点工作实施细则（试行）》（京高法发〔2017〕52 号 2017 年 3 月 31 日）

为依法办理犯罪嫌疑人、被告人认罪认罚案件，根据"两高三部"《关于在部分地区开展刑事案件认罪认罚从宽制度试点工作的办法》（法〔2016〕386 号）（以下简称《办法》），结合北京司法工作实际，制定本实施细则。

一、任务和基本原则

第一条 办理认罪认罚案件，应当遵循刑法、刑事诉讼法的基本原则，落实以审判为中心的刑事诉讼制度，以事实为根据，以法律为准绳，保障犯罪嫌疑人、被告人依法享有的辩护权和其他诉讼权利，保障被害人的合法权益，维护社会公共利益，强化监督制约，确保无罪的人不受刑事追究，有罪的人受到公正惩罚，确保司法公正。

第二条 办理认罪认罚案件，应当遵循下列原则：

坚持贯彻宽严相济刑事政策，充分考虑犯罪的社会危害性和犯罪嫌疑人、被告人的人身危险性，结合认罪认罚的具体情况，确定是否从宽以及从宽幅度，做到该宽则宽，当严则严，宽严相济，确保办案法律效果和社会效果。

坚持罪责刑相适应，根据犯罪的事实、性质、情节、后果，准确裁量刑罚，确保刑罚的轻重与犯罪分子所犯罪行和应当承担的刑事责任相适应。

坚持证据裁判原则，按照裁判要求和标准收集、固定、审查和认定证据。

第三条 办理认罪认罚案件，应当坚持分工负责，互相配合，互相制约，加强侦查、起诉、审判环节衔接，提高办案质效。

二、适用范围和程序

第四条 犯罪嫌疑人、被告人自愿如实供述自己的罪行，对指控的犯罪事实没有异议，同意量刑建议，签署具结书的，可以依法从宽处理。

犯罪嫌疑人、被告人承认指控的主要犯罪事实，仅对个别细节提出异议，但不影响定罪量刑的，或者对犯罪事实没有异议，仅对罪名提出异议的，不影响认罪认罚从宽制度适用。

犯罪嫌疑人、被告人同意量刑建议，是指对检察机关建议判处的刑罚种类、刑期幅度或确定的刑期、刑罚执行方式没有异议。

第五条 具有下列情形之一的，不适用认罪认罚从宽制度：

（一）犯罪嫌疑人、被告人是尚未完全丧失辨认或者控制自己行为能力的精神病人的；

（二）未成年犯罪嫌疑人、被告人的法定代理人、辩护人对未成年人认罪认罚有异议的；

（三）犯罪嫌疑人、被告人认罪，但经审查认为可能不构成犯罪，或者辩护人作无罪辩护的；

（四）犯罪嫌疑人、被告人表示认罪，但有干扰证人作证、毁灭、伪造证据或者串供等影响刑事诉讼活动正常进行的行为的；

（五）犯罪性质恶劣、犯罪手段残忍、社会危害严重，犯罪嫌疑人、被告人虽认罪认罚，但不足以从轻处罚的；

（六）其他不宜适用的情形。

第六条 办理认罪认罚案件，应当听取被害人及其代理人意见，并将犯罪嫌疑人、被告人是否与被害人达成和解协议或者赔偿被害人损失，取得被害人的谅解，作为量刑的重要考虑因素。

对于涉财案件，是否积极退赃退赔应作为判断犯罪嫌疑人、被告人认罚态度的重要考虑因素。

第七条 对认罪认罚案件，应根据案件的具体情况，分别适用速裁程序、简易程序或者普通程序。

第八条 对于应由基层人民法院管辖的可能判处三年有期徒刑以下刑罚的案件，事实清楚、证据充分，当事人对适用法律没有争议，犯罪嫌疑人、被告人认罪认罚并同意适用速裁程序的，可以适用速裁程序。

第九条 具有下列情形之一的，不适用速裁程序：

（一）犯罪嫌疑人、被告人是盲、聋、哑人的；

（二）案件疑难、复杂，或者有重大社会影响的；

（三）共同犯罪案件中部分犯罪嫌疑人、被告人对指控事实、罪名、量刑建议有异议的；

（四）案件提起公诉后，被告人与被害人或者其法定代理人、近亲属仍没有就附带民事赔偿等事项达成调解或者和解协议的；

（五）其他不宜适用速裁程序的情形。

三、法律帮助

第十条　办理认罪认罚案件，应当保障犯罪嫌疑人、被告人获得有效法律帮助，确保其了解认罪认罚的性质和法律后果，自愿认罪认罚。

第十一条　法律援助机构应当在人民法院、看守所、公安机关执法办案管理中心设立法律援助工作站，并根据实际工作需要安排值班律师，为犯罪嫌疑人、被告人提供法律帮助。人民法院、看守所、公安机关执法办案管理中心应当为法律援助工作站及其值班律师提供便利工作场所和必要办公设施，简化会见程序，保障值班律师依法履行职责。

值班律师可以参照刑事诉讼法的规定，查阅、摘抄、复制本案的案卷材料，办案部门应予以配合并免收费用。

第十二条　犯罪嫌疑人、被告人自愿认罪认罚，没有辩护人的，人民法院、人民检察院、公安机关应当通知法律援助工作站，安排值班律师为其提供法律咨询、程序选择、申请变更强制措施等法律帮助。

第十三条　人民法院、人民检察院、公安机关应当告知犯罪嫌疑人、被告人有申请法律援助的权利。符合应当通知辩护条件的，依法通知法律援助机构指派律师为其提供辩护。

四、强制措施

第十四条　人民法院、人民检察院、公安机关应当将犯罪嫌疑人、被告人认罪认罚作为其是否具有社会危险性的重要考虑因素。

第十五条　对于符合取保候审、监视居住条件的犯罪嫌疑人、被告人，应当取保候审、监视居住；对于确需逮捕的犯罪嫌疑人、被告人，应当依法逮捕；对于已被采取逮捕措施的犯罪嫌疑人、被告人，通过全面审查认为不再具有社会危险性，符合法定的不需要继续羁押情形的，应当依法变更强制措施。

五、侦查

第十六条 侦查机关对认罪认罚案件，应当进行侦查，依法全面收集、调取犯罪嫌疑人有罪或者无罪、罪重或者罪轻的证据材料。

第十七条 公安机关应当充分发挥执法办案管理中心的作用，及时甄别认罪认罚案件，并依法接受人民检察院派驻检察室的法律监督；派驻检察室应当依法履行监督职责。

第十八条 侦查机关在第一次讯问犯罪嫌疑人或者对犯罪嫌疑人采取强制措施的时候，应当告知犯罪嫌疑人享有的诉讼权利和认罪认罚可能导致的法律后果。

在侦查过程中，侦查机关应当听取犯罪嫌疑人及其辩护人或者值班律师的意见，犯罪嫌疑人自愿认罪认罚的，记录在案并附卷。

对于可能符合速裁程序适用条件的案件，侦查机关应当听取辩护人或值班律师的建议，并征得犯罪嫌疑人同意后，按速裁案件办理。

第十九条 犯罪嫌疑人向看守所、公安机关执法办案管理中心工作人员或者辩护人、值班律师表示愿意认罪认罚的，有关人员应当及时制作笔录，并转交办案单位。

第二十条 对拟移送审查起诉的认罪认罚案件，侦查机关应当在起诉意见书中注明，并说明辩护人或值班律师相关情况。

第二十一条 对适用速裁程序的案件，侦查机关应当在犯罪嫌疑人被采取强制措施三十日内侦查终结，将案件移送审查起诉。其中，对被刑事拘留的犯罪嫌疑人，认为需要逮捕的，应当在刑事拘留后七日内向检察机关提请逮捕。

对于涉嫌醉酒驾驶机动车的危险驾驶案件等轻微刑事案件，侦查机关应当在犯罪嫌疑人被刑事拘留后十日内侦查终结并移送审查起诉。

第二十二条 侦查机关在提请逮捕及移送审查起诉时，对适用速裁程序的认罪认罚案件，在案卷封首加盖"认罪认罚、建议速裁"的印章；对不宜适用速裁程序的认罪认罚案件，在案卷封首加盖"认罪认罚"的印章。

六、审查起诉

第二十三条 在审查起诉过程中，人民检察院应当积极开展认罪认罚教育转化工作，并告知犯罪嫌疑人享有的诉讼权利和认罪认罚可能导致的法律后果，就下列事项听取犯罪嫌疑人的意见，并与其辩护人或值班律师交换意见，听取和交换意见的情况记录在案，犯罪嫌疑人及其辩护人或者值班律师签字后附卷：

指控的罪名及适用的法律条款；

从轻、减轻或者免除处罚等从宽处罚的建议；

认罪认罚后案件审理适用的程序；

其他需要听取或交换意见的情形。

第二十四条 人民检察院制作统一格式的认罪认罚具结书。

犯罪嫌疑人自愿认罪，同意量刑建议和程序适用的，应当在其辩护人或者值班律师在场的情况下签署具结书，辩护人或值班律师应当在具结书上签字。

第二十五条 人民检察院向人民法院提起公诉的，应当在起诉书中写明被告人自愿认罪认罚情况，提出量刑建议，同时移送被告人的认罪认罚具结书等材料。

量刑建议一般应当包括主刑、附加刑，并明确刑罚执行方式。人民检察院一般应当提出相对明确的量刑幅度，也可以根据案件具体情况，提出确定刑期的量刑建议。建议判处财产刑的，一般应当提出确定的数额。

人民检察院拟建议适用管制、缓刑的，应当及时委托犯罪嫌疑人居住地的司法行政机关进行居住地核实和社会调查评估。司法行政机关应当及时开展工作并将结果书面反馈检察机关。

第二十六条 对适用速裁程序的案件，人民检察院一般应当在受理后十日内作出是否提起公诉的决定；对可能判处有期徒刑超过一年的，可以延长至十五日。

第二十七条 办理认罪认罚案件，人民检察院可以邀请人民监督员等进行监督。

七、审判

第二十八条 人民法院审理认罪认罚案件，应当告知被告人享有的诉讼权利和认罪认罚可能导致的法律后果，审查认罪认罚的自愿性和认罪认罚具结书内容的真实性、合法性。

第二十九条 适用速裁程序审理的案件，由审判员独任审判，送达期限不受刑事诉讼法规定的限制，不进行法庭调查、法庭辩论，当庭宣判，但在判决宣告前应当听取被告人的最后陈述。

适用速裁程序审理案件，人民法院一般应当在十日内审结；对可能判处有期徒刑超过一年的，可以延长至十五日。

第三十条 对于基层人民法院管辖的可能判处三年有期徒刑以上刑罚的案件，被告人认罪认罚的，可以依法适用简易程序审判。在判决宣告前应当听取被告人的最后陈述，一般应当当庭宣判。

第三十一条 人民法院适用速裁程序或者简易程序审理的认罪认罚案件，有下列情形之一的，应当转为普通程序审理：

（一）被告人违背意愿认罪认罚的；

（二）被告人否认指控的犯罪事实的；

（三）其他不宜适用速裁程序或者简易程序审理的情形。

适用速裁程序或者简易程序审理的认罪认罚案件，公诉人发现有上述情形的，应当建议法庭转为普通程序审理。

第三十二条 认定认罪认罚案件的被告人有罪，应当符合以下条件：

（一）被告人确系自愿认罪认罚；

（二）被告人已获得值班律师或者辩护人的帮助；

（三）证明犯罪构成要件事实的证据具有合法性、客观性、关联性，并综合全案证据已排除合理怀疑。

对于认罪认罚案件，只有被告人供述，没有其他证据的，不能认定被告人有罪和处以刑罚。

第三十三条 对于认罪认罚案件，人民法院依法作出判决时，一般应当采纳人民检察院指控的罪名和量刑建议，但具有下列情形的除外：

被告人不构成犯罪或者不应当追究刑事责任的;

被告人违背意愿认罪认罚的;

被告人否认指控的犯罪事实的;

起诉指控的罪名与审理认定的罪名不一致的;

其他可能影响公正审判的情形。

第三十四条 人民法院经审理认为,人民检察院的量刑建议明显不当,或者被告人、辩护人对量刑建议提出异议的,人民法院可以建议人民检察院调整量刑建议,人民检察院不同意调整量刑建议或者调整量刑建议后被告人、辩护人仍有异议的,人民法院应当依法作出判决。

适用速裁程序审理的案件,调整量刑建议后被告人、辩护人仍有异议的,应当转为简易程序或者普通程序审理。

第三十五条 对认罪认罚的被告人决定刑罚的时候,应当考虑其认罪认罚的及时性、稳定性,以及对案件侦破的价值等具体情况。

犯罪嫌疑人到案后即表示认罪认罚,其供述有利于案件及时侦破的,在量刑时应当充分体现。

第三十六条 对不具有法定减轻处罚情节的认罪认罚案件,应当在法定刑的限度以内从轻判处刑罚;犯罪情节轻微不需要判处刑罚的,可以依法免予刑事处罚。

确实需要在法定刑以下判处刑罚的,应当层报最高人民法院核准。

第三十七条 第二审人民法院对被告人不服适用速裁程序作出的第一审判决提出上诉的案件,可以不开庭审理。经审理认为原判认定事实和适用法律正确、量刑适当的,应当裁定驳回上诉,维持原判;原判认定事实没有错误,但适用法律有错误,或者量刑不当的,应当改判;原判事实不清或者证据不足的,应当裁定撤销原判,发回原审人民法院适用普通程序重新审判。

八、执行

第三十八条 适用认罪认罚从宽制度的案件,人民法院应在刑事判决书、裁定书或者执行通知书中予以明确表述,交付执行时将具结书复印件一并移送刑罚执行机构。

第三十九条　刑罚执行机构应当对认罪认罚从宽处理的罪犯进行分类评估，针对性地组织开展各项教育改造，促使其积极转变。

第四十条　罪犯刑满释放时，刑罚执行机构应向安置帮教部门出具认罪认罚罪犯服刑期间改造情况相关材料。

九、特殊案件的处理

第四十一条　犯罪嫌疑人自愿如实供述涉嫌犯罪的事实，有重大立功或者案件涉及国家重大利益，需要撤销案件的，办理案件的公安机关应当层报公安部，由公安部提请最高人民检察院批准。

第四十二条　犯罪嫌疑人自愿如实供述涉嫌犯罪的事实，有重大立功或者案件涉及国家重大利益的，经检察机关层报最高人民检察院批准，人民检察院可以作出不起诉决定，也可以对涉嫌数罪中的一项或者多项提起公诉。

具有法律规定不起诉情形的，依照法律规定办理。

第四十三条　最高人民检察院批准不起诉的，或者经公安部提请批准撤销案件的，人民检察院、公安机关对查封、扣押、冻结的财产及其孳息，应当调查权属情况，查明是否属于违法所得或者依法应当追缴的其他涉案财物。案外人对查封、扣押、冻结的财物及其孳息提出权属异议的，应当进行审查。

确认查封、扣押、冻结的财物及其孳息属于违法所得、违禁品或者供作案所用的本人财物，除依法返还被害人的以外，应当在撤销案件或者作出不起诉决定后三十日内予以收缴，一律上缴国库。对查封、扣押、冻结的财物及其孳息不能确认属于违法所得或者依法应当追缴的其他涉案财物的，不得收缴。

十、其他规定

第四十四条　办理认罪认罚案件，应当根据认罪认罚案件法律文书格式样本的要求，依法制作相关文书。

格式文本未印发前，参照现行法律文书格式样本从简制作。

第四十五条　人民法院、人民检察院、公安机关工作人员在办理认罪认罚案件中，有刑讯逼供、暴力取证或者权钱交易、放纵罪犯等滥用职权、徇私枉法情形，构成犯罪的，依法追究刑事责任；尚不构成犯罪的，依法给予行政处分或者纪律处分。

第四十六条 国家监察体制改革试点后，职务犯罪案件按照试点工作要求办理。

第四十七条 国家安全机关依法办理认罪认罚案件，适用本办法中有关公安机关的规定。

第四十八条 办理犯罪嫌疑人、被告人认罪认罚案件，《办法》、本实施细则有规定的，按照《办法》、本实施细则执行;《办法》、本实施细则没有规定的，适用刑法、刑事诉讼法等有关规定。

第四十九条 刑事案件速裁程序试点相关规定可以参照执行，《办法》、本实施细则另有规定的除外。

第五十条 本实施细则在认罪认罚从宽制度试点期间试行。

四、起诉的条件和标准

一、法律与司法解释

1.《中华人民共和国刑事诉讼法》

第一百七十六条　人民检察院认为犯罪嫌疑人的犯罪事实已经查清，证据确实、充分，依法应当追究刑事责任的，应当作出起诉决定，按照审判管辖的规定，向人民法院提起公诉，并将案卷材料、证据移送人民法院。

犯罪嫌疑人认罪认罚的，人民检察院应当就主刑、附加刑、是否适用缓刑等提出量刑建议，并随案移送认罪认罚具结书等材料。

2.最高人民检察院《人民检察院刑事诉讼规则（试行）》（高检发释字〔2012〕2号　2013年1月1日）

第三百九十条　人民检察院对案件进行审查后，认为犯罪嫌疑人的犯罪事实已经查清，证据确实、充分，依法应当追究刑事责任的，应当作出起诉决定。

具有下列情形之一的，可以确认犯罪事实已经查清：

（一）属于单一罪行的案件，查清的事实足以定罪量刑或者与定罪量刑有关的事实已经查清，不影响定罪量刑的事实无法查清的；

（二）属于数个罪行的案件，部分罪行已经查清并符合起诉条件，其他罪行无法查清的；

（三）无法查清作案工具、赃物去向，但有其他证据足以对被告人定罪量刑的；

（四）证人证言、犯罪嫌疑人供述和辩解、被害人陈述的内容中主要情节一致，只有个别情节不一致且不影响定罪的。对于符合第二项情形的，应当以已经查清的罪行起诉。

第三百九十一条 人民检察院在办理公安机关移送起诉的案件中，发现遗漏罪行或者依法应当移送审查起诉同案犯罪嫌疑人的，应当要求公安机关补充移送审查起诉；对于犯罪事实清楚，证据确实、充分的，人民检察院也可以直接提起公诉。

第三百九十二条 人民检察院立案侦查时认为属于直接立案侦查的案件，在审查起诉阶段发现不属于人民检察院管辖，案件事实清楚、证据确实充分，符合起诉条件的，可以直接起诉；事实不清、证据不足的，应当及时移送有管辖权的机关办理。

第三百九十三条 人民检察院决定起诉的，应当制作起诉书。

起诉书的主要内容包括：

（一）被告人的基本情况，包括姓名、性别、出生年月日、出生地和户籍地、身份证号码、民族、文化程度、职业、工作单位及职务、住址，是否受过刑事处分及处分的种类和时间，采取强制措施的情况等；如果是单位犯罪，应当写明犯罪单位的名称和组织机构代码、所在地址、联系方式，法定代表人和诉讼代表人的姓名、职务、联系方式；如果还有应当负刑事责任的直接负责的主管人员或其他直接责任人员，应当按上述被告人基本情况的内容叙写。

（二）案由和案件来源。

（三）案件事实，包括犯罪的时间、地点、经过、手段、动机、目的、危害后果等与定罪量刑有关的事实要素。起诉书叙述的指控犯罪事实的必备要素应当明晰、准确。被告人被控有多项犯罪事实的，应当逐一列举，对于犯罪手段相同的同一犯罪可以概括叙写。

（四）起诉的根据和理由，包括被告人触犯的刑法条款、犯罪的性质及认定的罪名、处罚条款、法定从轻、减轻或者从重处罚的情节，共同犯罪各被告人应负的罪责等。

被告人真实姓名、住址无法查清的，应当按其绰号或者自报的姓名、住址制作起诉书，并在起诉书中注明。被告人自报的姓名可能造成损害他人名誉、败坏道德风俗等不良影响的，可以对被告人编号并按编号制作起诉书，并附具被告人的照片，记明足以确定被告人面貌、体格、指纹以及其他反映被告人特征的事项。

起诉书应当附有被告人现在处所，证人、鉴定人、需要出庭的有专门知识的人的名单，需要保护的被害人、证人、鉴定人的名单，涉案款物情况，附带民事诉讼情况以及其他需要附注的情况。

证人、鉴定人、有专门知识的人的名单应当列明姓名、性别、年龄、职业、住址、联系方式，并注明证人、鉴定人是否出庭。

第三百九十四条 人民检察院提起公诉的案件，应当向人民法院移送起诉书、案卷材料和证据。

起诉书应当一式八份，每增加一名被告人增加起诉书五份。

关于被害人姓名、住址、联系方式、被告人被采取强制措施的种类、是否在案及羁押处所等问题，人民检察院应当在起诉书中列明，不再单独移送材料；对于涉及被害人隐私或者为保护证人、鉴定人、被害人人身安全，而不宜公开证人、鉴定人、被害人姓名、住址、工作单位和联系方式等个人信息，可以在起诉书中使用化名替代证人、鉴定人、被害人的个人信息，但是应当另行书面说明使用化名等情况，并标明密级。

第三百九十五条 人民检察院对于犯罪嫌疑人、被告人或者证人等翻供、翻证的材料以及对于犯罪嫌疑人、被告人有利的其他证据材料，应当移送人民法院。

第三百九十六条 人民法院向人民检察院提出书面意见要求补充移送材料，人民检察院认为有必要移送的，应当自收到通知之日起三日以内补送。

第三百九十七条 对提起公诉后，在人民法院宣告判决前补充收集的证据材料，人民检察院应当及时移送人民法院。

第三百九十八条 在审查起诉期间，人民检察院可以根据辩护人的申请，向公安机关调取在侦查期间收集的证明犯罪嫌疑人、被告人无罪或者罪轻的证据材料。

第三百九十九条 人民检察院对提起公诉的案件，可以向人民法院提出量刑建议。除有减轻处罚或者免除处罚情节外，量刑建议应当在法定量刑幅度内提出。建议判处有期徒刑、管制、拘役的，可以具有一定的幅度，也可以提出具体确定的建议。

第四百条 对提起公诉的案件提出量刑建议的，可以制作量刑建议书，与起诉书一并移送人民法院。

量刑建议书的主要内容应当包括被告人所犯罪行的法定刑、量刑情节、人民检察院建议人民法院对被告人处以刑罚的种类、刑罚幅度、可以适用的刑罚执行方式以及提出量刑建议的依据和理由等。

3. 最高人民法院、最高人民检察院、公安部等《关于实施刑事诉讼法若干问题的规定》(2013 年 1 月 1 日)

23. 上级公安机关指定下级公安机关立案侦查的案件，需要逮捕犯罪嫌疑人的，由侦查该案件的公安机关提请同级人民检察院审查批准；需要提起公诉的，由侦查该案件的公安机关移送同级人民检察院审查起诉。

人民检察院对于审查起诉的案件，按照刑事诉讼法的管辖规定，认为应当由上级人民检察院或者同级其他人民检察院起诉的，应当将案件移送有管辖权的人民检察院。人民检察院认为需要依照刑事诉讼法的规定指定审判管辖的，应当协商同级人民法院办理指定管辖有关事宜。

24. 人民检察院向人民法院提起公诉时，应当将案卷材料和全部证据移送人民法院，包括犯罪嫌疑人、被告人翻供的材料，证人改变证言的材料，以及对犯罪嫌疑人、被告人有利的其他证据材料。

4. 最高人民法院、最高人民检察院、公安部、司法部《印发〈关于对判处管制、宣告缓刑的犯罪分子适用禁止令有关问题的规定(试行)〉的通知》(法发〔2011〕9 号 2011 年 5 月 1 日)

第七条 人民检察院在提起公诉时，对可能判处管制、宣告缓刑的被告人可以提出宣告禁止令的建议。当事人、辩护人、诉讼代理人可以就应否对被告人宣告禁止令提出意见，并说明理由。

公安机关在移送审查起诉时，可以根据犯罪嫌疑人涉嫌犯罪的情况，就应否宣告禁止令及宣告何种禁止令，向人民检察院提出意见。

5.最高人民法院、最高人民检察院、公安部等《印发〈关于在部分地区开展刑事案件认罪认罚制度试点工作的办法〉的通知》（法〔2016〕386号 2016年11月11日）

第一条 犯罪嫌疑人、被告人自愿如实供述自己的罪行，对指控的犯罪事实没有异议，同意量刑建议，签署具结书的，可以依法从宽处理。

第二条 具有下列情形之一的，不适用认罪认罚从宽制度：

（一）犯罪嫌疑人、被告人是尚未完全丧失辩认或者控制自己行为能力的精神病人的；

（二）未成年犯罪嫌疑人、被告人的法定代理人、辩护人对未成年人认罪认罚有异议的；

（三）犯罪嫌疑人、被告人行为不构成犯罪的；

（四）其他不宜适用的情形。

第三条 办理认罪认罚案件，应当遵循刑法、刑事诉讼法的基本原则，以事实为根据，以法律为准绳，保障犯罪嫌疑人、被告人依法享有的辩护权和其他诉讼权利，保障被害人的合法权益，维护社会公共利益，强化监督制约，确保无罪的人不受刑事追究，有罪的人受到公正惩罚，确保司法公正。

第四条 办理认罪认罚案件，应当坚持下列原则：

贯彻宽严相济刑事政策，充分考虑犯罪的社会危害性和犯罪嫌疑人、被告人的人身危险性，结合认罪认罚的具体情况，确定是否从宽以及从宽幅度，做到该宽则宽，当严则严，宽严相济，确保办案法律效果和社会效果。

坚持罪责刑相适应，根据犯罪的事实、性质、情节、后果，依照法律规定提出量刑建议，准确裁量刑罚，确保刑罚的轻重与犯罪分子所犯罪行和应当承担的刑事责任相适应。

坚持证据裁判，依照法律规定收集、固定、审查和认定证据。

第五条 办理认罪认罚案件，应当保障犯罪嫌疑人、被告人获得有效法律帮助，确保其了解认罪认罚的性质和法律后果，自愿认罪认罚。

法律援助机构可以根据人民法院、看守所实际工作需要，通过设立法律援助工作站派驻值班律师、及时安排值班律师等形式提供法律帮助。人民法院、看守所应当为值班律师开展工作提供便利工作场所和必要办公设施，简化会见程序，保障值班律师依法履行职责。

犯罪嫌疑人、被告人自愿认罪认罚，没有辩护人的，人民法院、人民检察院、公安机关应当通知值班律师为其提供法律咨询、程序选择、申请变更强制措施等法律帮助。

人民法院、人民检察院、公安机关应当告知犯罪嫌疑人、被告人申请法律援助的权利。符合应当通知辩护条件的，依法通知法律援助机构指派律师为其提供辩护。

第六条 人民法院、人民检察院、公安机关应当将犯罪嫌疑人、被告人认罪认罚作为其是否具有社会危害性的重要考虑因素，对于没有社会危险性的犯罪嫌疑人、被告人，应当取保候审、监视居住。

第七条 办理认罪认罚案件，应当听取被害人及其代理人意见，并将犯罪嫌疑人、被告人是否与被害人达成和解协议或者赔偿被害人损失，取得被害人谅解，作为量刑的重要考虑因素。

第八条 在侦查过程中，侦查机关应当告知犯罪嫌疑人享有的诉讼权利和认罪认罚可能导致的法律后果，听取犯罪嫌疑人及其辩护人或者值班律师的意见，犯罪嫌疑人自愿认罪认罚的，记录在案并附卷。

犯罪嫌疑人向看守所工作人员或辩护人、值班律师表示愿意认罪认罚的，有关人员应当及时书面告知办案单位。

对拟移送审查起诉的案件，侦查机关应当在起诉意见中写明犯罪嫌疑人自愿认罪认罚情况。

第九条 犯罪嫌疑人自愿如实供述涉嫌犯罪的事实，有重大立功或者案件涉及国家重大利益，需要撤销案件的，办理案件的公安机关应当层报公安部，由公安部提请最高人民检察院批准。

第十条 在审查起诉过程中，人民检察院应当告知犯罪嫌疑人享有的诉讼权利和认罪认罚可能导致的法律后果，就下列事项听取犯罪嫌疑人及其辩护人或者值班律师的意见，记录在案并附卷：

（一）指控的罪名及适用的法律条款；

（二）从轻、减轻或者免除处罚等从宽处罚的建议；

（三）认罪认罚后案件审查适用的程序；

（四）其他需要听取意见的情形。

犯罪嫌疑人自愿认罪，同意量刑建议和程序适用的，应当在辩护人或者值班律师在场的情况下签署具结书。

第十一条 人民检察院向人民法院提起公诉的，应当在起诉书中写明被告人认罪认罚情况，提出量刑建议，并同时移送被告人的认罪认罚具结书等材料。

量刑建议一般应当包括主刑、附加刑，并明确刑罚执行方式。可以提出相对明确的量刑幅度，也可以根据案件具体情况，提出确定刑期的量刑建议。建议判处财产刑的，一般应当提出确定的数额。

第十二条 对适用速裁程序的案件，人民检察院一般应当在受理后十日内作出是否提起公诉的决定；对可能判处的有期徒刑超过一年的，可以延长至十五日。

第十三条 犯罪嫌疑人自愿如实供述涉嫌犯罪的事实，有重大立功或者案件涉及国家重大利益的，经最高人民检察院批准，人民检察院可以作出不起诉决定，也可以对涉嫌数罪中的一项或者多项提起公诉。

具有法律规定不起诉情形的，依照法律规定办理。

第十四条 最高人民检察院批准不起诉的，或者经公安部提请批准撤销案件的，人民检察院、公安机关对查封、扣押、冻结的财物及其孳息，应当调查权属情况，查明是否属于违法所得或者依法应当追缴的其他涉案财物。案外人对查封、扣押、冻结的财物及其孳息提出权属异议的，应当进行审查。

确认查封、扣押、冻结的财物及其孳息属于违法所得、违禁品或者供作案所用的本人财物，除依法返还被害人的以外，应当在撤销案件或者作出不起诉决定后三十日内予以收缴，一律上缴国库。对查封、扣押、冻结的财物及其孳息不能确认属于违法所得或者依法应当追缴的其他涉案财物的，不得收缴。

6. 最高人民检察院《关于印发〈人民检察院办理未成年人刑事案件的规定〉的通知》(高检发研字〔2013〕7号 2013年12月27日)

第五十一条 人民检察院审查未成年人与成年人共同犯罪案件,一般应当将未成年人与成年人分案起诉。但是具有下列情形之一的,可以不分案起诉:

(一)未成年人系犯罪集团的组织者或者其他共同犯罪中的主犯的;

(二)案件重大、疑难、复杂,分案起诉可能妨碍案件审理的;

(三)涉及刑事附带民事诉讼,分案起诉妨碍附带民事诉讼部分审理的;

(四)具有其他不宜分案起诉情形的。

对分案起诉至同一人民法院的未成年人与成年人共同犯罪案件,由未成年人刑事检察机构一并办理更为适宜的,经检察长决定,可以由未成年人刑事检察机构一并办理。

分案起诉的未成年人与成年人共同犯罪案件,由不同机构分别办理的,应当相互了解案件情况,提出量刑建议时,注意全案的量刑平衡。

第五十二条 对于分案起诉的未成年人与成年人共同犯罪案件,一般应当同时移送人民法院。对于需要补充侦查的,如果补充侦查事项不涉及未成年犯罪嫌疑人所参与的犯罪事实,不影响对未成年犯罪嫌疑人提起公诉的,应当对未成年犯罪嫌疑人先予提起公诉。

第五十三条 对于分案起诉的未成年人与成年人共同犯罪案件,在审查起诉过程中可以根据全案情况制作一个审结报告,起诉书以及出庭预案等应当分别制作。

第五十四条 人民检察院对未成年人与成年人共同犯罪案件分别提起公诉后,在诉讼过程中出现不宜分案起诉情形的,可以建议人民法院并案审理。

第五十五条 对于符合适用简易程序审理条件的未成年人刑事案件,人民检察院应当在提起公诉时向人民法院提出适用简易程序审理的建议。

二、指导案例

1.案例：陈邓昌抢劫、盗窃，付志强盗窃案

案例来源：最高检指导性案例第 17 号

裁判要旨：在人民法院宣告判决前，人民检察院发现被告人有遗漏的罪行可以一并起诉和审理的，可以补充起诉。

2.案例：张某、沈某某等七人抢劫案

案例来源：最高检指导性案例第 19 号

裁判要旨：办理未成年人与成年人共同犯罪案件，一般应当将未成年人与成年人分案起诉，但对于未成年人系犯罪集团组织者或者其他共同犯罪中的主犯，或者有其他不宜分案起诉情形的，可以不分案起诉。

五、不起诉的条件、类型和程序

一、法定不起诉

（一）法律与司法解释

1.《中华人民共和国刑事诉讼法》

第十六条 有下列情形之一的，不追究刑事责任，已经追究的，应当撤销案件，或者不起诉，或者终止审理，或者宣告无罪：

（一）情节显著轻微、危害不大，不认为是犯罪的；

（二）犯罪已过追诉时效期限的；

（三）经特赦令免除刑罚的；

（四）依照刑法告诉才处理的犯罪，没有告诉或者撤回告诉的；

（五）犯罪嫌疑人、被告人死亡的；

（六）其他法律规定免予追究刑事责任的。

第一百七十七条第一款 犯罪嫌疑人没有犯罪事实，或者有本法第十六条规定的情形之一的，人民检察院应当作出不起诉决定。

2.《人民检察院刑事诉讼规则（试行）》（高检发释字〔2012〕2号 2013年1月1日）

第四百零一条 人民检察院对于公安机关移送审查起诉的案件，发现犯罪嫌疑人没有犯罪事实，或者符合刑事诉讼法第十五条规定的情形之一的，经检察长或者检察委员会决定，应当作出不起诉决定。

对于犯罪事实并非犯罪嫌疑人所为，需要重新侦查的，应当在作出不起诉决定后书面说明理由，将案卷材料退回公安机关并建议公安机关重新侦查。

（二）制度规范

《涉众型经济犯罪案件办案指南》（2019 年 7 月修订）

第七十五条第五款　对于没有从事涉众型经济犯罪，或者具有《刑事诉讼法》第十五条规定的情形之一的，应当依照《刑事诉讼法》第一百七十三条第一款作出不起诉处理。

二、酌定不起诉（相对不起诉）

（一）法律与司法解释

1.《中华人民共和国刑事诉讼法》

第一百七十七条第二款　对于犯罪情节轻微，依照刑法规定不需要判处刑罚或者免除刑罚的，人民检察院可以作出不起诉决定。

第一百八十一条　对于人民检察院依照本法第一百七十七条第二款规定作出的不起诉决定，被不起诉人如果不服，可以自收到决定书后七日以内向人民检察院申诉。人民检察院应当作出复查决定，通知被不起诉的人，同时抄送公安机关。

2.《人民检察院刑事诉讼规则（试行）》（高检发释字〔2012〕2 号　2013 年 1 月 1 日）

第四百零六条　人民检察院对于犯罪情节轻微，依照刑法规定不需要判处刑罚或者免除刑罚的，经检察长或者检察委员会决定，可以作出不起诉决定。

3. 最高人民法院、最高人民检察院《关于修改〈关于办理妨害信用卡管理刑事案件具体应用法律若干问题的解释〉的决定》（法释〔2018〕19 号　2018 年 12 月 1 日）

五、增加一条，作为《解释》第十条："恶意透支数额较大，在提起公诉前全部归还或者具有其他情节轻微情形的，可以不起诉；在一审判决前全部归还或者具有其他情节轻微情形的，可以免予刑事处罚。但是，曾因信用卡诈骗受过两次以上处罚的除外。"

4.最高人民检察院《关于印发〈人民检察院办理未成年人刑事案件的规定〉的通知》（高检发研字〔2013〕7号　2013年12月27日）

第二十六条　对于犯罪情节轻微，具有下列情形之一，依照刑法规定不需要判处刑罚或者免除刑罚的未成年犯罪嫌疑人，一般应当依法作出不起诉决定：

（一）被胁迫参与犯罪的；

（二）犯罪预备、中止、未遂的；

（三）在共同犯罪中起次要或者辅助作用的；

（四）系又聋又哑的人或者盲人的；

（五）因防卫过当或者紧急避险过当构成犯罪的；

（六）有自首或者立功表现的；

（七）其他依照刑法规定不需要判处刑罚或者免除刑罚的情形。

第二十七条　对于未成年人实施的轻伤害案件、初次犯罪、过失犯罪、犯罪未遂的案件以及被诱骗或者被教唆实施的犯罪案件等，情节轻微，犯罪嫌疑人确有悔罪表现，当事人双方自愿就民事赔偿达成协议并切实履行或者经被害人同意并提供有效担保，符合刑法第三十七条规定的，人民检察院可以依照刑事诉讼法第一百七十三条第二款的规定作出不起诉决定，并可以根据案件的不同情况，予以训诫或者责令具结悔过、赔礼道歉、赔偿损失，或者由主管部门予以行政处罚。

（二）制度规范

1.最高人民检察院《关于办理涉互联网金融犯罪案件有关问题座谈会纪要》（高检诉〔2017〕14号　2017年6月1日）

27、最大限度减少投资人的实际损失是办理涉互联网金融犯罪案件特别是非法集资案件的重要工作。在决定是否起诉、提出量刑建议时，要重视对是否具有认罪认罚、主动退赃退赔等情节的考察。分支机构涉案人员积极配合调查、主动退还违法所得、真诚认罪悔罪的，应当依法提出从轻、减轻处罚的量刑建议。其中，对情节轻微、可以免予刑事处罚的，或者情节显著轻微、危害不大、不认为是犯罪的，应当依法作出不起诉决定。对被不起诉人需要给予行政处罚或者没收违法所得的，应当向行政主管部门提出检察意见。

2.北京市朝阳区人民检察院《涉众型经济犯罪案件办案指南》（2019年7月修订）

第七十五条第二款　对于在共同犯罪中其次要和辅助作用，主观恶性不深且系初犯、偶犯的，可以依法提起公诉并提出从宽处理的量刑建议，或者依照《刑事诉讼法》第一百七十三条第二款作出不起诉处理。

第七十五条第三款　对于仅从事劳务性工作，领取固定工资，参与时间短、违法性认识低等犯罪情节轻微的公司一般人员，可以依照《刑事诉讼法》第一百七十三条第二款作出不起诉决定。

三、存疑不起诉

法律与司法解释

1.《中华人民共和国刑事诉讼法》

第一百七十五条第四款　对于二次补充侦查的案件，人民检察院仍然认为证据不足，不符合起诉条件的，应当作出不起诉的决定。

2.《人民检察院刑事诉讼规则（试行）》（高检发释字〔2012〕2号　2013年1月1日）

第四百零三条　人民检察院对于二次退回补充侦查的案件，仍然认为证据不足，不符合起诉条件的，经检察长或者检察委员会决定，应当作出不起诉决定。

人民检察院对于经过一次退回补充侦查的案件，认为证据不足，不符合起诉条件，且没有退回补充侦查必要的，可以作出不起诉决定。

第四百零四条　具有下列情形之一，不能确定犯罪嫌疑人构成犯罪和需要追究刑事责任的，属于证据不足，不符合起诉条件：

（一）犯罪构成要件事实缺乏必要的证据予以证明的；

（二）据以定罪的证据存在疑问，无法查证属实的；

（三）据以定罪的证据之间、证据与案件事实之间的矛盾不能合理排除的；

（四）根据证据得出的结论具有其他可能性，不能排除合理怀疑的；

（五）根据证据认定案件事实不符合逻辑和经验法则，得出的结论明显不符合常理的。

第四百零五条　人民检察院根据刑事诉讼法第一百七十一条第四款规定决定不起诉的，在发现新的证据，符合起诉条件时，可以提起公诉。

3. 北京市朝阳区人民检察院《涉众型经济犯罪案件办案指南》（2019年7月修订）

第七十五条第四款　对于退回补充侦查仍然证据不足、无法排除合理怀疑的，应当依照《刑事诉讼法》第一百七十一条第二款作出不起诉处理。

四、附条件不起诉

法律与司法解释

1.《中华人民共和国刑事诉讼法》

第二百八十二条　对于未成年人涉嫌刑法分则第四章、第五章、第六章规定的犯罪，可能判处一年有期徒刑以下刑罚，符合起诉条件，但有悔罪表现的，人民检察院可以作出附条件不起诉的决定。人民检察院在作出附条件不起诉的决定以前，应当听取公安机关、被害人的意见。

对附条件不起诉的决定，公安机关要求复议、提请复核或者被害人申诉的，适用本法第一百七十九条、第一百八十条的规定。

未成年犯罪嫌疑人及其法定代理人对人民检察院决定附条件不起诉有异议的，人民检察院应当作出起诉的决定。

第二百八十三条　在附条件不起诉的考验期内，由人民检察院对被附条件不起诉的未成年犯罪嫌疑人进行监督考察。未成年犯罪嫌疑人的监护人，应当对未成年犯罪嫌疑人加强管教，配合人民检察院做好监督考察工作。

附条件不起诉的考验期为六个月以上一年以下，从人民检察院作出附条件不起诉的决定之日起计算。

被附条件不起诉的未成年犯罪嫌疑人，应当遵守下列规定：

（一）遵守法律法规，服从监督；

（二）按照考察机关的规定报告自己的活动情况；

（三）离开所居住的市、县或者迁居，应当报经考察机关批准；

（四）按照考察机关的要求接受矫治和教育。

第二百八十四条 被附条件不起诉的未成年犯罪嫌疑人，在考验期内有下列情形之一的，人民检察院应当撤销附条件不起诉的决定，提起公诉：

（一）实施新的犯罪或者发现决定附条件不起诉以前还有其他犯罪需要追诉的；

（二）违反治安管理规定或者考察机关有关附条件不起诉的监督管理规定，情节严重的。

被附条件不起诉的未成年犯罪嫌疑人，在考验期内没有上述情形，考验期满的，人民检察院应当作出不起诉的决定。

第二百九十条 对于达成和解协议的案件，公安机关可以向人民检察院提出从宽处理的建议。人民检察院可以向人民法院提出从宽处罚的建议；对于犯罪情节轻微，不需要判处刑罚的，可以作出不起诉的决定。人民法院可以依法对被告人从宽处罚。

2.《人民检察院刑事诉讼规则（试行）》（高检发释字〔2012〕2号 2013年1月1日）

第四百九十二条 对于符合刑事诉讼法第二百七十一条第一款规定条件的未成年人刑事案件，人民检察院可以作出附条件不起诉的决定。

人民检察院在作出附条件不起诉的决定以前，应当听取公安机关、被害人、未成年犯罪嫌疑人的法定代理人、辩护人的意见，并制作笔录附卷。

第四百九十三条 人民检察院作出附条件不起诉的决定后，应当制作附条件不起诉决定书，并在三日以内送达公安机关、被害人或者其近亲属及其诉讼代理人、未成年犯罪嫌疑人及其法定代理人、辩护人。

人民检察院应当当面向未成年犯罪嫌疑人及其法定代理人宣布附条件不

起诉决定，告知考验期限、在考验期内应当遵守的规定以及违反规定应负的法律责任，并制作笔录附卷。

第四百九十四条 对附条件不起诉的决定，公安机关要求复议、提请复核或者被害人申诉的，具体程序参照本规则第四百一十五条至第四百二十条的规定办理。

上述复议、复核、申诉的审查由公诉部门或者未成年人犯罪检察工作机构负责。

未成年犯罪嫌疑人及其法定代理人对人民检察院决定附条件不起诉有异议的，人民检察院应当作出起诉的决定。

第四百九十五条 人民检察院作出附条件不起诉决定的，应当确定考验期。考验期为六个月以上一年以下，从人民检察院作出附条件不起诉的决定之日起计算。

第四百九十六条 在附条件不起诉的考验期内，由人民检察院对被附条件不起诉的未成年犯罪嫌疑人进行监督考察。未成年犯罪嫌疑人的监护人，应当对未成年犯罪嫌疑人加强管教，配合人民检察院做好监督考察工作。

人民检察院可以会同未成年犯罪嫌疑人的监护人、所在学校、单位、居住地的村民委员会、居民委员会、未成年人保护组织等的有关人员，定期对未成年犯罪嫌疑人进行考察、教育，实施跟踪帮教。

第四百九十七条 被附条件不起诉的未成年犯罪嫌疑人，应当遵守下列规定：

（一）遵守法律法规，服从监督；

（二）按照考察机关的规定报告自己的活动情况；

（三）离开所居住的市、县或者迁居，应当报经考察机关批准；

（四）按照考察机关的要求接受矫治和教育。

第四百九十八条 人民检察院可以要求被附条件不起诉的未成年犯罪嫌疑人接受下列矫治和教育：

（一）完成戒瘾治疗、心理辅导或者其他适当的处遇措施；

（二）向社区或者公益团体提供公益劳动；

（三）不得进入特定场所，与特定的人员会见或者通信，从事特定的活动；

（四）向被害人赔偿损失、赔礼道歉等；

（五）接受相关教育；

（六）遵守其他保护被害人安全以及预防再犯的禁止性规定。

第四百九十九条 考验期届满，办案人员应当制作附条件不起诉考察意见书，提出起诉或者不起诉的意见，经部门负责人审核，报请检察长决定。

第五百条 被附条件不起诉的未成年犯罪嫌疑人，在考验期内有下列情形之一的，人民检察院应当撤销附条件不起诉的决定，提起公诉：

（一）实施新的犯罪的；

（二）发现决定附条件不起诉以前还有其他犯罪需要追诉的；

（三）违反治安管理规定，造成严重后果，或者多次违反治安管理规定的；

（四）违反考察机关有关附条件不起诉的监督管理规定，造成严重后果，或者多次违反考察机关有关附条件不起诉的监督管理规定的。

第五百零一条 被附条件不起诉的未成年犯罪嫌疑人，在考验期内没有本规则第五百条规定的情形，考验期满的，人民检察院应当作出不起诉的决定。

第五百零七条 人民检察院对未成年犯罪嫌疑人作出不起诉决定后，应当对相关记录予以封存。具体程序参照本规则第五百零四条至第五百零六条的规定。

3.最高人民检察院《关于印发〈人民检察院办理未成年人刑事案件的规定〉的通知》（高检发研字〔2013〕7号 2013年12月27日）

第二十九条 对于犯罪时已满十四周岁不满十八周岁的未成年人，同时符合下列条件的，人民检察院可以作出附条件不起诉决定：

（一）涉嫌刑法分则第四章、第五章、第六章规定的犯罪；

（二）根据具体犯罪事实、情节，可能被判处一年有期徒刑以下刑罚；

（三）犯罪事实清楚，证据确实、充分，符合起诉条件；

（四）具有悔罪表现。

第三十条 人民检察院在作出附条件不起诉的决定以前，应当听取公安机关、被害人、未成年犯罪嫌疑人的法定代理人、辩护人的意见，并制作笔录附卷。被害人是未成年人的，还应当听取被害人的法定代理人、诉讼代理人的意见。

第三十一条 公安机关或者被害人对附条件不起诉有异议或争议较大的案件，人民检察院可以召集侦查人员、被害人及其法定代理人、诉讼代理人、未成年犯罪嫌疑人及其法定代理人、辩护人举行不公开听证会，充分听取各方的意见和理由。

对于决定附条件不起诉可能激化矛盾或者引发不稳定因素的，人民检察院应当慎重适用。

第三十二条 适用附条件不起诉的审查意见，应当由办案人员在审查起诉期限届满十五日前提出，并根据案件的具体情况拟定考验期限和考察方案，连同案件审查报告、社会调查报告等，经部门负责人审核，报检察长或者检察委员会决定。

第三十三条 人民检察院作出附条件不起诉的决定后，应当制作附条件不起诉决定书，并在三日以内送达公安机关、被害人或者其近亲属及其诉讼代理人、未成年犯罪嫌疑人及其法定代理人、辩护人。

送达时，应当告知被害人或者其近亲属及其诉讼代理人，如果对附条件不起诉决定不服，可以自收到附条件不起诉决定书后七日以内向上一级人民检察院申诉。

人民检察院应当当面向未成年犯罪嫌疑人及其法定代理人宣布附条件不起诉决定，告知考验期限、在考验期内应当遵守的规定和违反规定应负的法律责任，以及可以对附条件不起诉决定提出异议，并制作笔录附卷。

第三十四条 未成年犯罪嫌疑人在押的，作出附条件不起诉决定后，人民检察院应当作出释放或者变更强制措施的决定。

第三十五条 公安机关认为附条件不起诉决定有错误，要求复议的，人民检察院未成年人刑事检察机构应当另行指定检察人员进行审查并提出审查意见，经部门负责人审核，报请检察长或者检察委员会决定。

人民检察院应当在收到要求复议意见书后的三十日以内作出复议决定，通知公安机关。

第三十六条 上一级人民检察院收到公安机关对附条件不起诉决定提请复核的意见书后，应当交由未成年人刑事检察机构办理。未成年人刑事检察机构应当指定检察人员进行审查并提出审查意见，经部门负责人审核，报请检察长或者检察委员会决定。

上一级人民检察院应当在收到提请复核意见书后的三十日以内作出决定，制作复核决定书送交提请复核的公安机关和下级人民检察院。经复核改变下级人民检察院附条件不起诉决定的，应当撤销下级人民检察院作出的附条件不起诉决定，交由下级人民检察院执行。

第三十七条 被害人不服附条件不起诉决定，在收到附条件不起诉决定书后七日以内申诉的，由作出附条件不起诉决定的人民检察院的上一级人民检察院未成年人刑事检察机构立案复查。

被害人向作出附条件不起诉决定的人民检察院提出申诉的，作出决定的人民检察院应当将申诉材料连同案卷一并报送上一级人民检察院受理。

被害人不服附条件不起诉决定，在收到附条件不起诉决定书七日后提出申诉的，由作出附条件不起诉决定的人民检察院未成年人刑事检察机构另行指定检察人员审查后决定是否立案复查。

未成年人刑事检察机构复查后应当提出复查意见，报请检察长决定。

复查决定书应当送达被害人、被附条件不起诉的未成年犯罪嫌疑人及其法定代理人和作出附条件不起诉决定的人民检察院。

上级人民检察院经复查作出起诉决定的，应当撤销下级人民检察院的附条件不起诉决定，由下级人民检察院提起公诉，并将复查决定抄送移送审查起诉的公安机关。

第三十八条 未成年犯罪嫌疑人及其法定代理人对人民检察院决定附条件不起诉有异议的，人民检察院应当作出起诉的决定。

第三十九条第一款 人民检察院在作出附条件不起诉决定后，应当在十日内将附条件不起诉决定书报上级人民检察院主管部门备案。

五、其他涉及不起诉的规定

（一）法律与司法解释

1.《中华人民共和国刑事诉讼法》

第一百七十七条第三款　人民检察院决定不起诉的案件，应当同时对侦查中查封、扣押、冻结的财物解除查封、扣押、冻结。对被不起诉人需要给予行政处罚、处分或者需要没收其违法所得的，人民检察院应当提出检察意见，移送有关主管机关处理。有关主管机关应当将处理结果及时通知人民检察院。

第一百七十八条　不起诉的决定，应当公开宣布，并且将不起诉决定书送达被不起诉人和他的所在单位。如果被不起诉人在押，应当立即释放。

第一百七十九条　对于公安机关移送起诉的案件，人民检察院决定不起诉的，应当将不起诉决定书送达公安机关。公安机关认为不起诉的决定有错误的时候，可以要求复议，如果意见不被接受，可以向上一级人民检察院提请复核。

第一百八十条　对于有被害人的案件，决定不起诉的，人民检察院应当将不起诉决定书送达被害人。被害人如果不服，可以自收到决定书后七日以内向上一级人民检察院申诉，请求提起公诉。人民检察院应当将复查决定告知被害人。对人民检察院维持不起诉决定的，被害人可以向人民法院起诉。被害人也可以不经申诉，直接向人民法院起诉。人民法院受理案件后，人民检察院应当将有关案件材料移送人民法院。

第一百八十二条　犯罪嫌疑人自愿如实供述涉嫌犯罪的事实，有重大立功或者案件涉及国家重大利益的，经最高人民检察院核准，公安机关可以撤销案件，人民检察院可以作出不起诉决定，也可以对涉嫌数罪中的一项或者多项不起诉。

根据前款规定不起诉或者撤销案件的，人民检察院、公安机关应当及时对查封、扣押、冻结的财物及其孳息作出处理。

2.《人民检察院刑事诉讼规则（试行）》（高检发释字〔2012〕2号 2013年1月1日）

第四百零七条 省级以下人民检察院办理直接受理立案侦查的案件，拟作不起诉决定的，应当报请上一级人民检察院批准。

第四百零八条 人民检察院决定不起诉的，应当制作不起诉决定书。

不起诉决定书的主要内容包括：

（一）被不起诉人的基本情况，包括姓名、性别、出生年月日、出生地和户籍地、民族、文化程度、职业、工作单位及职务、住址、身份证号码，是否受过刑事处分，采取强制措施的情况以及羁押处所等；如果是单位犯罪，应当写明犯罪单位的名称和组织机构代码、所在地址、联系方式，法定代表人和诉讼代表人的姓名、职务、联系方式；

（二）案由和案件来源；

（三）案件事实，包括否定或者指控被不起诉人构成犯罪的事实以及作为不起诉决定根据的事实；

（四）不起诉的法律根据和理由，写明作出不起诉决定适用的法律条款；

（五）查封、扣押、冻结的涉案款物的处理情况；

（六）有关告知事项。

第四百零九条 人民检察院决定不起诉的案件，可以根据案件的不同情况，对被不起诉人予以训诫或者责令具结悔过、赔礼道歉、赔偿损失。

对被不起诉人需要给予行政处罚、行政处分的，人民检察院应当提出检察意见，连同不起诉决定书一并移送有关主管机关处理，并要求有关主管机关及时通报处理情况。

第四百一十条 人民检察院决定不起诉的案件，对犯罪嫌疑人违法所得及其他涉案财产的处理，参照本规则第二百九十六条的规定办理。

第四百一十一条 人民检察院决定不起诉的案件，需要对侦查中查封、扣押、冻结的财物解除查封、扣押、冻结的，应当书面通知作出查封、扣押、冻结决定的机关或者执行查封、扣押、冻结决定的机关解除查封、扣押、冻结。

第四百一十二条　不起诉的决定，由人民检察院公开宣布。公开宣布不起诉决定的活动应当记录在案。

不起诉决定书自公开宣布之日起生效。

被不起诉人在押的，应当立即释放；被采取其他强制措施的，应当通知执行机关解除。

第四百一十三条　不起诉决定书应当送达被害人或者其近亲属及其诉讼代理人、被不起诉人及其辩护人以及被不起诉人的所在单位。送达时，应当告知被害人或者其近亲属及其诉讼代理人，如果对不起诉决定不服，可以自收到不起诉决定书后七日以内向上一级人民检察院申诉，也可以不经申诉，直接向人民法院起诉；告知被不起诉人，如果对不起诉决定不服，可以自收到不起诉决定书后七日以内向人民检察院申诉。

第四百一十四条　对于公安机关移送起诉的案件，人民检察院决定不起诉的，应当将不起诉决定书送达公安机关。

第四百一十五条　公安机关认为不起诉决定有错误，要求复议的，人民检察院公诉部门应当另行指定检察人员进行审查并提出审查意见，经公诉部门负责人审核，报请检察长或者检察委员会决定。

人民检察院应当在收到要求复议意见书后的三十日以内作出复议决定，通知公安机关。

第四百一十六条　上一级人民检察院收到公安机关对不起诉决定提请复核的意见书后，应当交由公诉部门办理。公诉部门指定检察人员进行审查并提出审查意见，经公诉部门负责人审核，报请检察长或者检察委员会决定。

上一级人民检察院应当在收到提请复核意见书后的三十日以内作出决定，制作复核决定书送交提请复核的公安机关和下级人民检察院。经复核改变下级人民检察院不起诉决定的，应当撤销或者变更下级人民检察院作出的不起诉决定，交由下级人民检察院执行。

第四百一十七条　被害人不服不起诉决定的，在收到不起诉决定书后七日以内申诉的，由作出不起诉决定的人民检察院的上一级人民检察院刑事申诉检察部门立案复查。

被害人向作出不起诉决定的人民检察院提出申诉的，作出决定的人民检察院应当将申诉材料连同案卷一并报送上一级人民检察院。

第四百一十八条 被害人不服不起诉决定，在收到不起诉决定书七日后提出申诉的，由作出不起诉决定的人民检察院刑事申诉检察部门审查后决定是否立案复查。

第四百一十九条 刑事申诉检察部门复查后应当提出复查意见，报请检察长作出复查决定。

复查决定书应当送达被害人、被不起诉人和作出不起诉决定的人民检察院。

上级人民检察院经复查作出起诉决定的，应当撤销下级人民检察院的不起诉决定，交由下级人民检察院提起公诉，并将复查决定抄送移送审查起诉的公安机关。出庭支持公诉由公诉部门办理。

第四百二十条 人民检察院收到人民法院受理被害人对被不起诉人起诉的通知后，人民检察院应当终止复查，将作出不起诉决定所依据的有关案件材料移送人民法院。

第四百二十一条 被不起诉人对不起诉决定不服，在收到不起诉决定书后七日以内提出申诉的，应当由作出决定的人民检察院刑事申诉检察部门立案复查。被不起诉人在收到不起诉决定书七日后提出申诉的，由刑事申诉检察部门审查后决定是否立案复查。

人民检察院刑事申诉检察部门复查后应当提出复查意见，认为应当维持不起诉决定的，报请检察长作出复查决定；认为应当变更不起诉决定的，报请检察长或者检察委员会决定；认为应当撤销不起诉决定提起公诉的，报请检察长或者检察委员会决定。

复查决定书中应当写明复查认定的事实，说明作出决定的理由。

复查决定书应当送达被不起诉人、被害人，撤销不起诉决定或者变更不起诉的事实或者法律根据的，应当同时将复查决定书抄送移送审查起诉的公安机关和本院有关部门。

人民检察院作出撤销不起诉决定提起公诉的复查决定后，应当将案件交由公诉部门提起公诉。

第四百二十二条 人民检察院复查不服不起诉决定的申诉，应当在立案三个月以内作出复查决定，案情复杂的，不得超过六个月。

第四百二十三条 被害人、被不起诉人对不起诉决定不服，提出申诉的，应当递交申诉书，写明申诉理由。被害人、被不起诉人没有书写能力的，也可以口头提出申诉，人民检察院应当根据其口头提出的申诉制作笔录。

（二）制度规范

1.最高人民检察院、公安部《关于印发〈最高人民检察院、公安部关于公安机关办理经济犯罪案件的若干规定〉的通知》（公通字〔2017〕25号 2018年1月1日）

第四十五条 人民检察院已经作出不起诉决定的案件，公安机关不得针对同一法律事实的同一犯罪嫌疑人继续侦查或者补充侦查，但是有新的事实或者证据的，可以重新立案侦查。

第五十三条 有下列情形之一的，除依照有关法律法规和规范性文件另行处理的以外，应当立即解除对涉案财物的查封、扣押、冻结措施，并及时返还有关当事人：

（一）公安机关决定撤销案件或者对犯罪嫌疑人终止侦查的；

（二）人民检察院通知撤销案件或者作出不起诉决定的；

（三）人民法院作出生效判决、裁定应当返还的。

2.最高人民法院，最高人民检察院，公安部等《印发〈关于办理刑事案件严格排除非法证据若干问题的规定〉的通知》（法发〔2017〕15号 2017年6月27日）

第十八条 人民检察院依法排除非法证据后，证据不足，不符合逮捕、起诉条件的，不得批准或者决定逮捕、提起公诉。

对于人民检察院排除有关证据导致对涉嫌的重要犯罪事实未予认定，从而作出不批准逮捕、不起诉决定，或者对涉嫌的部分重要犯罪事实决定不起诉的，公安机关、国家安全机关可要求复议、提请复核。

图书在版编目（CIP）数据

金融犯罪办案一本通/北京市朝阳区人民检察院编 . —北京：中国检察出版社，2019.8

ISBN 978-7-5102-1400-4

Ⅰ . ①金…　Ⅱ . ①北…　Ⅲ . ①金融犯罪—基本知识—中国

Ⅳ . ① D924.33

中国版本图书馆 CIP 数据核字（2019）第 124253 号

金融犯罪办案一本通

北京市朝阳区人民检察院 编　　张朝霞 主编

出版发行：中国检察出版社

社　　址：北京市石景山区香山南路 109 号（100144）

网　　址：中国检察出版社（www.zgjccbs.com）

编辑电话：（010）86423708

发行电话：（010）86423726　86423727　86423728

　　　　　（010）86423730　68650016

经　　销：新华书店

印　　刷：北京宝昌彩色印刷有限公司

开　　本：710mm×960mm　16 开

印　　张：24.5　插页 4

字　　数：359 千字

版　　次：2019 年 8 月第一版　　2019 年 8 月第一次印刷

书　　号：ISBN 978-7-5102-1400-4

定　　价：76.00 元